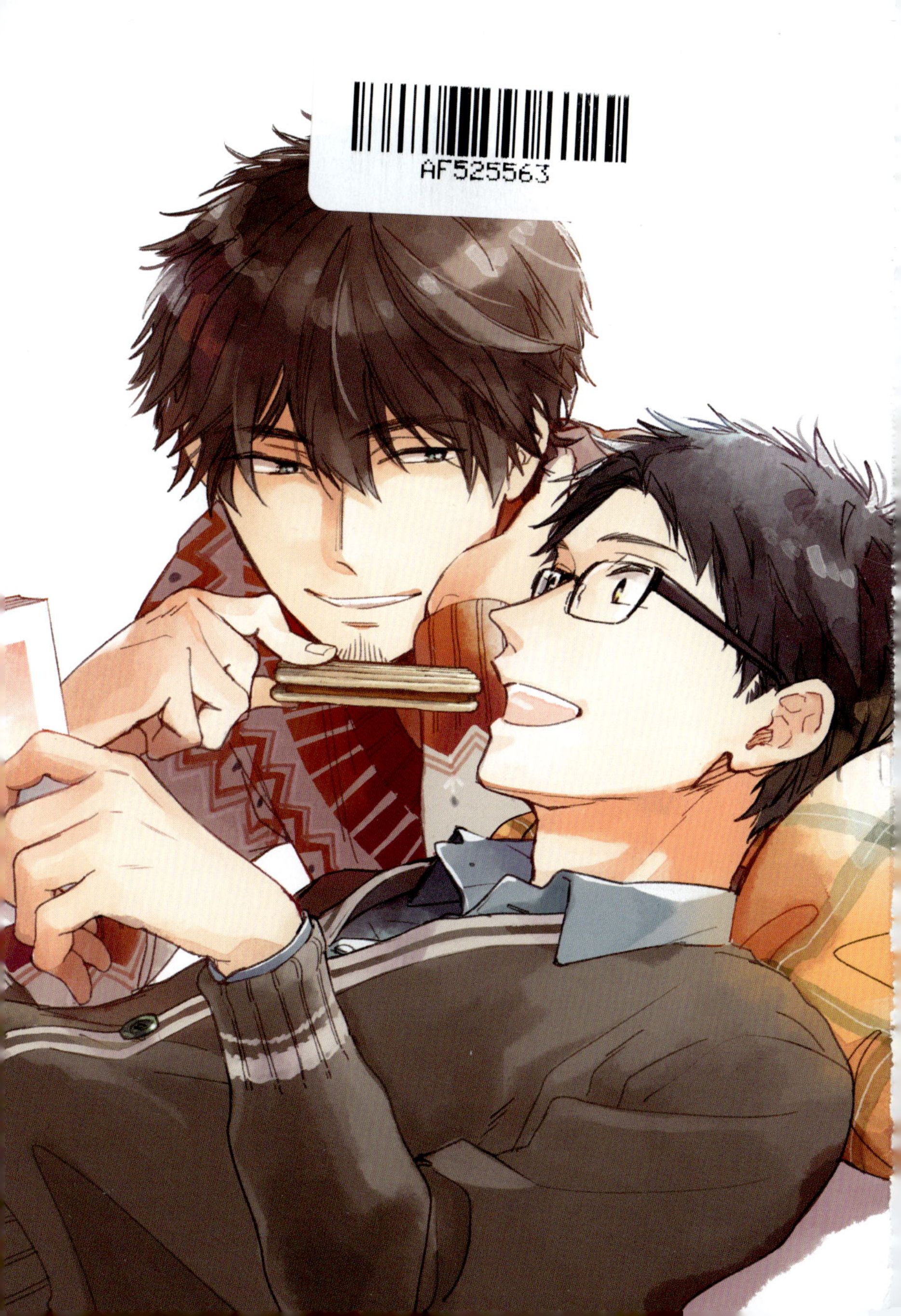

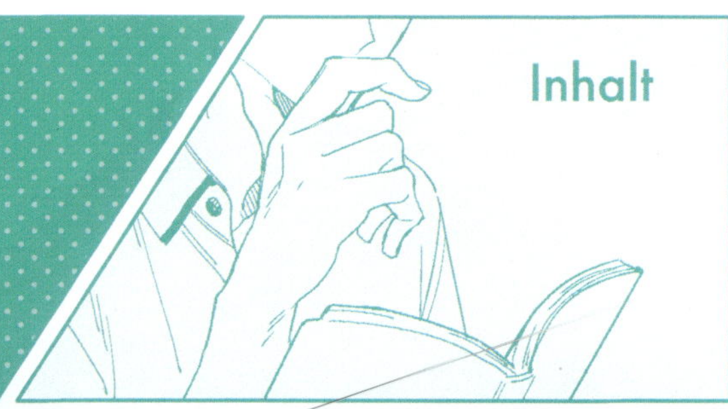

Inhalt

Prickelnde Posen

003

Prickelnde Posen Extra

125

Verliebt in Akihabara Extra

153

Verliebt in Akihabara – Heiße Quelle

169

Prickelnde Posen Bonus

193

Prickelnde Posen

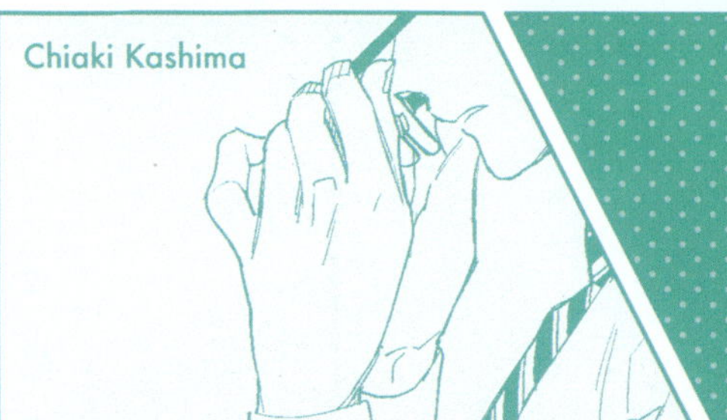

Chiaki Kashima

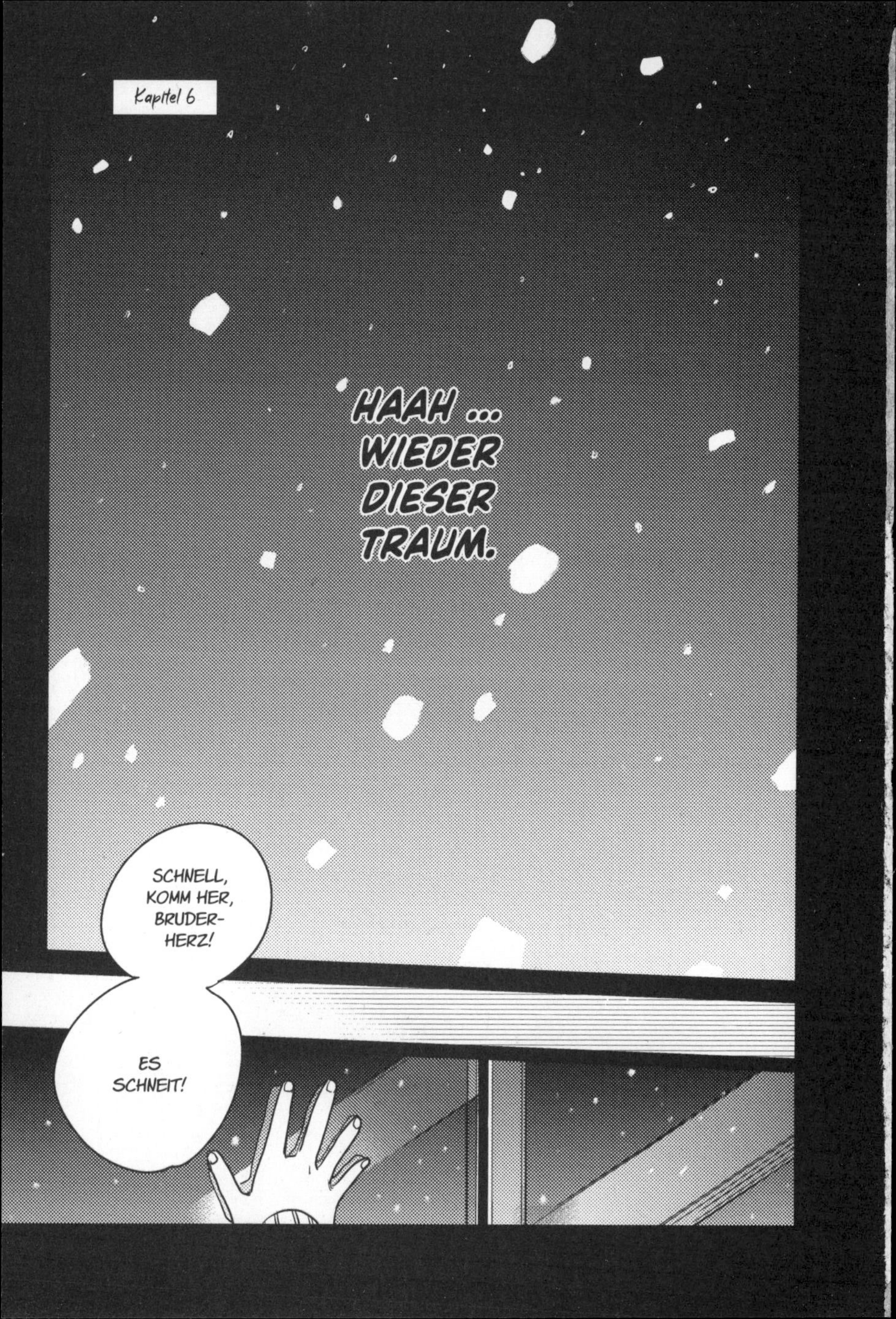

Kapitel 6

HAAH ... WIEDER DIESER TRAUM.
SCHNELL, KOMM HER, BRUDER-HERZ!
ES SCHNEIT!

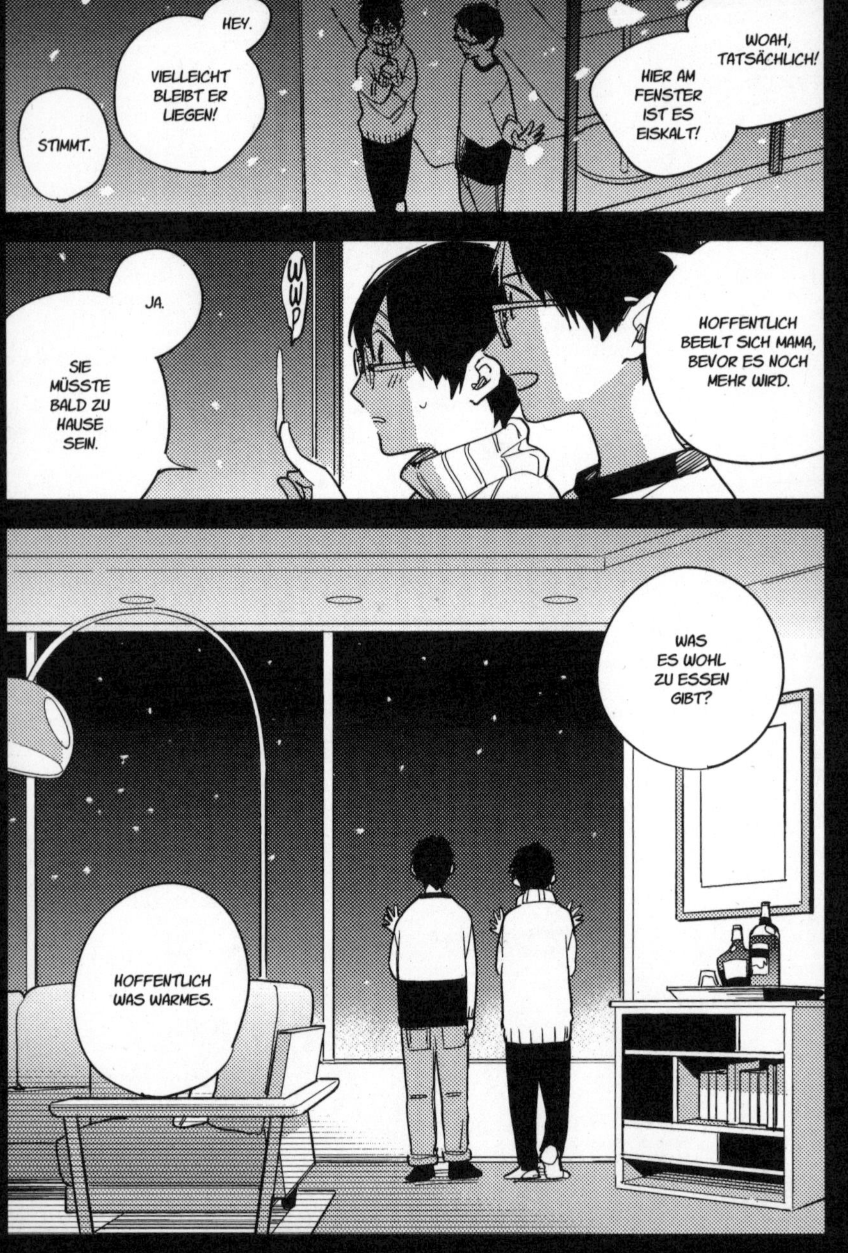
WOAH, TATSÄCHLICH!
HIER AM FENSTER IST ES EISKALT!
HEY.
VIELLEICHT BLEIBT ER LIEGEN!
STIMMT.
HOFFENTLICH BEEILT SICH MAMA, BEVOR ES NOCH MEHR WIRD.
JA.
SIE MÜSSTE BALD ZU HAUSE SEIN.
WAS ES WOHL ZU ESSEN GIBT?
HOFFENTLICH WAS WARMES.

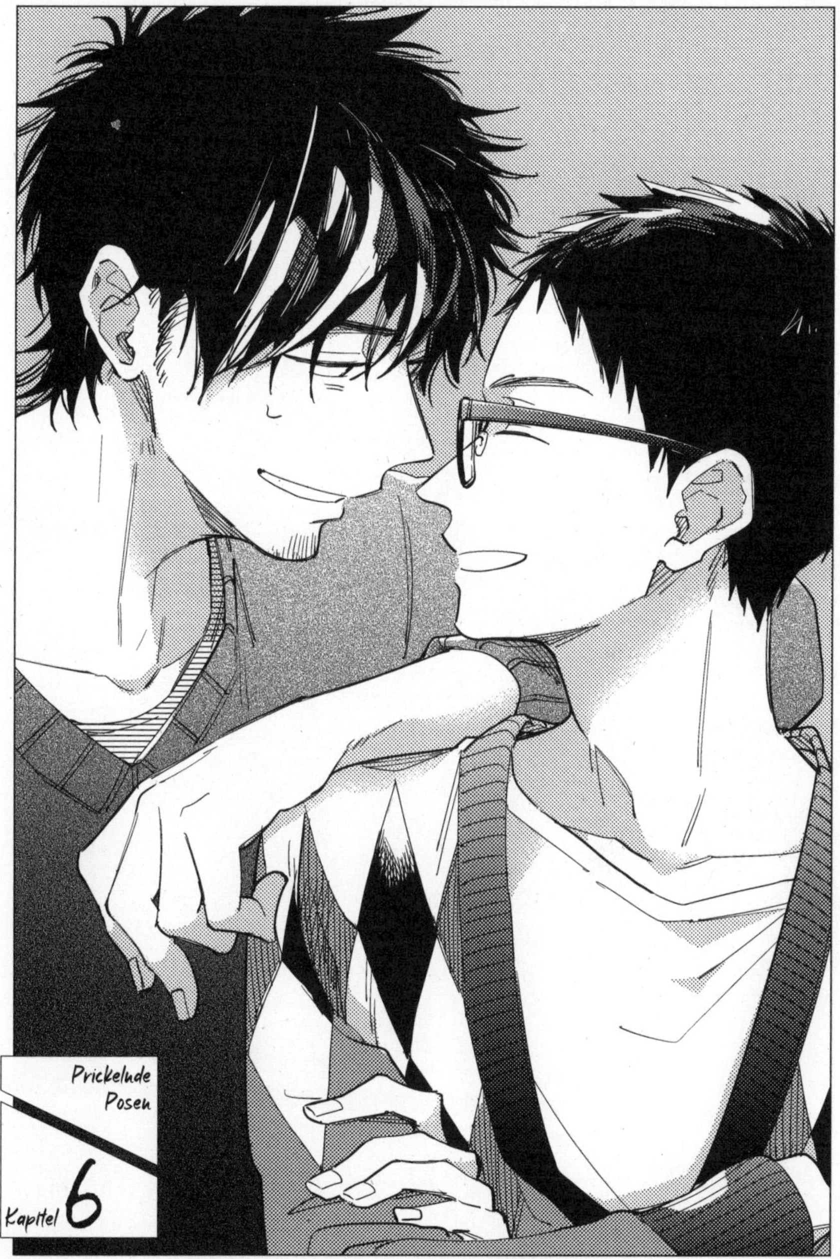
Prickelnde
Posen
Kapitel 6

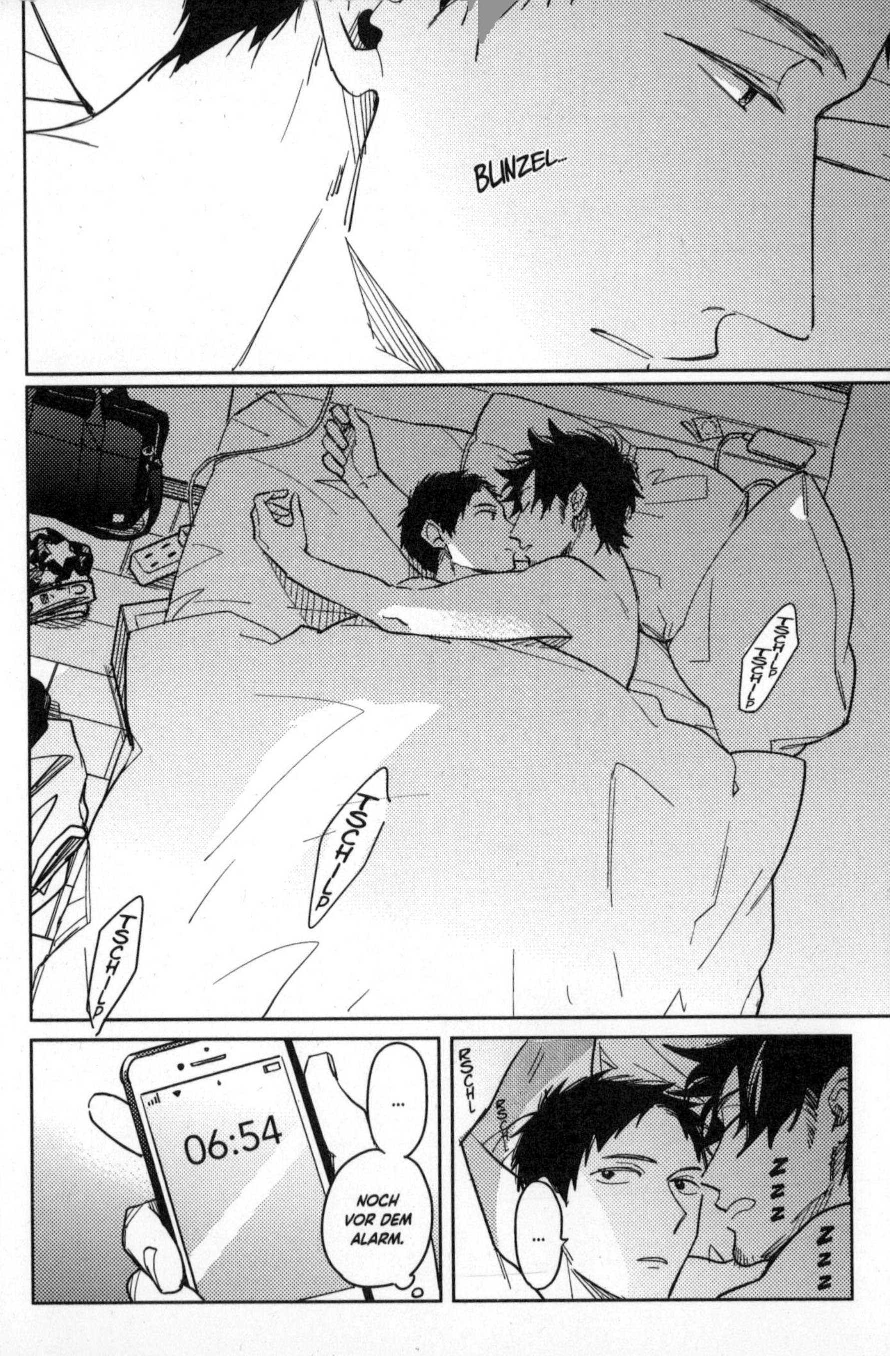
BLINZEL...
TSCHILP TSCHILP
TSCHILP
TSCHILP
RSCHL
RSCHL
...
NOCH VOR DEM ALARM.
...
ZZZ
ZZZ

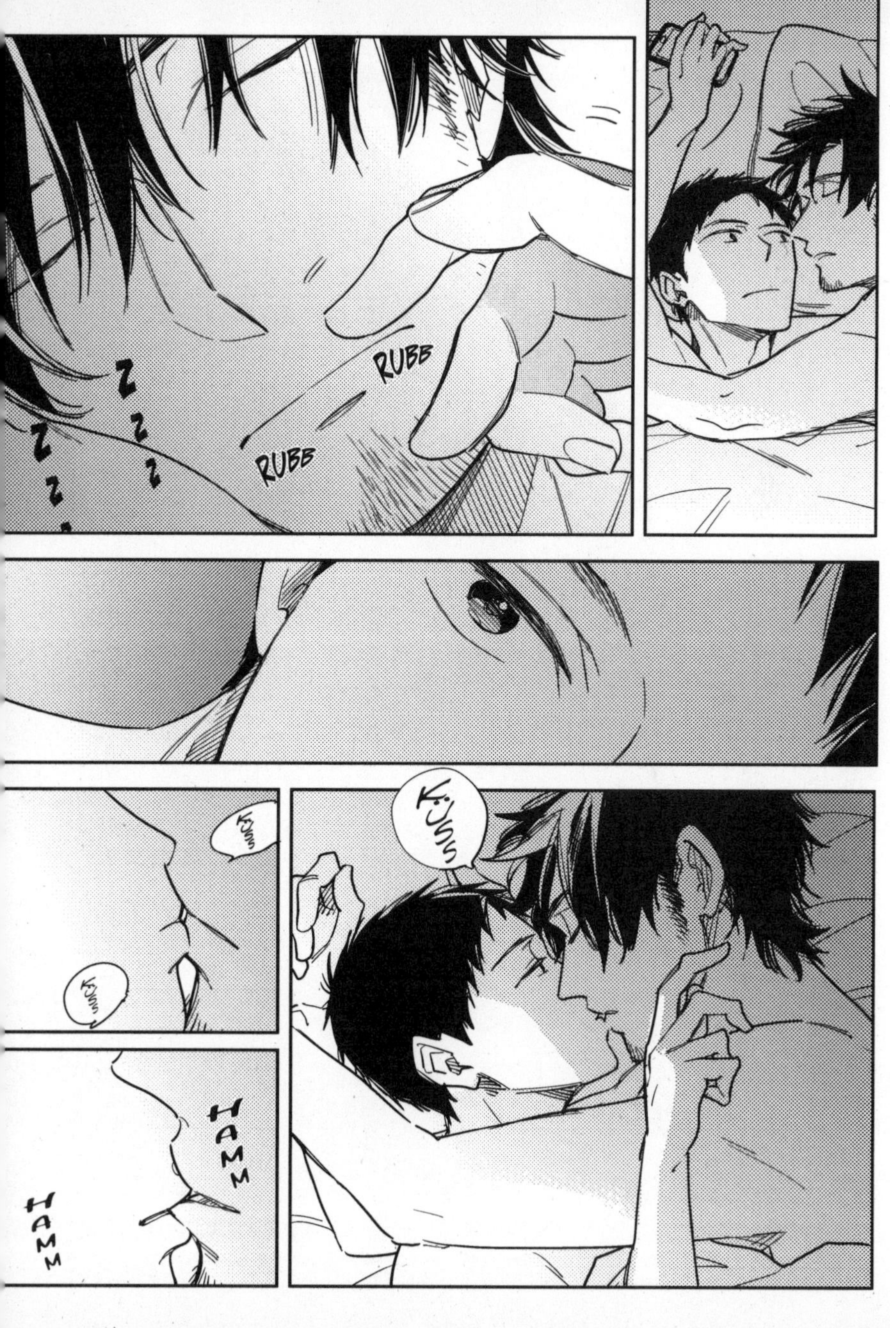

RUBB
RUBB
Z Z Z Z Z
KISSS
KISS
KISS
HAMM
HAMM

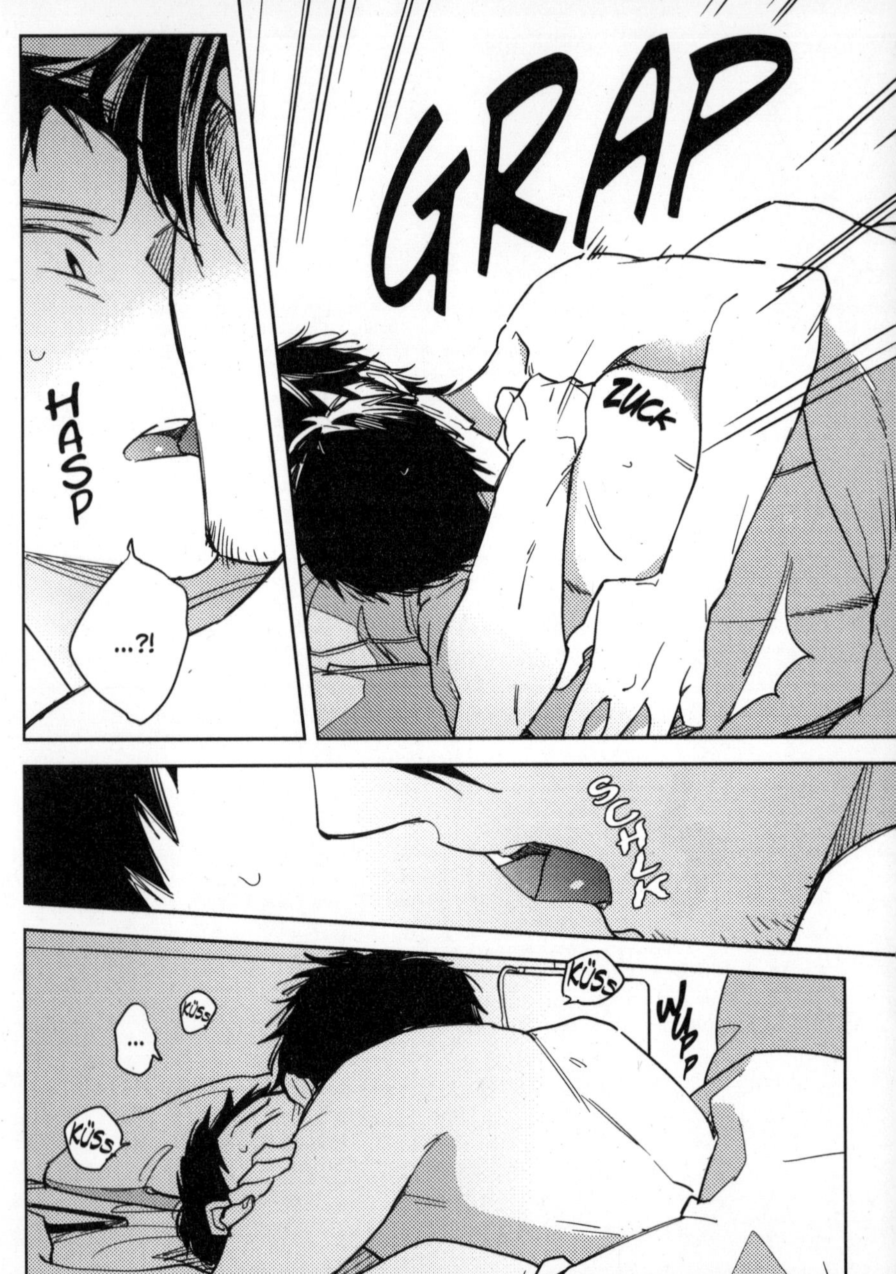
GRAP
ZUCK
HASP
...?!
SCHVK
KÜSS
WUPP
...
KÜSS
KÜSS

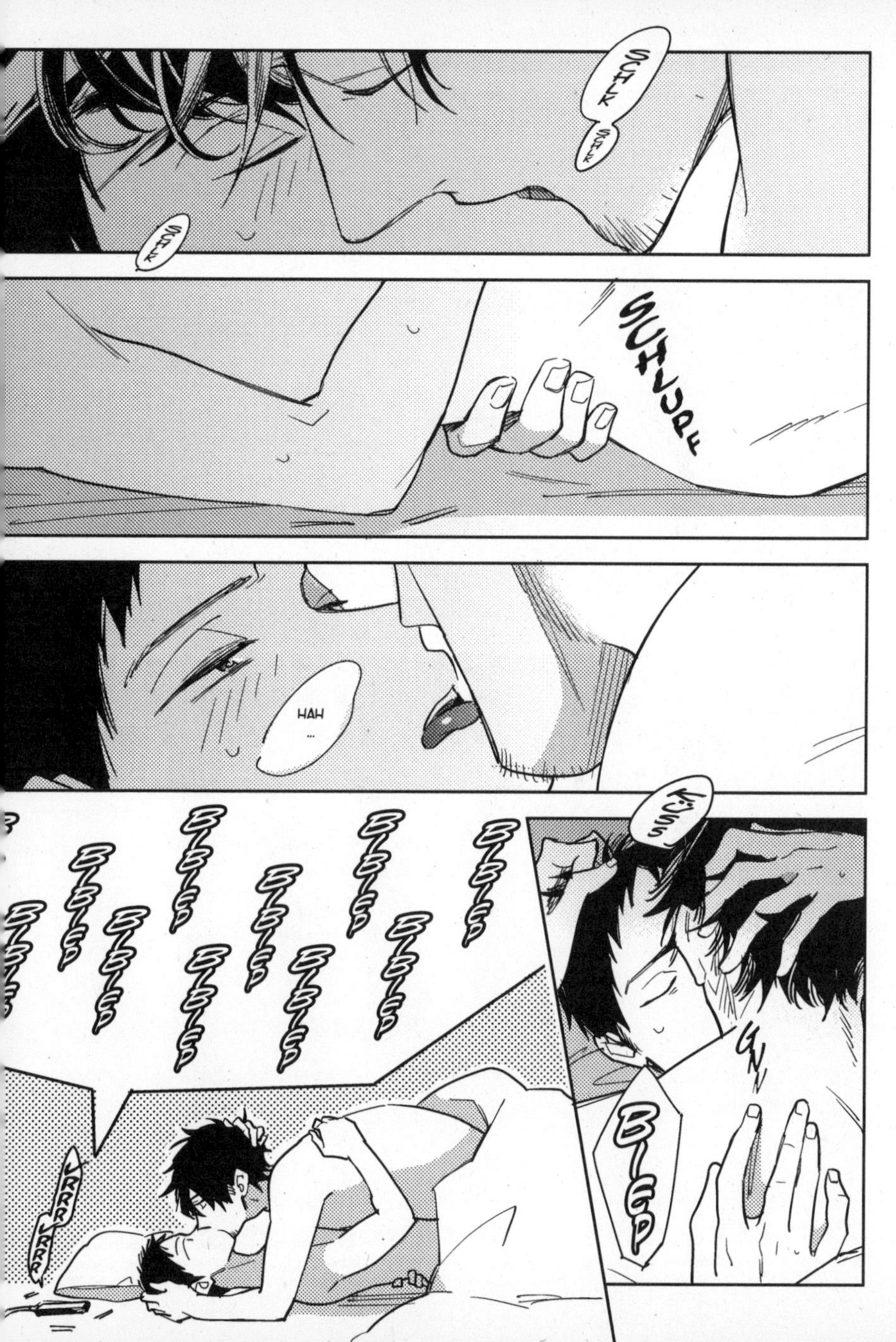
SCHLK
SCHLK
SCHLK
SCHVUPF
HAH
...
KISS
BIBIBIP
BIBIBIP
BIBIBIP
BIBIBIP
BIBIBIP
BIBIBIP
BIBIBIP
BIBIBIP
BIBIBIP
GN
BIBIP
JRRR
JRRR
JRRR

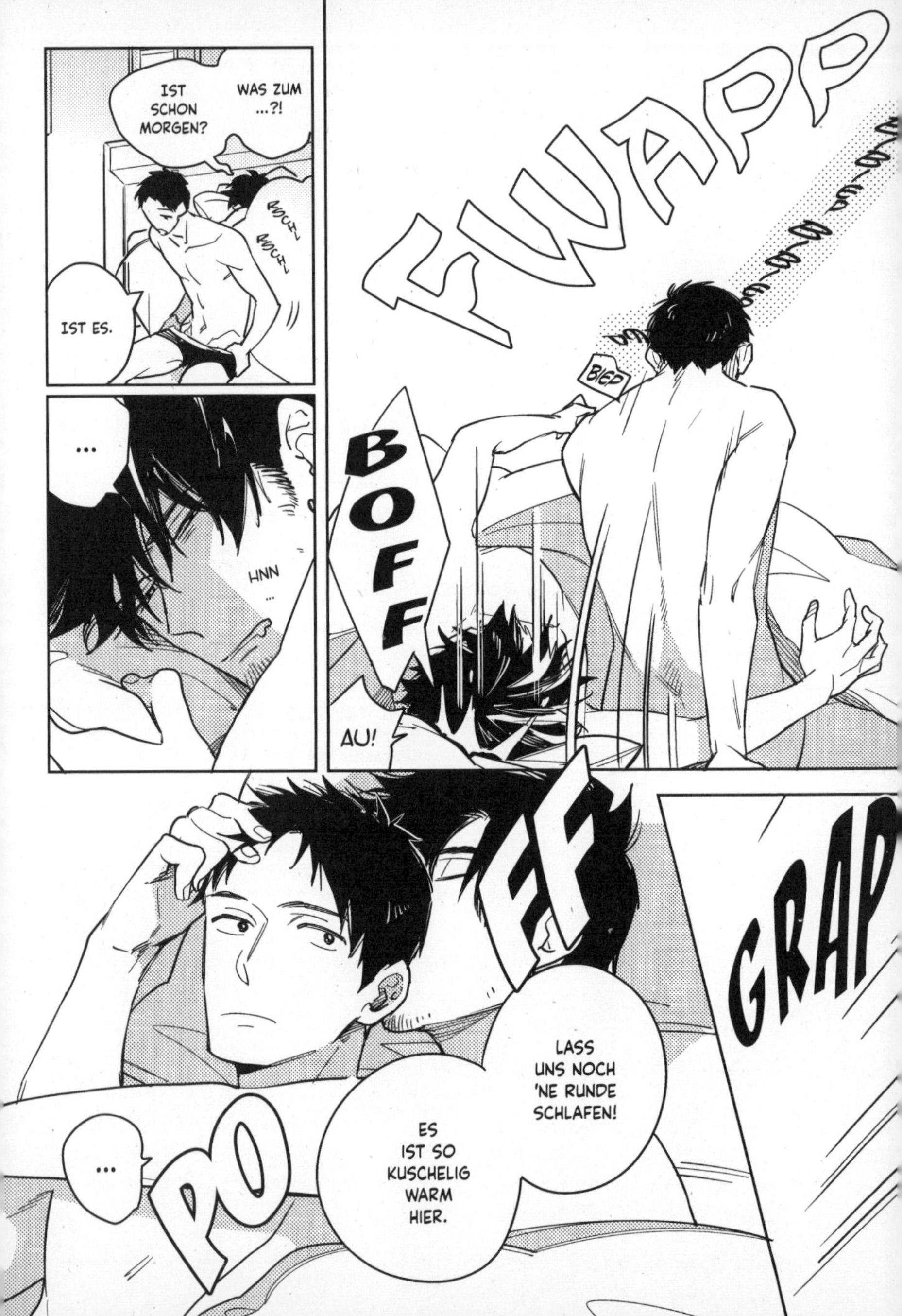
FWAPP
BIEP
BOFF
AU!
WAS ZUM ...?!
IST SCHON MORGEN?
RSCHL
RSCHL
IST ES.
...
HNN ...
GRAP
FF
LASS UNS NOCH 'NE RUNDE SCHLAFEN!
ES IST SO KUSCHELIG WARM HIER.
PO
...

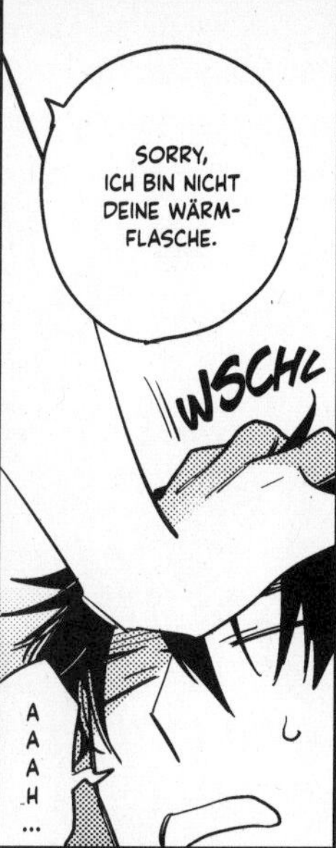
SORRY, ICH BIN NICHT DEINE WÄRMFLASCHE.
WSCHL
AAAAH ...

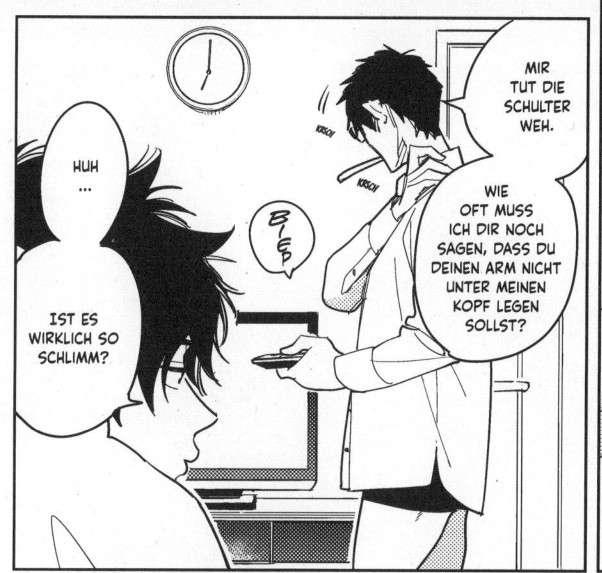
MIR TUT DIE SCHULTER WEH.
KRSCH
KRSCH
WIE OFT MUSS ICH DIR NOCH SAGEN, DASS DU DEINEN ARM NICHT UNTER MEINEN KOPF LEGEN SOLLST?
BIEP
HUH ...
IST ES WIRKLICH SO SCHLIMM?

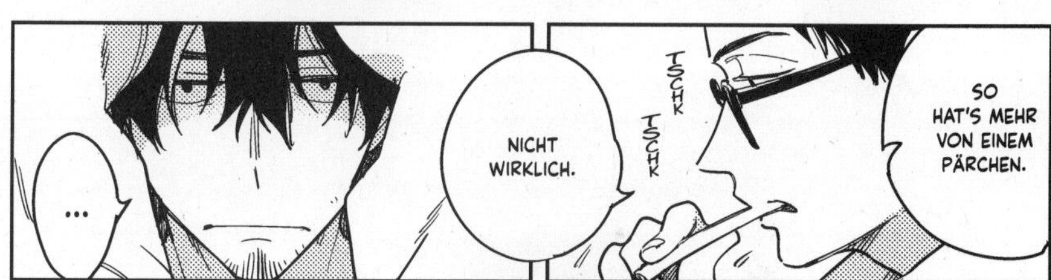
SO HAT'S MEHR VON EINEM PÄRCHEN.
TSCHK
TSCHK
NICHT WIRKLICH.
...

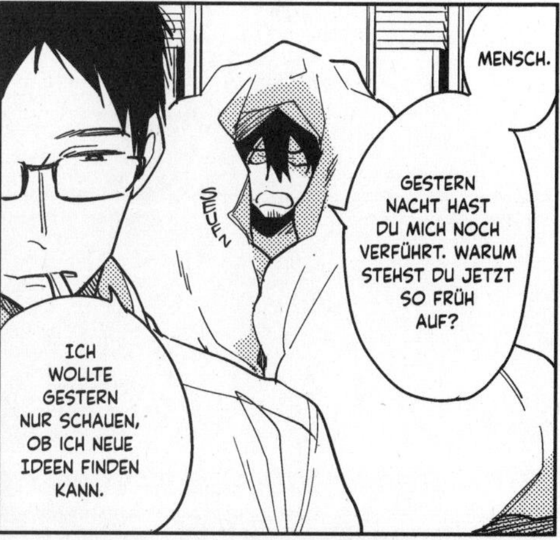
MENSCH.
GESTERN NACHT HAST DU MICH NOCH VERFÜHRT. WARUM STEHST DU JETZT SO FRÜH AUF?
SEUFZ
ICH WOLLTE GESTERN NUR SCHAUEN, OB ICH NEUE IDEEN FINDEN KANN.

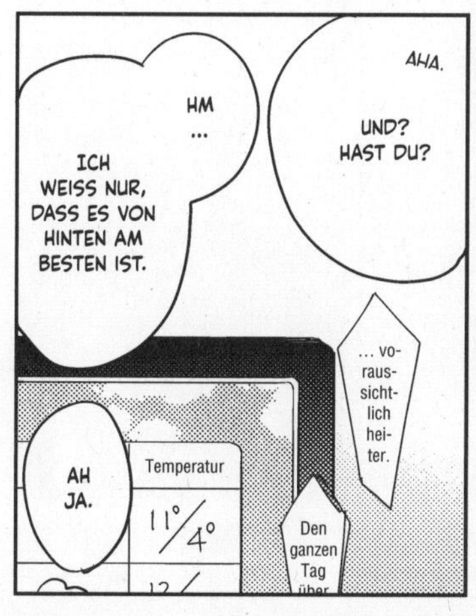
AHA.
UND? HAST DU?
HM ...
ICH WEISS NUR, DASS ES VON HINTEN AM BESTEN IST.
... voraussichtlich heiter.
Den ganzen Tag über
AH JA.
Temperatur
11° / 4°

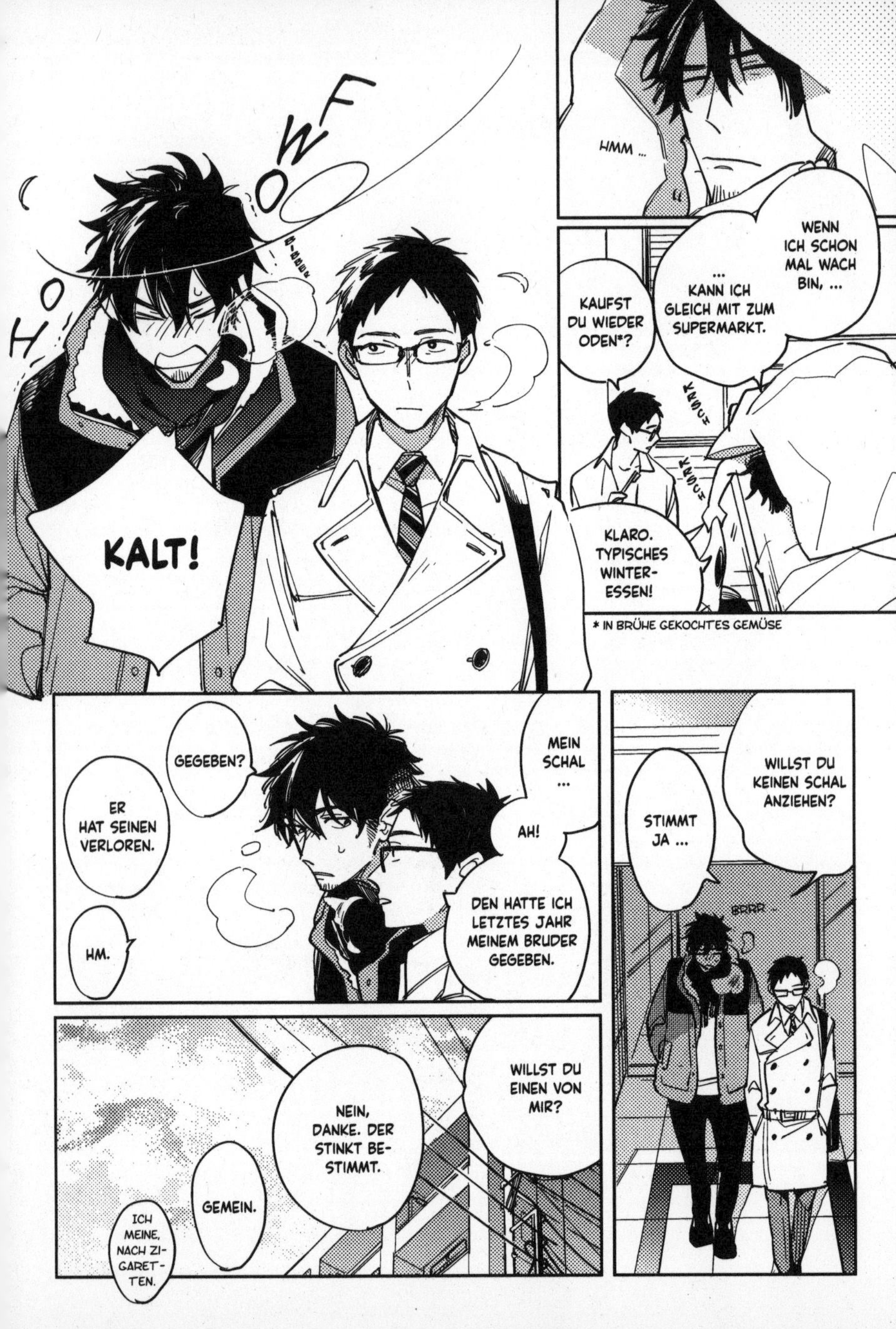

* IN BRÜHE GEKOCHTES GEMÜSE

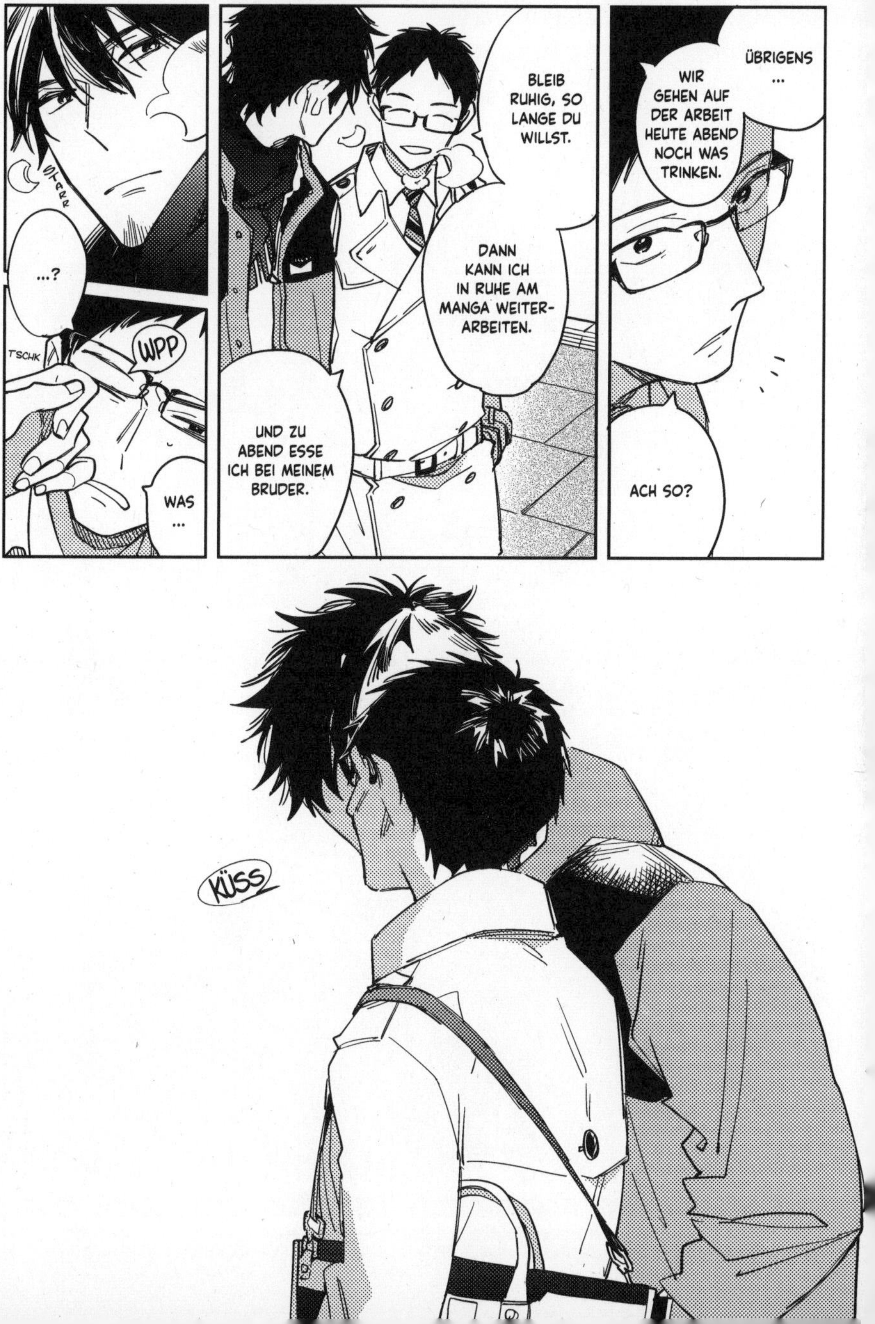

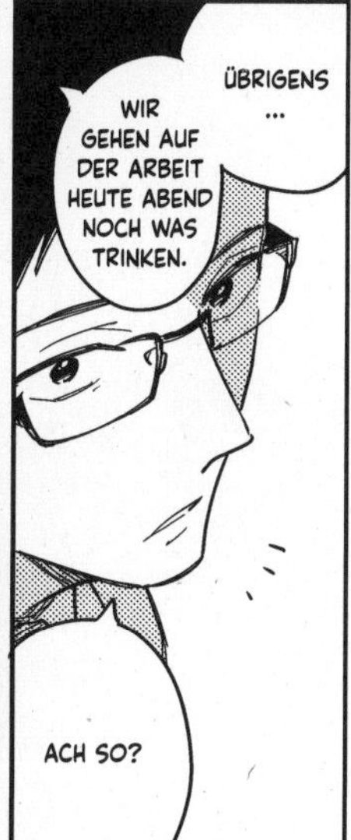
ÜBRIGENS ...
WIR GEHEN AUF DER ARBEIT HEUTE ABEND NOCH WAS TRINKEN.
ACH SO?

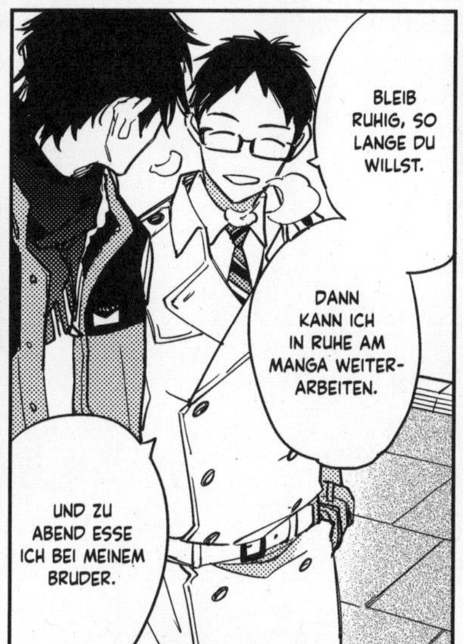
BLEIB RUHIG, SO LANGE DU WILLST.
DANN KANN ICH IN RUHE AM MANGA WEITER-ARBEITEN.
UND ZU ABEND ESSE ICH BEI MEINEM BRUDER.

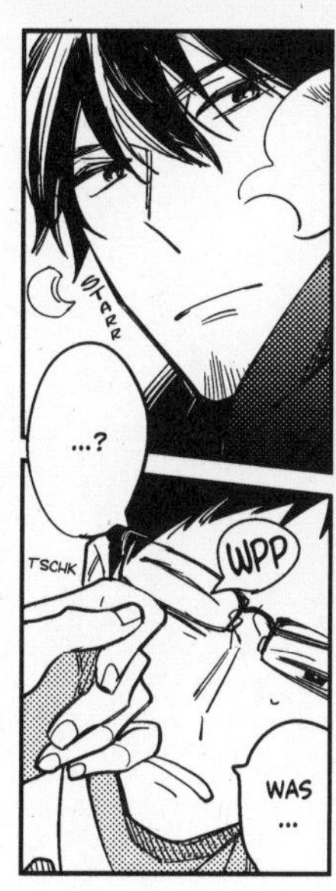
STARR
...?
WPP
TSCHK
WAS ...

KÜSS

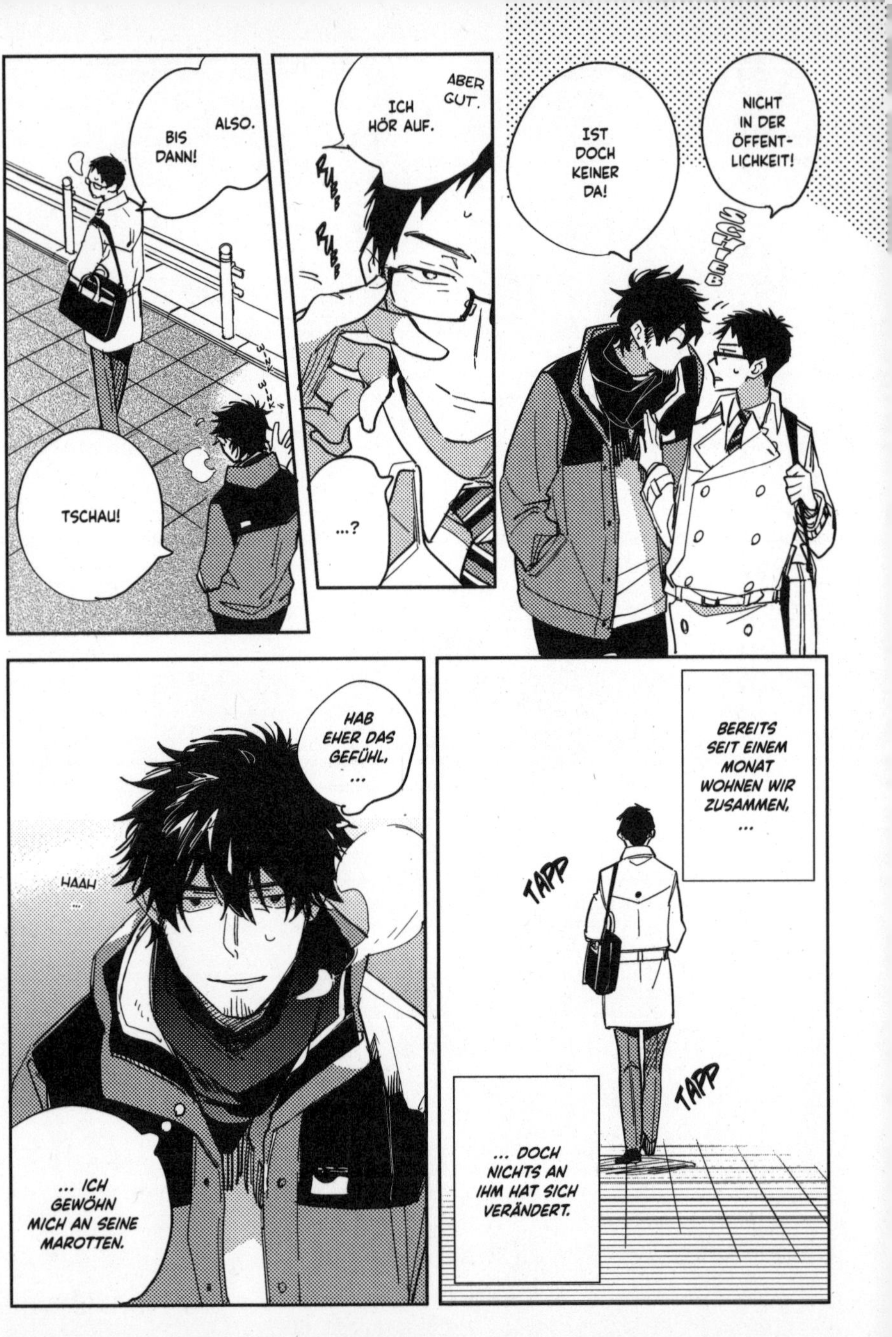

NICHT IN DER ÖFFENT-LICHKEIT!
IST DOCH KEINER DA!

ABER GUT.
ICH HÖR AUF.
RUBB RUBB
...?

ALSO.
BIS DANN!
TSCHAU!

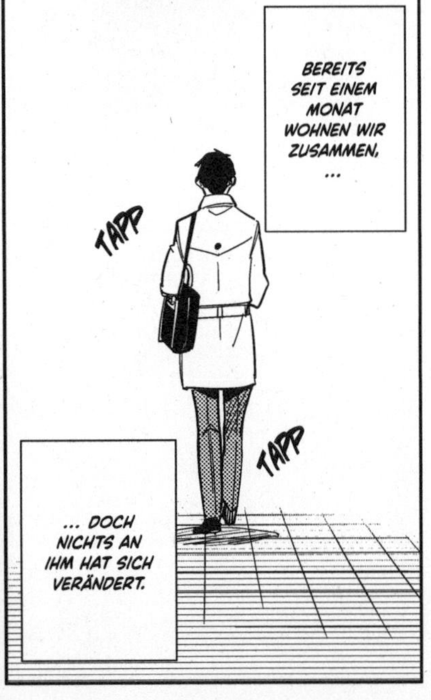

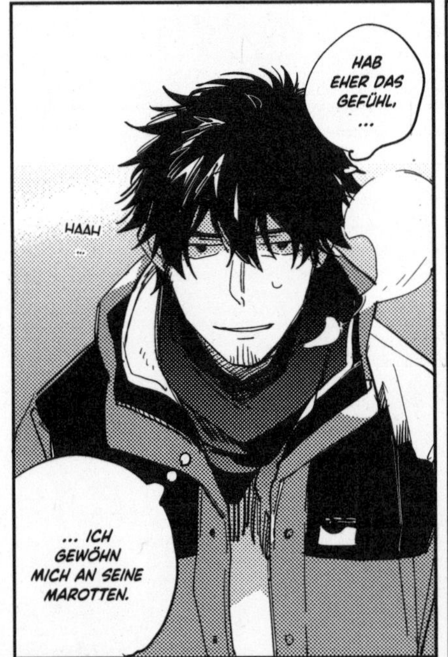

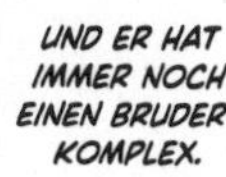
UND ER HAT IMMER NOCH EINEN BRUDER-KOMPLEX.

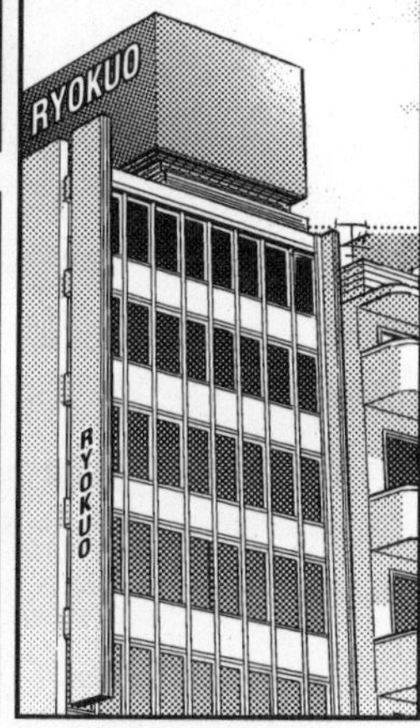
RYOKUO
RYOKUO

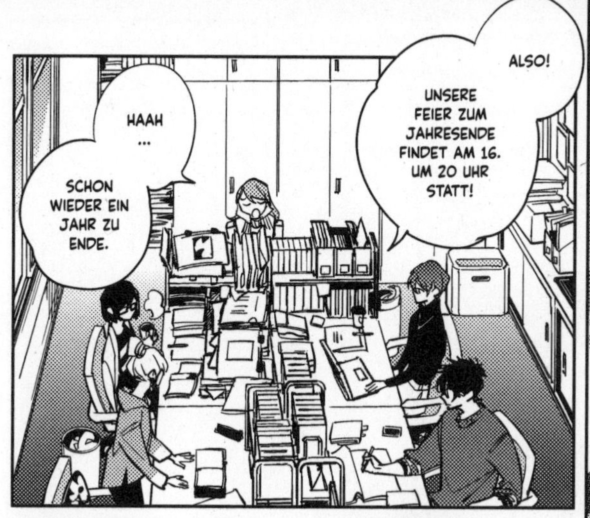
ALSO!
UNSERE FEIER ZUM JAHRESENDE FINDET AM 16. UM 20 UHR STATT!
HAAH ...
SCHON WIEDER EIN JAHR ZU ENDE.

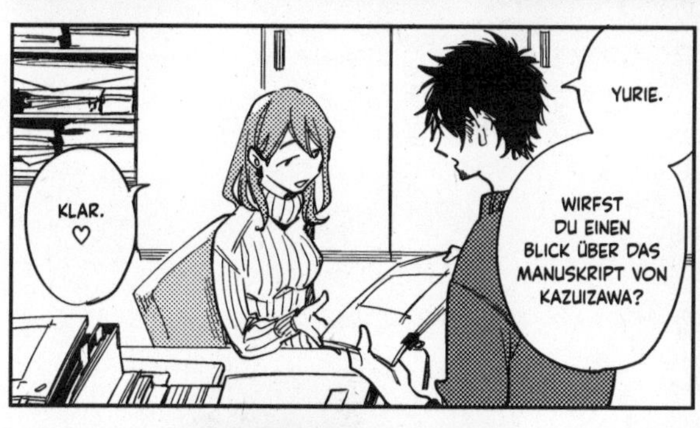
YURIE.
WIRFST DU EINEN BLICK ÜBER DAS MANUSKRIPT VON KAZUIZAWA?
KLAR. ♡

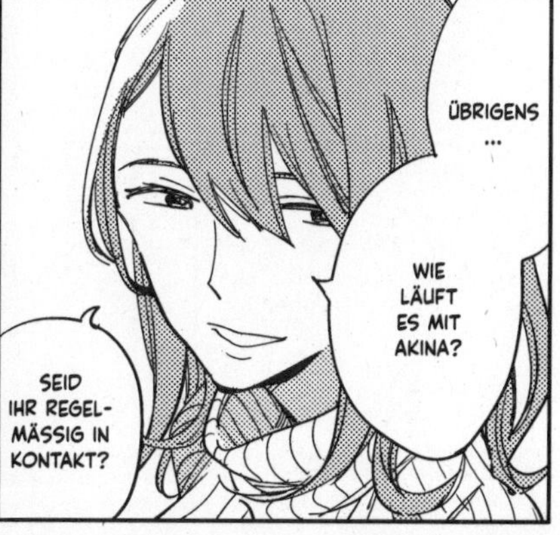
ÜBRIGENS ...
WIE LÄUFT ES MIT AKINA?
SEID IHR REGEL-MÄSSIG IN KONTAKT?

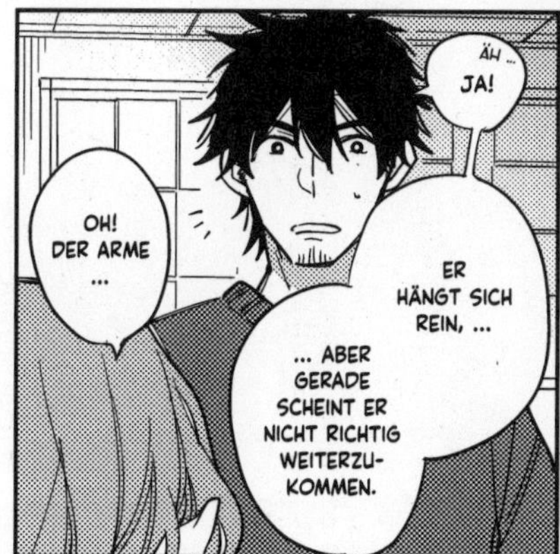
ÄH ... JA!
ER HÄNGT SICH REIN, ...
... ABER GERADE SCHEINT ER NICHT RICHTIG WEITERZU-KOMMEN.
OH! DER ARME ...

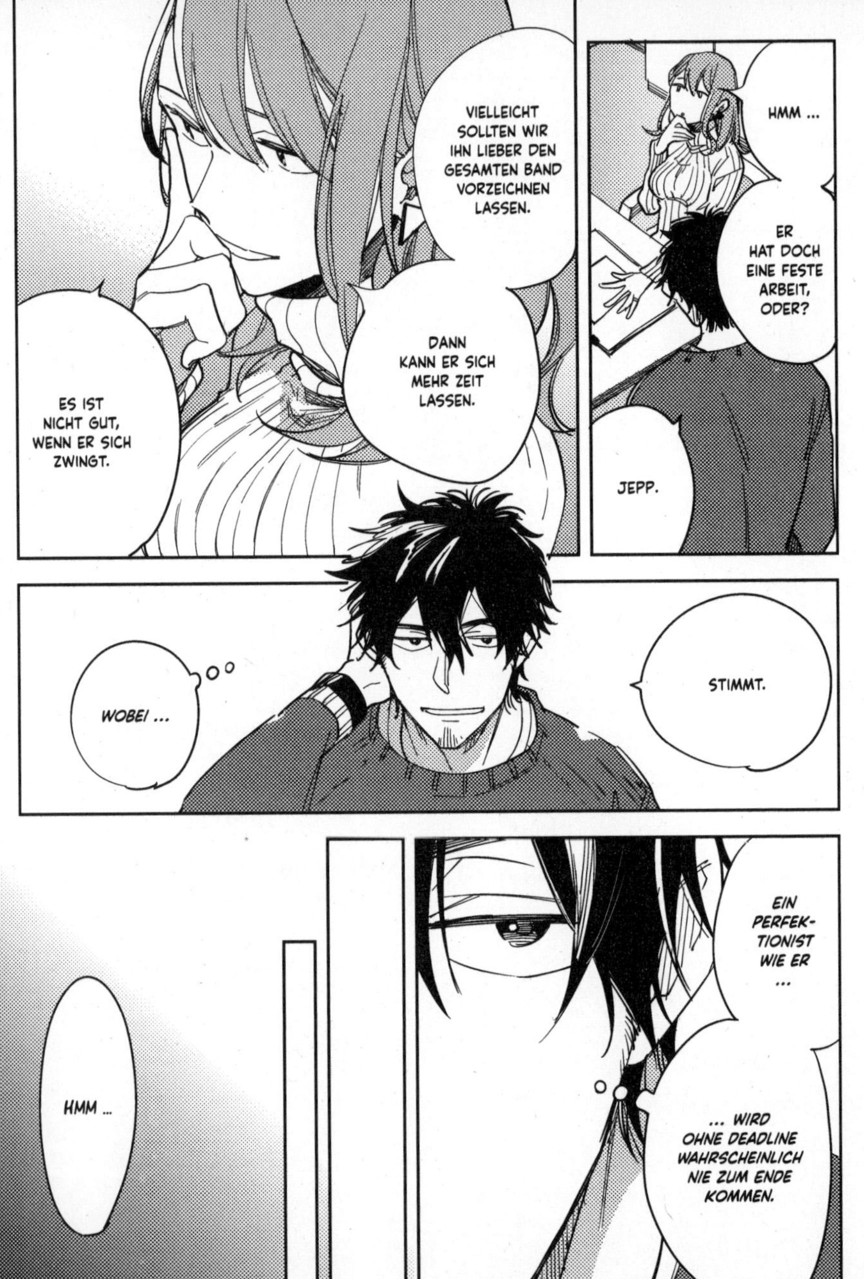
HMM ...
ER HAT DOCH EINE FESTE ARBEIT, ODER?
JEPP.
VIELLEICHT SOLLTEN WIR IHN LIEBER DEN GESAMTEN BAND VORZEICHNEN LASSEN.
DANN KANN ER SICH MEHR ZEIT LASSEN.
ES IST NICHT GUT, WENN ER SICH ZWINGT.
STIMMT.
WOBEI ...
EIN PERFEK-TIONIST WIE ER ...
... WIRD OHNE DEADLINE WAHRSCHEINLICH NIE ZUM ENDE KOMMEN.
HMM ...

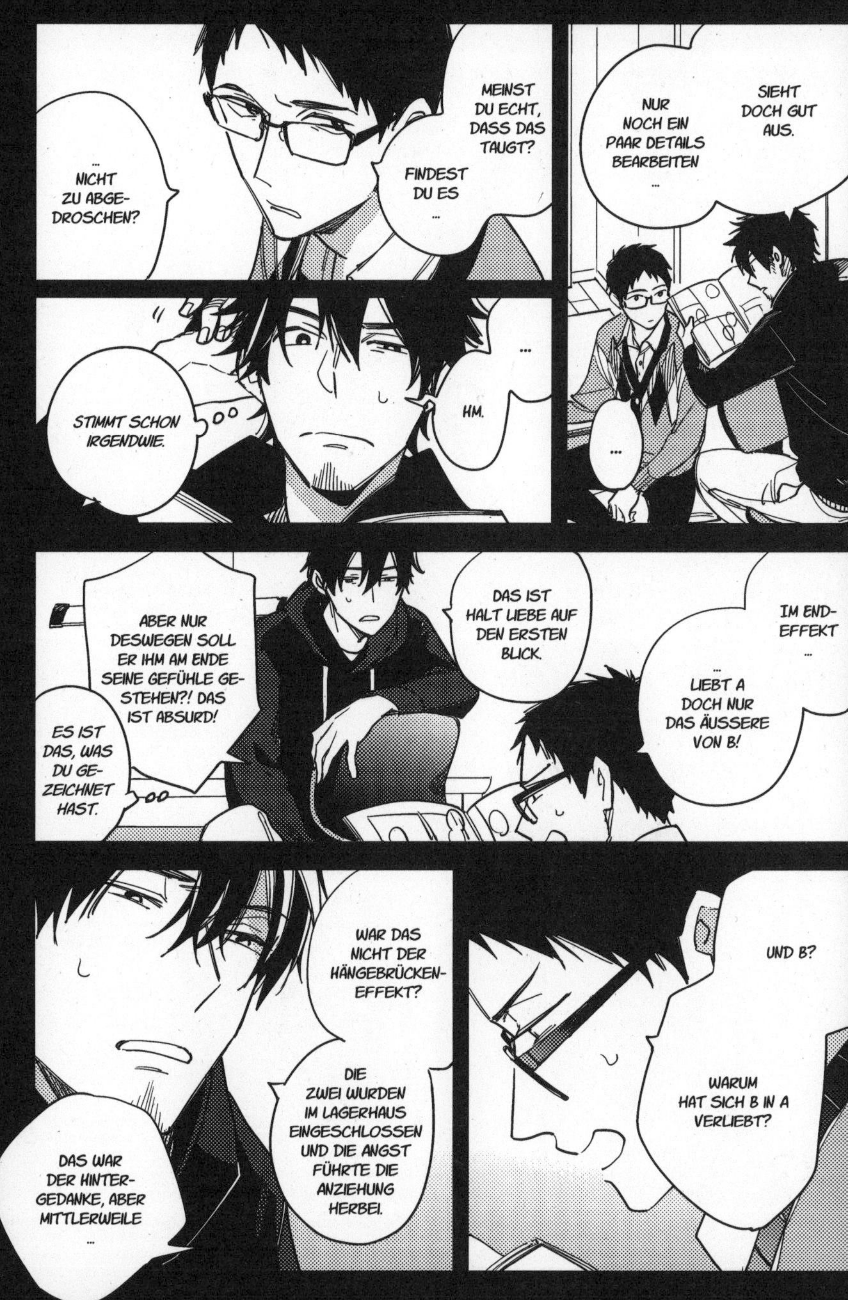
SIEHT DOCH GUT AUS.
NUR NOCH EIN PAAR DETAILS BEARBEITEN ...
MEINST DU ECHT, DASS DAS TAUGT?
FINDEST DU ES ...
... NICHT ZU ABGE-DROSCHEN?
...
...
HM.
STIMMT SCHON IRGENDWIE.
IM END-EFFEKT ...
... LIEBT A DOCH NUR DAS ÄUSSERE VON B!
DAS IST HALT LIEBE AUF DEN ERSTEN BLICK.
ABER NUR DESWEGEN SOLL ER IHM AM ENDE SEINE GEFÜHLE GE-STEHEN?! DAS IST ABSURD!
ES IST DAS, WAS DU GE-ZEICHNET HAST.
UND B?
WARUM HAT SICH B IN A VERLIEBT?
WAR DAS NICHT DER HÄNGEBRÜCKEN-EFFEKT?
DIE ZWEI WURDEN IM LAGERHAUS EINGESCHLOSSEN UND DIE ANGST FÜHRTE DIE ANZIEHUNG HERBEI.
DAS WAR DER HINTER-GEDANKE, ABER MITTLERWEILE ...

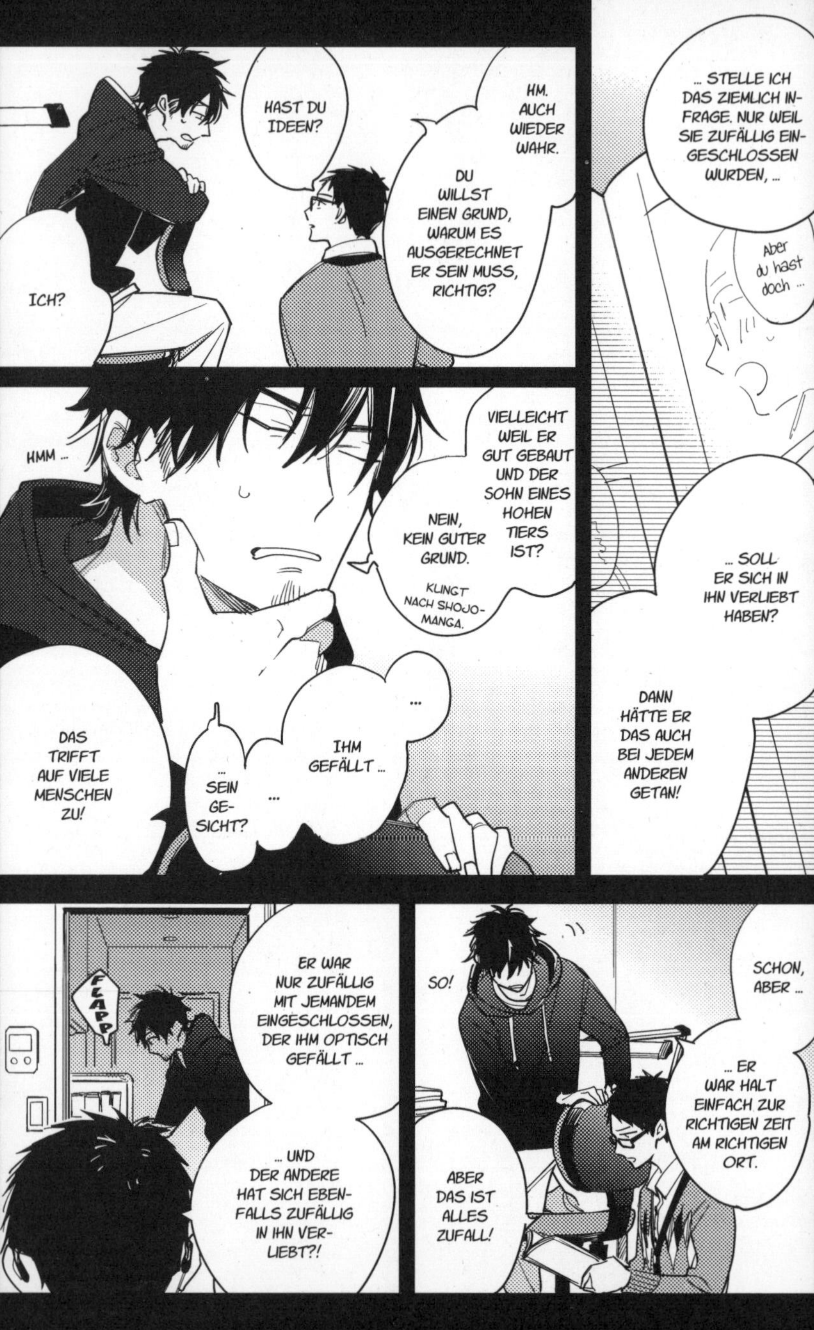
... STELLE ICH DAS ZIEMLICH INFRAGE. NUR WEIL SIE ZUFÄLLIG EINGESCHLOSSEN WURDEN, ...
Aber du hast doch ...
... SOLL ER SICH IN IHN VERLIEBT HABEN?
DANN HÄTTE ER DAS AUCH BEI JEDEM ANDEREN GETAN!
HM. AUCH WIEDER WAHR.
DU WILLST EINEN GRUND, WARUM ES AUSGERECHNET ER SEIN MUSS, RICHTIG?
HAST DU IDEEN?
ICH?
VIELLEICHT WEIL ER GUT GEBAUT UND DER SOHN EINES HOHEN TIERS IST?
NEIN, KEIN GUTER GRUND.
KLINGT NACH SHOJO-MANGA.
HMM ...
...
IHM GEFÄLLT ...
... SEIN GE-SICHT?
...
DAS TRIFFT AUF VIELE MENSCHEN ZU!
SCHON, ABER ...
... ER WAR HALT EINFACH ZUR RICHTIGEN ZEIT AM RICHTIGEN ORT.
SO!
ABER DAS IST ALLES ZUFALL!
ER WAR NUR ZUFÄLLIG MIT JEMANDEM EINGESCHLOSSEN, DER IHM OPTISCH GEFÄLLT ...
... UND DER ANDERE HAT SICH EBENFALLS ZUFÄLLIG IN IHN VERLIEBT?!
FLAPP

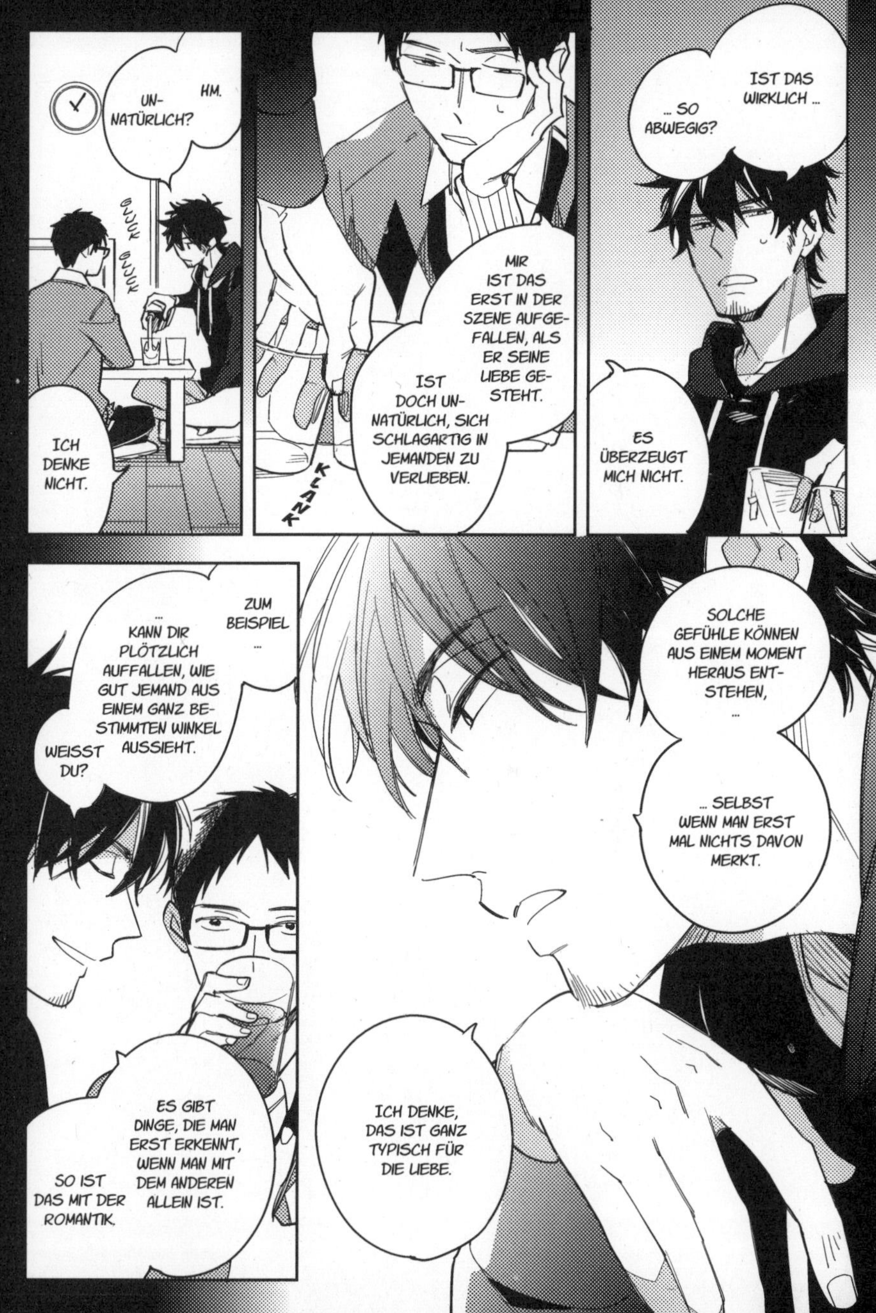
IST DAS WIRKLICH ...
... SO ABWEGIG?
ES ÜBERZEUGT MICH NICHT.
MIR IST DAS ERST IN DER SZENE AUFGEFALLEN, ALS ER SEINE LIEBE GESTEHT.
IST DOCH UNNATÜRLICH, SICH SCHLAGARTIG IN JEMANDEN ZU VERLIEBEN.
KLANK
HM.
UNNATÜRLICH?
GLUCK GLUCK
ICH DENKE NICHT.
SOLCHE GEFÜHLE KÖNNEN AUS EINEM MOMENT HERAUS ENTSTEHEN, ...
... SELBST WENN MAN ERST MAL NICHTS DAVON MERKT.
ZUM BEISPIEL ...
... KANN DIR PLÖTZLICH AUFFALLEN, WIE GUT JEMAND AUS EINEM GANZ BESTIMMTEN WINKEL AUSSIEHT.
WEISST DU?
ICH DENKE, DAS IST GANZ TYPISCH FÜR DIE LIEBE.
ES GIBT DINGE, DIE MAN ERST ERKENNT, WENN MAN MIT DEM ANDEREN ALLEIN IST.
SO IST DAS MIT DER ROMANTIK.

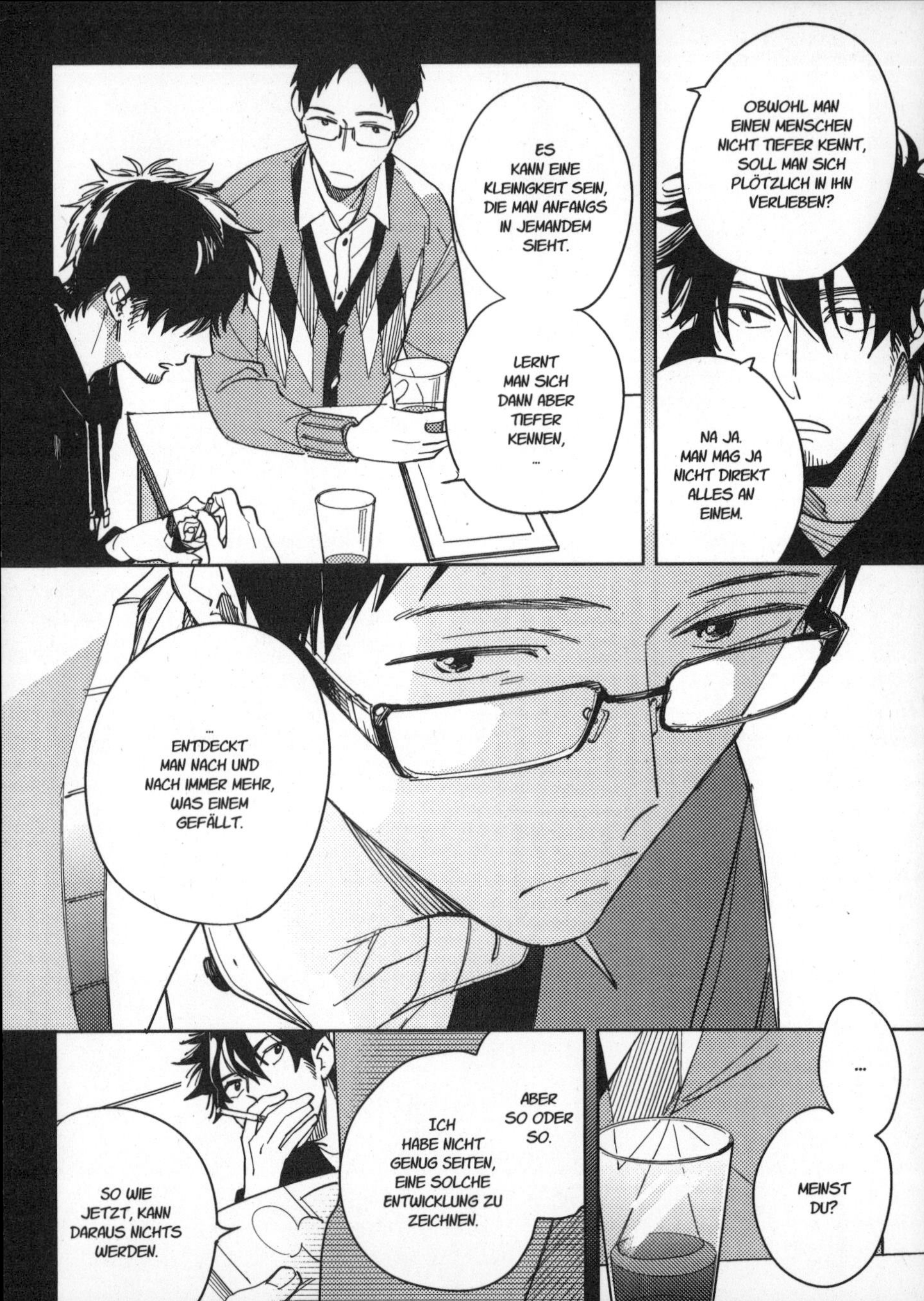
OBWOHL MAN EINEN MENSCHEN NICHT TIEFER KENNT, SOLL MAN SICH PLÖTZLICH IN IHN VERLIEBEN?
NA JA. MAN MAG JA NICHT DIREKT ALLES AN EINEM.
ES KANN EINE KLEINIGKEIT SEIN, DIE MAN ANFANGS IN JEMANDEM SIEHT.
LERNT MAN SICH DANN ABER TIEFER KENNEN, ...
... ENTDECKT MAN NACH UND NACH IMMER MEHR, WAS EINEM GEFÄLLT.
...
MEINST DU?
ABER SO ODER SO.
ICH HABE NICHT GENUG SEITEN, EINE SOLCHE ENTWICKLUNG ZU ZEICHNEN.
SO WIE JETZT, KANN DARAUS NICHTS WERDEN.

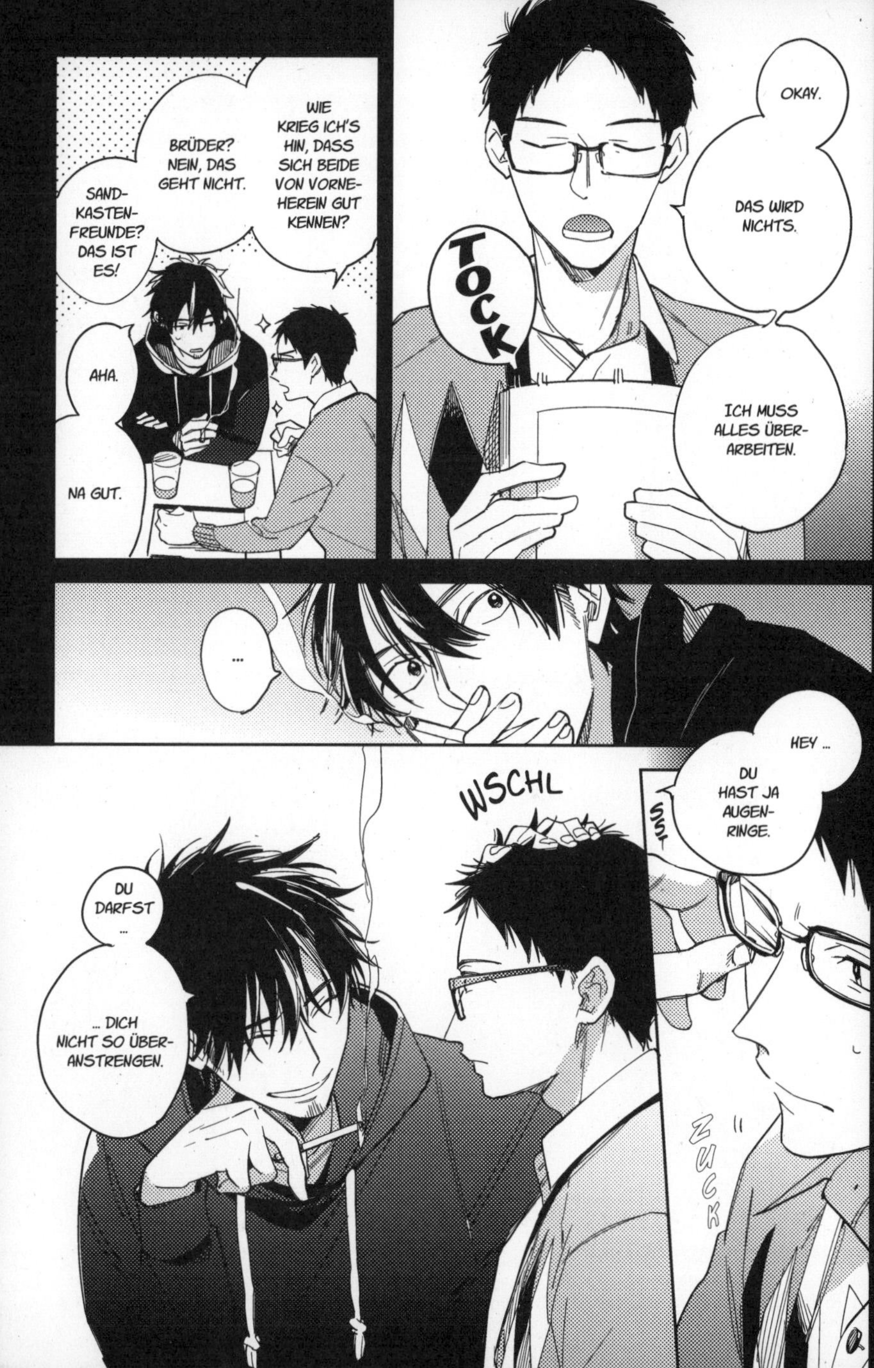
OKAY.
DAS WIRD NICHTS.
TOCK
ICH MUSS ALLES ÜBER-ARBEITEN.
WIE KRIEG ICH'S HIN, DASS SICH BEIDE VON VORNE-HEREIN GUT KENNEN?
BRÜDER? NEIN, DAS GEHT NICHT.
SAND-KASTEN-FREUNDE? DAS IST ES!
AHA.
NA GUT.
...
HEY ...
DU HAST JA AUGEN-RINGE.
WSCHL
DU DARFST ...
... DICH NICHT SO ÜBER-ANSTRENGEN.
ZUCK

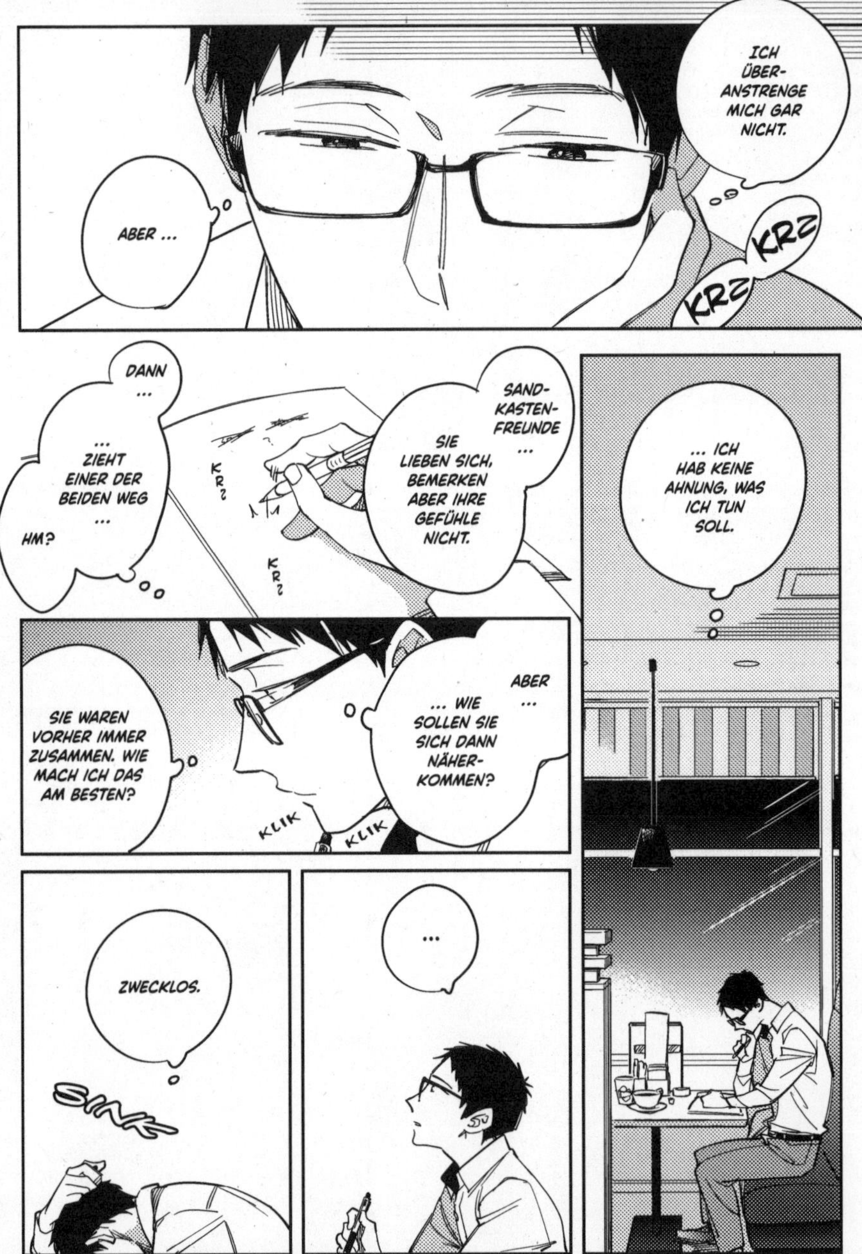
ICH ÜBER-ANSTRENGE MICH GAR NICHT.
ABER ...
KRZ KRZ
KRZ
... ICH HAB KEINE AHNUNG, WAS ICH TUN SOLL.
SANDKASTEN-FREUNDE ...
SIE LIEBEN SICH, BEMERKEN ABER IHRE GEFÜHLE NICHT.
DANN ...
... ZIEHT EINER DER BEIDEN WEG ...
HM?
KRZ
KRZ
ABER ...
... WIE SOLLEN SIE SICH DANN NÄHER-KOMMEN?
SIE WAREN VORHER IMMER ZUSAMMEN. WIE MACH ICH DAS AM BESTEN?
KLIK
KLIK
...
ZWECKLOS.
SINK

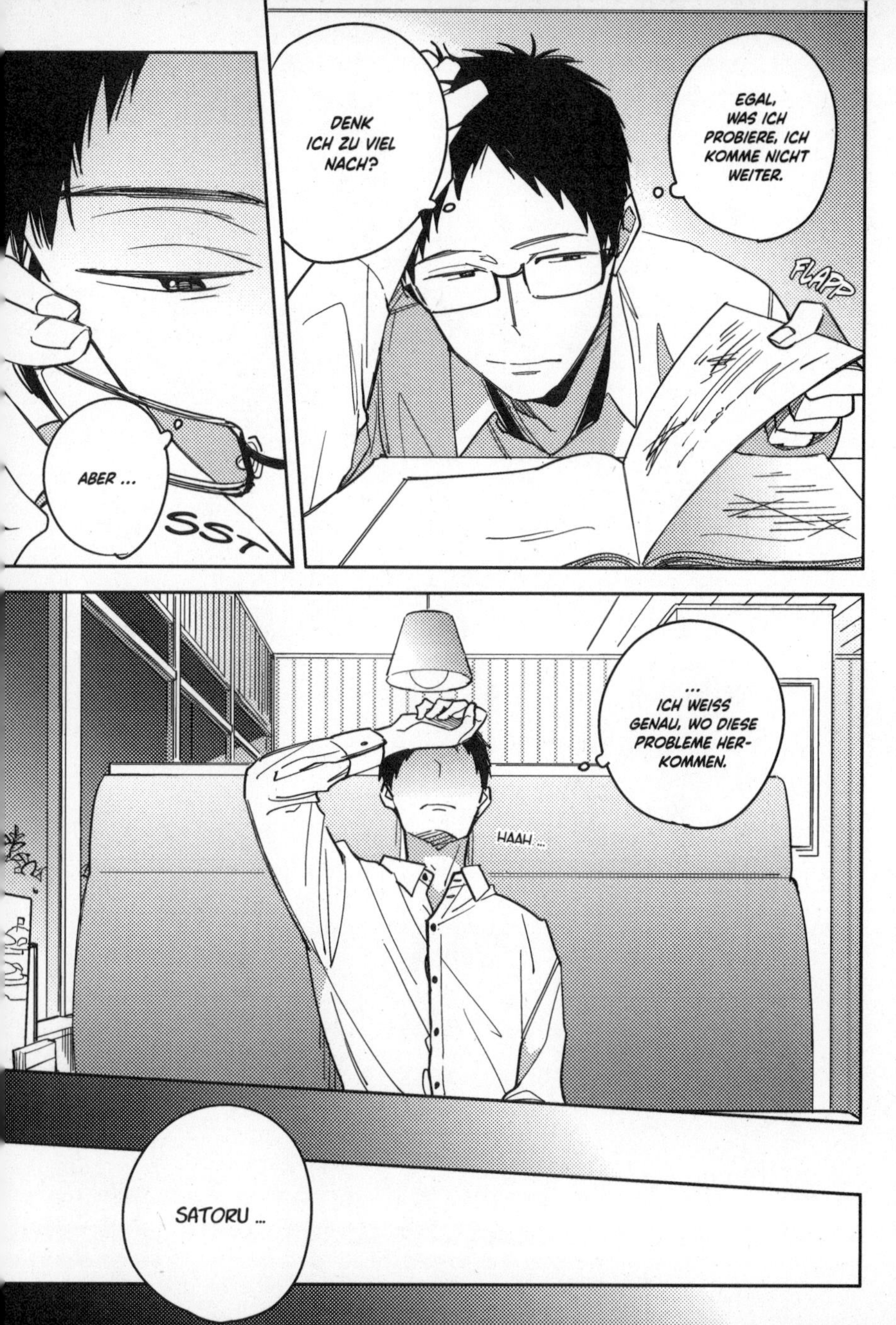
EGAL, WAS ICH PROBIERE, ICH KOMME NICHT WEITER.
FLAPP
DENK ICH ZU VIEL NACH?
ABER ...
SST
... ICH WEISS GENAU, WO DIESE PROBLEME HER-KOMMEN.
HAAH ...
SATORU ...

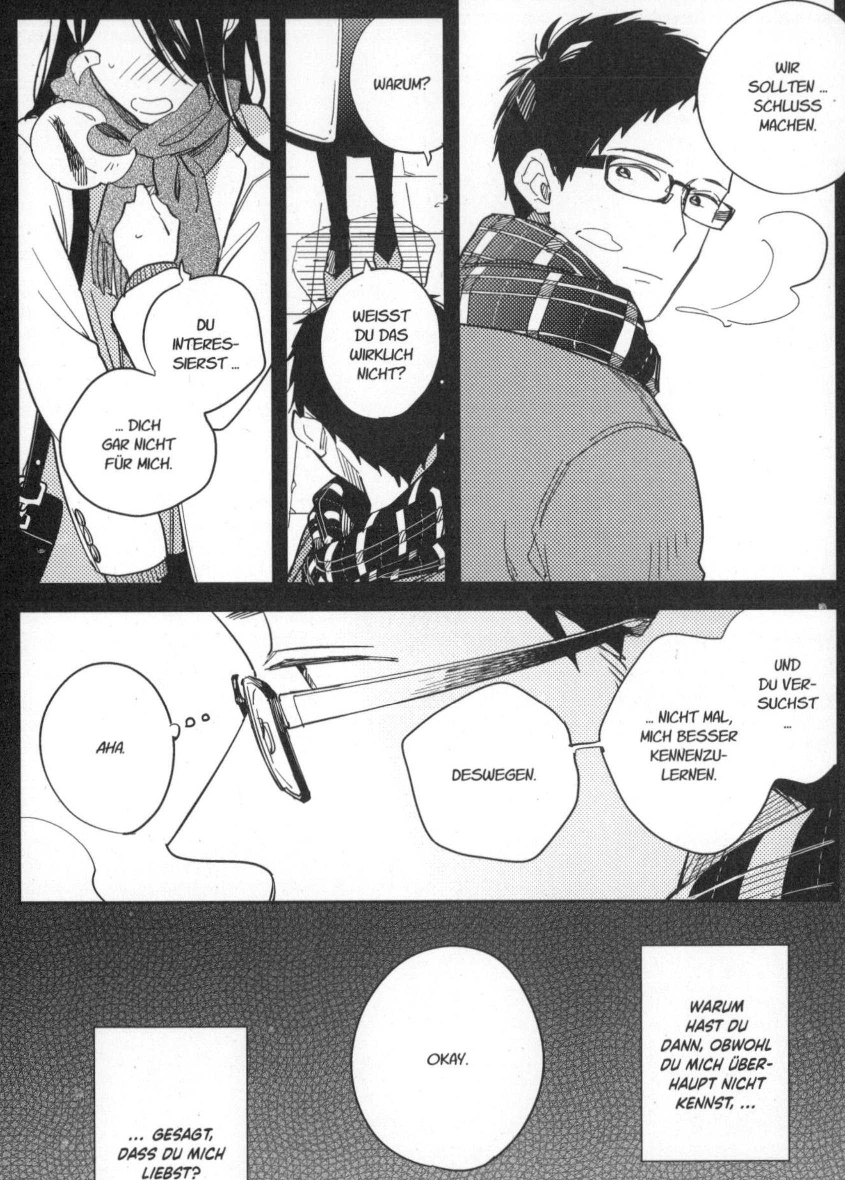

WIR SOLLTEN ... SCHLUSS MACHEN.
WARUM?
WEISST DU DAS WIRKLICH NICHT?
DU INTERESSIERST ...
... DICH GAR NICHT FÜR MICH.
UND DU VERSUCHST ...
... NICHT MAL, MICH BESSER KENNENZULERNEN.
DESWEGEN.
AHA.
WARUM HAST DU DANN, OBWOHL DU MICH ÜBERHAUPT NICHT KENNST, ...
OKAY.
... GESAGT, DASS DU MICH LIEBST?

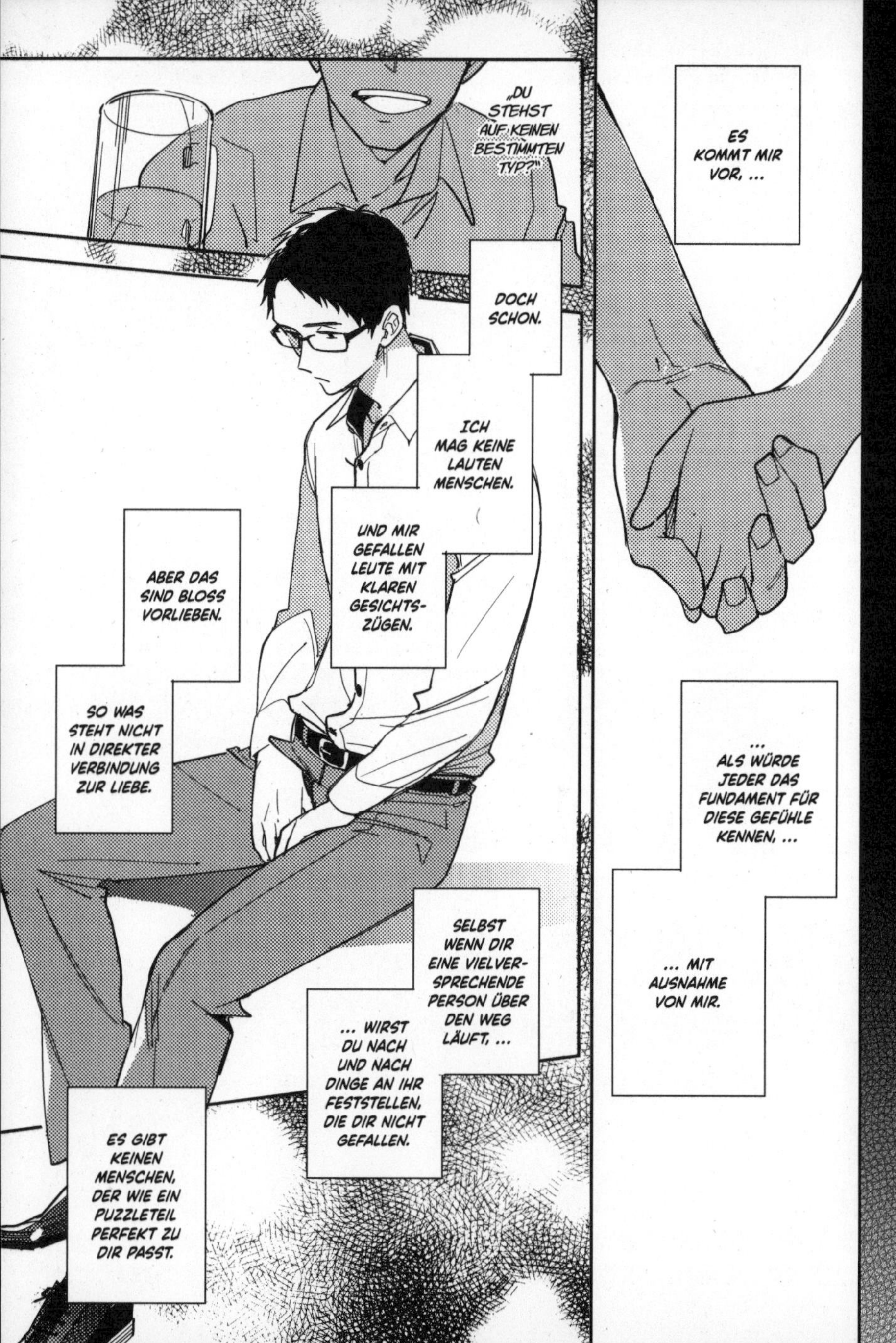
„DU STEHST AUF KEINEN BESTIMMTEN TYP?"
DOCH SCHON.
ICH MAG KEINE LAUTEN MENSCHEN.
UND MIR GEFALLEN LEUTE MIT KLAREN GESICHTS-ZÜGEN.
ABER DAS SIND BLOSS VORLIEBEN.
SO WAS STEHT NICHT IN DIREKTER VERBINDUNG ZUR LIEBE.
SELBST WENN DIR EINE VIELVER-SPRECHENDE PERSON ÜBER DEN WEG LÄUFT, ...
... WIRST DU NACH UND NACH DINGE AN IHR FESTSTELLEN, DIE DIR NICHT GEFALLEN.
ES GIBT KEINEN MENSCHEN, DER WIE EIN PUZZLETEIL PERFEKT ZU DIR PASST.
ES KOMMT MIR VOR, ...
... ALS WÜRDE JEDER DAS FUNDAMENT FÜR DIESE GEFÜHLE KENNEN, ...
... MIT AUSNAHME VON MIR.

DESWEGEN WILL ICH NIEMANDEN TIEFER KENNEN-LERNEN.

ICH WILL NICHTS ÜBER ANDERE WISSEN ...

... UND ICH WILL NICHT, DASS SIE ETWAS ÜBER MICH ERFAHREN.

KENNT MAN DEN ANDEREN NICHT, KANN MAN SICH AUCH NICHT IN IHN VER-LIEBEN.

LÄSST MAN ANDERE NICHTS ÜBER SICH WISSEN, ENTFERNEN SIE SICH VON EINEM.

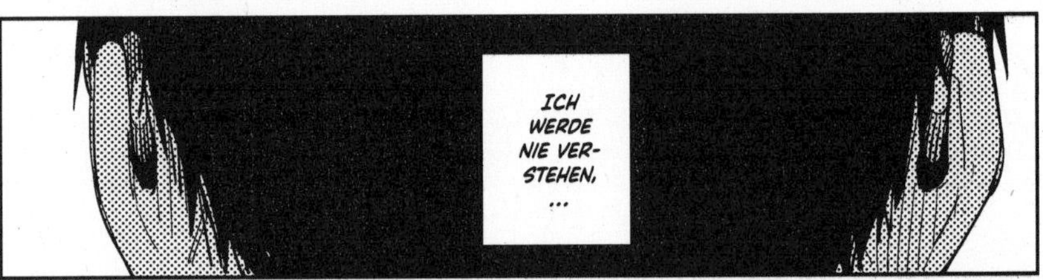

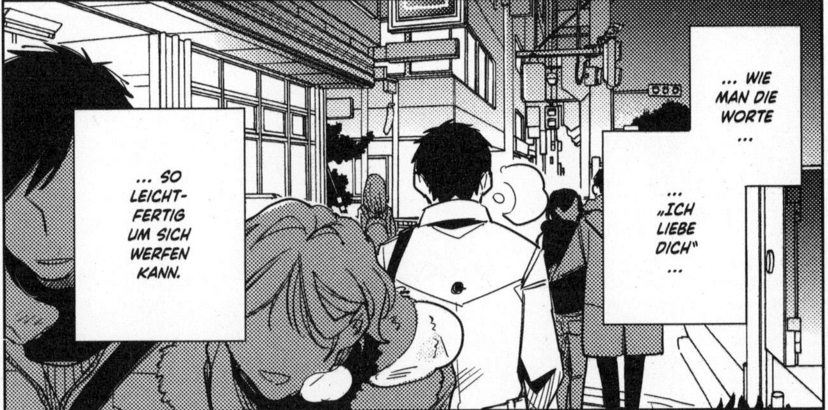

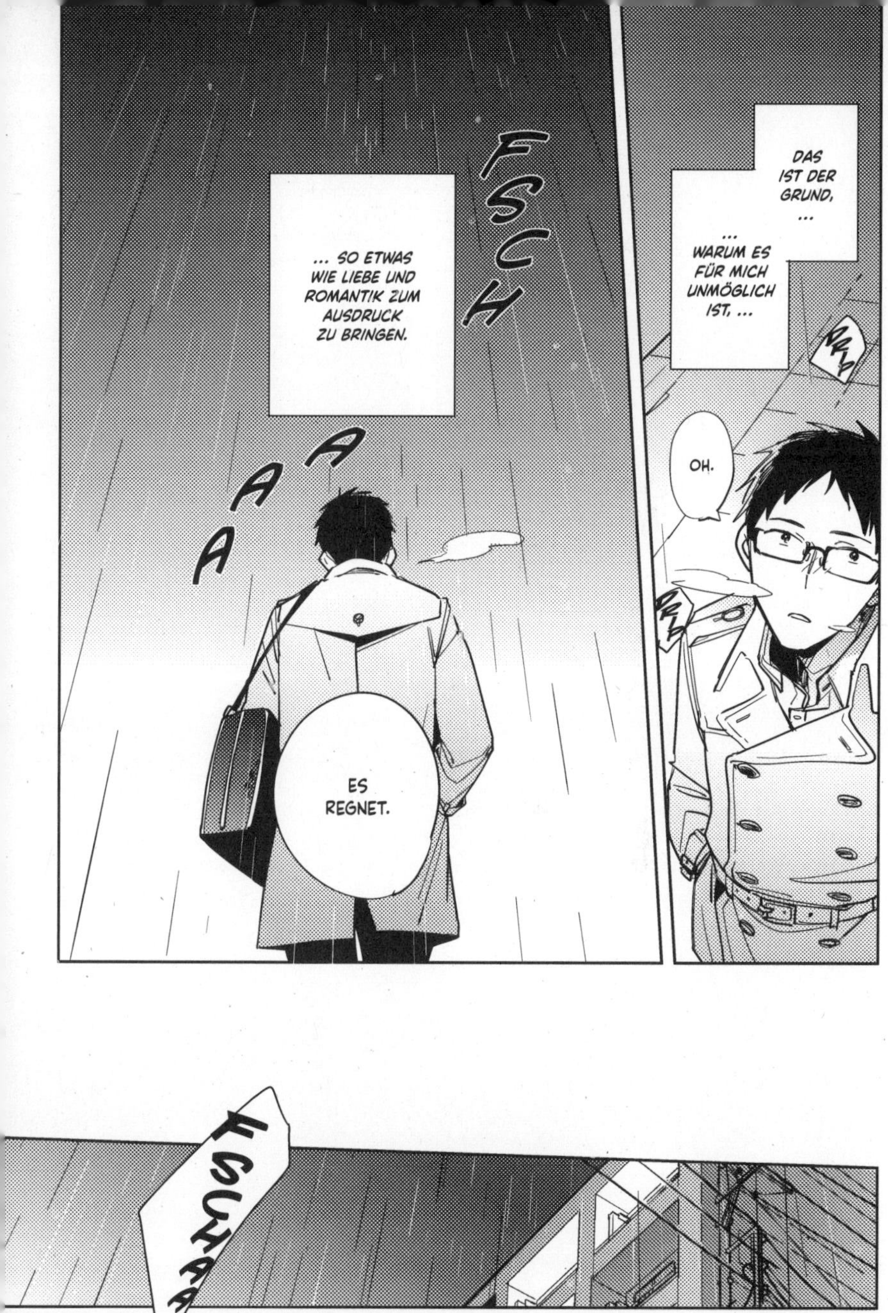

DAS IST DER GRUND, ...

... WARUM ES FÜR MICH UNMÖGLICH IST, ...

OH.

... SO ETWAS WIE LIEBE UND ROMANTIK ZUM AUSDRUCK ZU BRINGEN.

FSCH

AAA

ES REGNET.

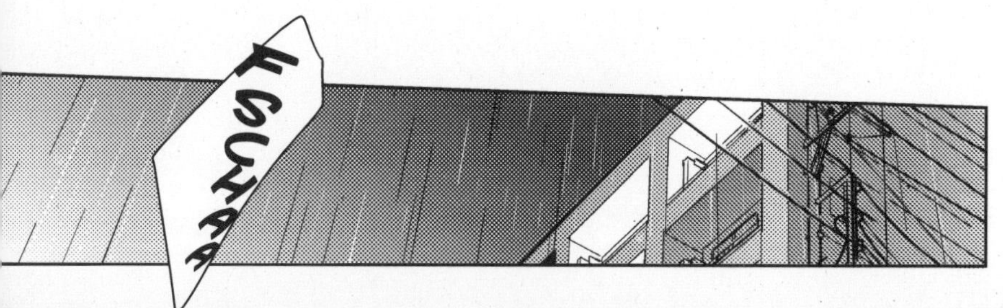

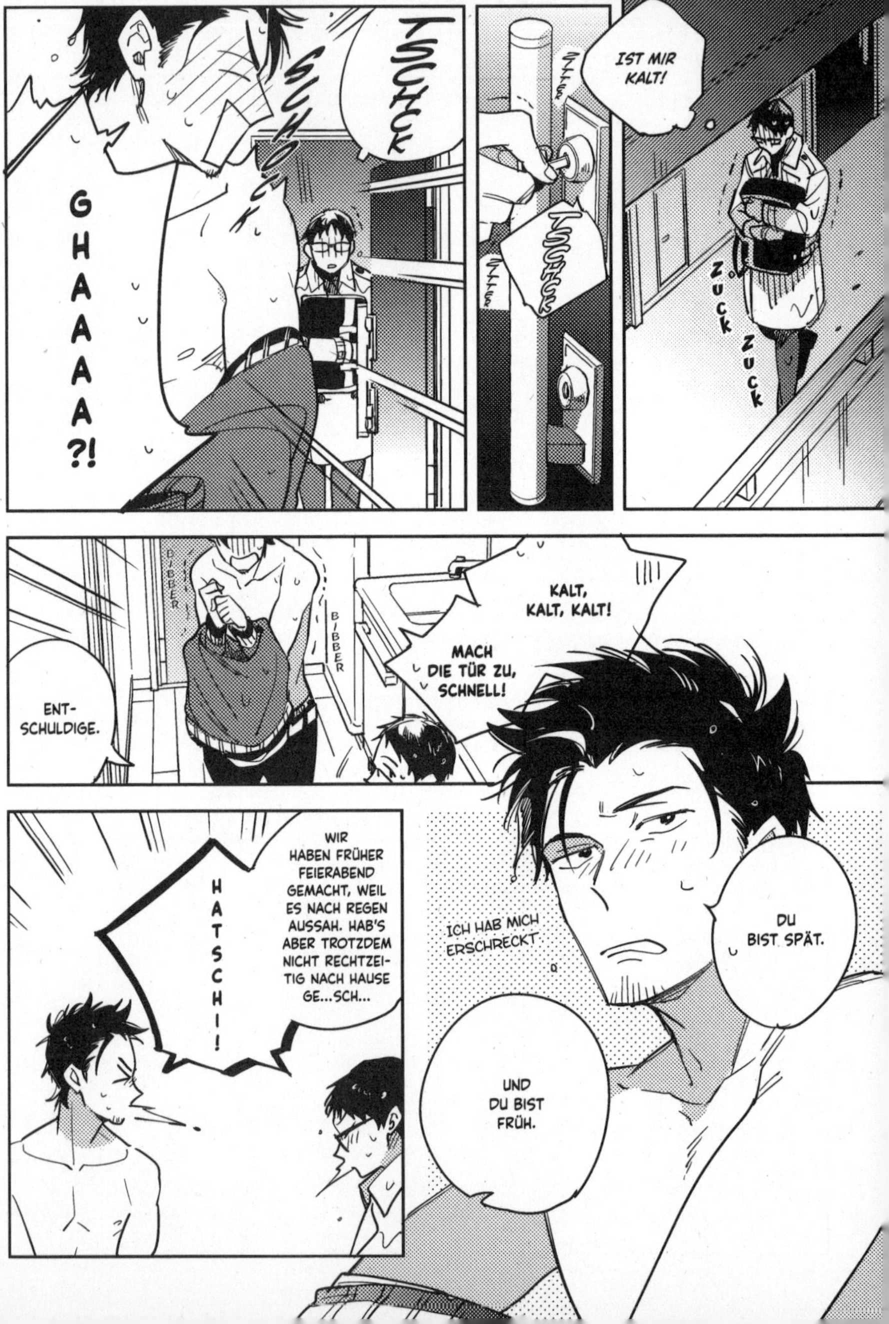

IST MIR KALT!
ZUCK ZUCK
ZITTER
TSCHACK
ZITTER
TSCHACK
SCHOCK
GHAAAAA?!
KALT, KALT, KALT!
MACH DIE TÜR ZU, SCHNELL!
BIBBER
BIBBER
ENT-SCHULDIGE.
DU BIST SPÄT.
UND DU BIST FRÜH.
ICH HAB MICH ERSCHRECKT
WIR HABEN FRÜHER FEIERABEND GEMACHT, WEIL ES NACH REGEN AUSSAH. HAB'S ABER TROTZDEM NICHT RECHTZEI-TIG NACH HAUSE GE...SCH...
HATSCHI!

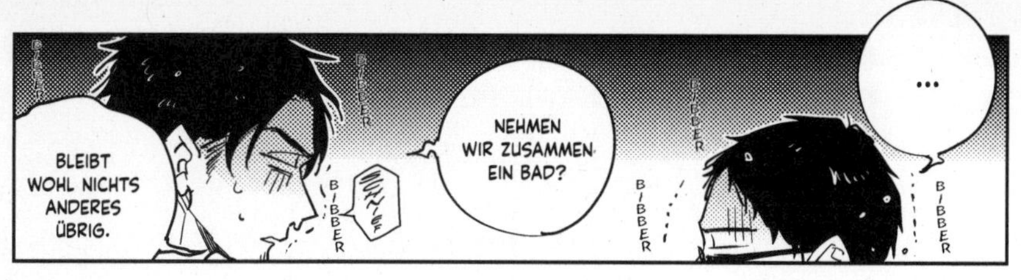
...
BIBBER
BIBBER
NEHMEN WIR ZUSAMMEN EIN BAD?
SCHNIEF
BIBBER
BIBBER
BLEIBT WOHL NICHTS ANDERES ÜBRIG.
BIBBER

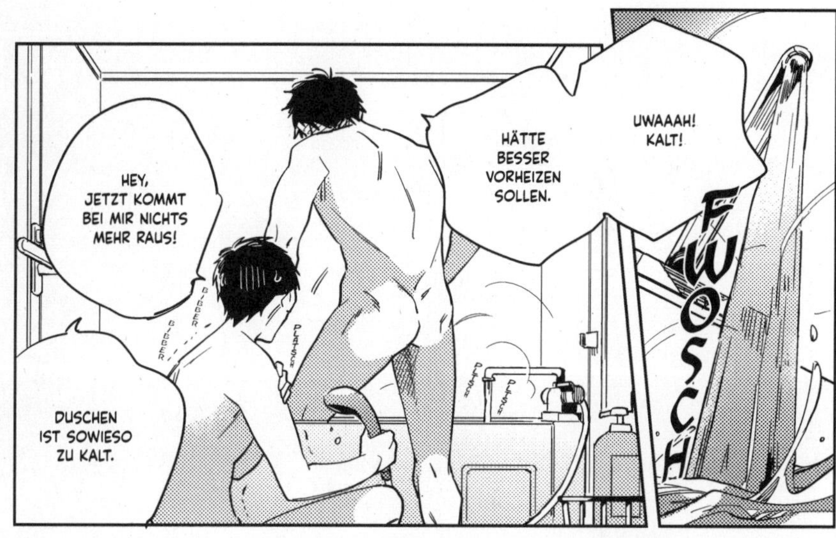
UWAAAH! KALT!
FWOSCH
HÄTTE BESSER VORHEIZEN SOLLEN.
HEY, JETZT KOMMT BEI MIR NICHTS MEHR RAUS!
BIBBER
BIBBER
PLATSCH
DUSCHEN IST SOWIESO ZU KALT.

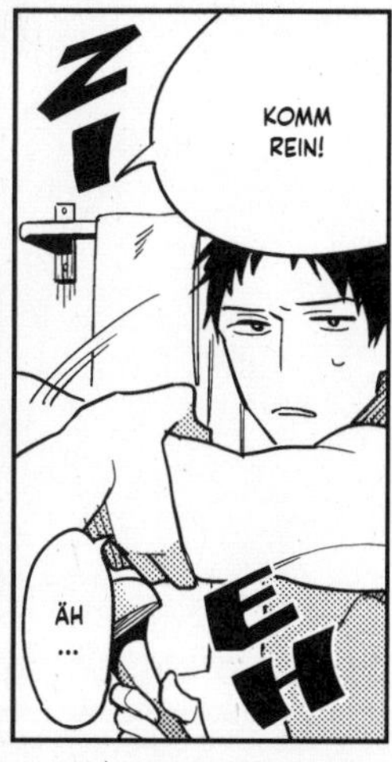
KOMM REIN!
ZI
EH
ÄH ...

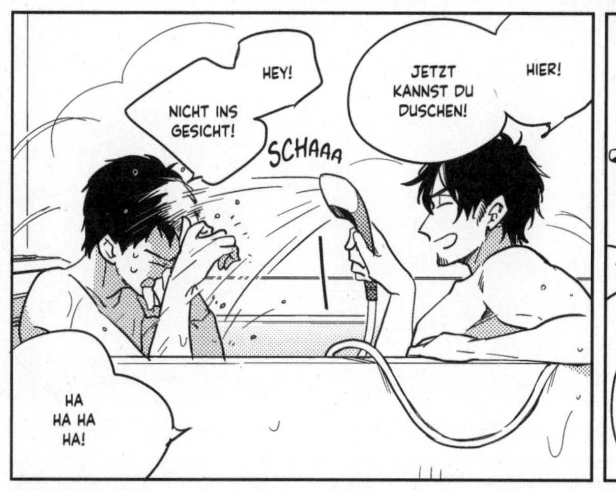
HIER!
JETZT KANNST DU DUSCHEN!
HEY!
NICHT INS GESICHT!
SCHAAA
HA HA HA HA!

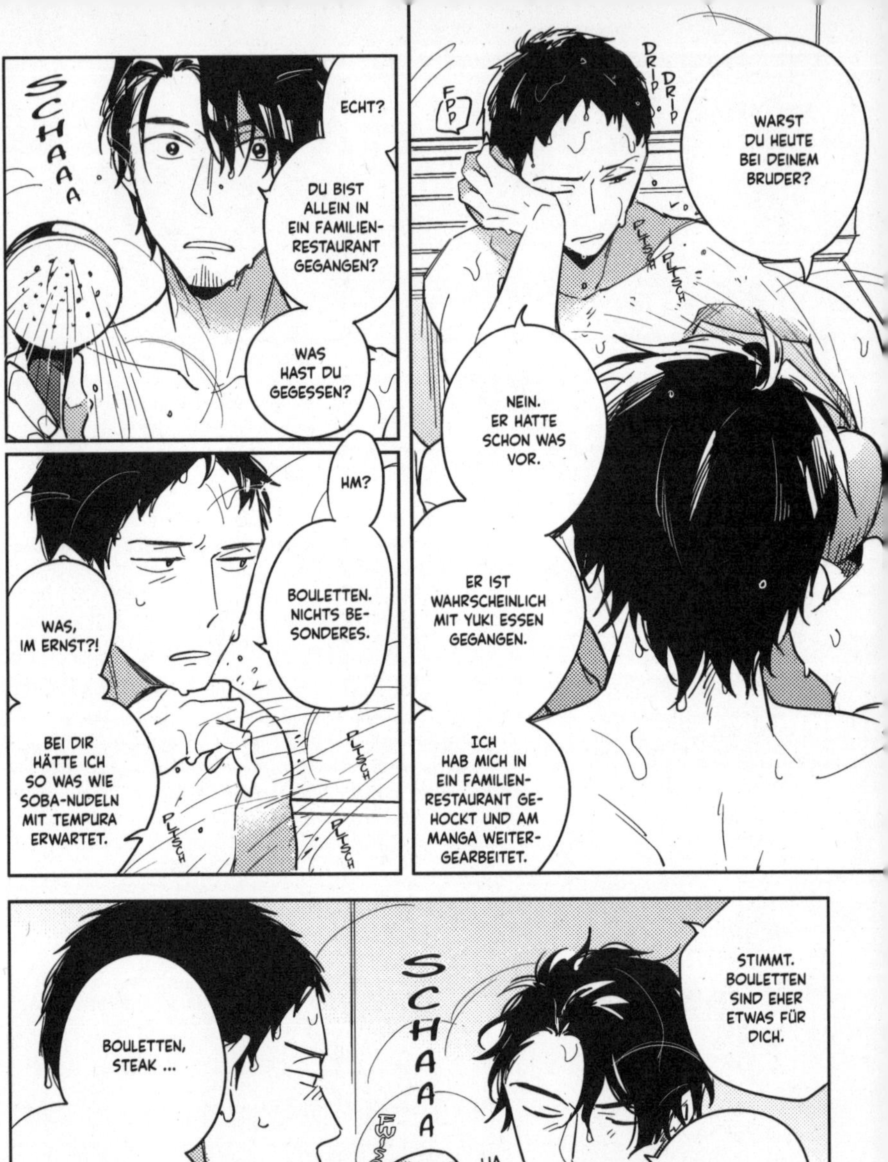

FPP
DRIP DRIP
WARST DU HEUTE BEI DEINEM BRUDER?
PLITSCH PLITSCH
NEIN. ER HATTE SCHON WAS VOR.
ER IST WAHRSCHEINLICH MIT YUKI ESSEN GEGANGEN.
ICH HAB MICH IN EIN FAMILIEN-RESTAURANT GEHOCKT UND AM MANGA WEITERGEARBEITET.
SCHAAA
ECHT?
DU BIST ALLEIN IN EIN FAMILIEN-RESTAURANT GEGANGEN?
WAS HAST DU GEGESSEN?
HM?
BOULETTEN. NICHTS BESONDERES.
WAS, IM ERNST?!
BEI DIR HÄTTE ICH SO WAS WIE SOBA-NUDELN MIT TEMPURA ERWARTET.
PLITSCH PLITSCH PLITSCH

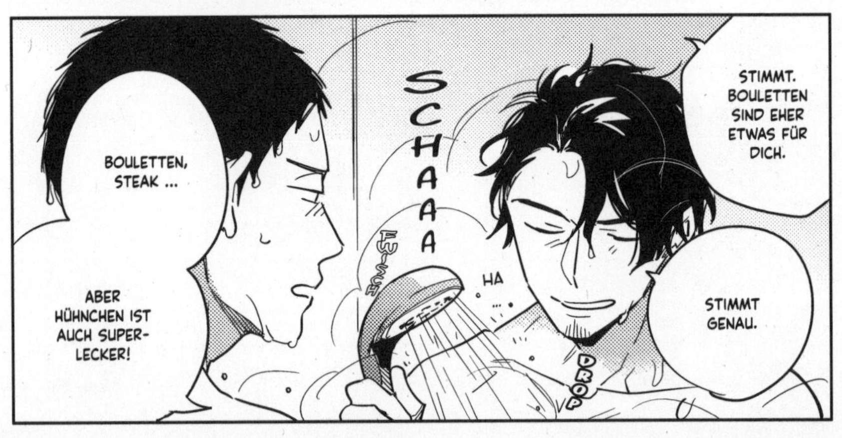

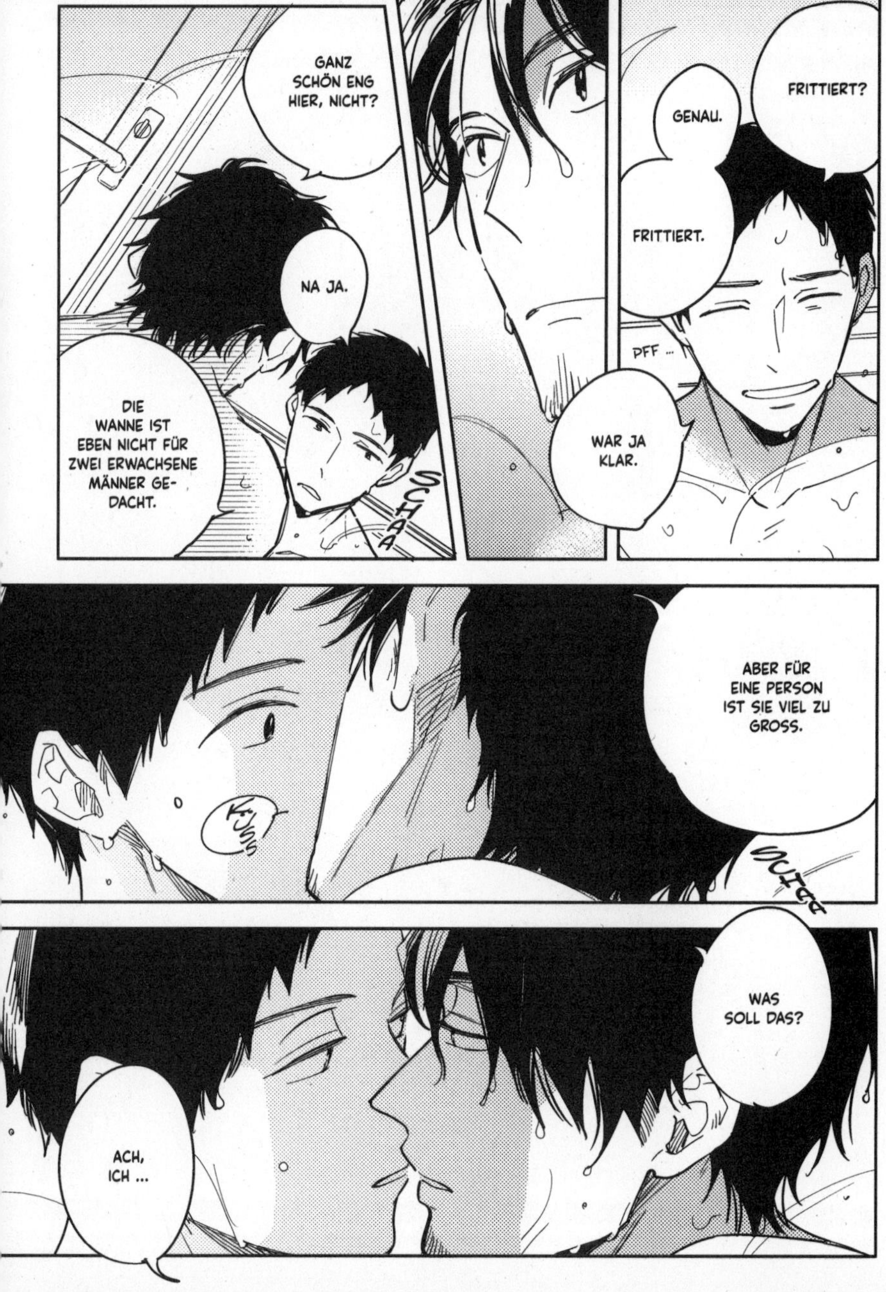

FRITTIERT?
GENAU.
FRITTIERT.
PFF ...
WAR JA KLAR.
GANZ SCHÖN ENG HIER, NICHT?
NA JA.
DIE WANNE IST EBEN NICHT FÜR ZWEI ERWACHSENE MÄNNER GEDACHT.
SCHAA

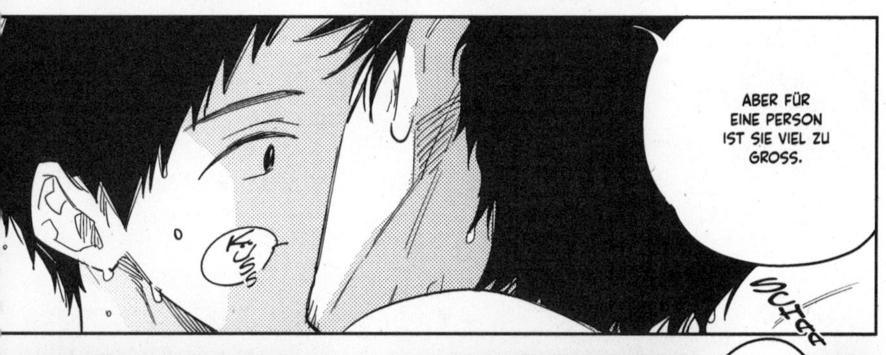

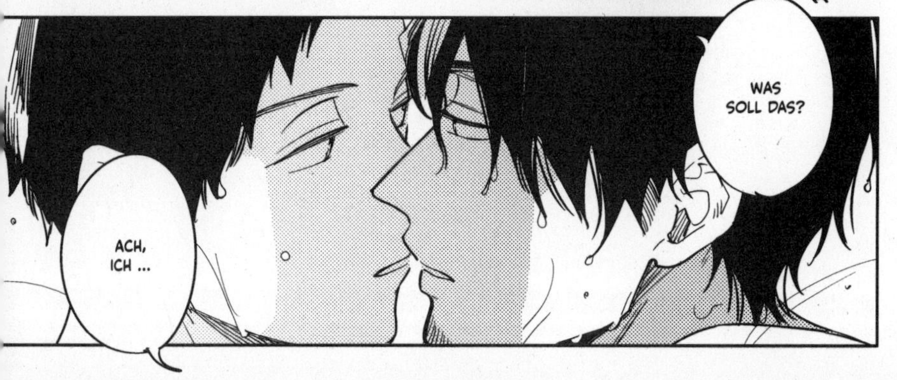

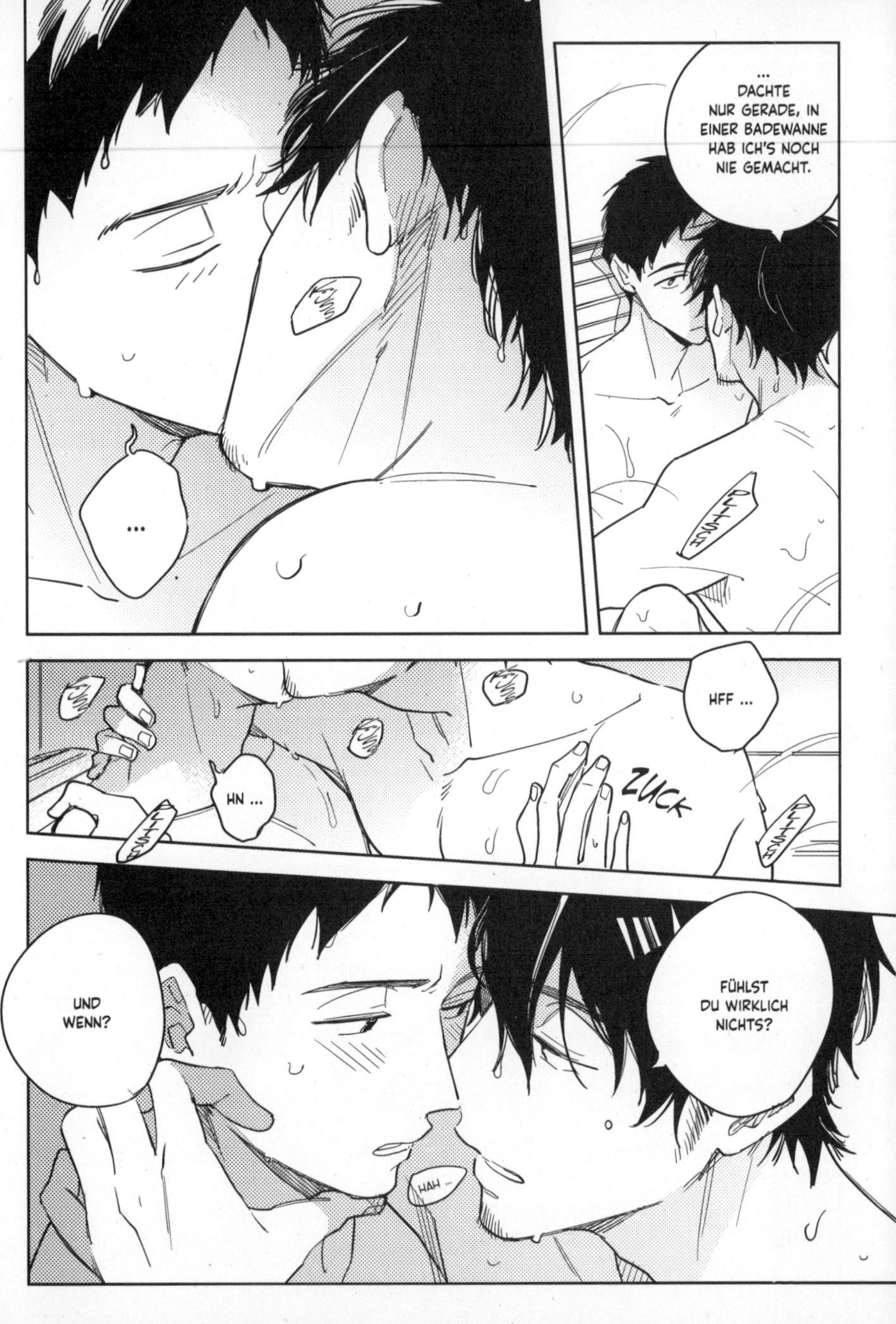
... DACHTE NUR GERADE, IN EINER BADEWANNE HAB ICH'S NOCH NIE GEMACHT.
PLITSCH
...
HFF ...
PLITSCH
ZUCK
HN ...
PLITSCH
FÜHLST DU WIRKLICH NICHTS?
UND WENN?
HAH ...

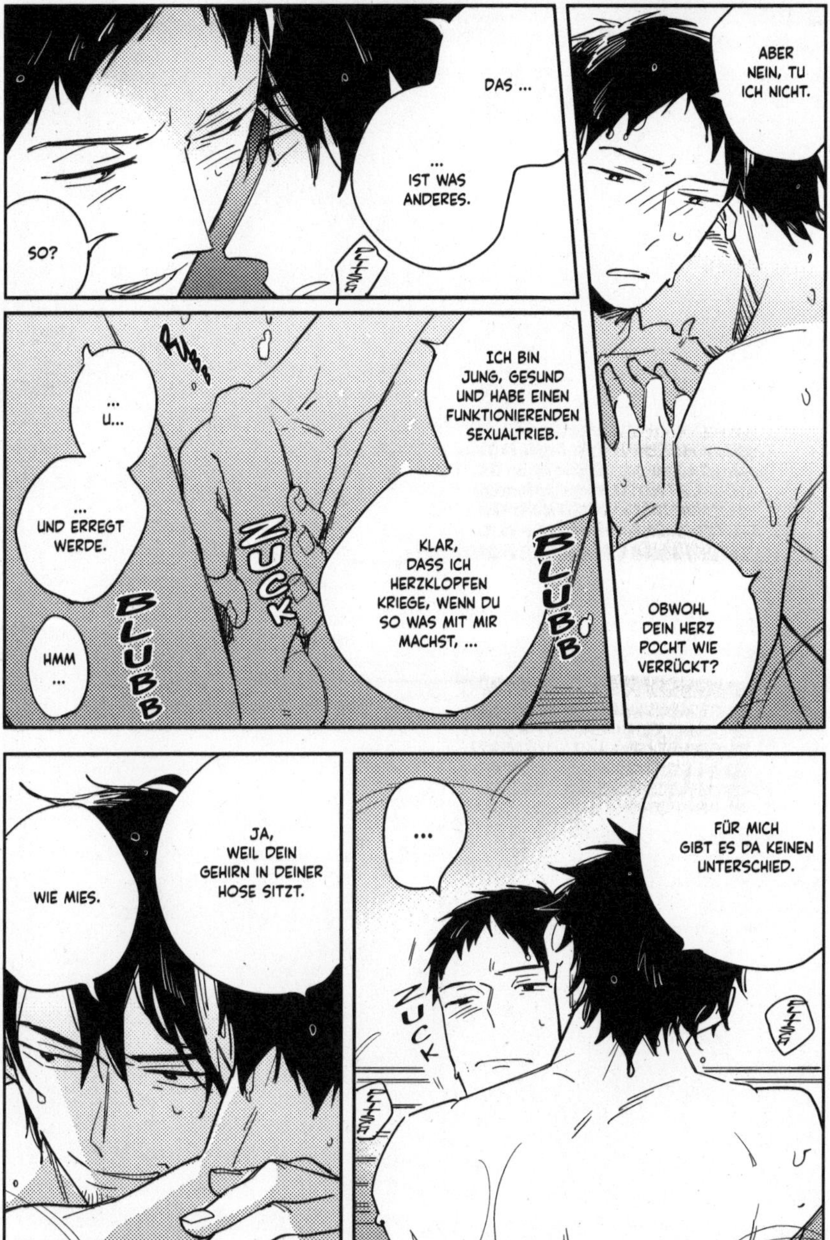

ABER NEIN, TU ICH NICHT.
OBWOHL DEIN HERZ POCHT WIE VERRÜCKT?
DAS ...
... IST WAS ANDERES.
SO?
KLAR, DASS ICH HERZKLOPFEN KRIEGE, WENN DU SO WAS MIT MIR MACHST, ...
BLUBB
ICH BIN JUNG, GESUND UND HABE EINEN FUNKTIONIERENDEN SEXUALTRIEB.
ZUCK
... U...
... UND ERREGT WERDE.
BLUBB
HMM ...
FÜR MICH GIBT ES DA KEINEN UNTERSCHIED.
...
ZUCK
JA, WEIL DEIN GEHIRN IN DEINER HOSE SITZT.
WIE MIES.

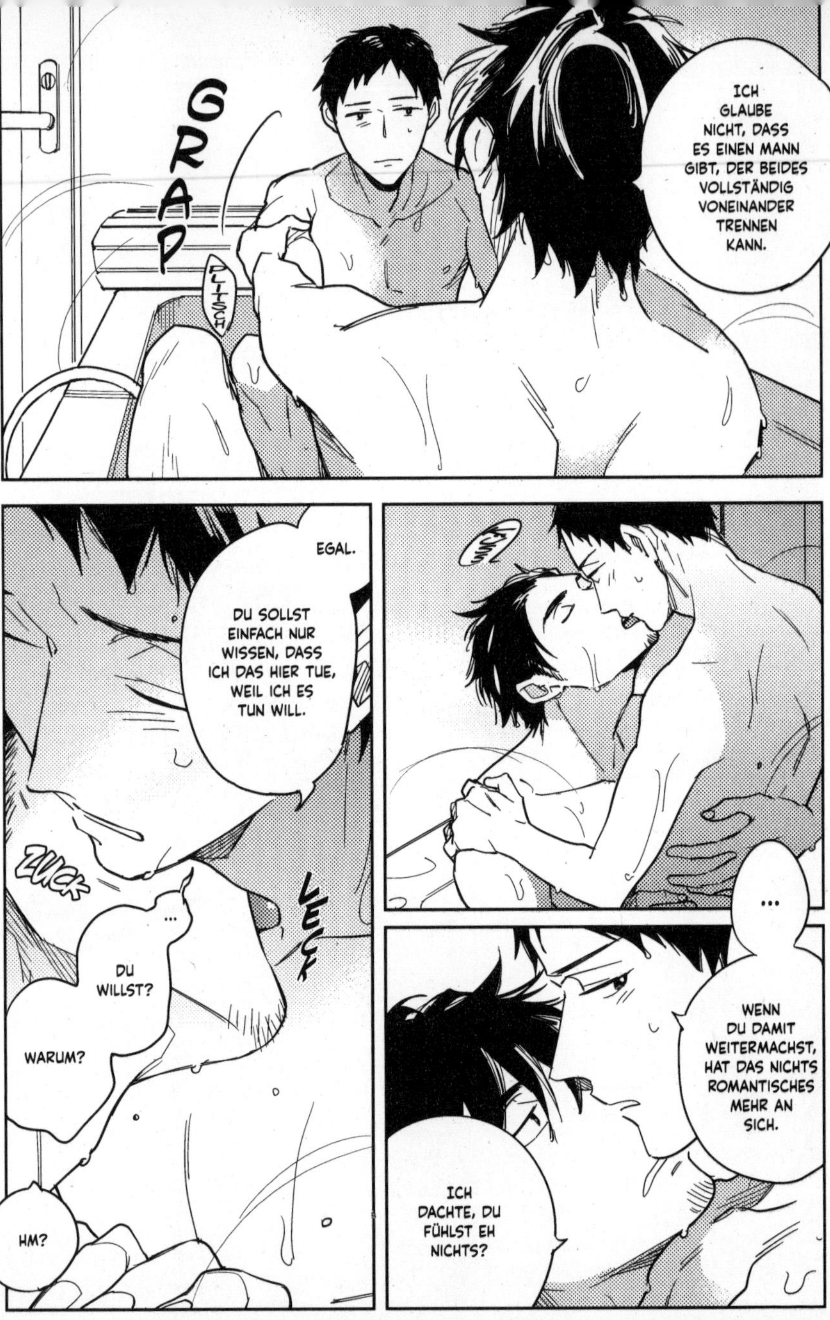

GRAP

PLITSCH

ICH GLAUBE NICHT, DASS ES EINEN MANN GIBT, DER BEIDES VOLLSTÄNDIG VONEINANDER TRENNEN KANN.

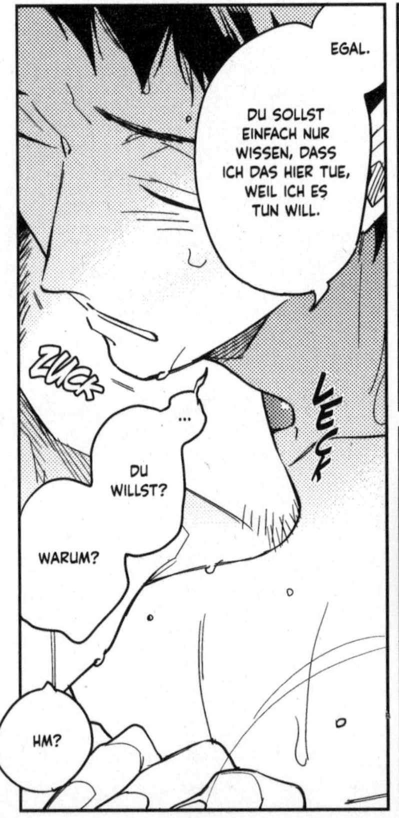

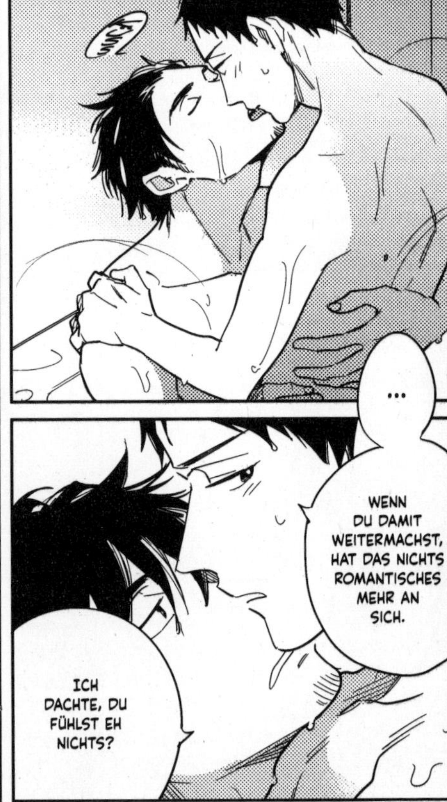

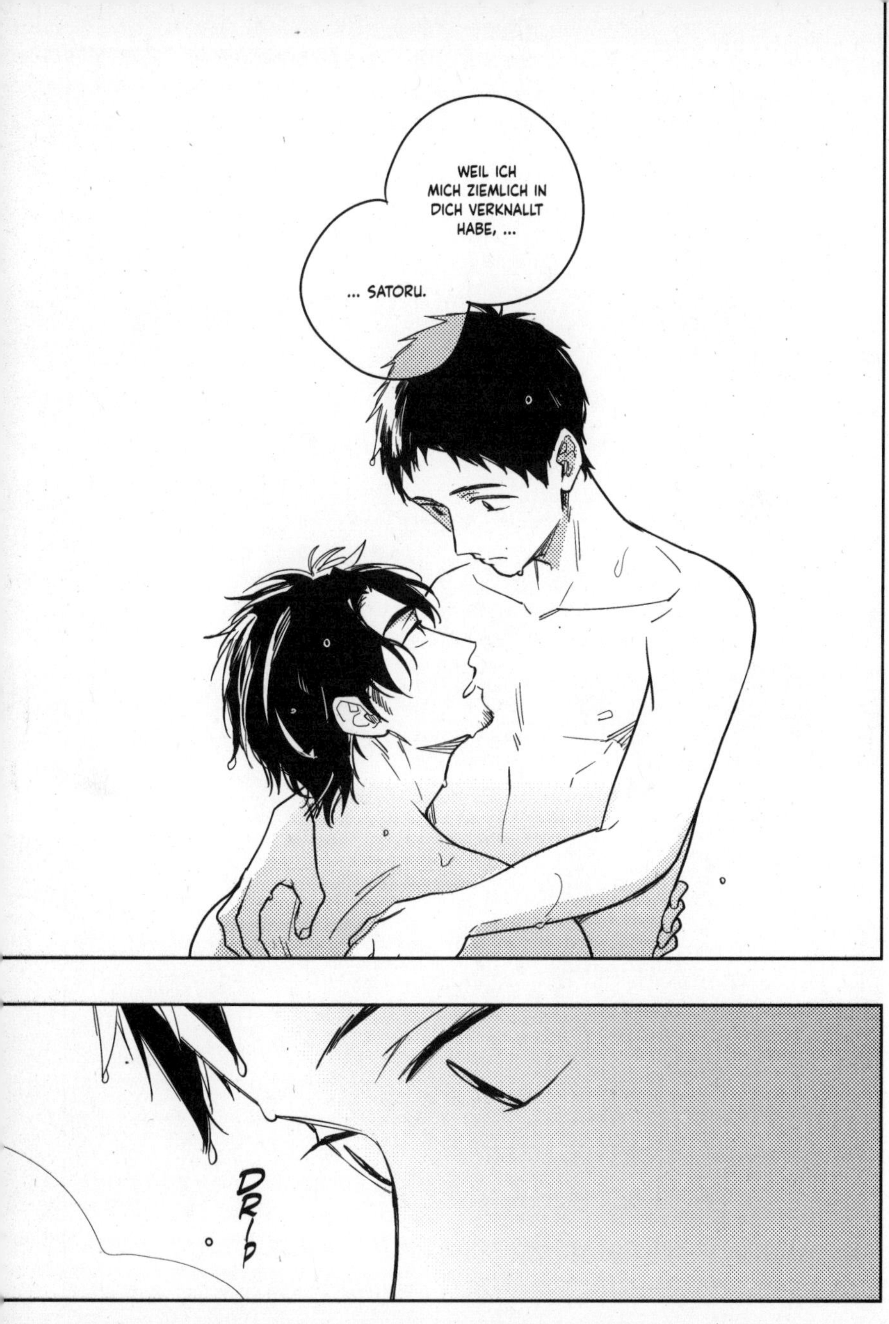

WEIL ICH MICH ZIEMLICH IN DICH VERKNALLT HABE, ...

... SATORU.

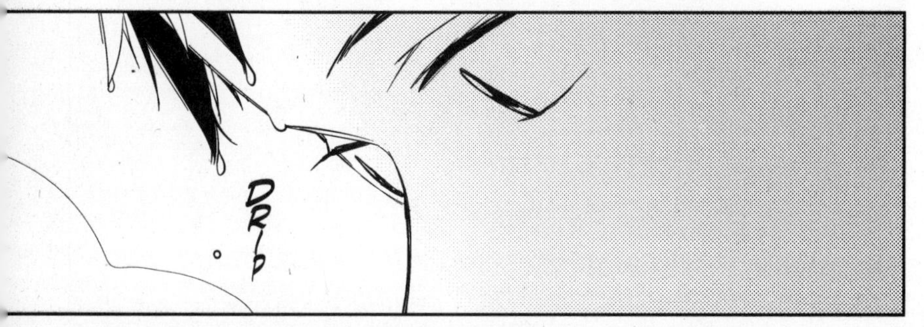

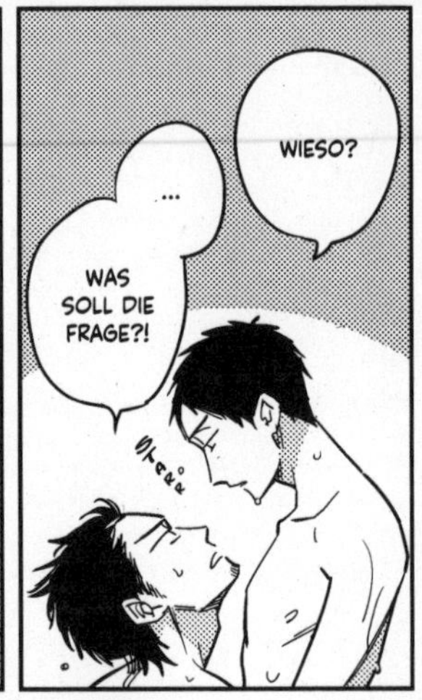
WIESO?
...
WAS SOLL DIE FRAGE?!

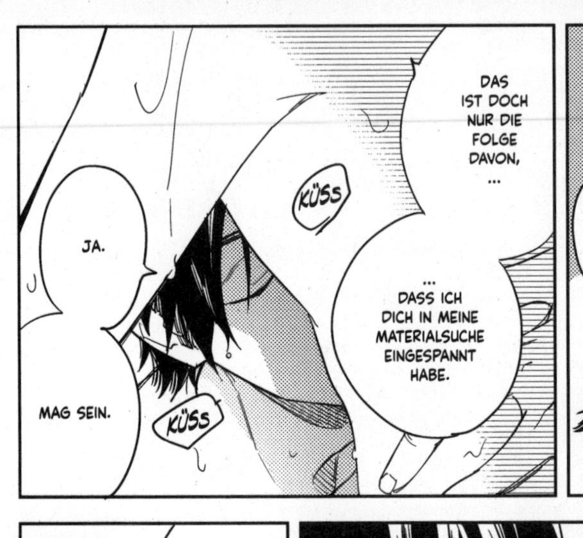
DAS IST DOCH NUR DIE FOLGE DAVON, ...
... DASS ICH DICH IN MEINE MATERIALSUCHE EINGESPANNT HABE.
KÜSS
KÜSS
JA.
MAG SEIN.

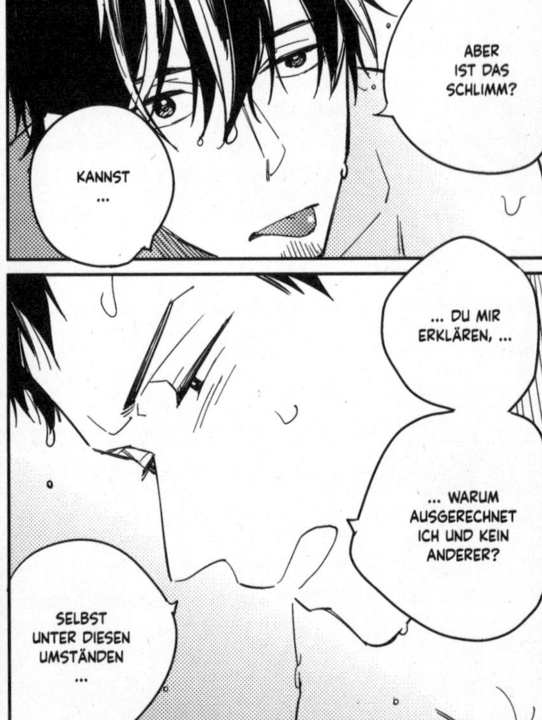
ABER IST DAS SCHLIMM?
KANNST ...
... DU MIR ERKLÄREN, ...
... WARUM AUSGERECHNET ICH UND KEIN ANDERER?
SELBST UNTER DIESEN UMSTÄNDEN ...

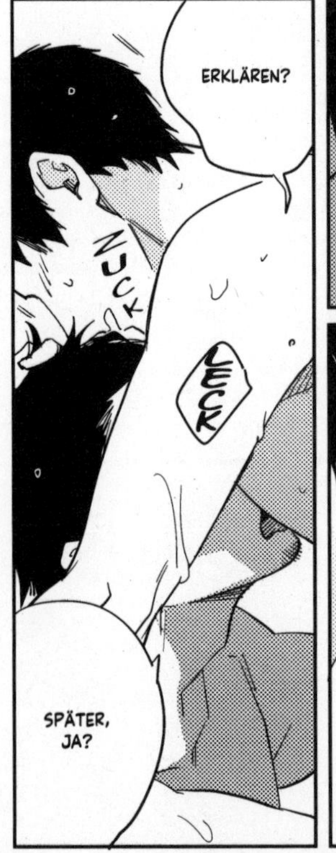
ERKLÄREN?
NUCK
LECK
SPÄTER, JA?

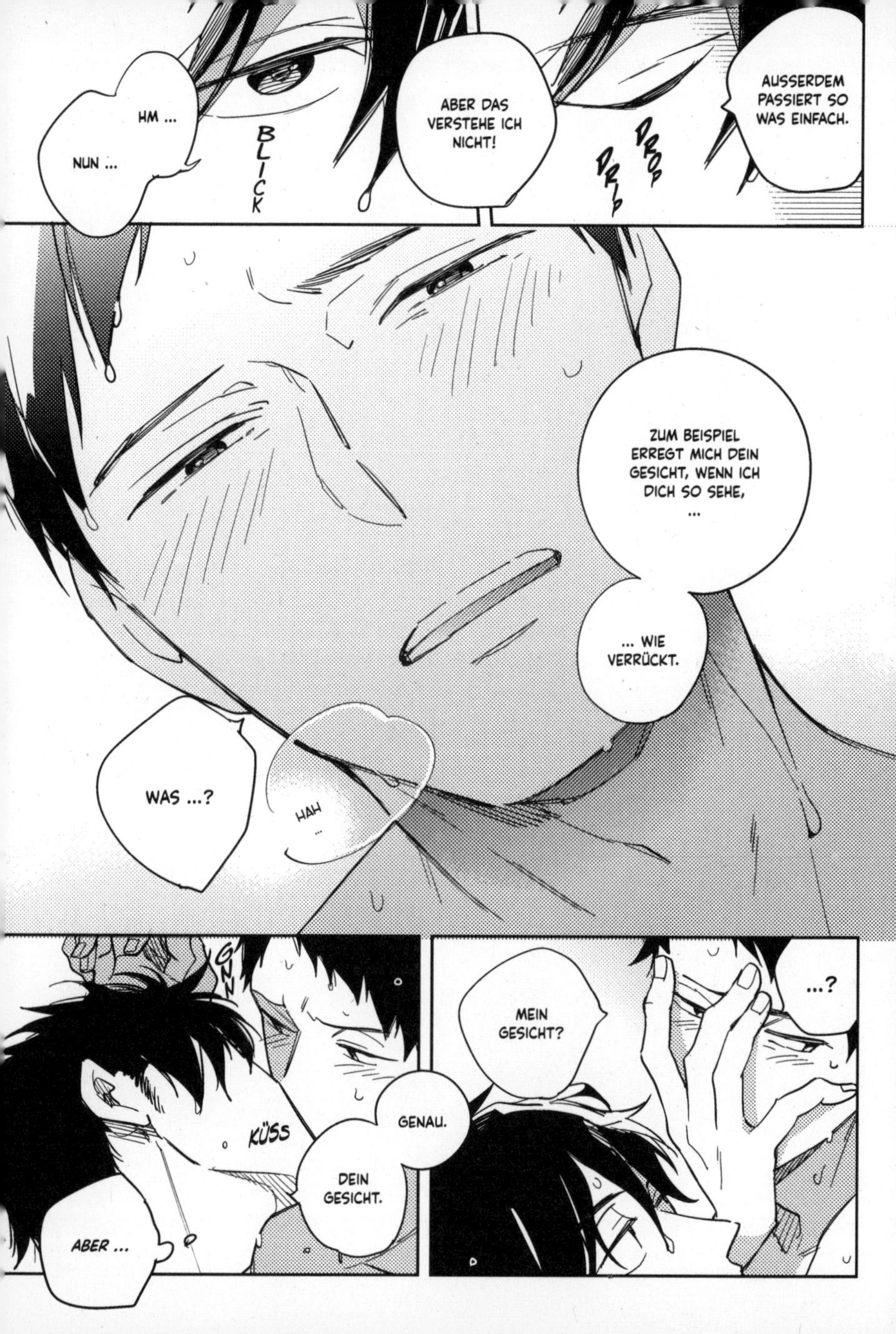
AUSSERDEM PASSIERT SO WAS EINFACH.
DROP
DRIP
ABER DAS VERSTEHE ICH NICHT!
BLICK
HM ...
NUN ...
ZUM BEISPIEL ERREGT MICH DEIN GESICHT, WENN ICH DICH SO SEHE, ...
... WIE VERRÜCKT.
HAH ...
WAS ...?
...?
MEIN GESICHT?
GNN
GENAU.
DEIN GESICHT.
KÜSS
ABER ...

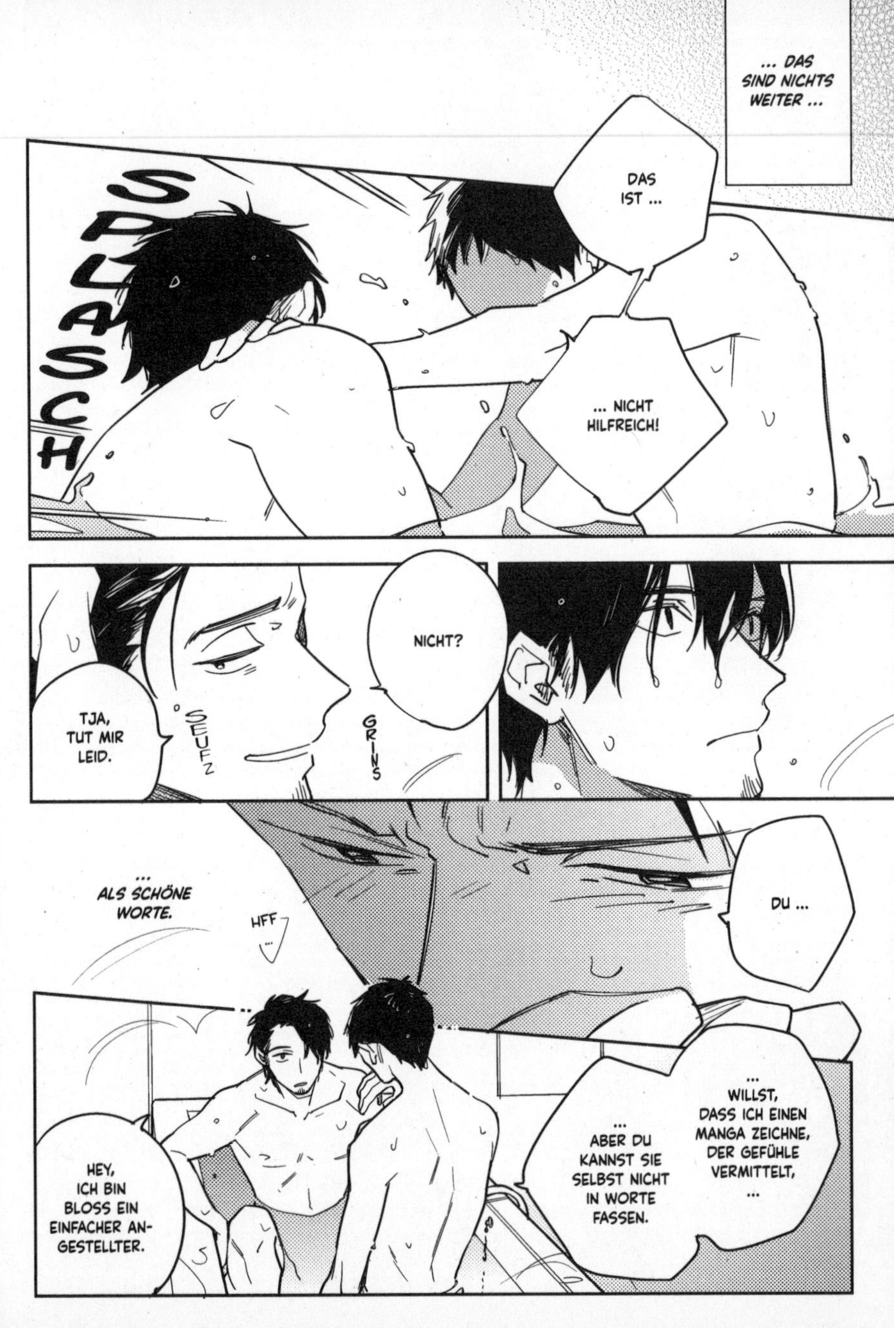
... DAS SIND NICHTS WEITER ...
DAS IST ...
... NICHT HILFREICH!
SPLASCH
NICHT?
GRINS
SEUFZ
TJA, TUT MIR LEID.
DU ...
... ALS SCHÖNE WORTE.
HFF ...
... WILLST, DASS ICH EINEN MANGA ZEICHNE, DER GEFÜHLE VERMITTELT, ...
... ABER DU KANNST SIE SELBST NICHT IN WORTE FASSEN.
HEY, ICH BIN BLOSS EIN EINFACHER AN-GESTELLTER.

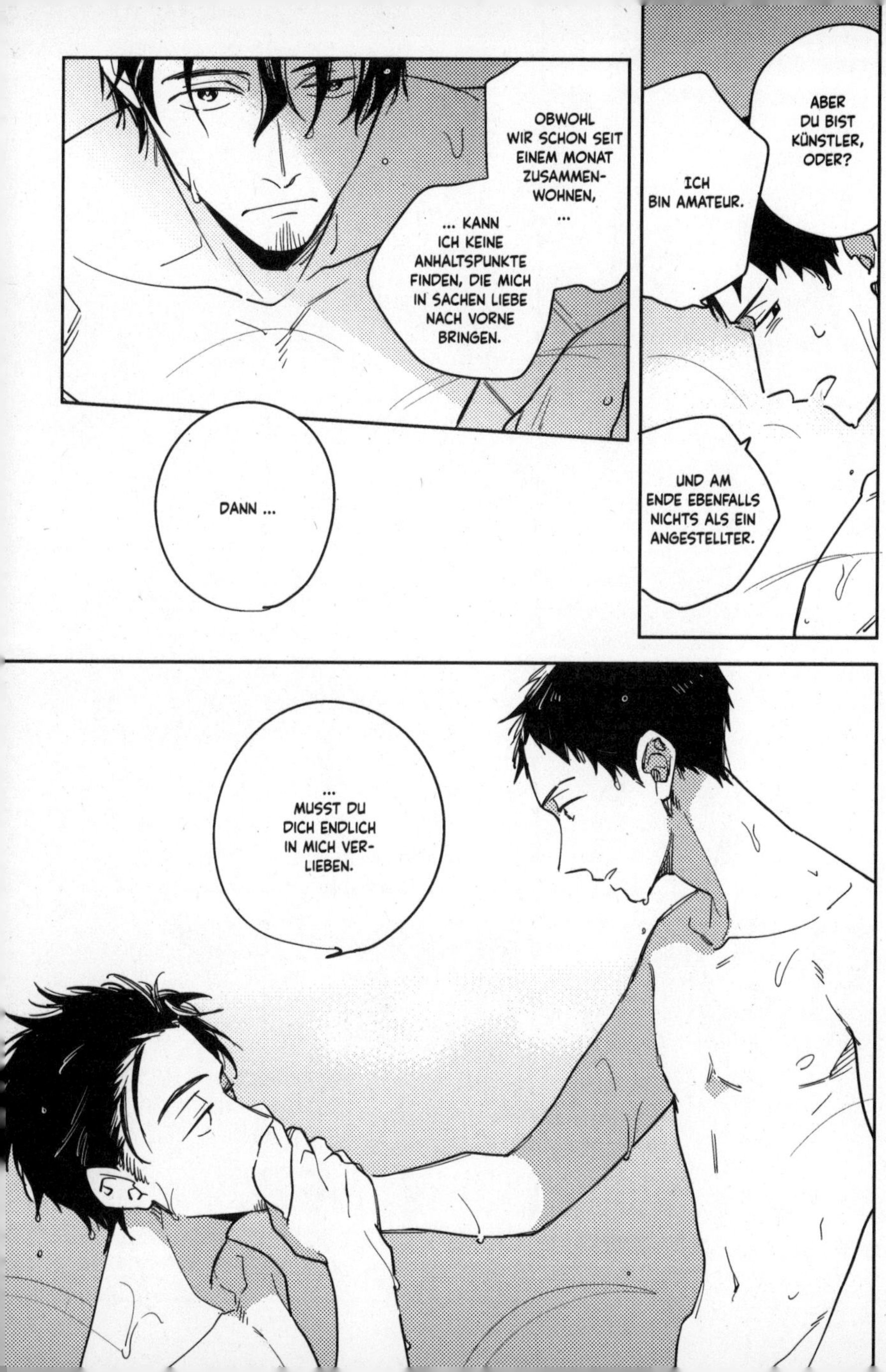

ABER DU BIST KÜNSTLER, ODER?

ICH BIN AMATEUR.

UND AM ENDE EBENFALLS NICHTS ALS EIN ANGESTELLTER.

OBWOHL WIR SCHON SEIT EINEM MONAT ZUSAMMENWOHNEN, ...

... KANN ICH KEINE ANHALTSPUNKTE FINDEN, DIE MICH IN SACHEN LIEBE NACH VORNE BRINGEN.

DANN ...

... MUSST DU DICH ENDLICH IN MICH VERLIEBEN.

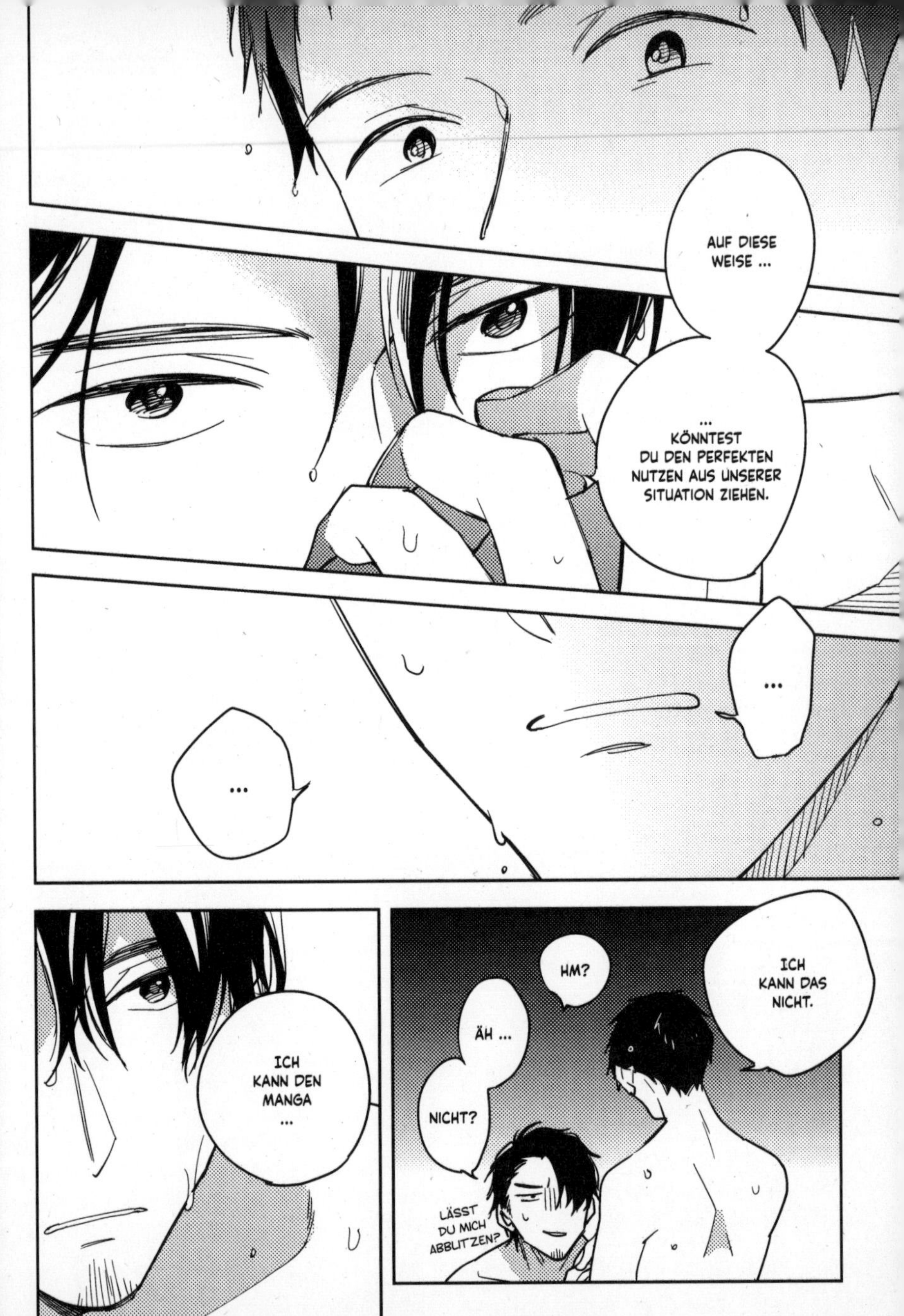
AUF DIESE WEISE ...
... KÖNNTEST DU DEN PERFEKTEN NUTZEN AUS UNSERER SITUATION ZIEHEN.
...
...
ICH KANN DAS NICHT.
HM?
ÄH ...
NICHT?
LÄSST DU MICH ABBLITZEN?
ICH KANN DEN MANGA ...

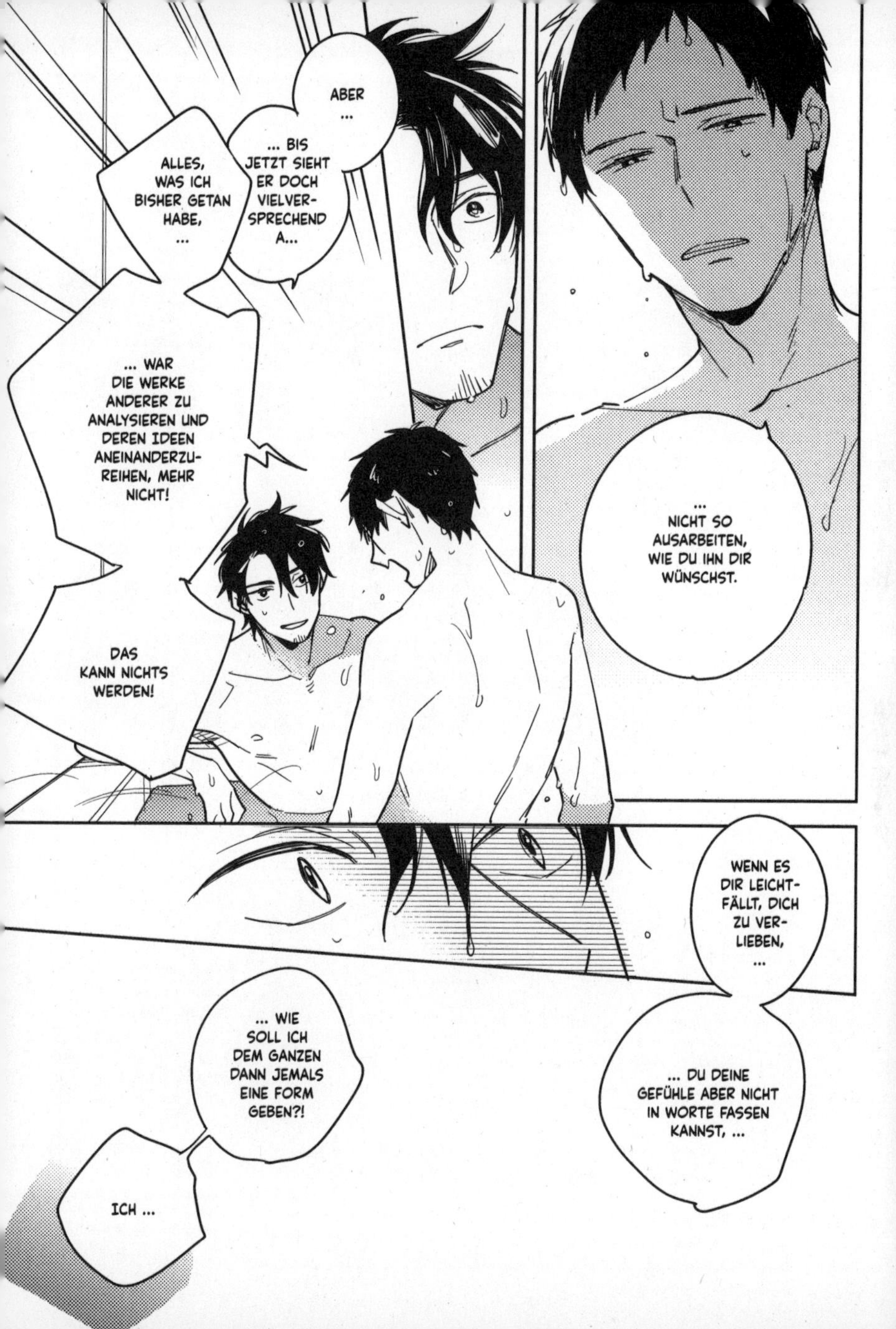
... NICHT SO AUSARBEITEN, WIE DU IHN DIR WÜNSCHST.
ABER ...
... BIS JETZT SIEHT ER DOCH VIELVERSPRECHEND A...
ALLES, WAS ICH BISHER GETAN HABE, ...
... WAR DIE WERKE ANDERER ZU ANALYSIEREN UND DEREN IDEEN ANEINANDERZUREIHEN, MEHR NICHT!
DAS KANN NICHTS WERDEN!
WENN ES DIR LEICHTFÄLLT, DICH ZU VERLIEBEN, ...
... DU DEINE GEFÜHLE ABER NICHT IN WORTE FASSEN KANNST, ...
... WIE SOLL ICH DEM GANZEN DANN JEMALS EINE FORM GEBEN?!
ICH ...

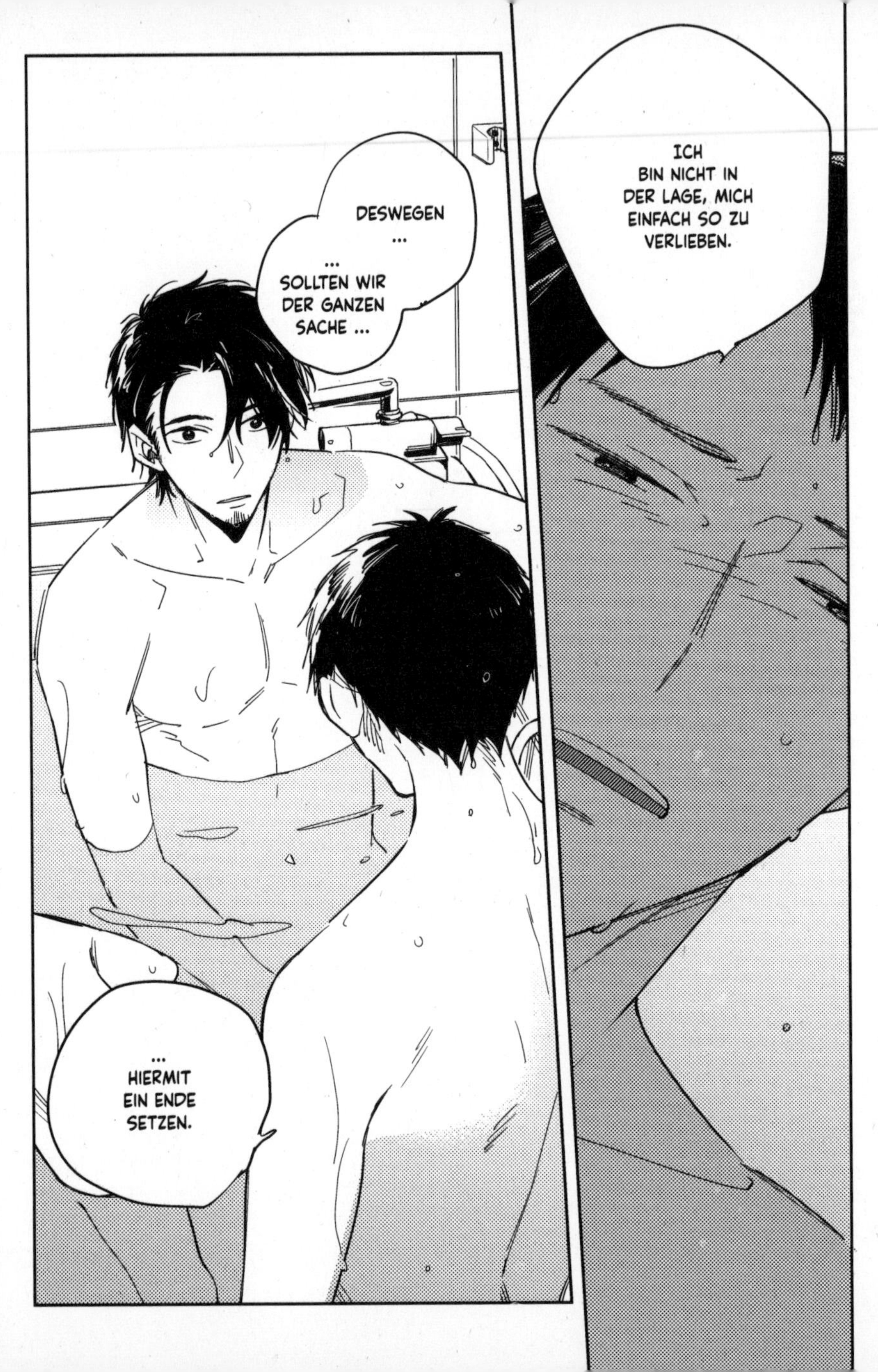
ICH BIN NICHT IN DER LAGE, MICH EINFACH SO ZU VERLIEBEN.
DESWEGEN ...
... SOLLTEN WIR DER GANZEN SACHE ...
... HIERMIT EIN ENDE SETZEN.

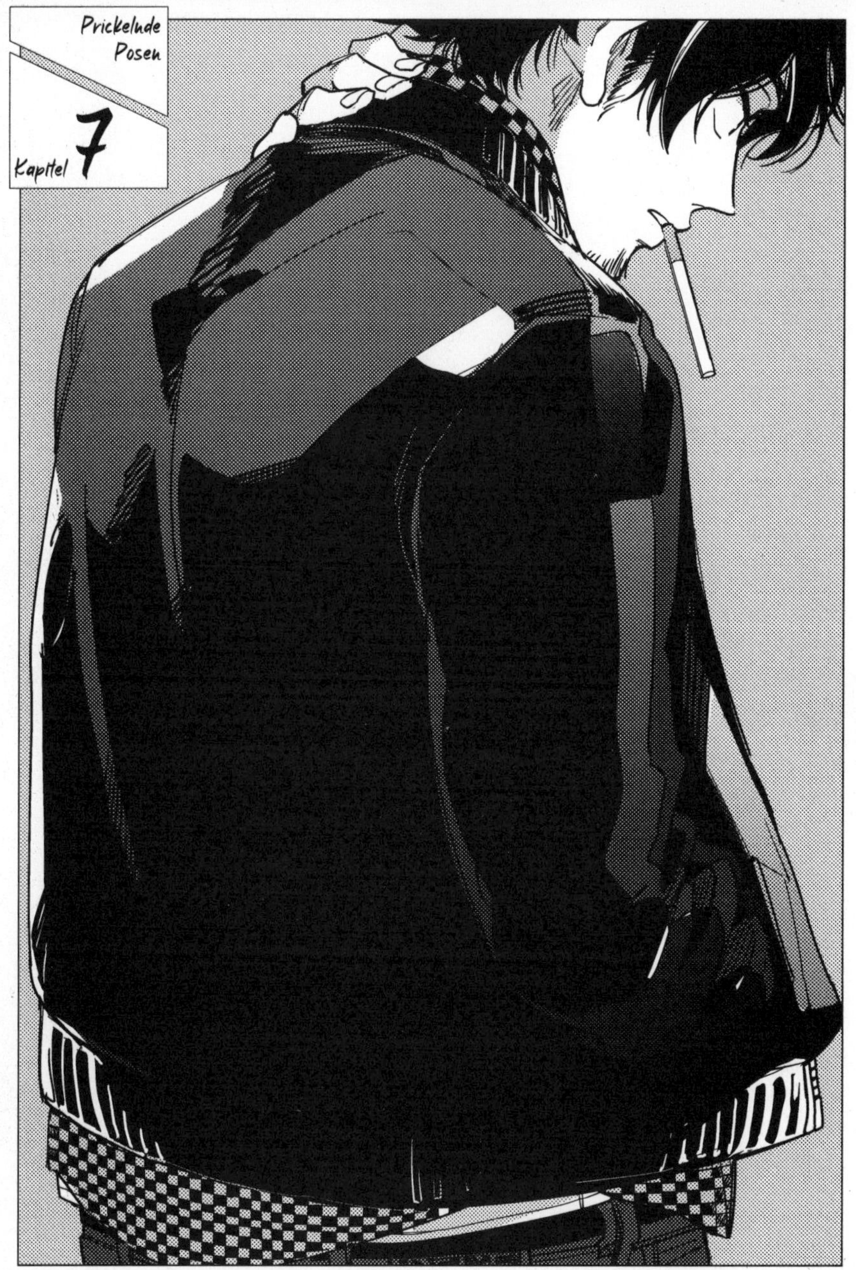
Prickelnde Posen
Kapitel 7

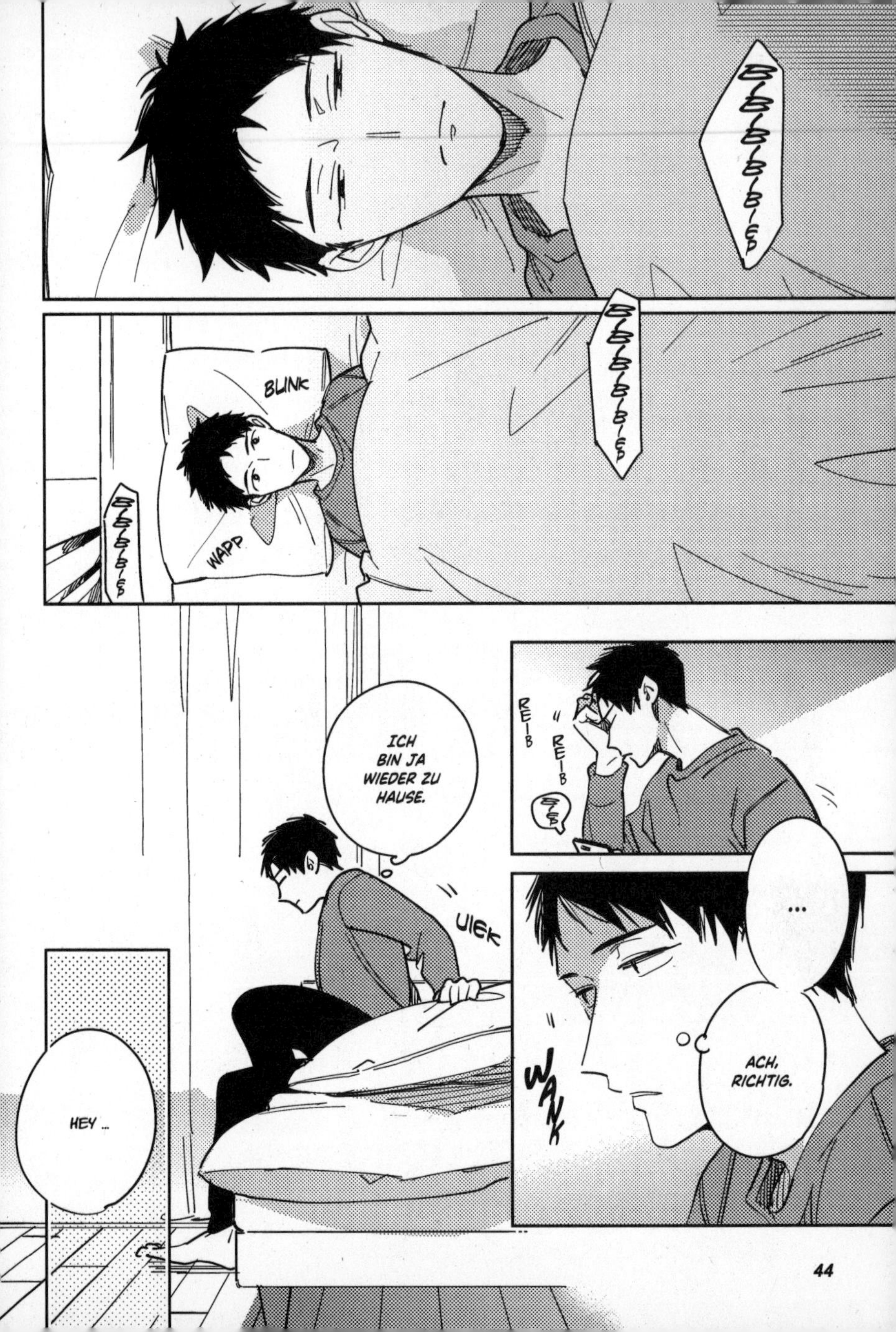
BIBIBIBIBIEP
BIBIBIBIBIEP
BLINK
BIBIBIBIEP
WAPP
REIB
REIB
SEB
…
ACH, RICHTIG.
WANK
ICH BIN JA WIEDER ZU HAUSE.
UIEK
HEY …

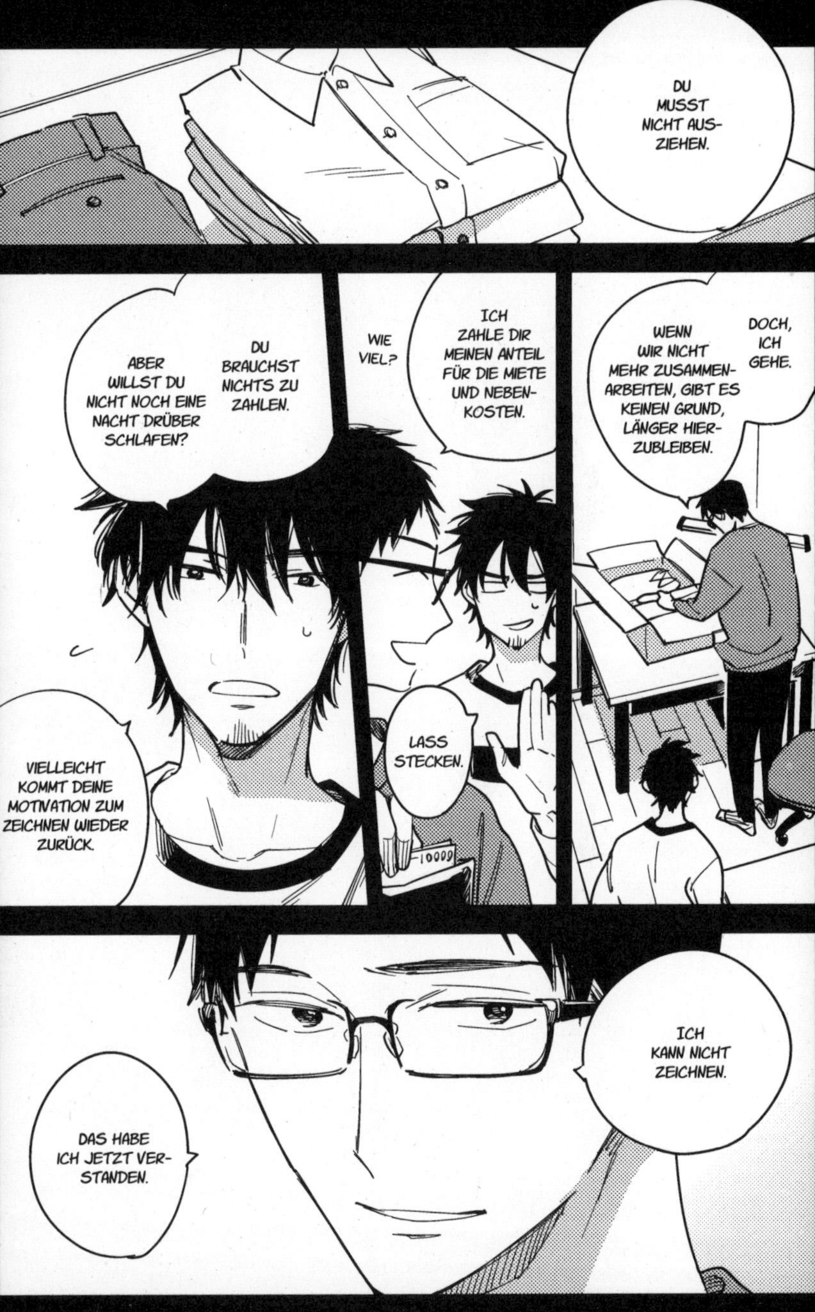
DU MUSST NICHT AUSZIEHEN.
DOCH, ICH GEHE.
WENN WIR NICHT MEHR ZUSAMMENARBEITEN, GIBT ES KEINEN GRUND, LÄNGER HIERZUBLEIBEN.
ICH ZAHLE DIR MEINEN ANTEIL FÜR DIE MIETE UND NEBENKOSTEN.
WIE VIEL?
LASS STECKEN.
DU BRAUCHST NICHTS ZU ZAHLEN.
ABER WILLST DU NICHT NOCH EINE NACHT DRÜBER SCHLAFEN?
VIELLEICHT KOMMT DEINE MOTIVATION ZUM ZEICHNEN WIEDER ZURÜCK.
ICH KANN NICHT ZEICHNEN.
DAS HABE ICH JETZT VERSTANDEN.

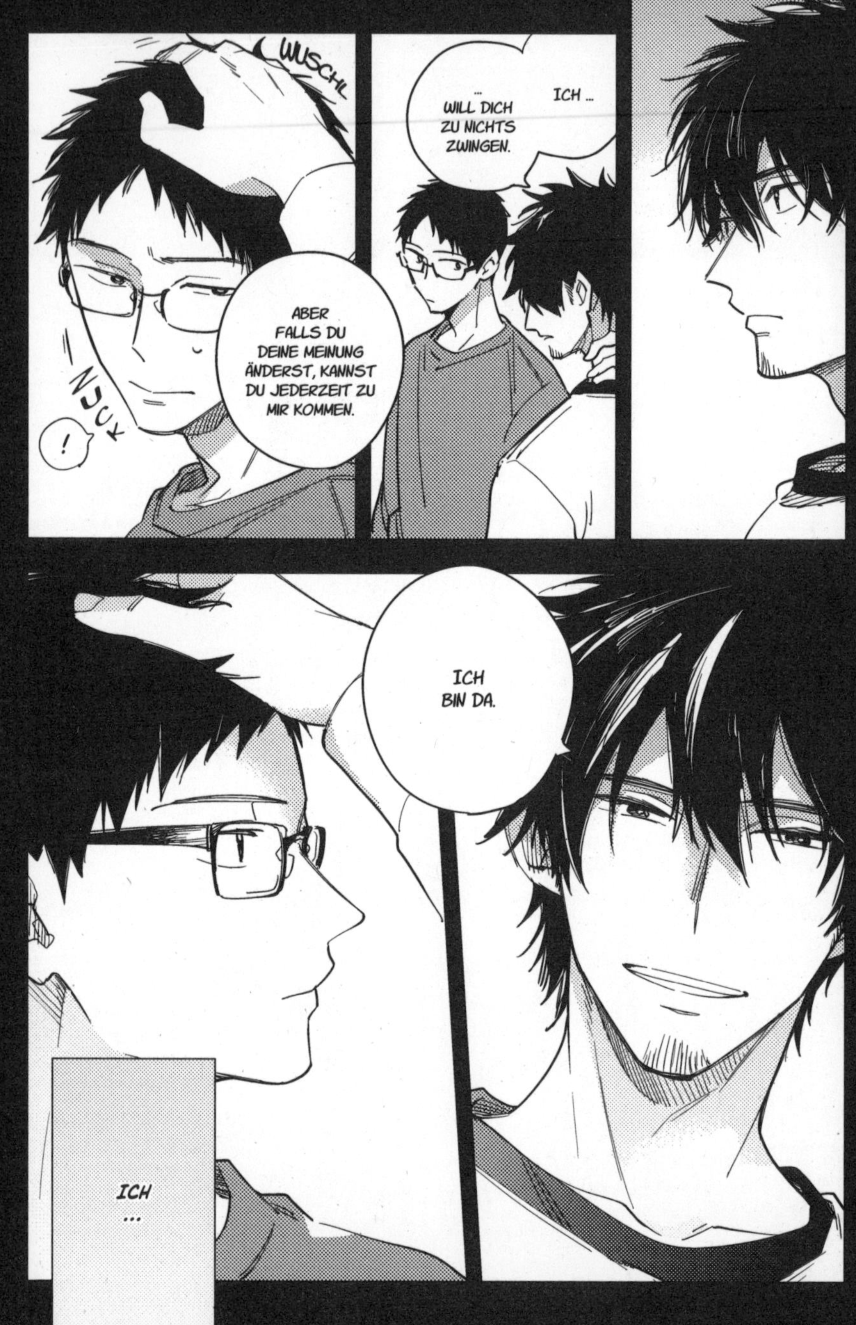
ICH ...
... WILL DICH ZU NICHTS ZWINGEN.
WUSCHL
ABER FALLS DU DEINE MEINUNG ÄNDERST, KANNST DU JEDERZEIT ZU MIR KOMMEN.
NJUCK
!
ICH BIN DA.
ICH ...

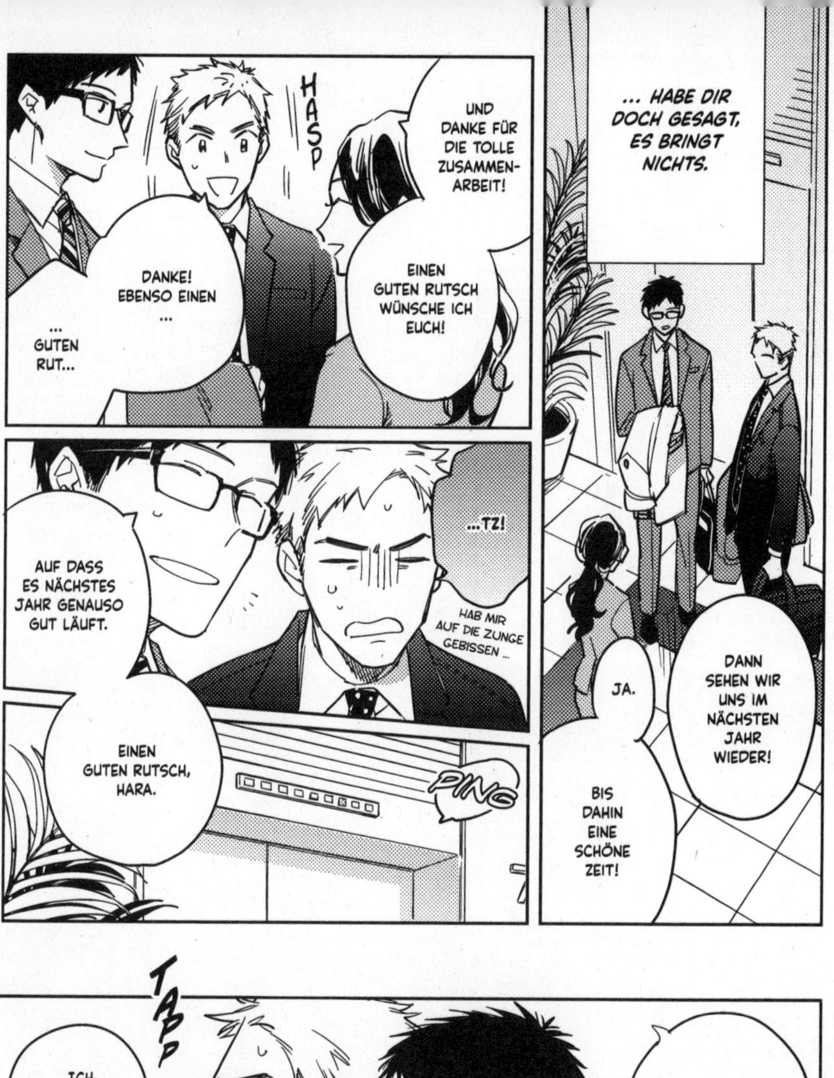

... HABE DIR DOCH GESAGT, ES BRINGT NICHTS.

DANN SEHEN WIR UNS IM NÄCHSTEN JAHR WIEDER!

JA.

BIS DAHIN EINE SCHÖNE ZEIT!

UND DANKE FÜR DIE TOLLE ZUSAMMEN-ARBEIT!

EINEN GUTEN RUTSCH WÜNSCHE ICH EUCH!

HASP

DANKE! EBENSO EINEN ...

... GUTEN RUT...

...TZ!

HAB MIR AUF DIE ZUNGE GEBISSEN ...

AUF DASS ES NÄCHSTES JAHR GENAUSO GUT LÄUFT.

PING

EINEN GUTEN RUTSCH, HARA.

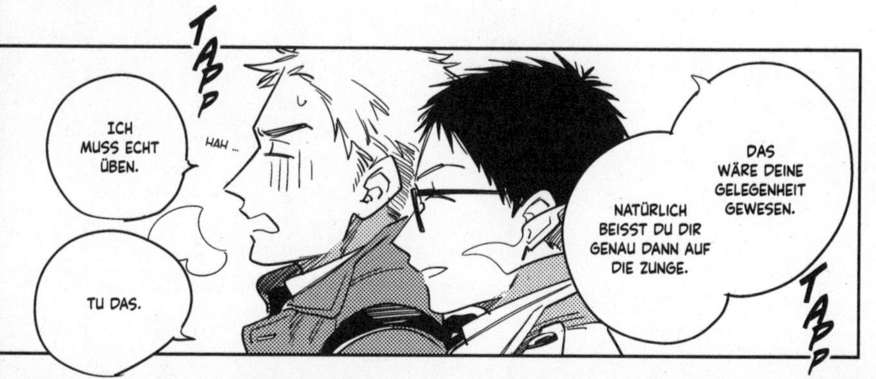

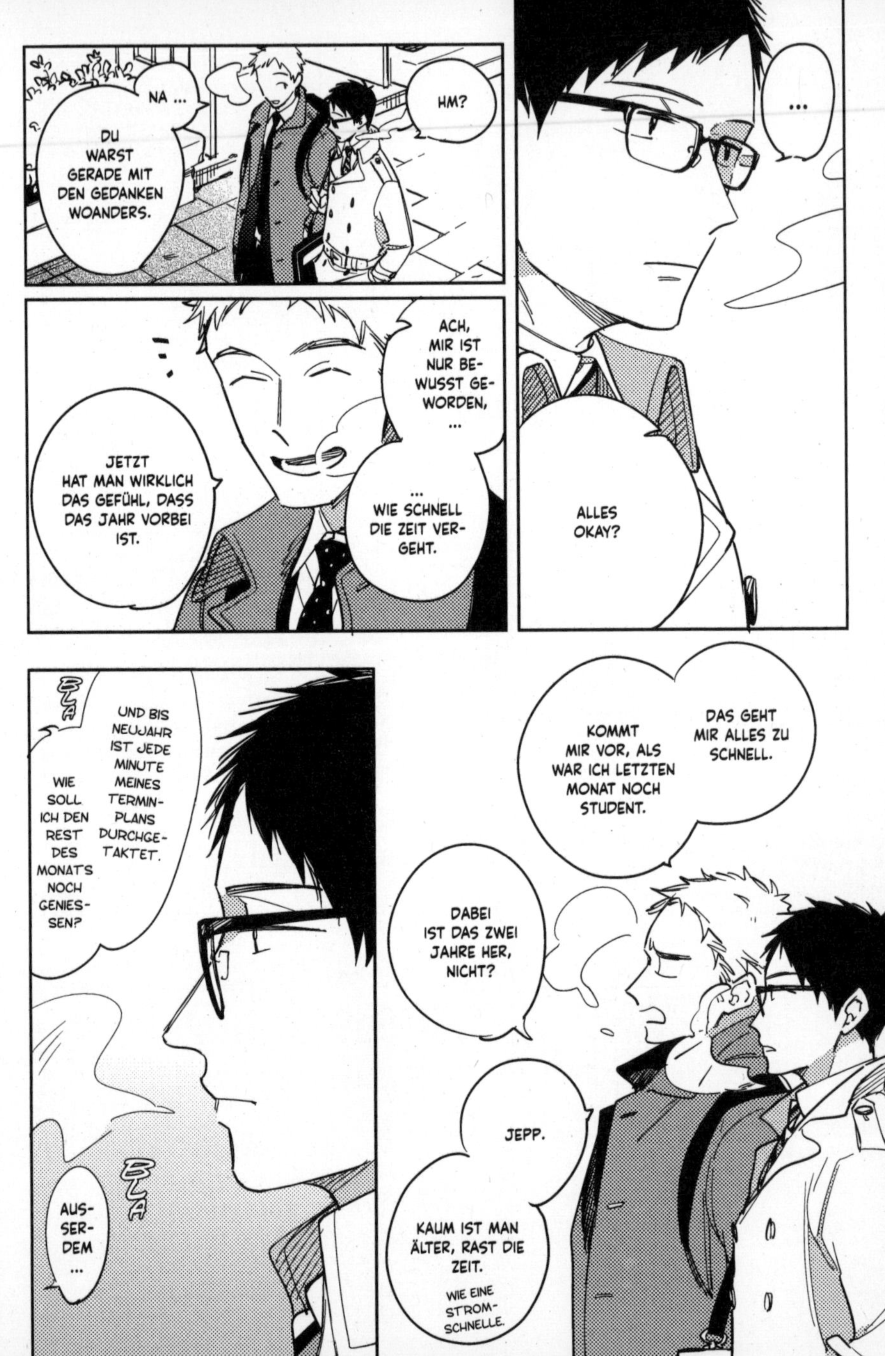
...
ALLES OKAY?
HM?
NA ...
DU WARST GERADE MIT DEN GEDANKEN WOANDERS.
ACH, MIR IST NUR BEWUSST GEWORDEN, ...
... WIE SCHNELL DIE ZEIT VERGEHT.
JETZT HAT MAN WIRKLICH DAS GEFÜHL, DASS DAS JAHR VORBEI IST.
DAS GEHT MIR ALLES ZU SCHNELL.
KOMMT MIR VOR, ALS WAR ICH LETZTEN MONAT NOCH STUDENT.
DABEI IST DAS ZWEI JAHRE HER, NICHT?
JEPP.
KAUM IST MAN ÄLTER, RAST DIE ZEIT.
WIE EINE STROMSCHNELLE.
BLA
UND BIS NEUJAHR IST JEDE MINUTE MEINES TERMINPLANS DURCHGETAKTET.
WIE SOLL ICH DEN REST DES MONATS NOCH GENIESSEN?
BLA
AUSSERDEM ...

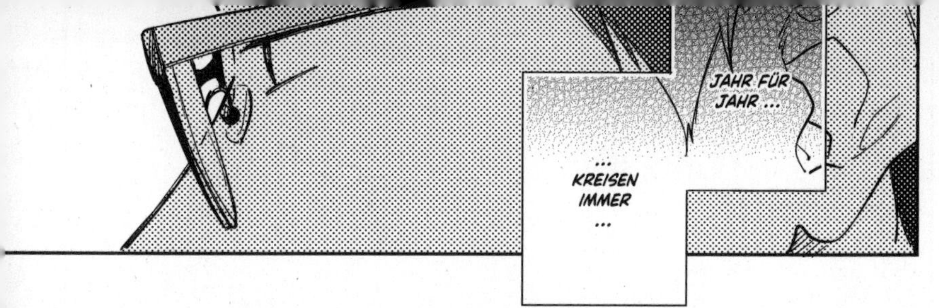

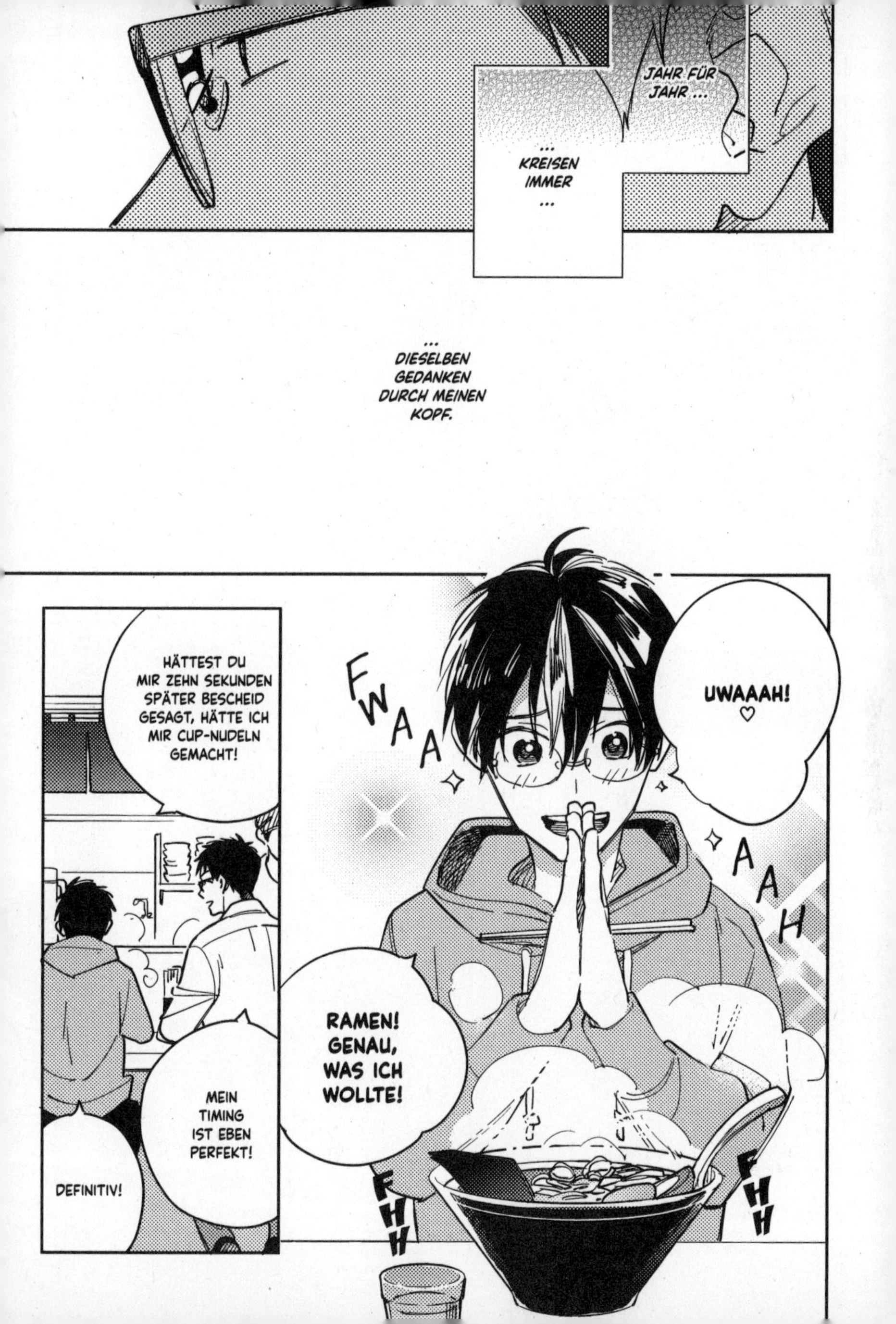

... DIESELBEN GEDANKEN DURCH MEINEN KOPF.

FWAAA
UWAAAH! ♡
AAAH
HÄTTEST DU MIR ZEHN SEKUNDEN SPÄTER BESCHEID GESAGT, HÄTTE ICH MIR CUP-NUDELN GEMACHT!
RAMEN! GENAU, WAS ICH WOLLTE!
MEIN TIMING IST EBEN PERFEKT!
DEFINITIV!
FHH
FHH

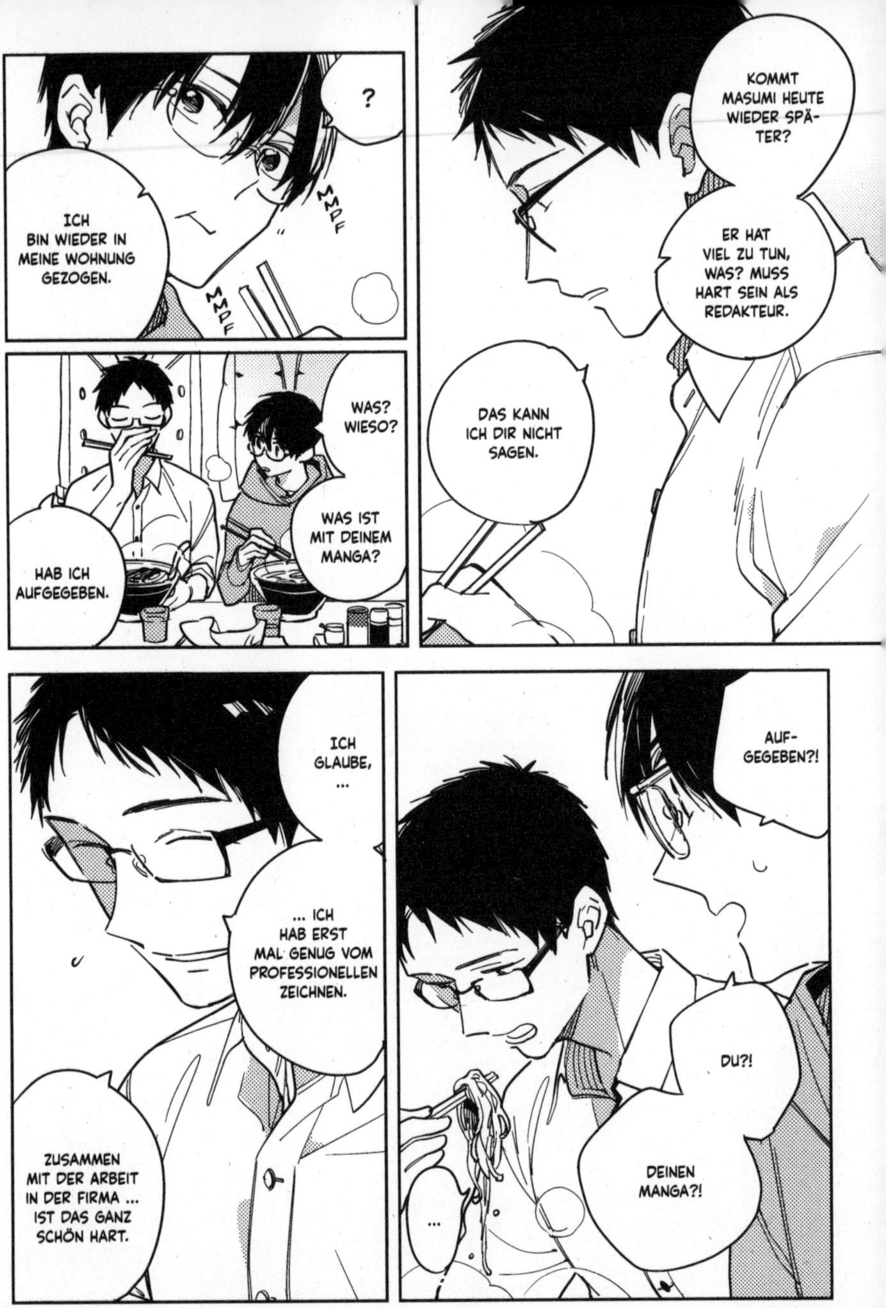

KOMMT MASUMI HEUTE WIEDER SPÄTER?

ER HAT VIEL ZU TUN, WAS? MUSS HART SEIN ALS REDAKTEUR.

DAS KANN ICH DIR NICHT SAGEN.

?

ICH BIN WIEDER IN MEINE WOHNUNG GEZOGEN.

MMPF

MMPF

WAS? WIESO?

WAS IST MIT DEINEM MANGA?

HAB ICH AUFGEGEBEN.

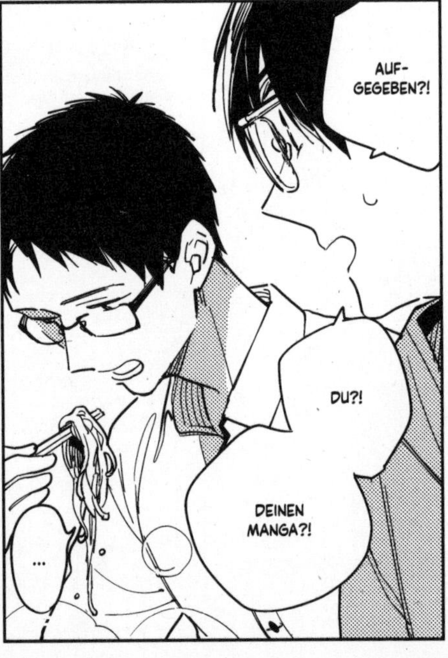

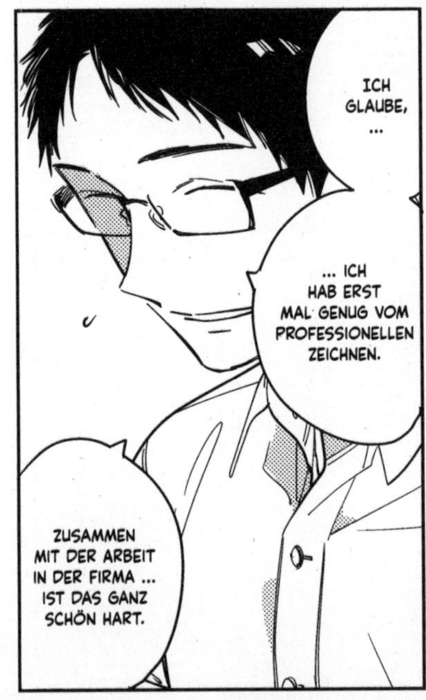

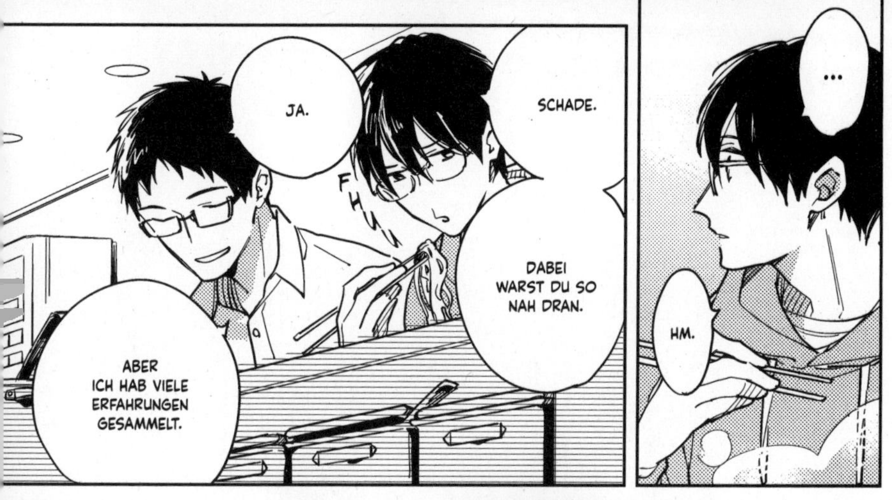

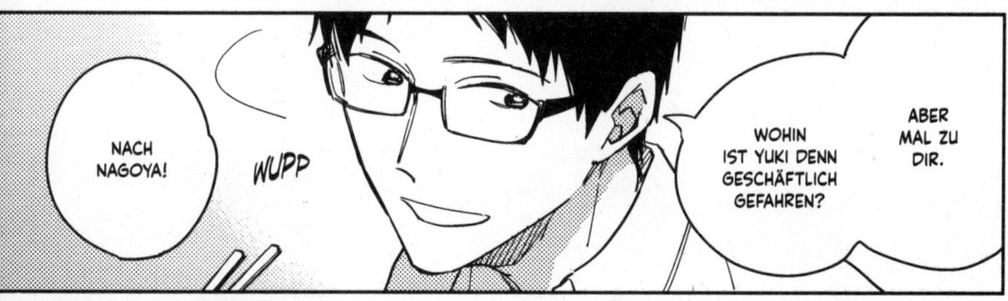

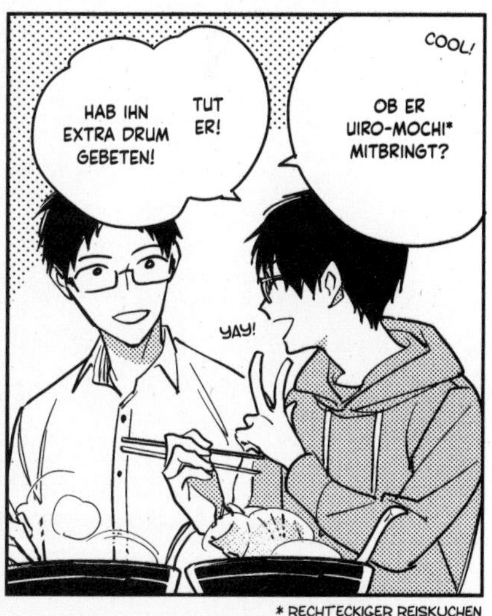

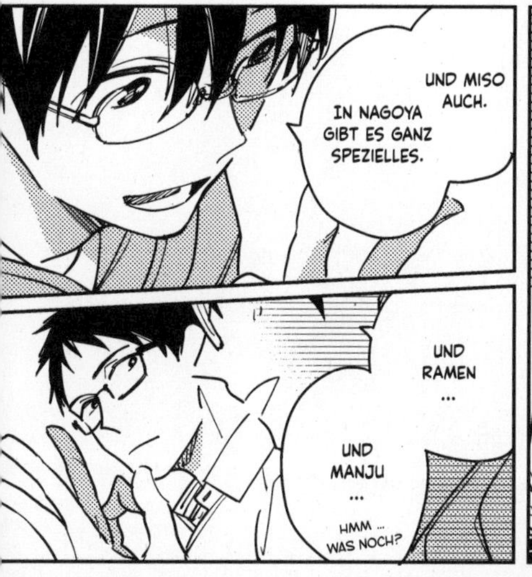

* RECHTECKIGER REISKUCHEN

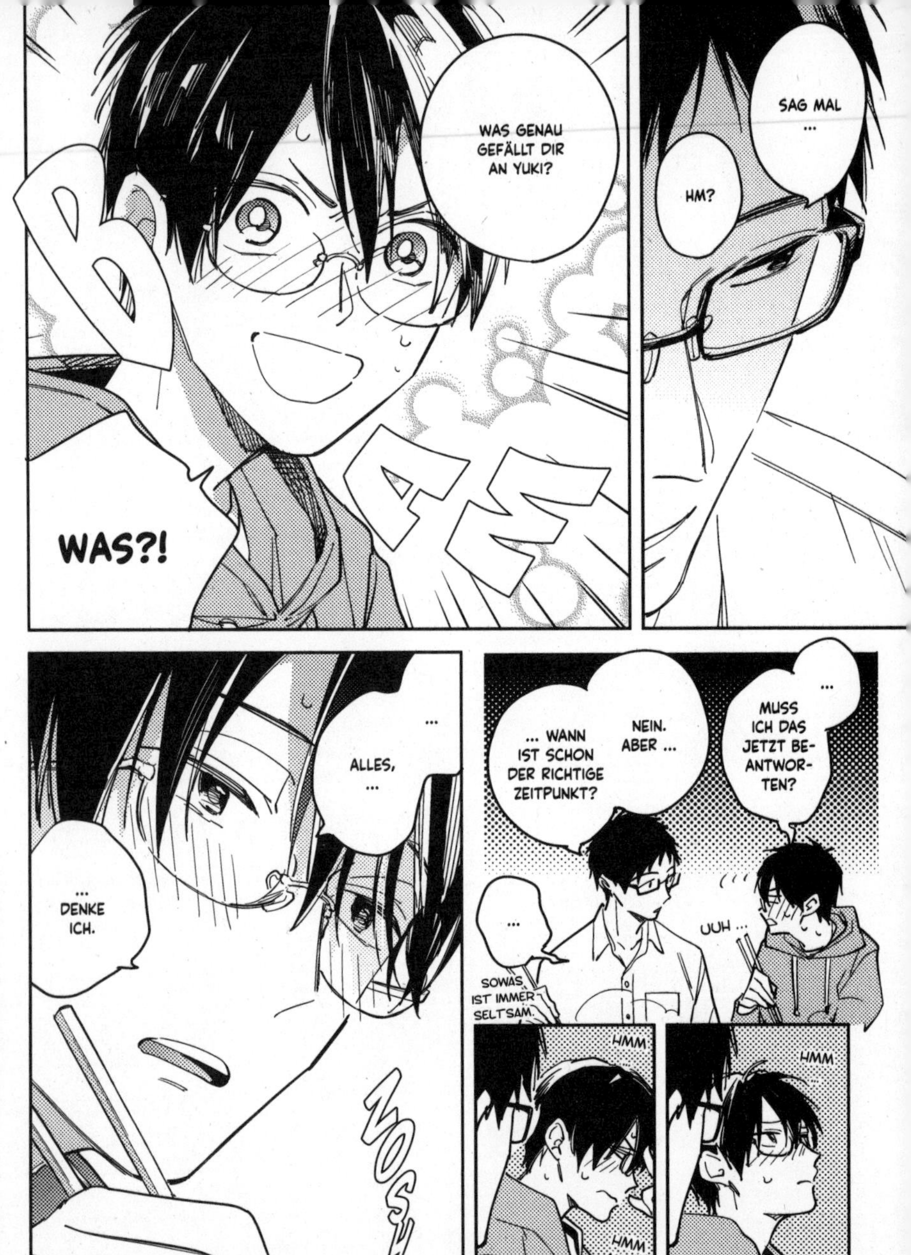
SAG MAL ...
HM?
WAS GENAU GEFÄLLT DIR AN YUKI?
WAS?!
...
MUSS ICH DAS JETZT BE-ANTWOR-TEN?
NEIN. ABER ...
... WANN IST SCHON DER RICHTIGE ZEITPUNKT?
UUH ...
...
SOWAS IST IMMER SELTSAM.
HMM
HMM
HMM MMM
...
ALLES, ...
... DENKE ICH.

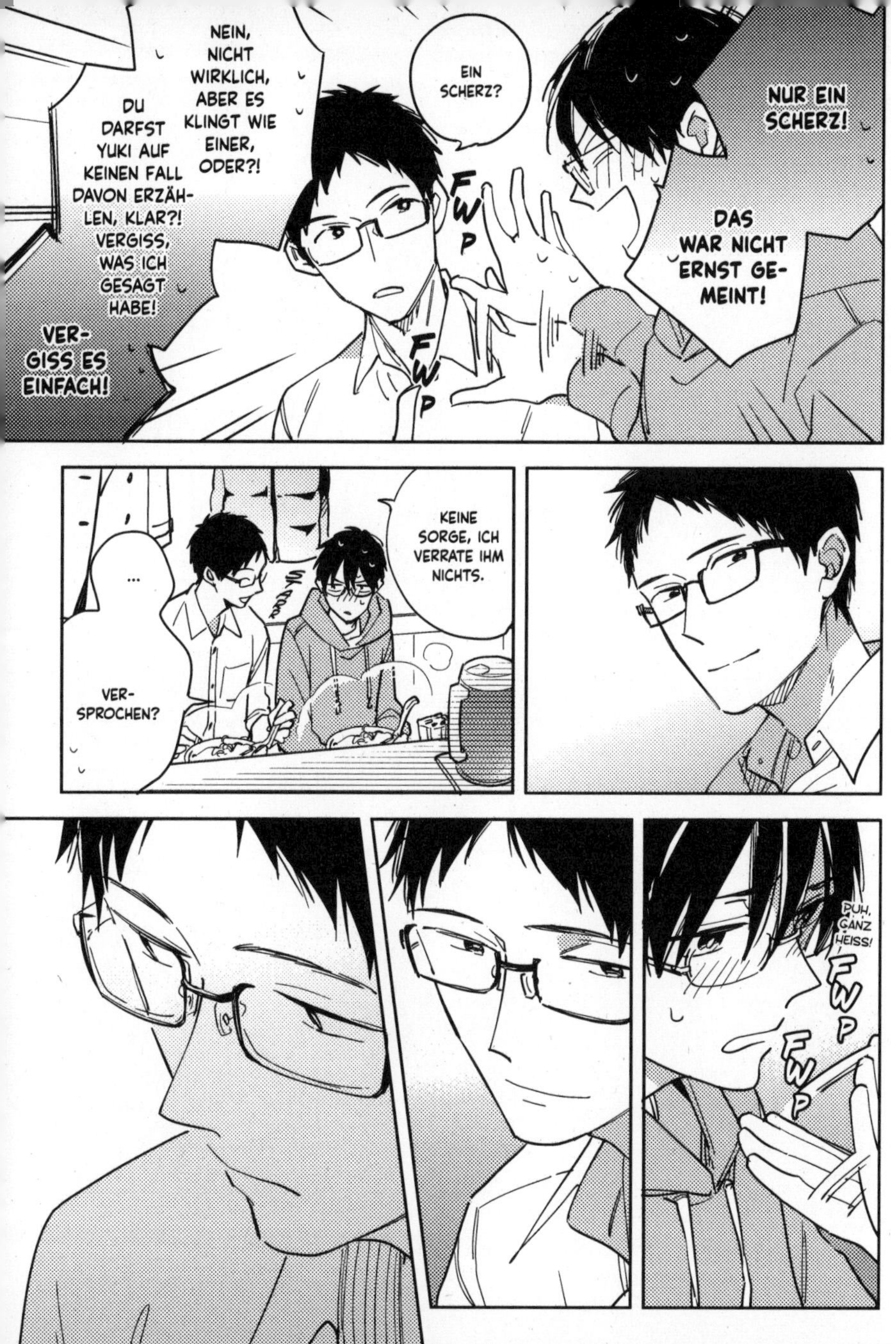

NUR EIN SCHERZ!

DAS WAR NICHT ERNST GEMEINT!

EIN SCHERZ?

FWP

FWP

NEIN, NICHT WIRKLICH, ABER ES KLINGT WIE EINER, ODER?!

DU DARFST YUKI AUF KEINEN FALL DAVON ERZÄHLEN, KLAR?! VERGISS, WAS ICH GESAGT HABE!

VERGISS ES EINFACH!

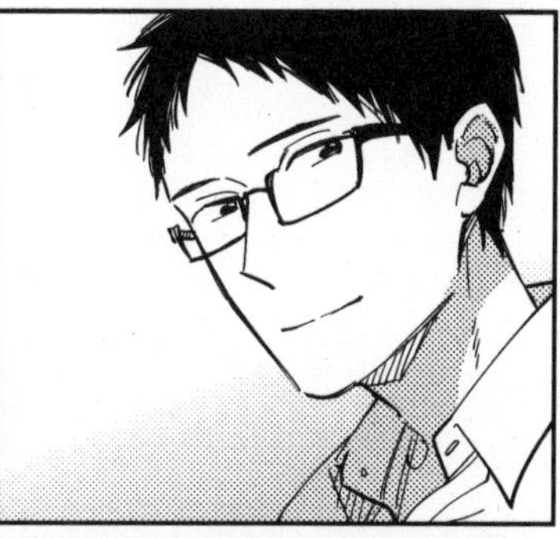

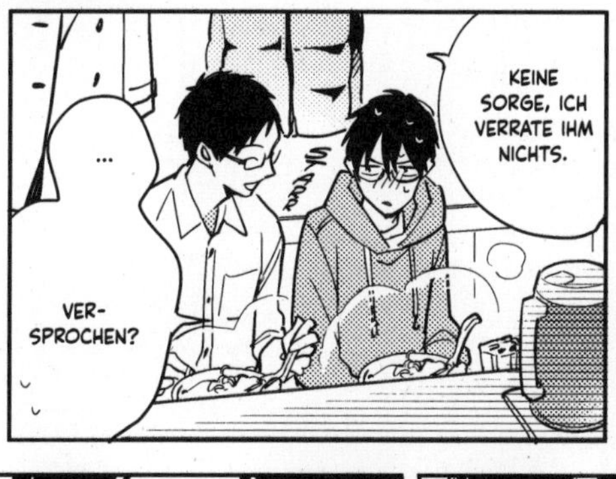

PUH, GANZ HEISS!

FWP

FWP

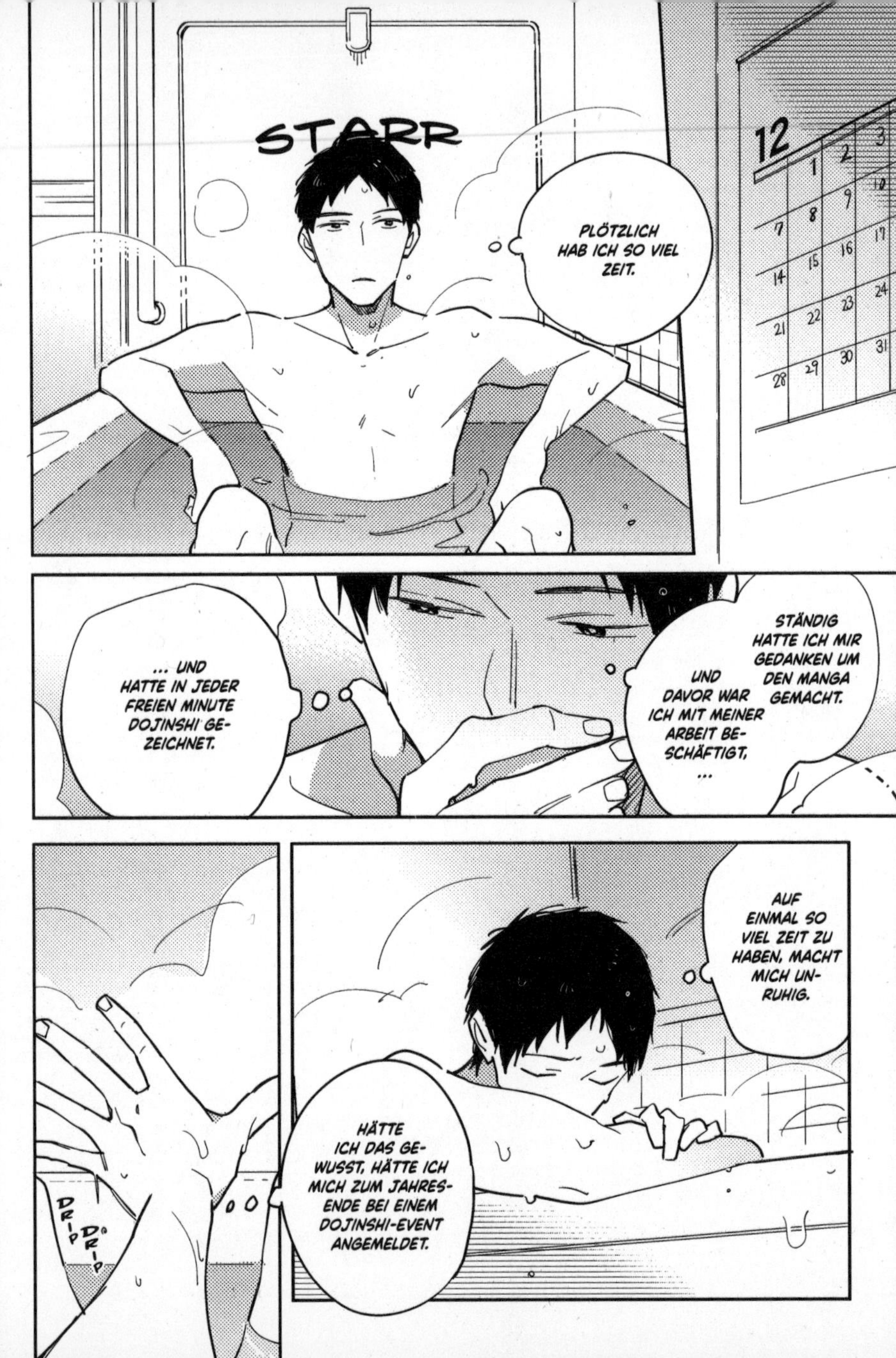
STARR
PLÖTZLICH HAB ICH SO VIEL ZEIT.
STÄNDIG HATTE ICH MIR GEDANKEN UM DEN MANGA GEMACHT.
UND DAVOR WAR ICH MIT MEINER ARBEIT BE-SCHÄFTIGT, ...
... UND HATTE IN JEDER FREIEN MINUTE DOJINSHI GE-ZEICHNET.
AUF EINMAL SO VIEL ZEIT ZU HABEN, MACHT MICH UN-RUHIG.
HÄTTE ICH DAS GE-WUSST, HÄTTE ICH MICH ZUM JAHRES-ENDE BEI EINEM DOJINSHI-EVENT ANGEMELDET.
DRIP DRIP

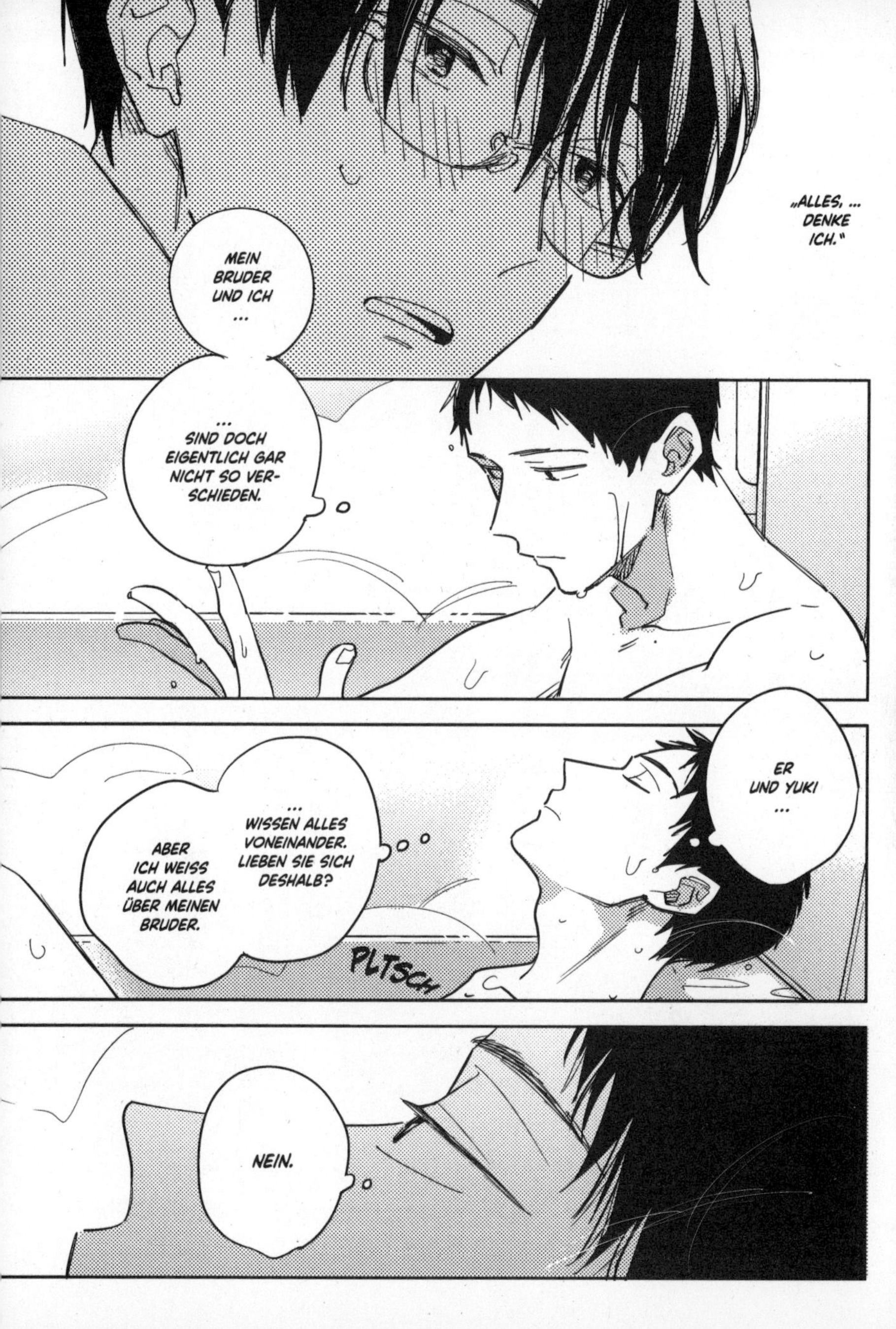
„ALLES, ... DENKE ICH."
MEIN BRUDER UND ICH ...
... SIND DOCH EIGENTLICH GAR NICHT SO VER-SCHIEDEN.
ER UND YUKI ...
... WISSEN ALLES VONEINANDER. LIEBEN SIE SICH DESHALB?
ABER ICH WEISS AUCH ALLES ÜBER MEINEN BRUDER.
PLTSCH
NEIN.

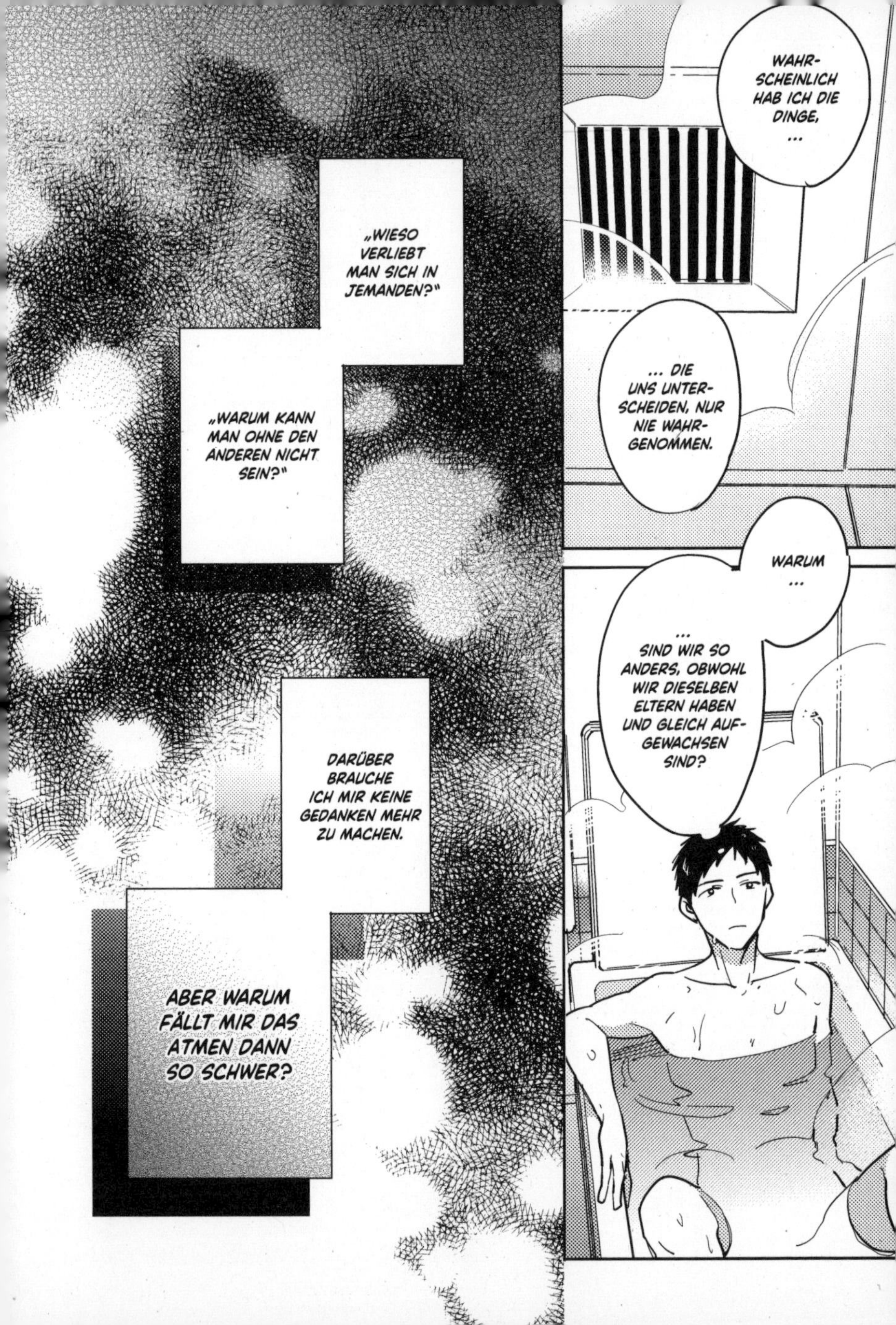
WAHR-SCHEINLICH HAB ICH DIE DINGE, ...
... DIE UNS UNTER-SCHEIDEN, NUR NIE WAHR-GENOMMEN.
WARUM ...
... SIND WIR SO ANDERS, OBWOHL WIR DIESELBEN ELTERN HABEN UND GLEICH AUF-GEWACHSEN SIND?
„WIESO VERLIEBT MAN SICH IN JEMANDEN?“
„WARUM KANN MAN OHNE DEN ANDEREN NICHT SEIN?“
DARÜBER BRAUCHE ICH MIR KEINE GEDANKEN MEHR ZU MACHEN.
ABER WARUM FÄLLT MIR DAS ATMEN DANN SO SCHWER?

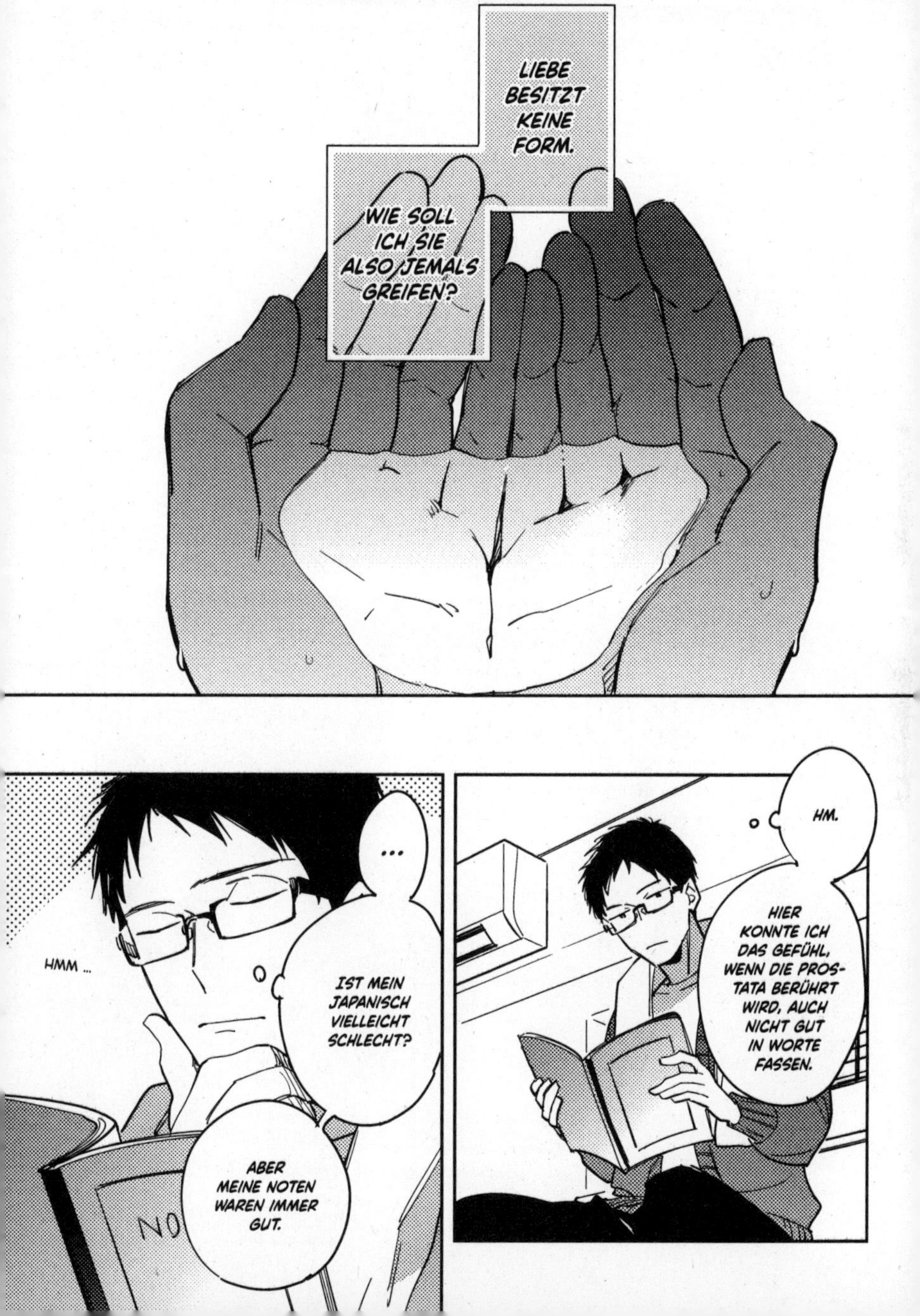

LIEBE BESITZT KEINE FORM.

WIE SOLL ICH SIE ALSO JEMALS GREIFEN?

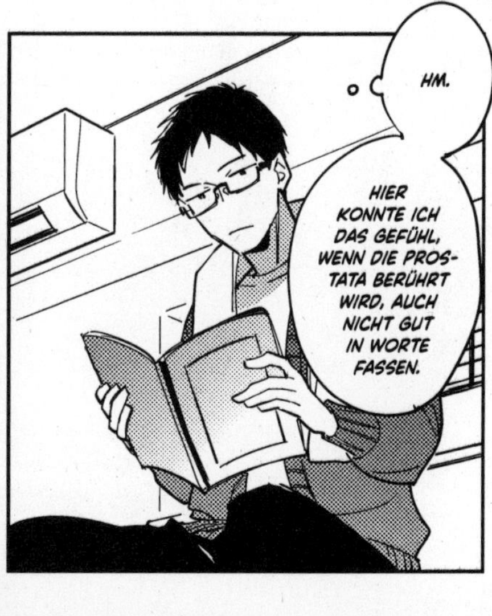

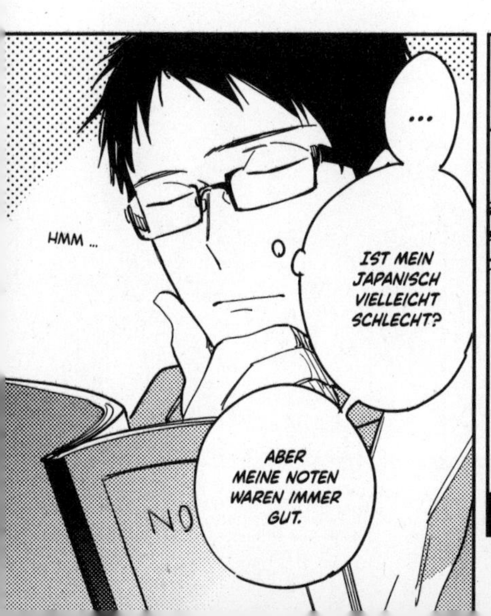

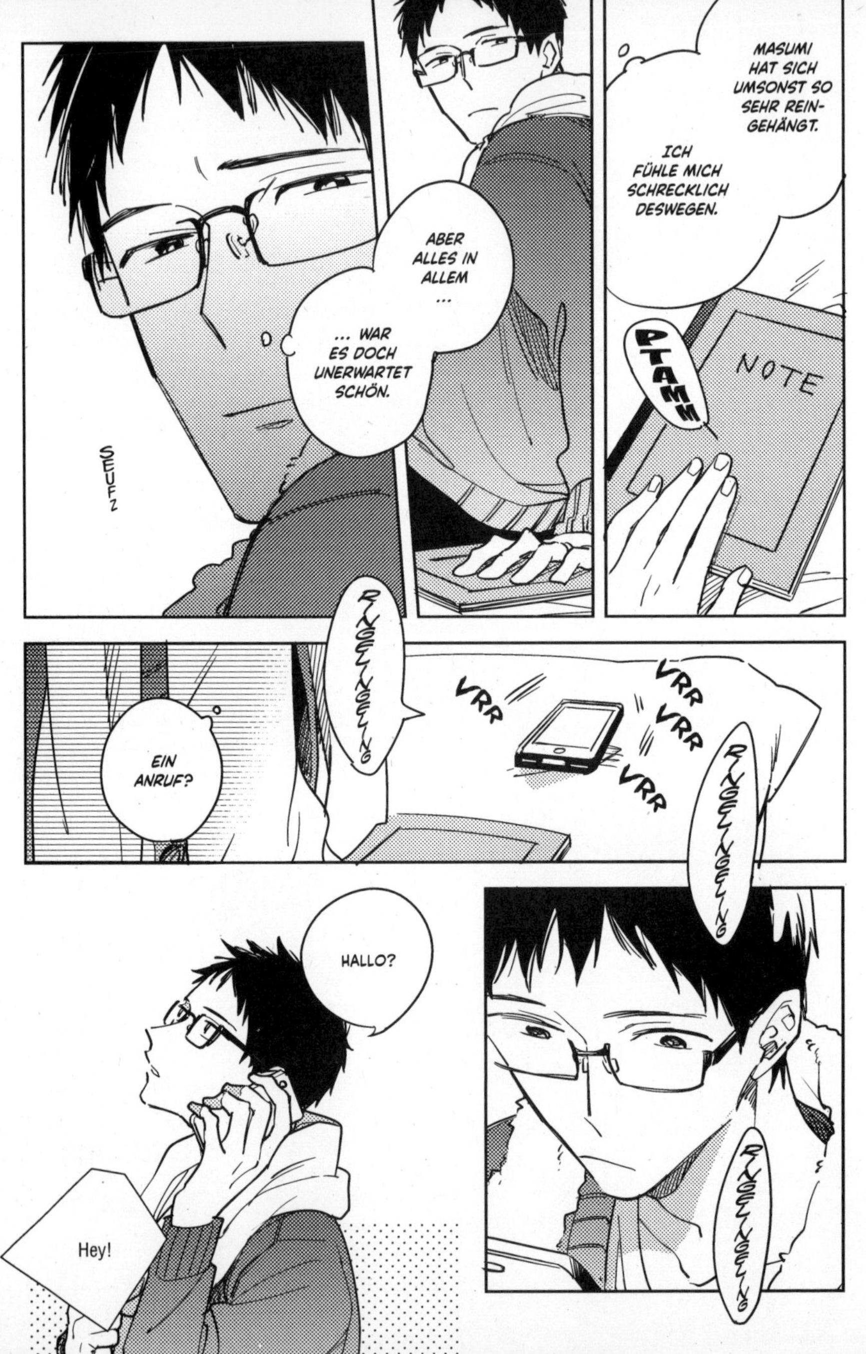
MASUMI HAT SICH UMSONST SO SEHR REIN-GEHÄNGT.
ICH FÜHLE MICH SCHRECKLICH DESWEGEN.
PTAMM
ABER ALLES IN ALLEM …
… WAR ES DOCH UNERWARTET SCHÖN.
SEUFZ
RINGELINGELING
VRR VRR VRR VRR
RINGELINGELING
EIN ANRUF?
RINGELINGELING
HALLO?
Hey!

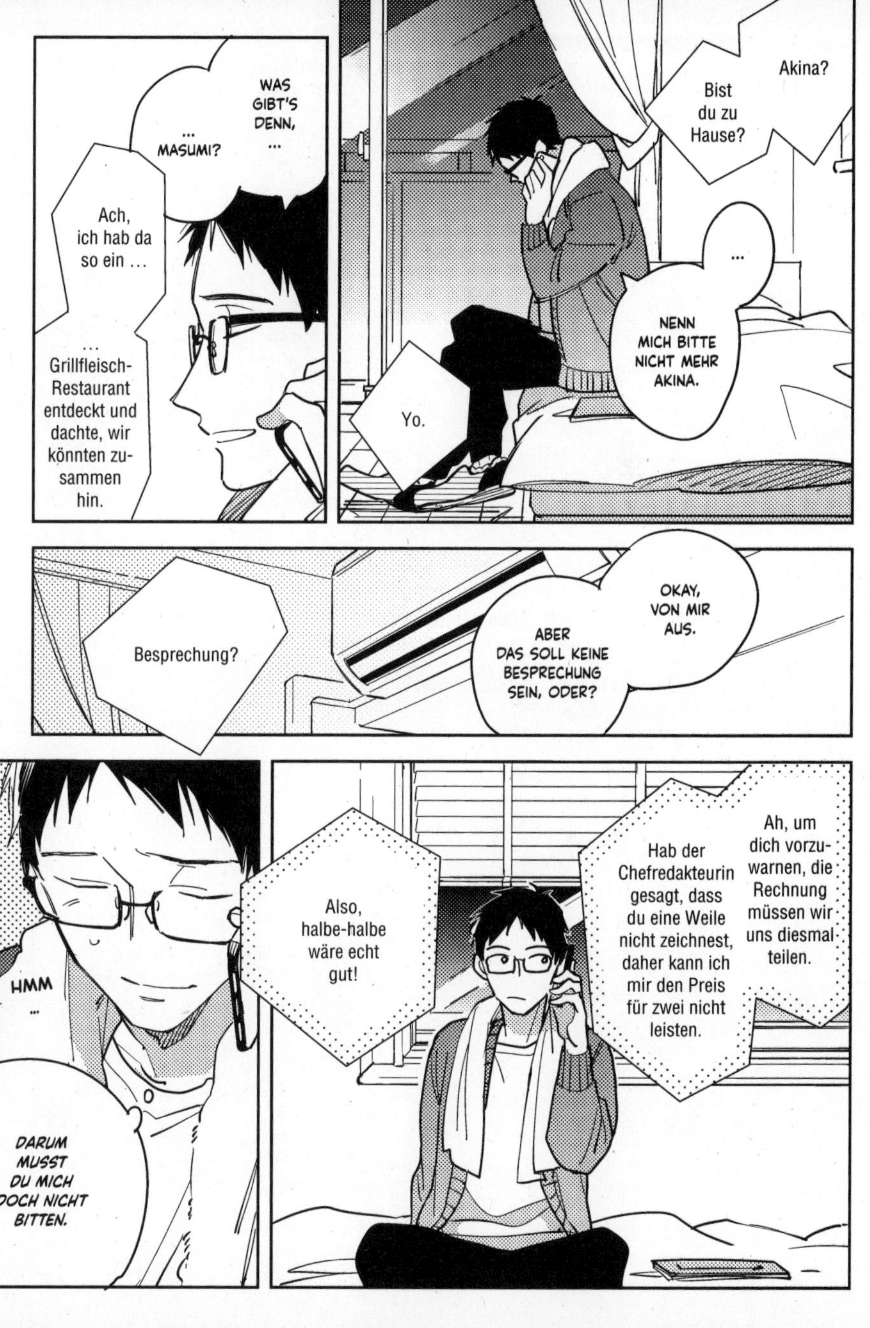

Akina?
Bist du zu Hause?
…
NENN MICH BITTE NICHT MEHR AKINA.
Yo.
WAS GIBT'S DENN, … … MASUMI?
Ach, ich hab da so ein …
… Grillfleisch-Restaurant entdeckt und dachte, wir könnten zusammen hin.
OKAY, VON MIR AUS.
ABER DAS SOLL KEINE BESPRECHUNG SEIN, ODER?
Besprechung?
Ah, um dich vorzuwarnen, die Rechnung müssen wir uns diesmal teilen.
Hab der Chefredakteurin gesagt, dass du eine Weile nicht zeichnest, daher kann ich mir den Preis für zwei nicht leisten.
Also, halbe-halbe wäre echt gut!
HMM …
DARUM MUSST DU MICH DOCH NICHT BITTEN.

ALLES KLAR. WANN GEHEN WIR?

Was das angeht …

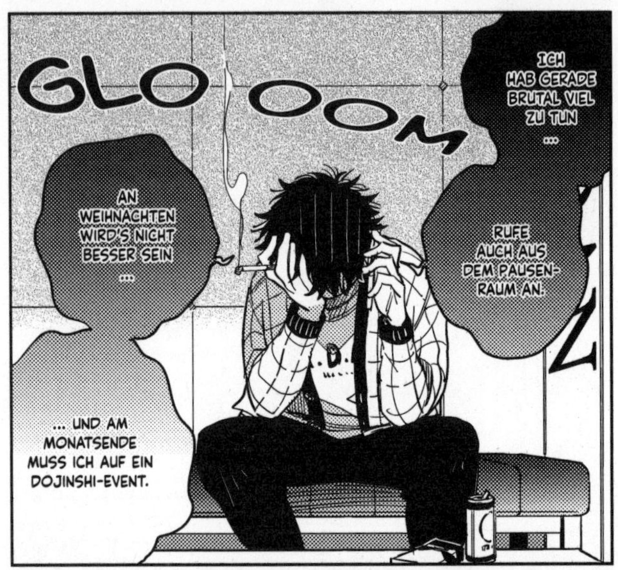

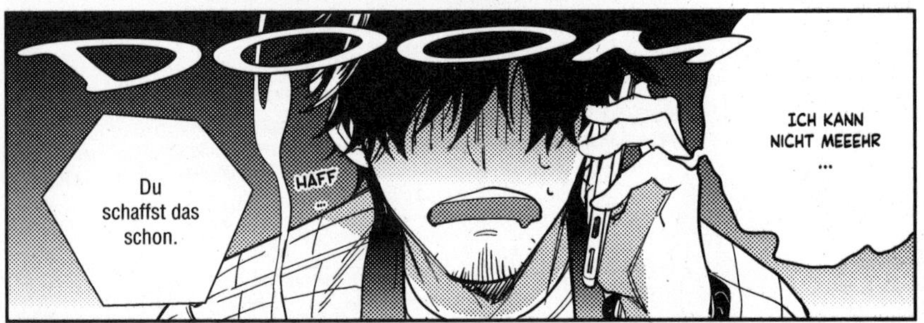

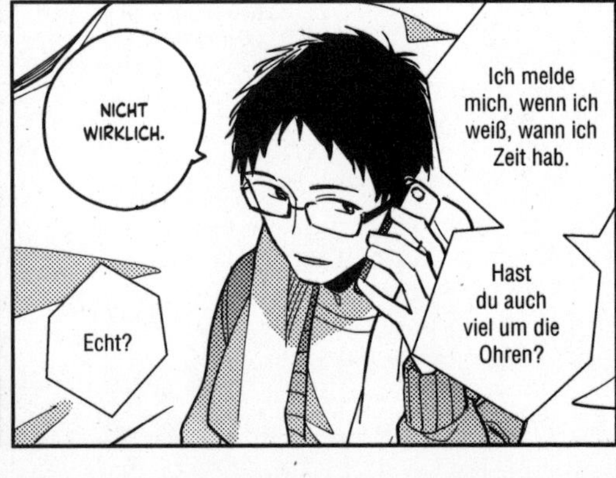

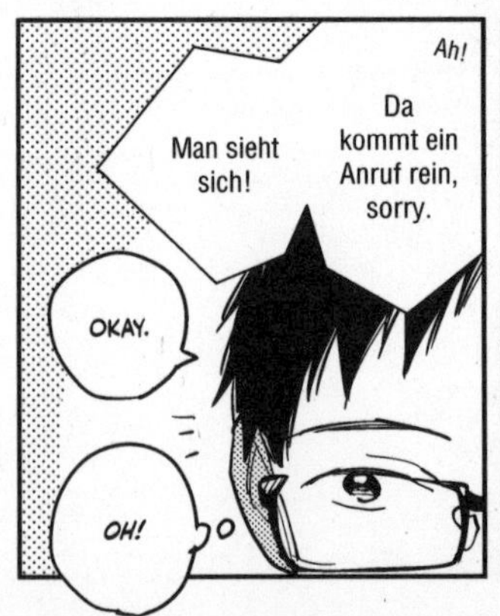

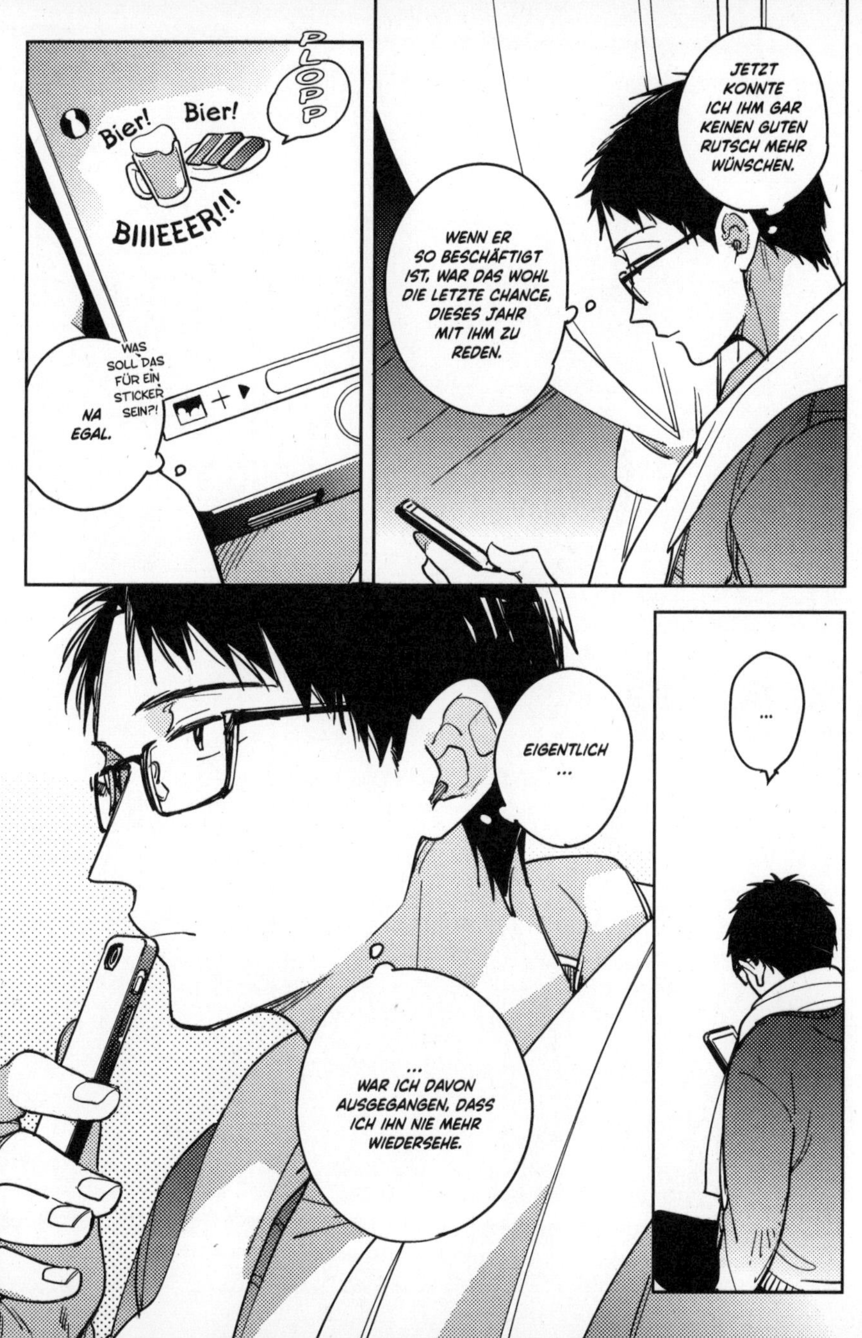
JETZT KONNTE ICH IHM GAR KEINEN GUTEN RUTSCH MEHR WÜNSCHEN.
WENN ER SO BESCHÄFTIGT IST, WAR DAS WOHL DIE LETZTE CHANCE, DIESES JAHR MIT IHM ZU REDEN.
PLOPP
Bier! Bier!
BIIIEEER!!!
WAS SOLL DAS FÜR EIN STICKER SEIN?!
NA EGAL.
...
EIGENTLICH ...
... WAR ICH DAVON AUSGEGANGEN, DASS ICH IHN NIE MEHR WIEDERSEHE.

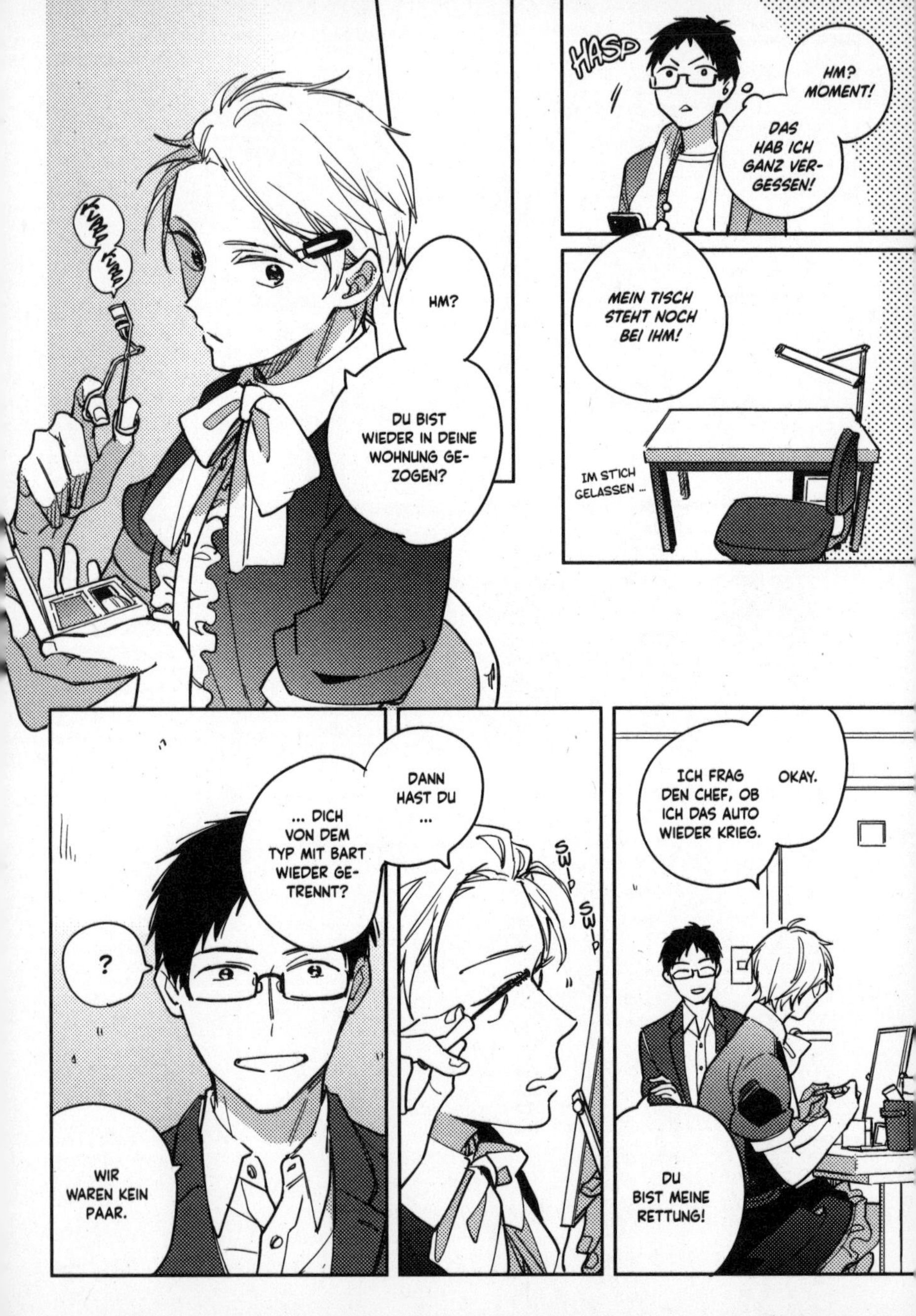
HASP
HM? MOMENT!
DAS HAB ICH GANZ VERGESSEN!
MEIN TISCH STEHT NOCH BEI IHM!
IM STICH GELASSEN ...
KURA KURA
HM?
DU BIST WIEDER IN DEINE WOHNUNG GEZOGEN?
OKAY.
ICH FRAG DEN CHEF, OB ICH DAS AUTO WIEDER KRIEG.
DU BIST MEINE RETTUNG!
SWIP SWIP
DANN HAST DU ...
... DICH VON DEM TYP MIT BART WIEDER GETRENNT?
?
WIR WAREN KEIN PAAR.

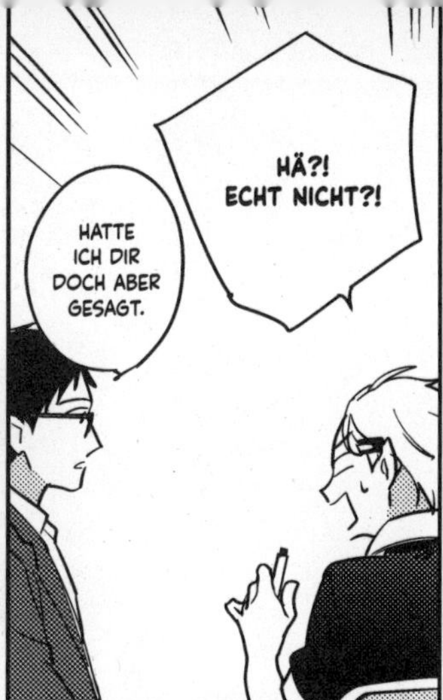
HÄ?!
ECHT NICHT?!
HATTE ICH DIR DOCH ABER GESAGT.

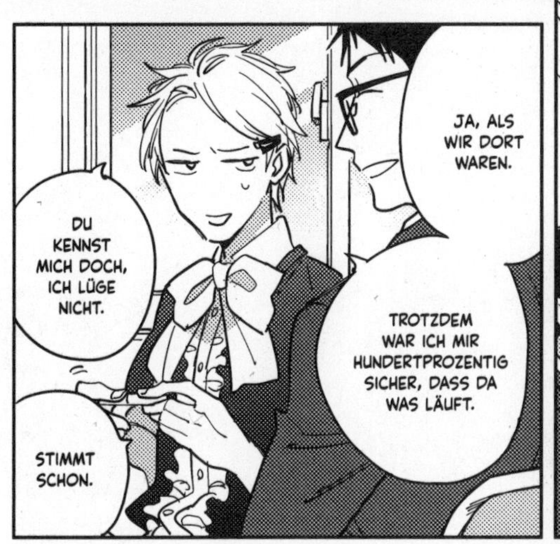
JA, ALS WIR DORT WAREN.
TROTZDEM WAR ICH MIR HUNDERTPROZENTIG SICHER, DASS DA WAS LÄUFT.
DU KENNST MICH DOCH, ICH LÜGE NICHT.
STIMMT SCHON.

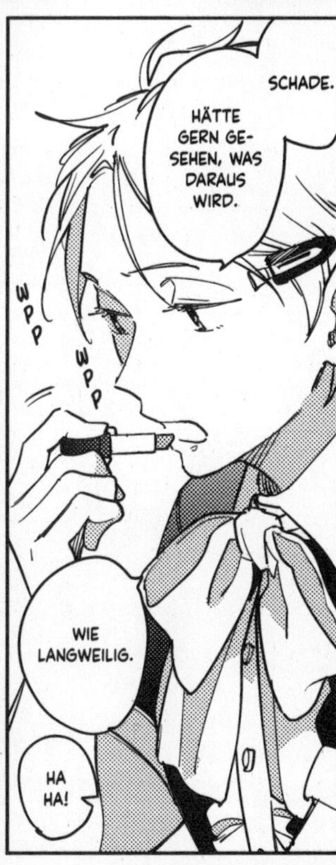
SCHADE.
HÄTTE GERN GE-SEHEN, WAS DARAUS WIRD.
WPP
WPP
WIE LANGWEILIG.
HA HA!

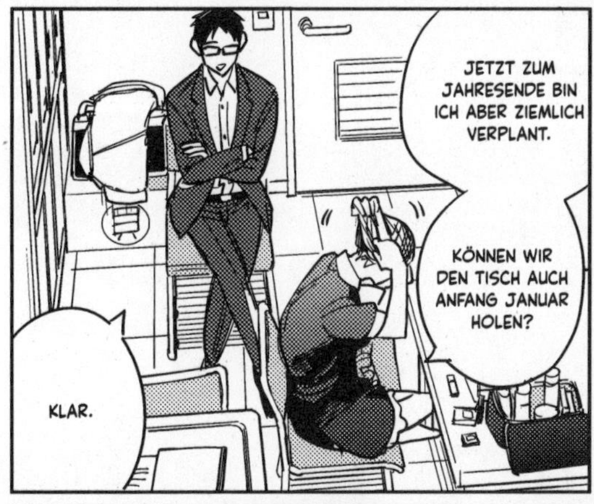
JETZT ZUM JAHRESENDE BIN ICH ABER ZIEMLICH VERPLANT.
KÖNNEN WIR DEN TISCH AUCH ANFANG JANUAR HOLEN?
KLAR.

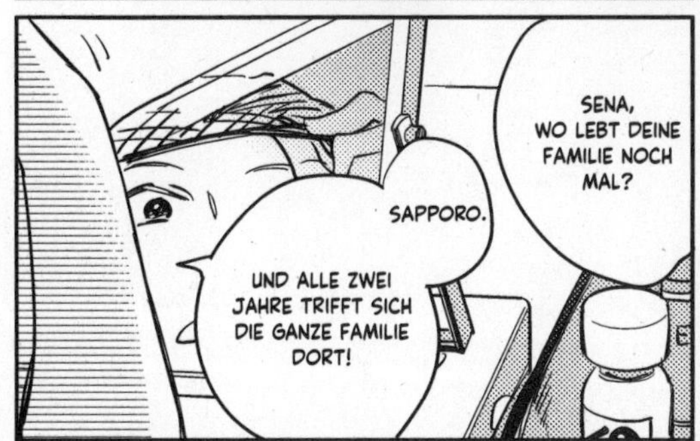
SENA, WO LEBT DEINE FAMILIE NOCH MAL?
SAPPORO.
UND ALLE ZWEI JAHRE TRIFFT SICH DIE GANZE FAMILIE DORT!

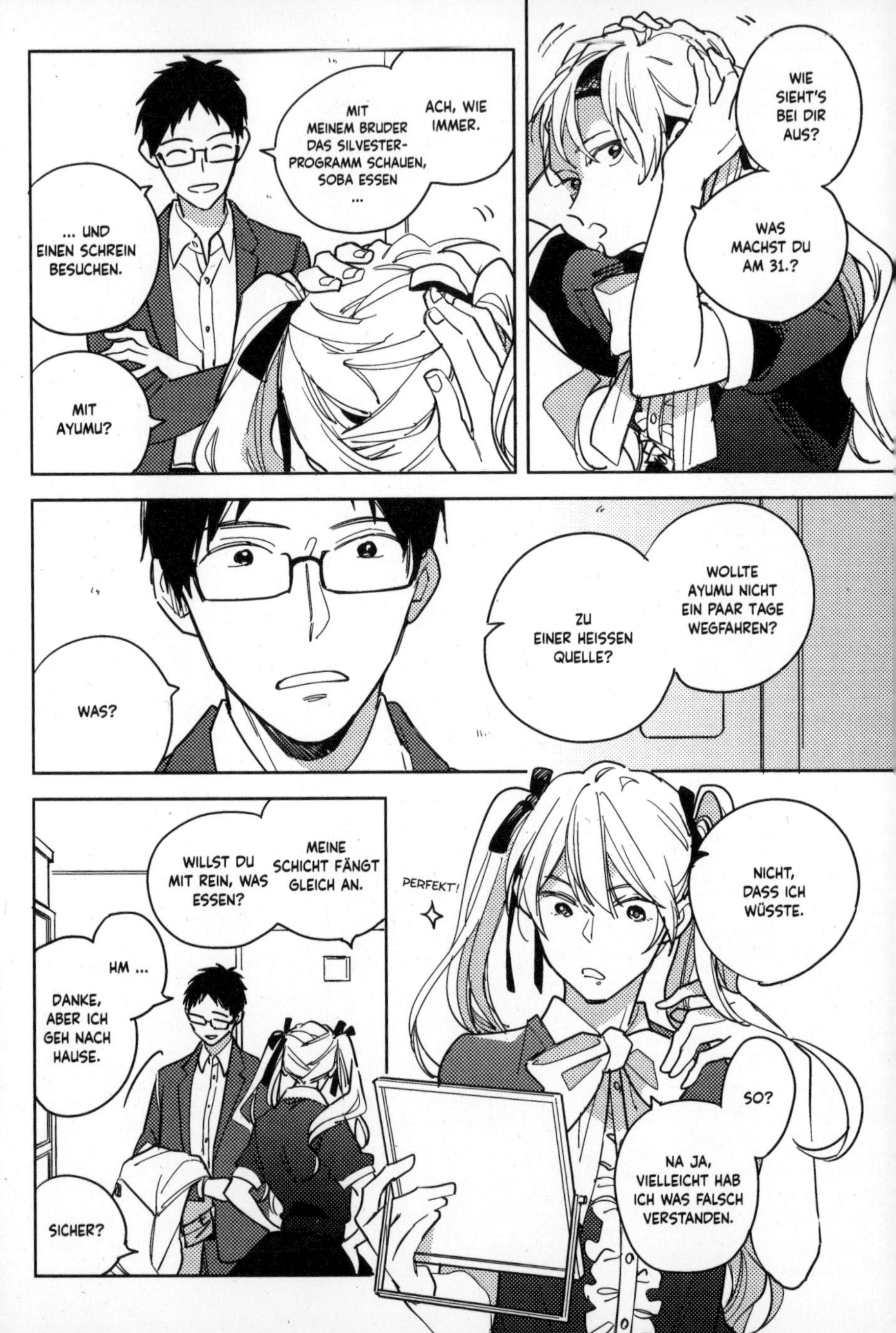
WIE SIEHT'S BEI DIR AUS?
WAS MACHST DU AM 31.?
ACH, WIE IMMER.
MIT MEINEM BRUDER DAS SILVESTER-PROGRAMM SCHAUEN, SOBA ESSEN ...
... UND EINEN SCHREIN BESUCHEN.
MIT AYUMU?
WOLLTE AYUMU NICHT EIN PAAR TAGE WEGFAHREN?
ZU EINER HEISSEN QUELLE?
WAS?
NICHT, DASS ICH WÜSSTE.
SO?
NA JA, VIELLEICHT HAB ICH WAS FALSCH VERSTANDEN.
PERFEKT!
MEINE SCHICHT FÄNGT GLEICH AN.
WILLST DU MIT REIN, WAS ESSEN?
HM ...
DANKE, ABER ICH GEH NACH HAUSE.
SICHER?

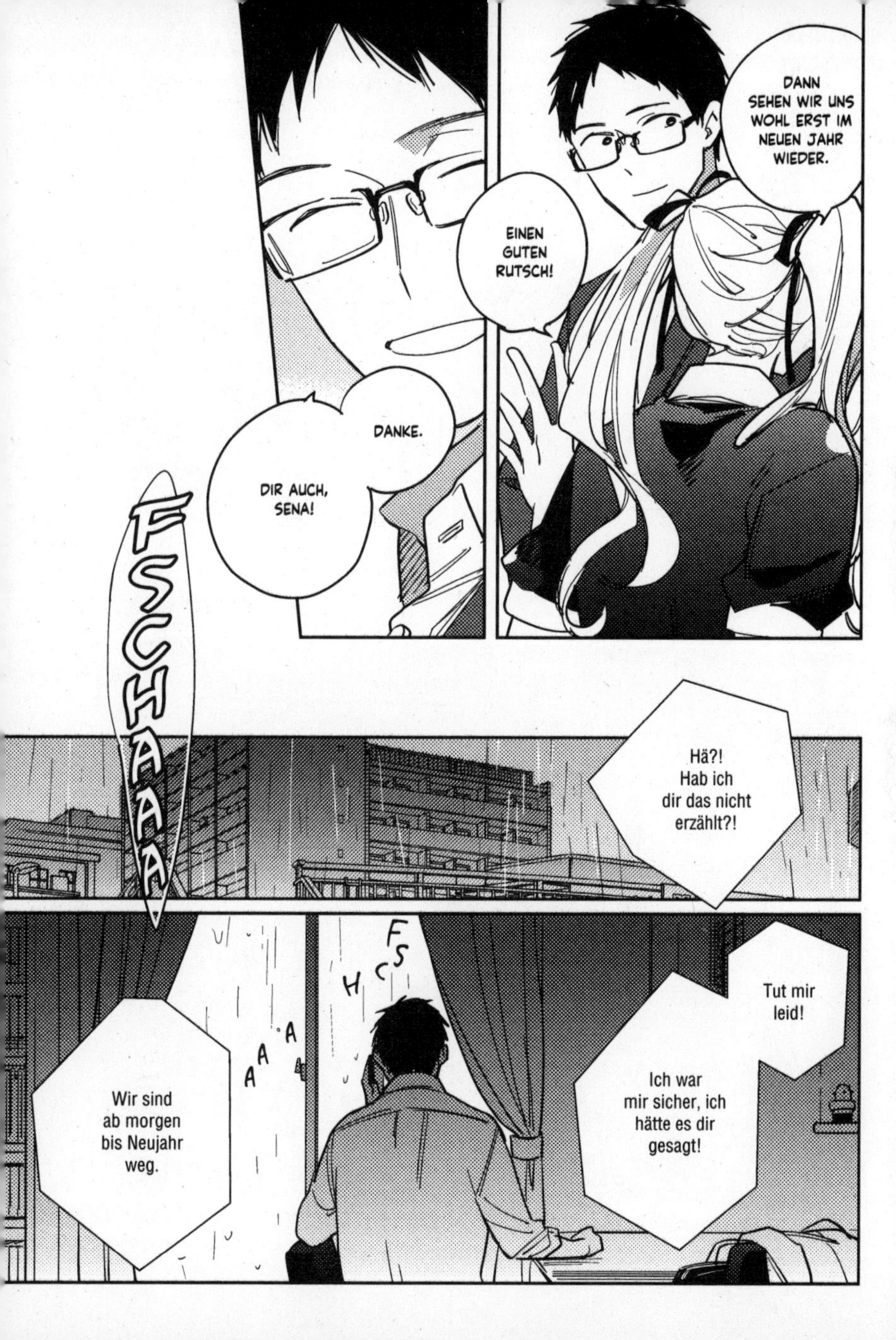
DANN SEHEN WIR UNS WOHL ERST IM NEUEN JAHR WIEDER.
EINEN GUTEN RUTSCH!
DANKE.
DIR AUCH, SENA!
FSCHAAAA
Hä?! Hab ich dir das nicht erzählt?!
Tut mir leid!
Ich war mir sicher, ich hätte es dir gesagt!
FSCHAAA
Wir sind ab morgen bis Neujahr weg.

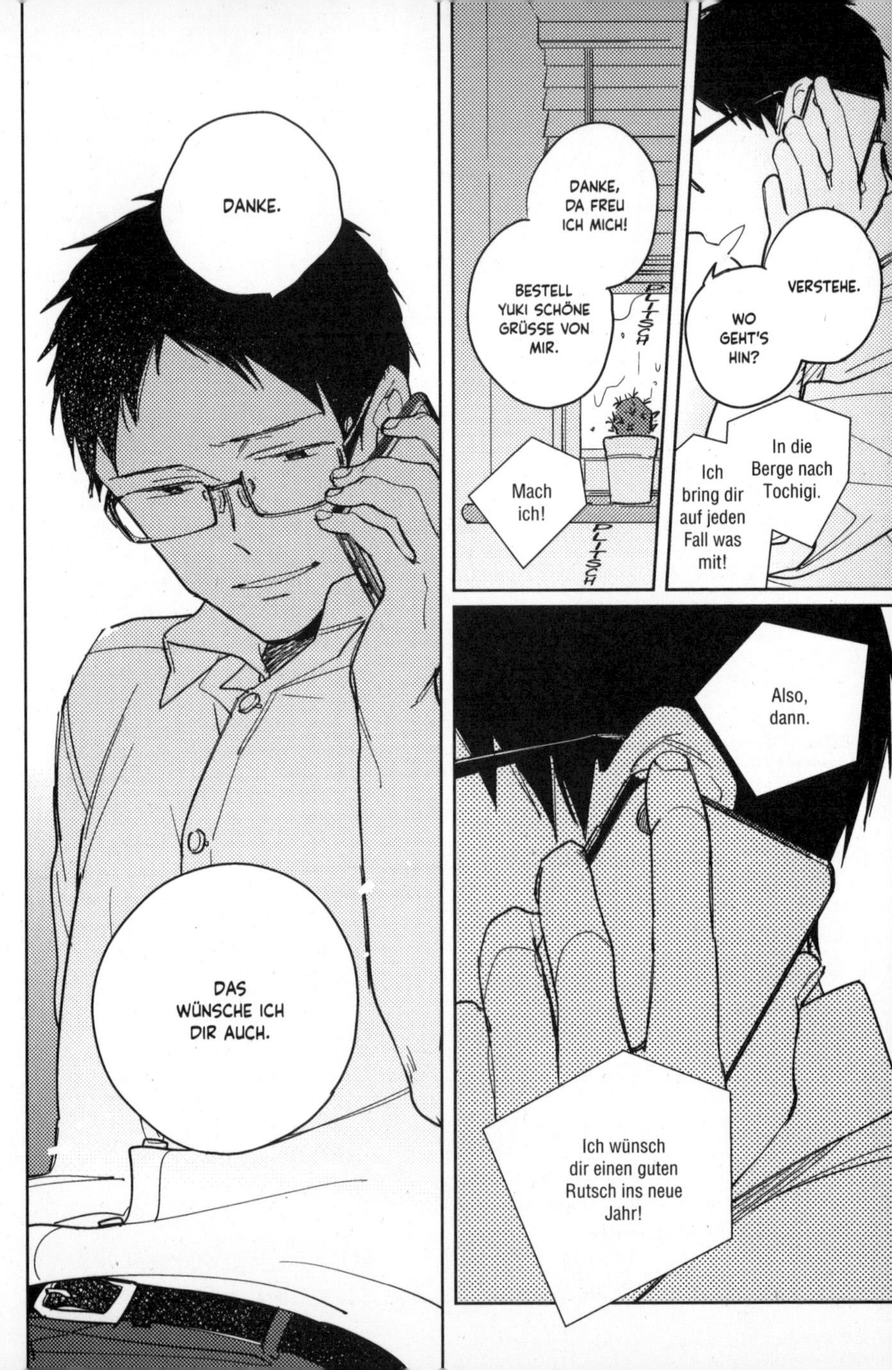
VERSTEHE.
WO GEHT'S HIN?
In die Berge nach Tochigi.
Ich bring dir auf jeden Fall was mit!
DANKE, DA FREU ICH MICH!
BESTELL YUKI SCHÖNE GRÜSSE VON MIR.
PLITSCH
Mach ich!
PLITSCH
Also, dann.
Ich wünsch dir einen guten Rutsch ins neue Jahr!
DANKE.
DAS WÜNSCHE ICH DIR AUCH.

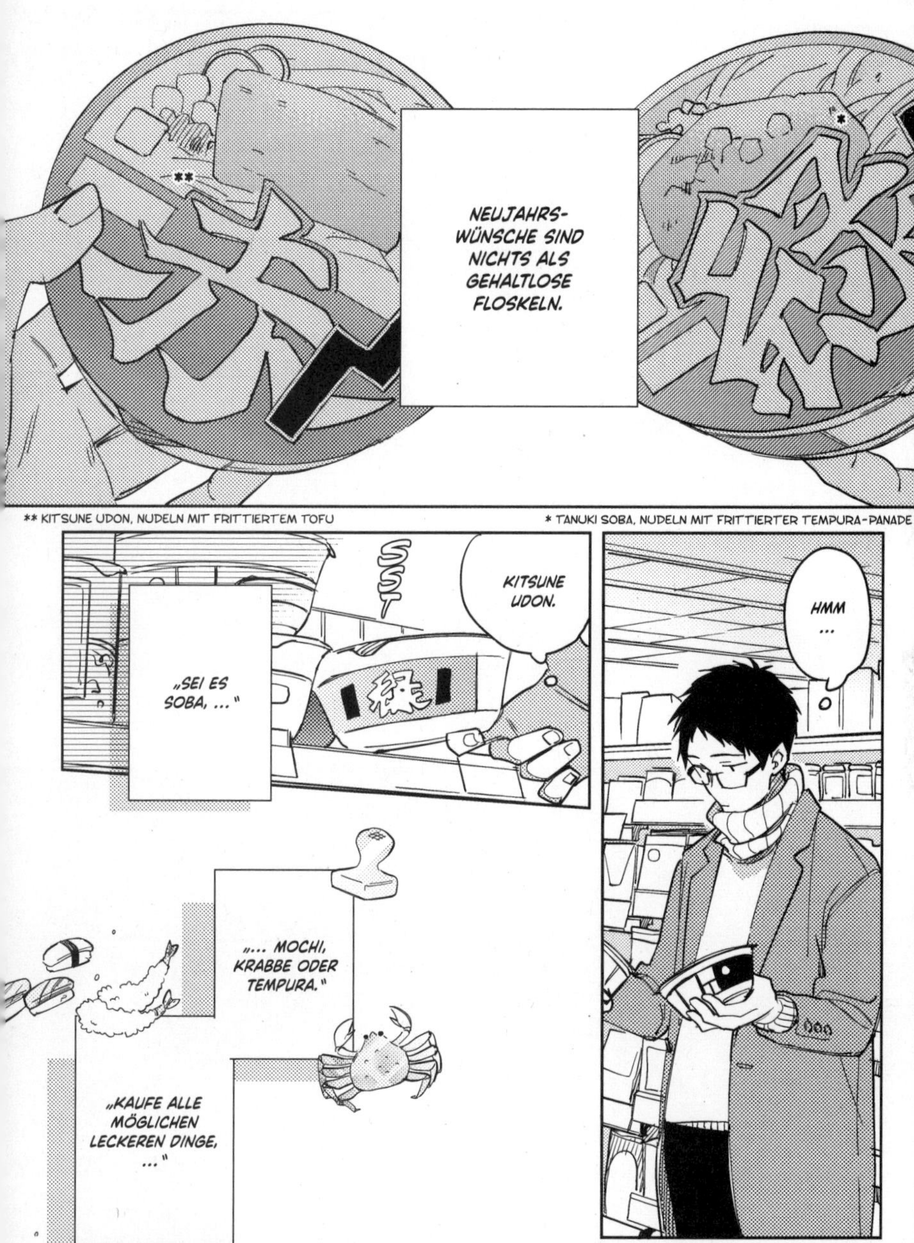
NEUJAHRS-WÜNSCHE SIND NICHTS ALS GEHALTLOSE FLOSKELN.
** KITSUNE UDON, NUDELN MIT FRITTIERTEM TOFU
* TANUKI SOBA, NUDELN MIT FRITTIERTER TEMPURA-PANADE
HMM ...
KITSUNE UDON.
SST
„SEI ES SOBA, ..."
„... MOCHI, KRABBE ODER TEMPURA."
„KAUFE ALLE MÖGLICHEN LECKEREN DINGE, ..."

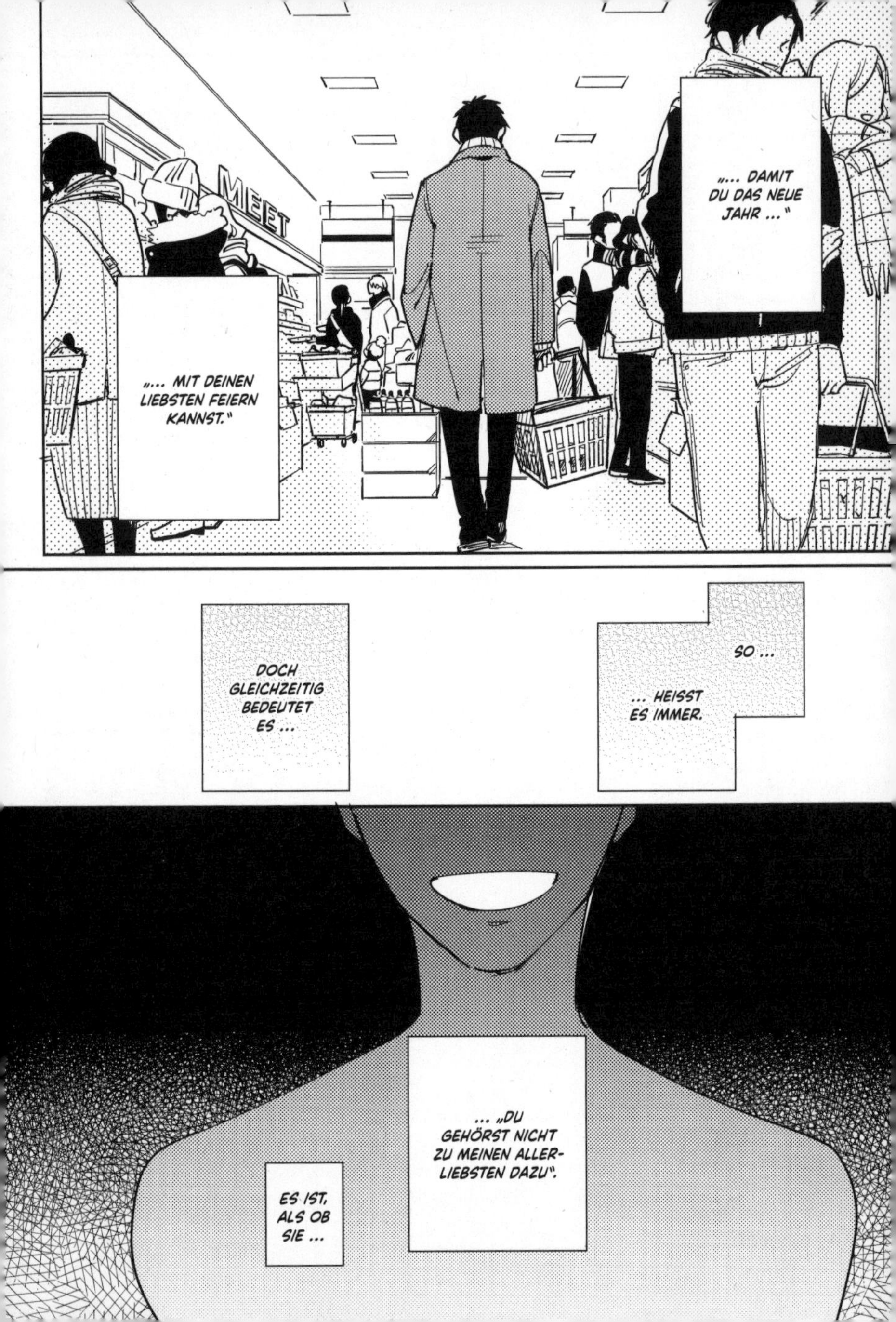
„... DAMIT DU DAS NEUE JAHR ...“
MEET
„... MIT DEINEN LIEBSTEN FEIERN KANNST.“
SO ...
... HEISST ES IMMER.
DOCH GLEICHZEITIG BEDEUTET ES ...
... „DU GEHÖRST NICHT ZU MEINEN ALLER-LIEBSTEN DAZU“.
ES IST, ALS OB SIE ...

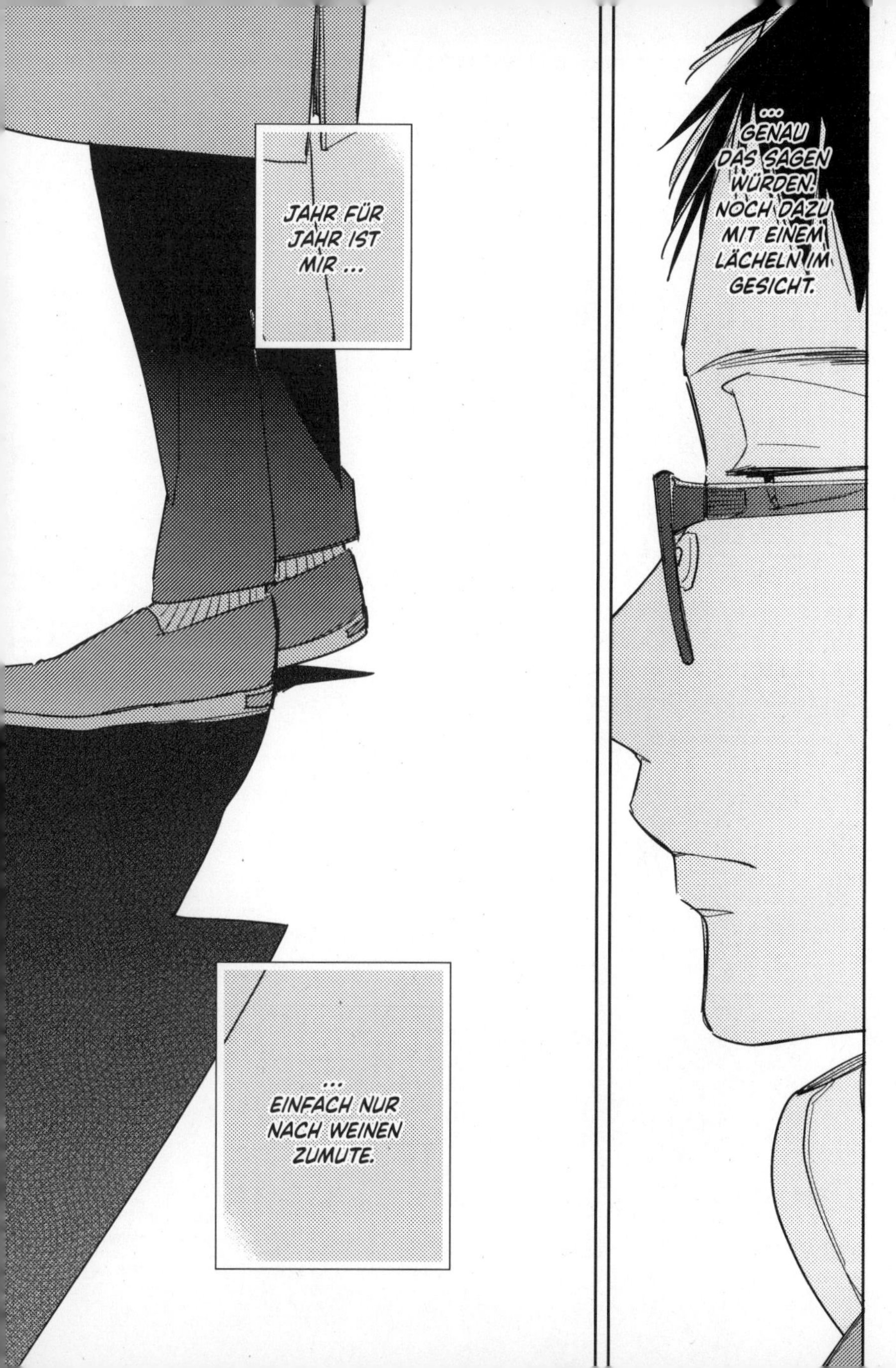
... GENAU DAS SAGEN WÜRDEN! NOCH DAZU MIT EINEM LÄCHELN IM GESICHT.
JAHR FÜR JAHR IST MIR ...
... EINFACH NUR NACH WEINEN ZUMUTE.

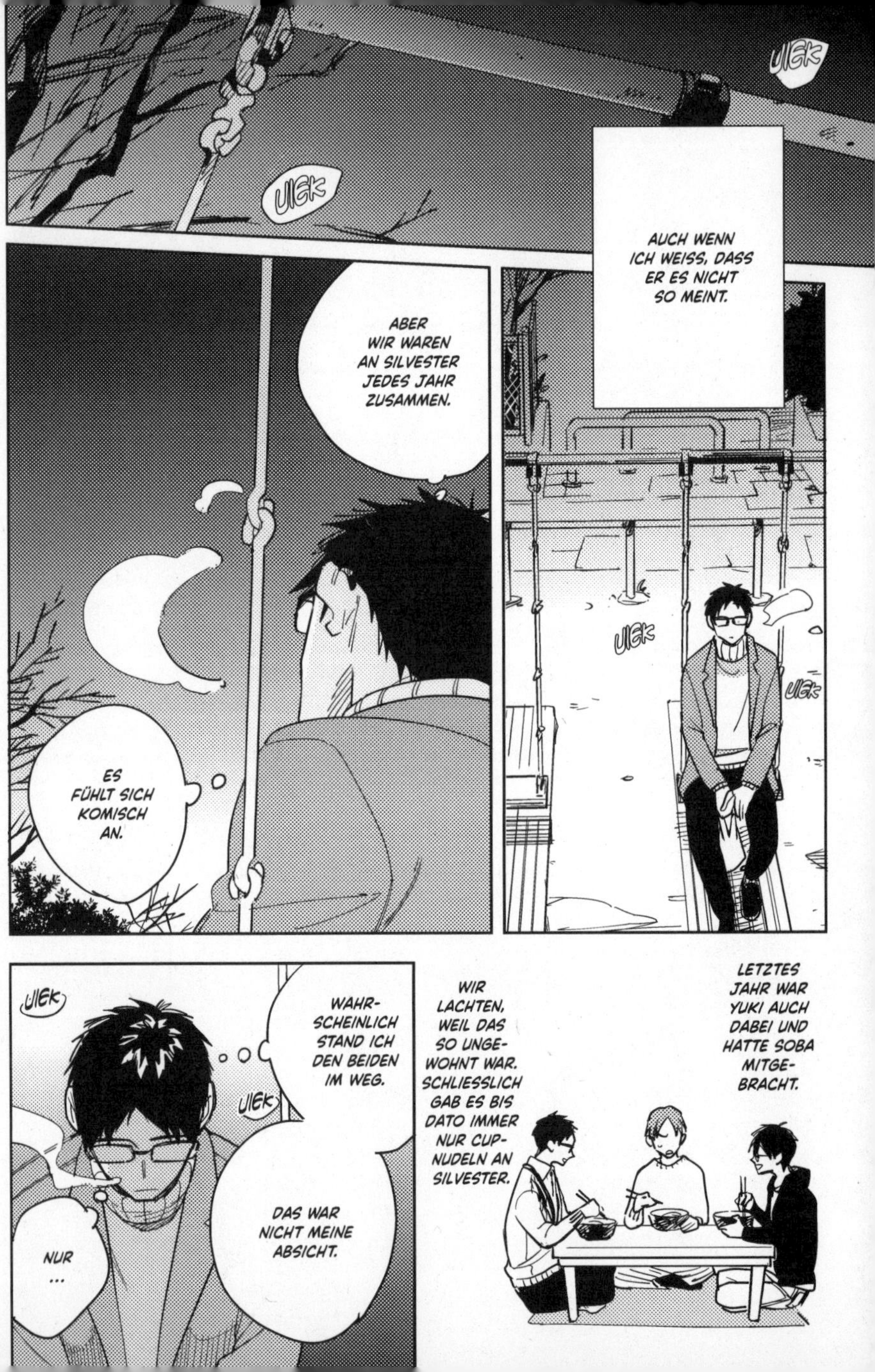

UIEK

UIEK

AUCH WENN ICH WEISS, DASS ER ES NICHT SO MEINT.

UIEK

UIEK

ABER WIR WAREN AN SILVESTER JEDES JAHR ZUSAMMEN.

ES FÜHLT SICH KOMISCH AN.

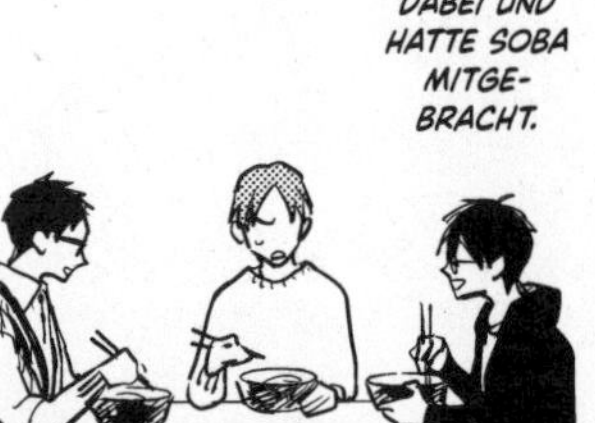

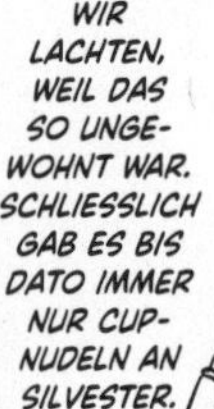

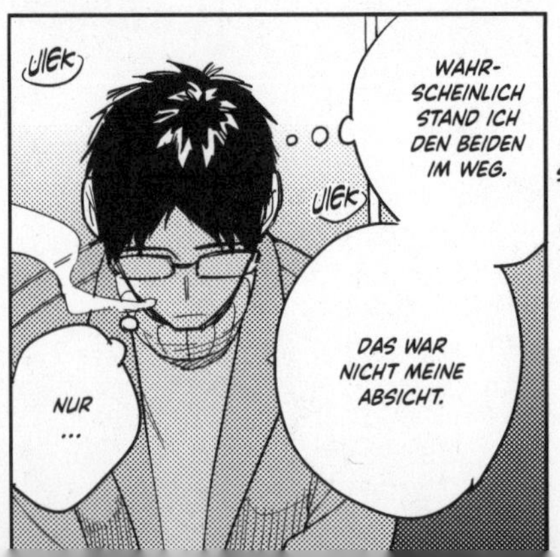

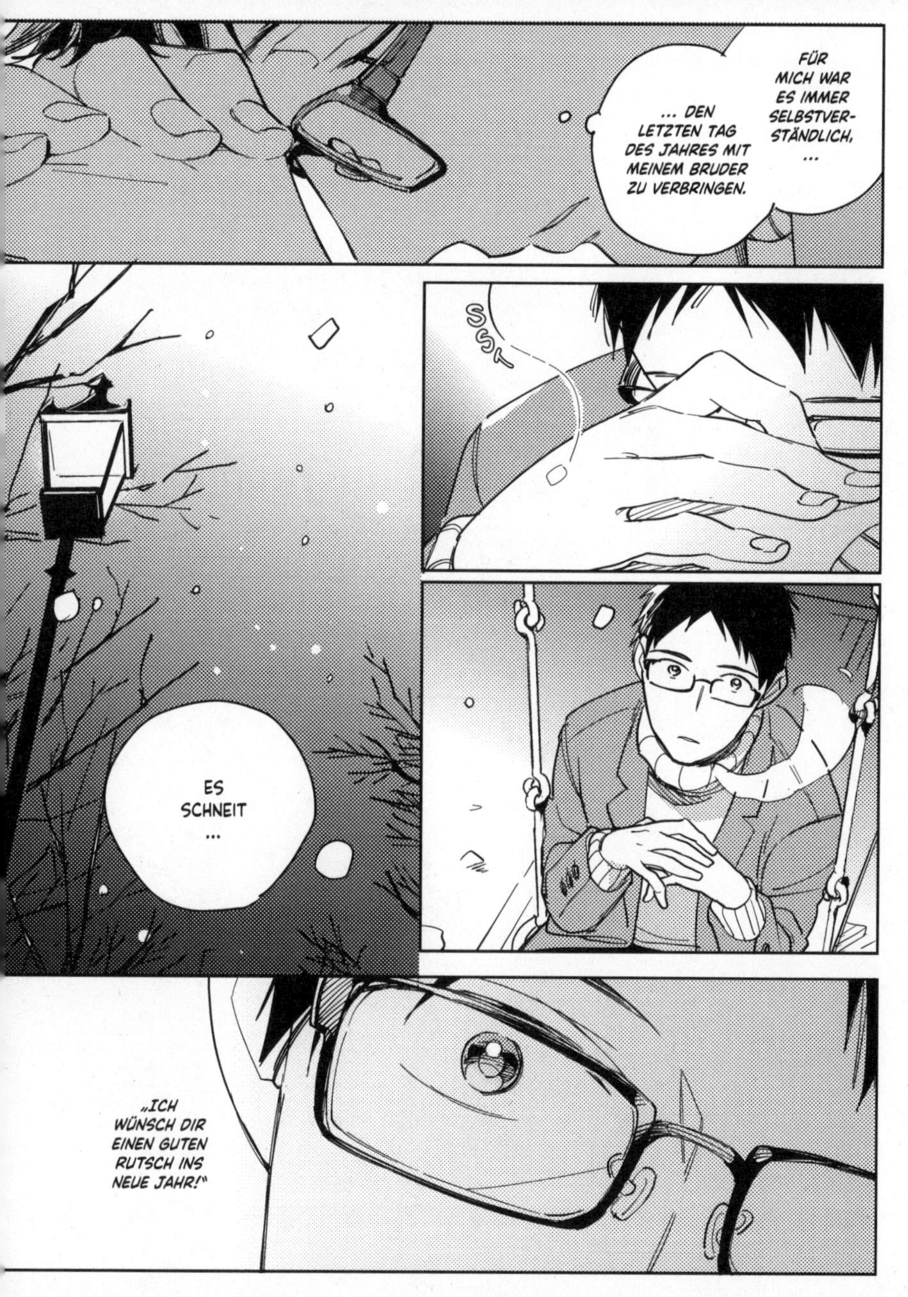

FÜR MICH WAR ES IMMER SELBSTVER-STÄNDLICH, ...
... DEN LETZTEN TAG DES JAHRES MIT MEINEM BRUDER ZU VERBRINGEN.
SST
ES SCHNEIT ...
„ICH WÜNSCH DIR EINEN GUTEN RUTSCH INS NEUE JAHR!"

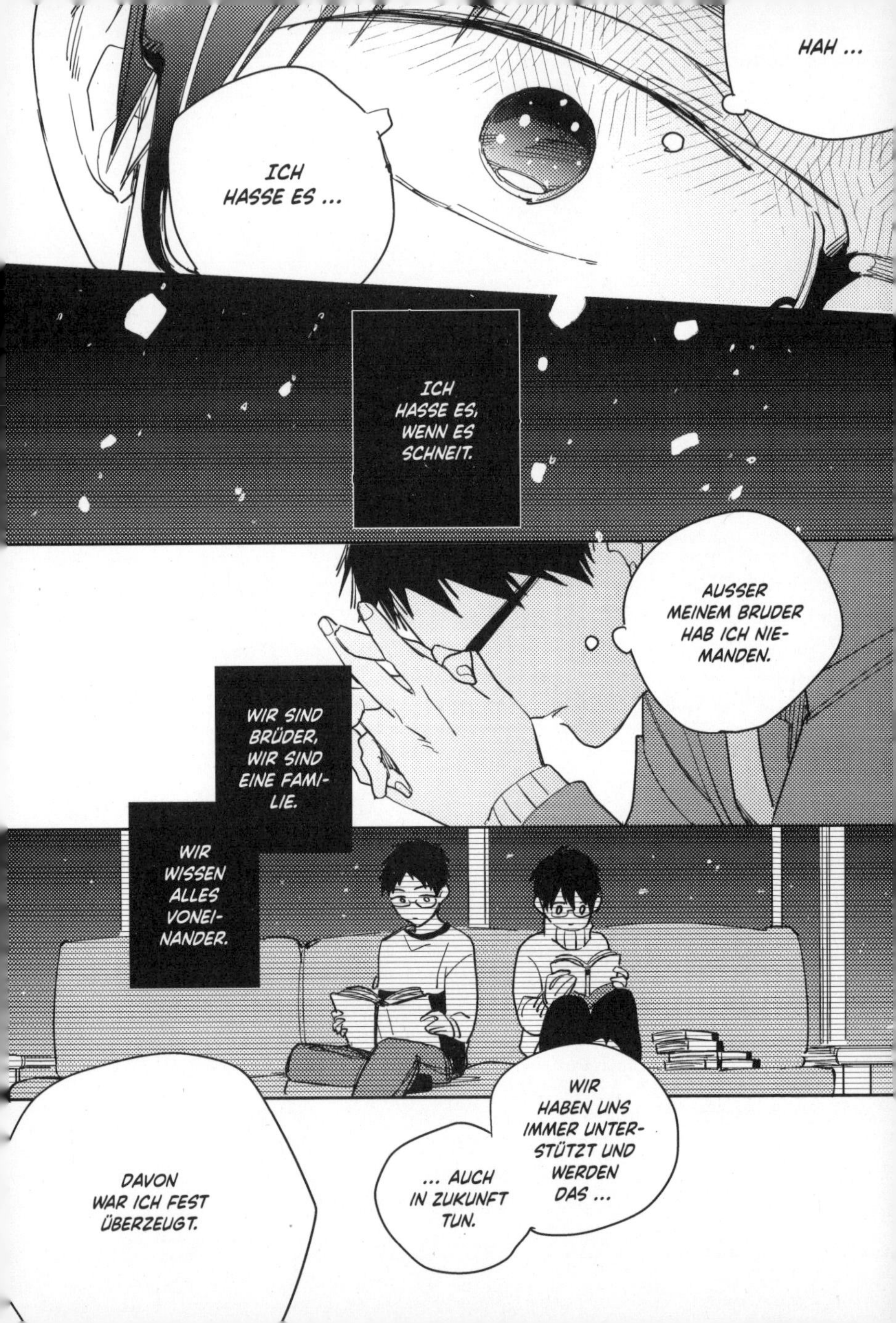
HAH …
ICH HASSE ES …
ICH HASSE ES, WENN ES SCHNEIT.
AUSSER MEINEM BRUDER HAB ICH NIEMANDEN.
WIR SIND BRÜDER, WIR SIND EINE FAMILIE.
WIR WISSEN ALLES VONEINANDER.
WIR HABEN UNS IMMER UNTERSTÜTZT UND WERDEN DAS …
… AUCH IN ZUKUNFT TUN.
DAVON WAR ICH FEST ÜBERZEUGT.

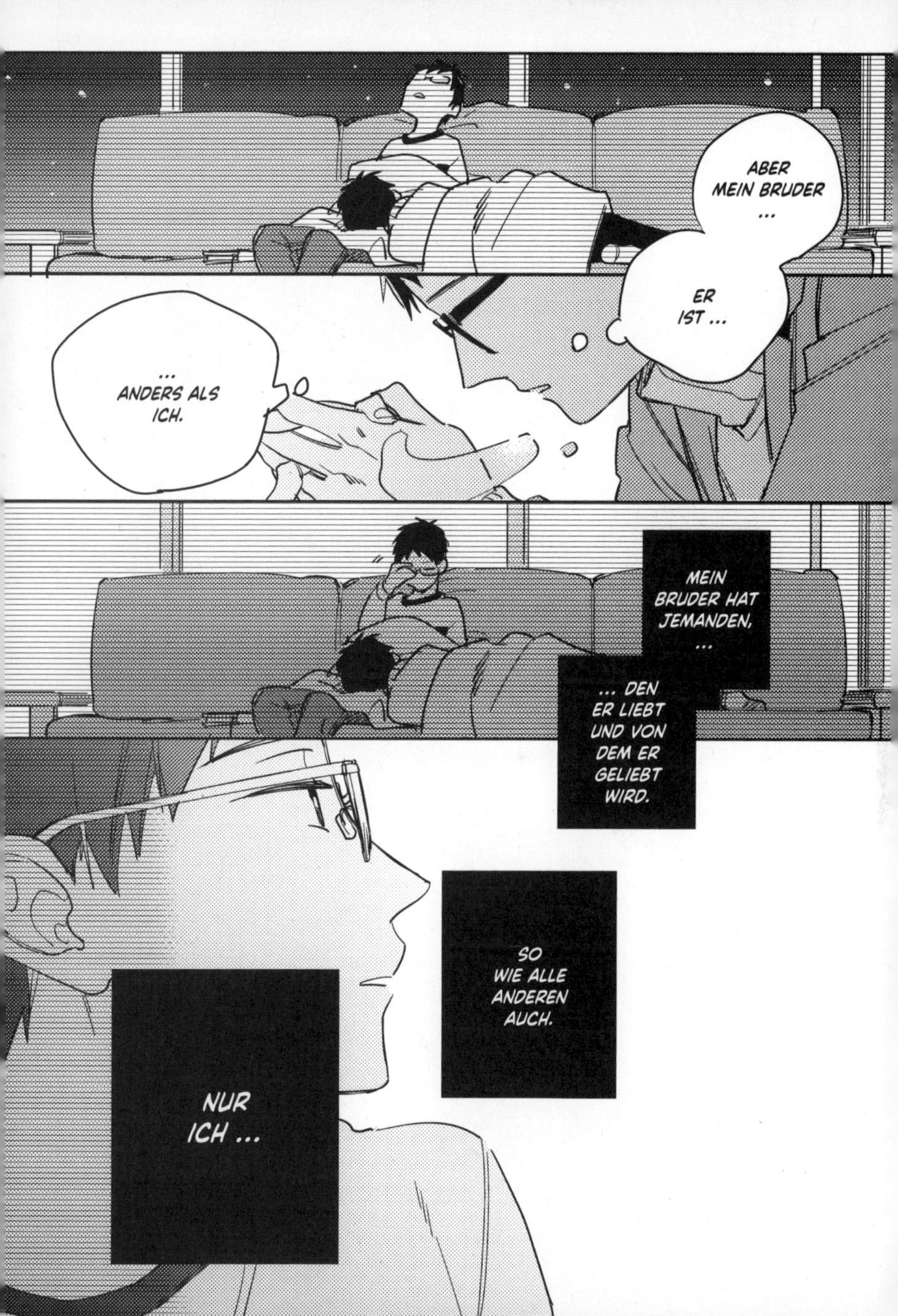
ABER MEIN BRUDER ...
ER IST ...
... ANDERS ALS ICH.
MEIN BRUDER HAT JEMANDEN, ...
... DEN ER LIEBT UND VON DEM ER GELIEBT WIRD.
SO WIE ALLE ANDEREN AUCH.
NUR ICH ...

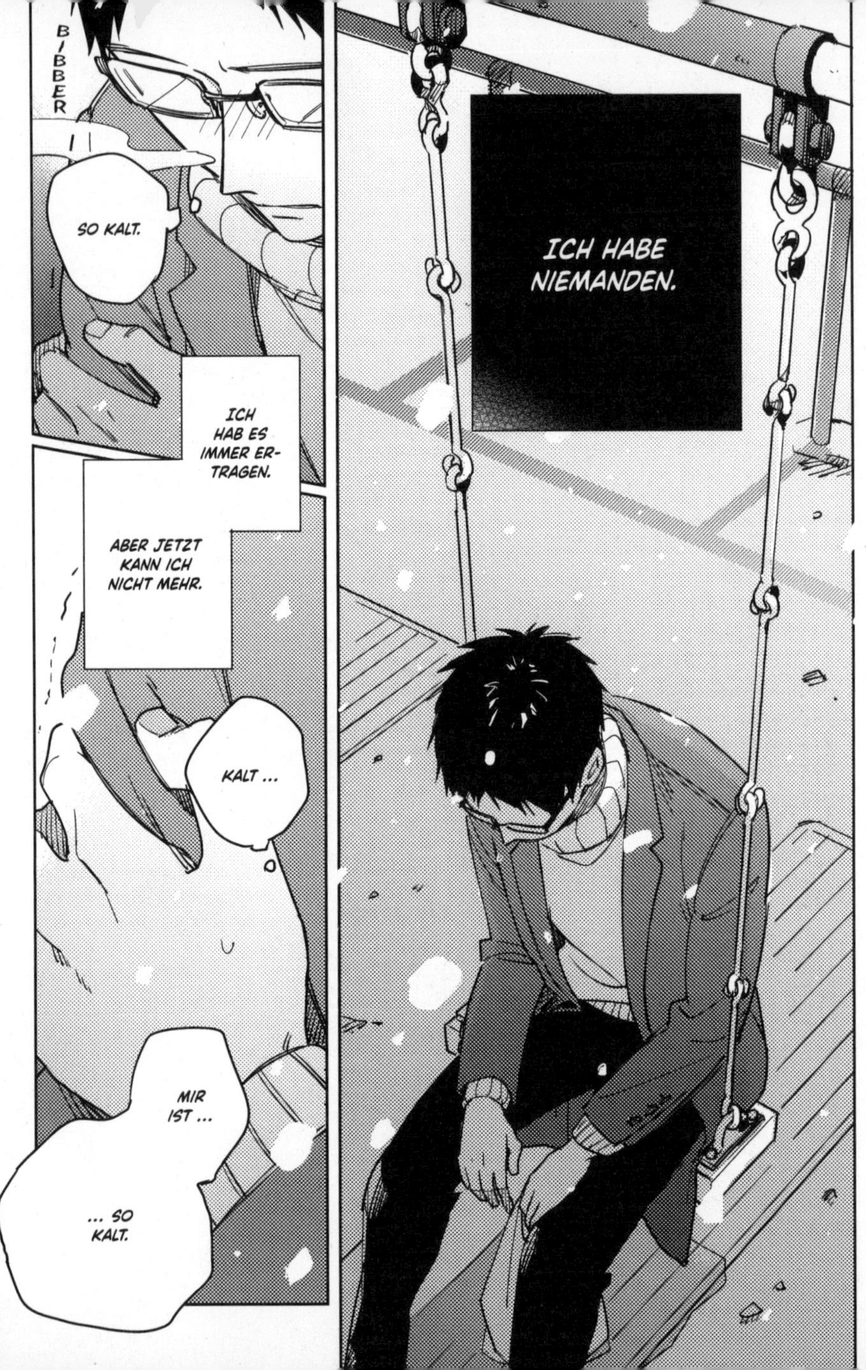
BIBBER
SO KALT.
ICH HAB ES IMMER ERTRAGEN.
ABER JETZT KANN ICH NICHT MEHR.
KALT ...
MIR IST ...
... SO KALT.
ICH HABE NIEMANDEN.

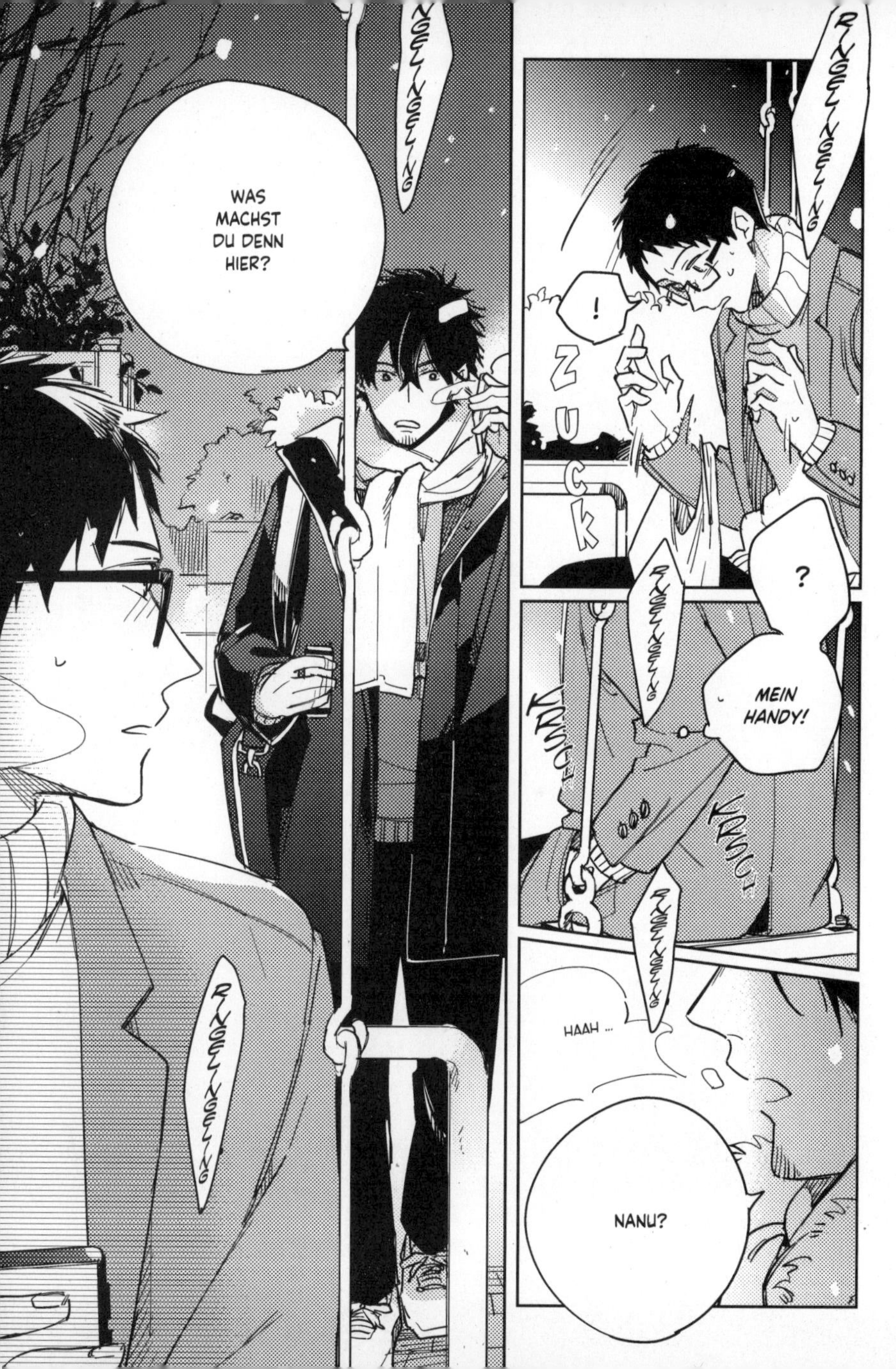
RINGELINGELING
!
ZUCK
RINGELINGELING
?
MEIN HANDY!
RINGELINGELING
HAAH ...
NANU?
RINGELINGELING
WAS MACHST DU DENN HIER?
RINGELINGELING

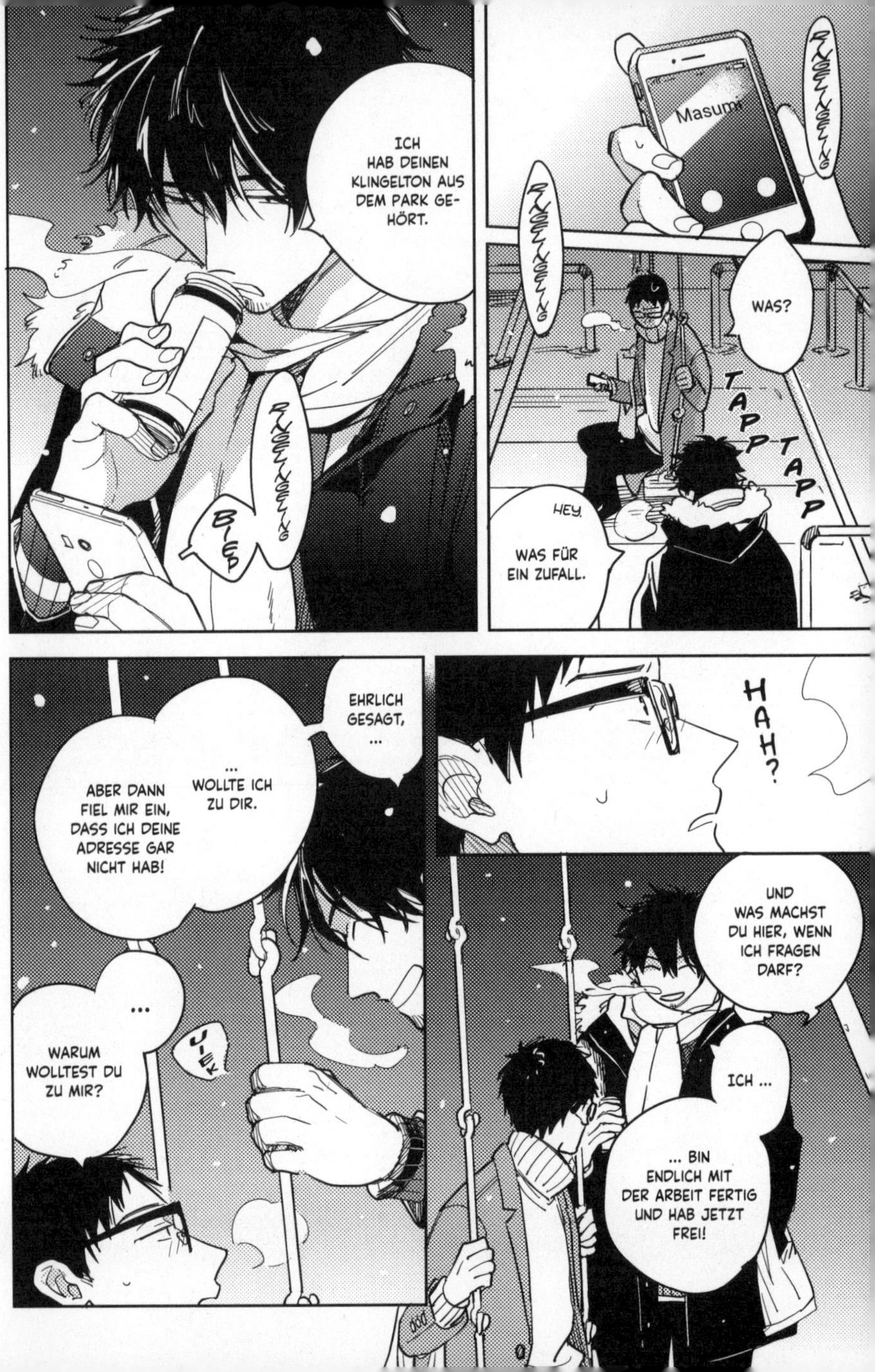

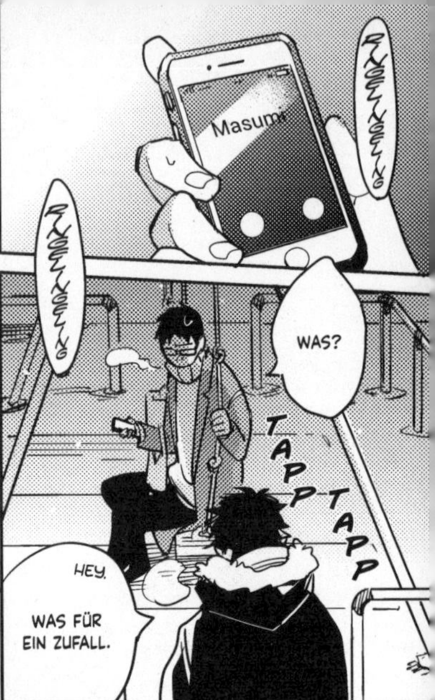
Masumi
WAS?
TAPP
TAPP
TAPP
TAPP
HEY.
WAS FÜR EIN ZUFALL.

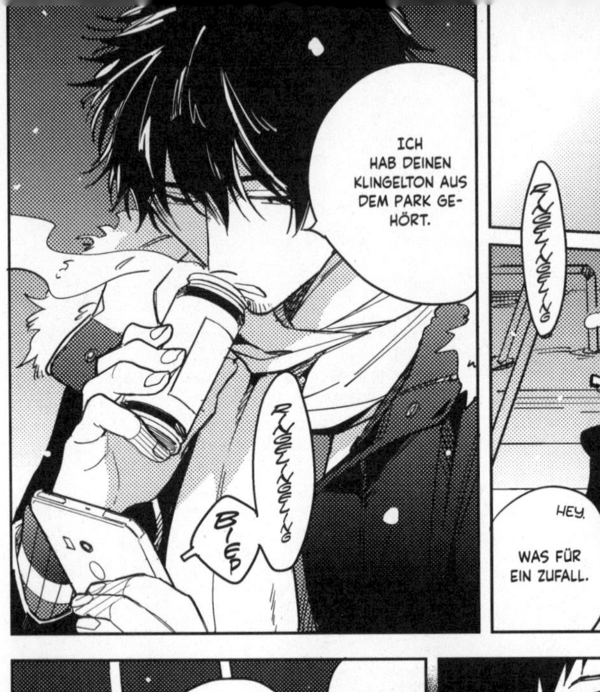
BIEP
ICH HAB DEINEN KLINGELTON AUS DEM PARK GEHÖRT.
UND WAS MACHST DU HIER, WENN ICH FRAGEN DARF?
ICH ...
... BIN ENDLICH MIT DER ARBEIT FERTIG UND HAB JETZT FREI!
HAH?
EHRLICH GESAGT, ...
... WOLLTE ICH ZU DIR.
ABER DANN FIEL MIR EIN, DASS ICH DEINE ADRESSE GAR NICHT HAB!
UIEK
...
WARUM WOLLTEST DU ZU MIR?

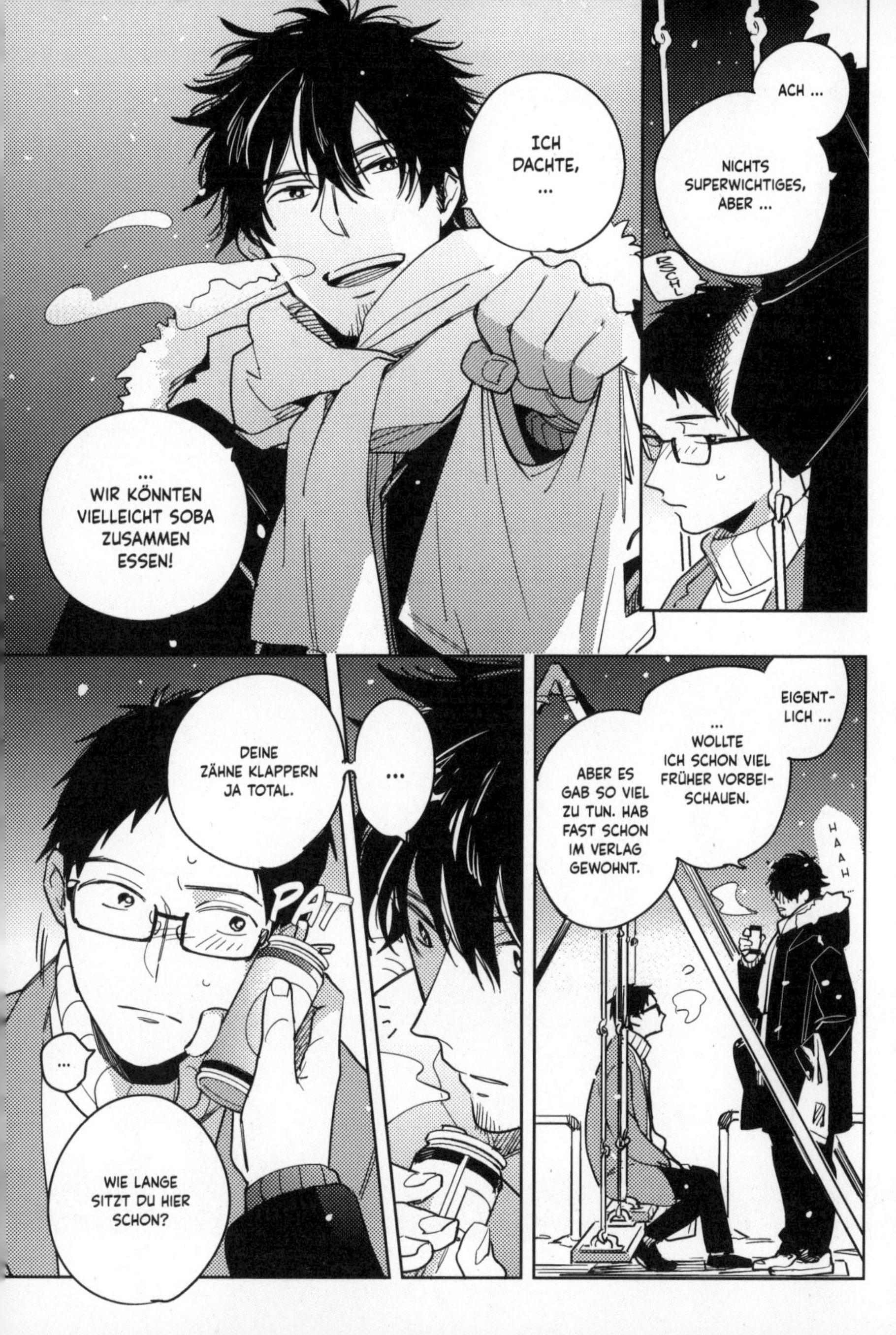

ACH ...
NICHTS SUPERWICHTIGES, ABER ...
BSCHL
ICH DACHTE, ...
... WIR KÖNNTEN VIELLEICHT SOBA ZUSAMMEN ESSEN!
EIGENT-LICH ...
... WOLLTE ICH SCHON VIEL FRÜHER VORBEI-SCHAUEN.
ABER ES GAB SO VIEL ZU TUN. HAB FAST SCHON IM VERLAG GEWOHNT.
HAAH ...
...
DEINE ZÄHNE KLAPPERN JA TOTAL.
PAT
...
WIE LANGE SITZT DU HIER SCHON?

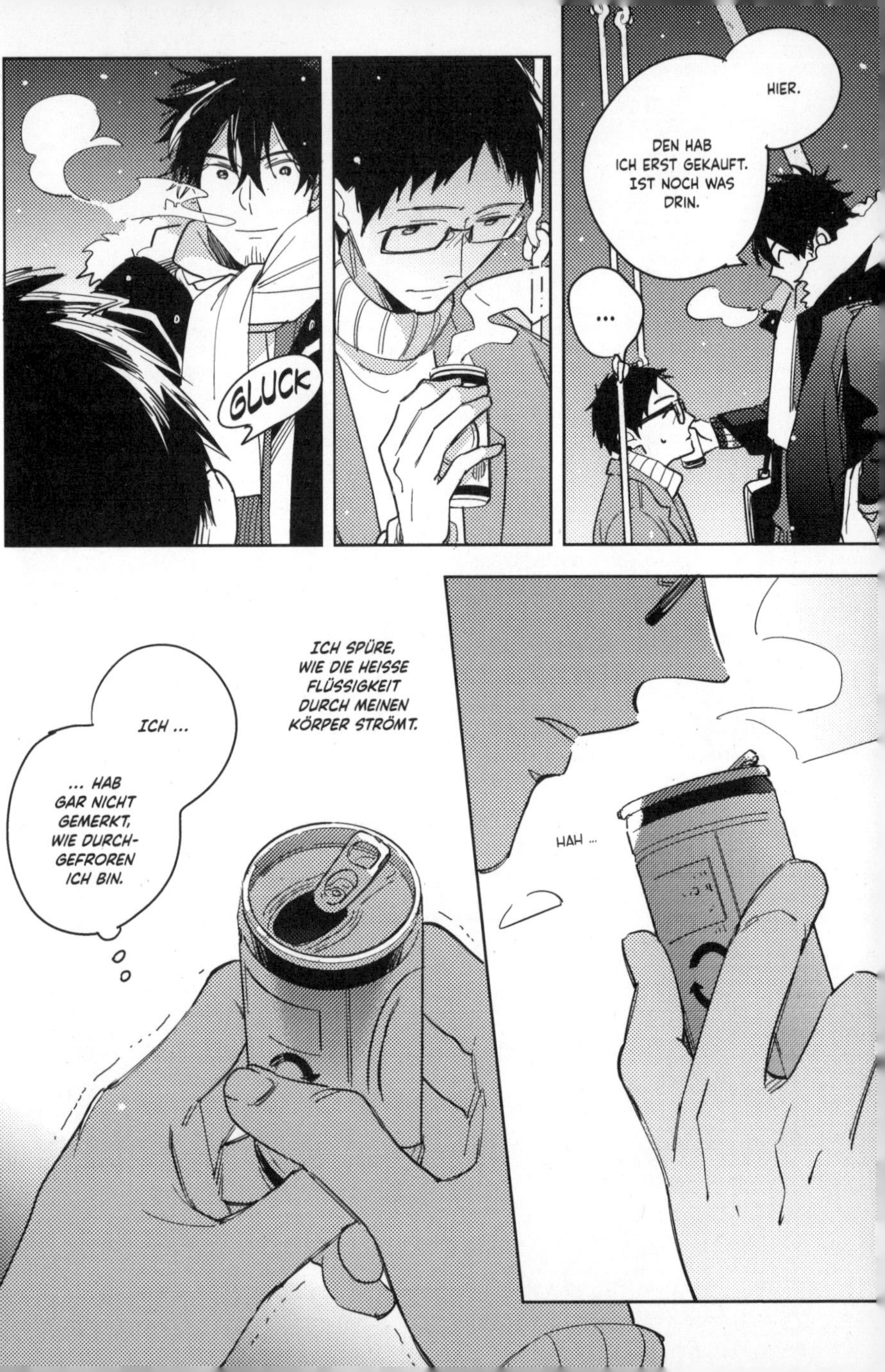

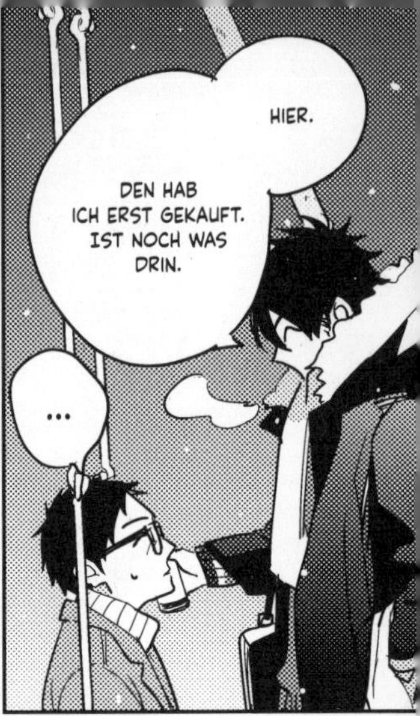

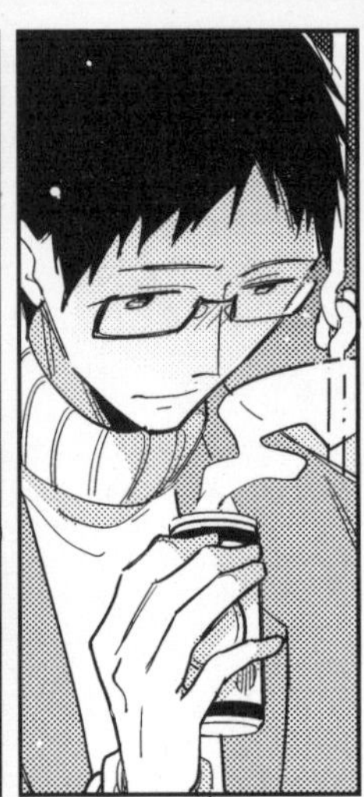

HAH ...

ICH SPÜRE, WIE DIE HEISSE FLÜSSIGKEIT DURCH MEINEN KÖRPER STRÖMT.

ICH ...

... HAB GAR NICHT GEMERKT, WIE DURCH-GEFROREN ICH BIN.

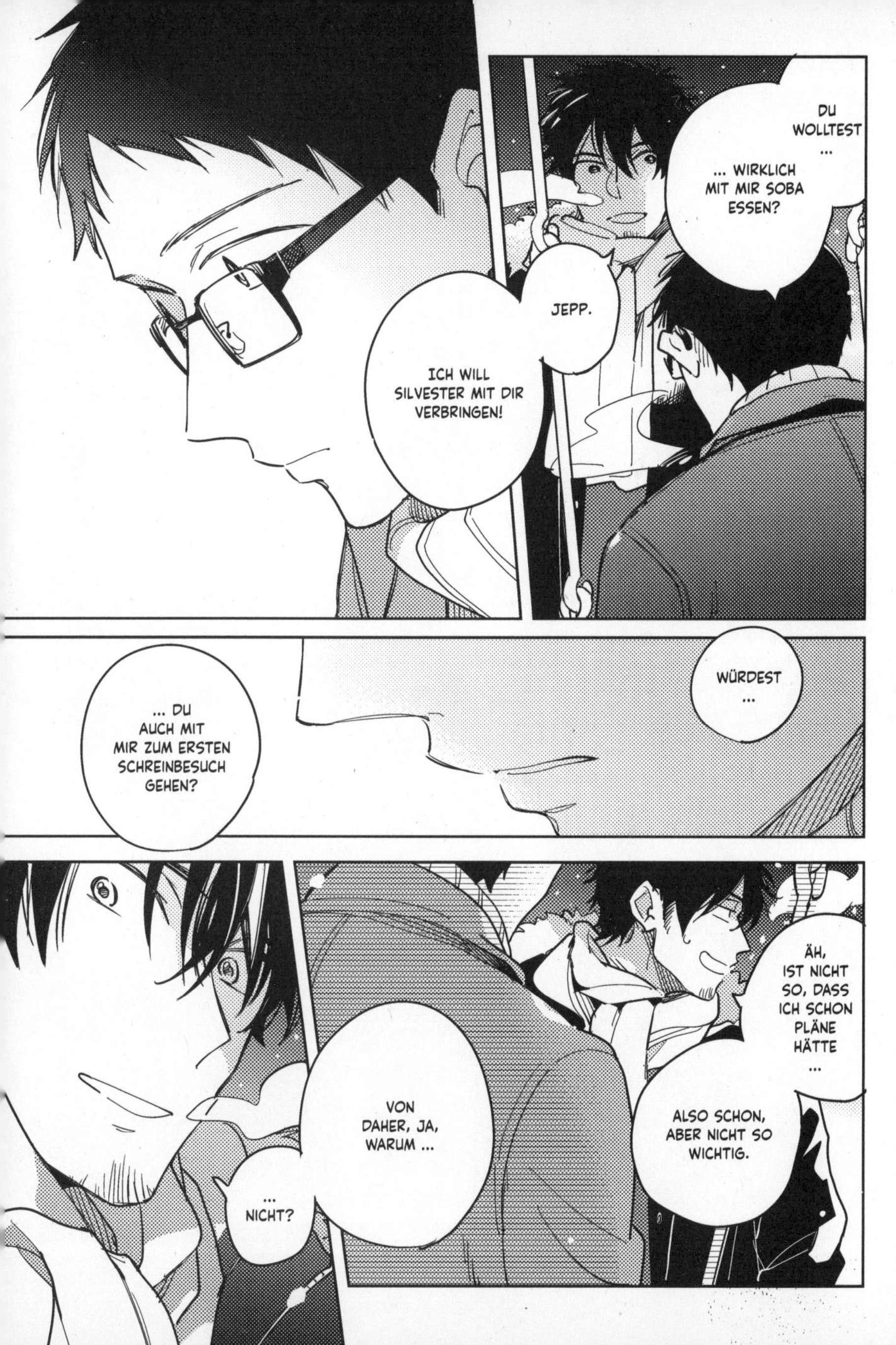
DU WOLLTEST ...
... WIRKLICH MIT MIR SOBA ESSEN?
JEPP.
ICH WILL SILVESTER MIT DIR VERBRINGEN!
WÜRDEST ...
... DU AUCH MIT MIR ZUM ERSTEN SCHREINBESUCH GEHEN?
ÄH, IST NICHT SO, DASS ICH SCHON PLÄNE HÄTTE ...
ALSO SCHON, ABER NICHT SO WICHTIG.
VON DAHER, JA, WARUM ...
... NICHT?

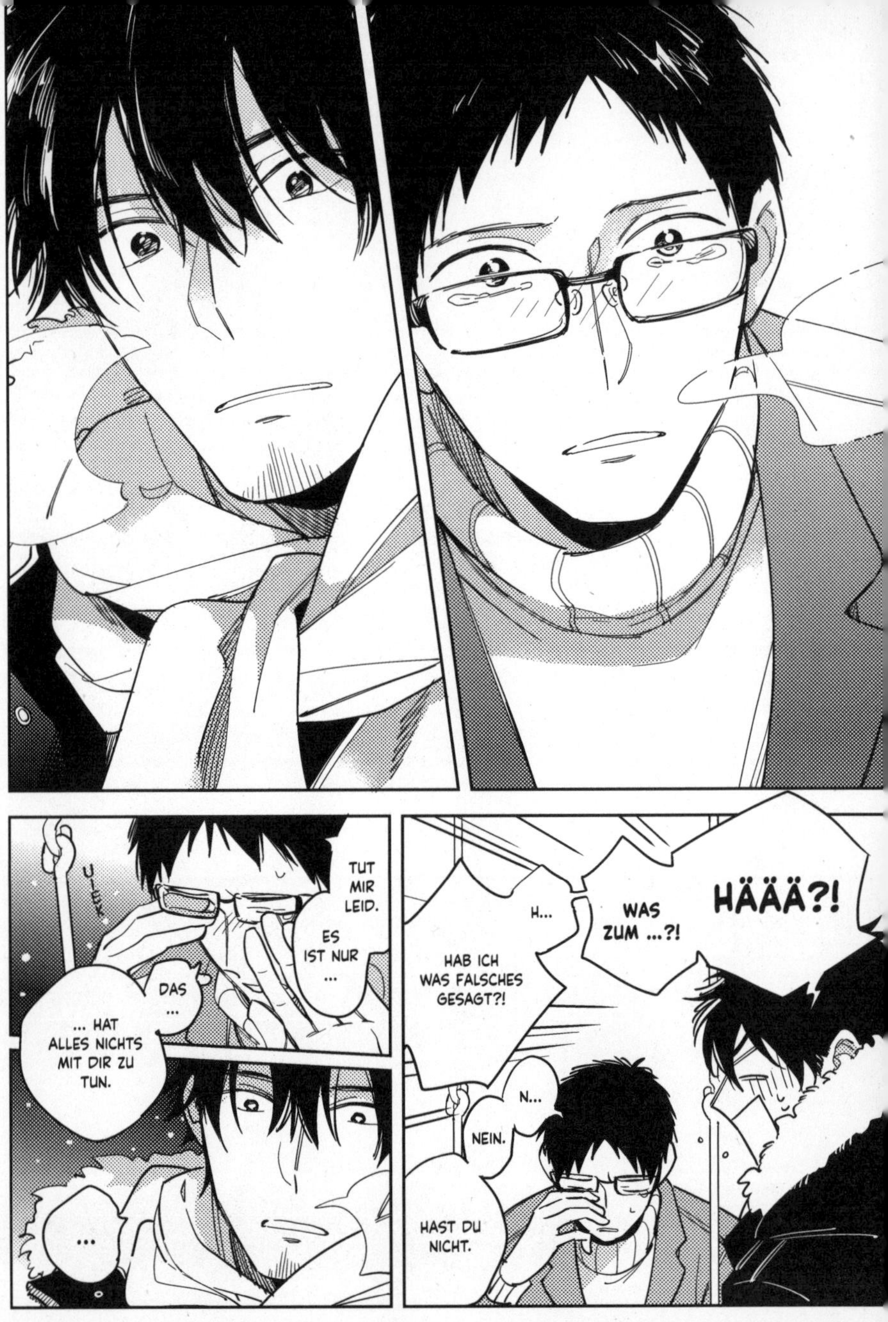

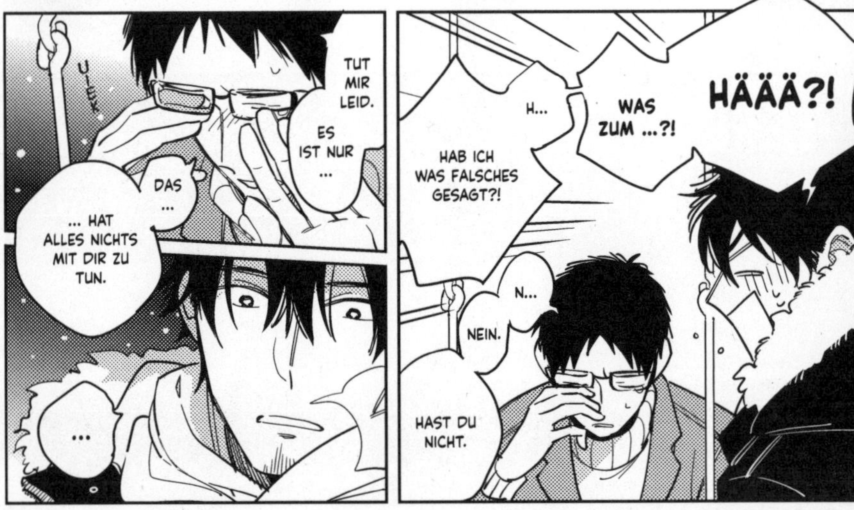
HÄÄÄ?!
WAS ZUM ...?!
H...
HAB ICH WAS FALSCHES GESAGT?!
N...
NEIN.
HAST DU NICHT.
TUT MIR LEID.
ES IST NUR ...
DAS ...
... HAT ALLES NICHTS MIT DIR ZU TUN.
...

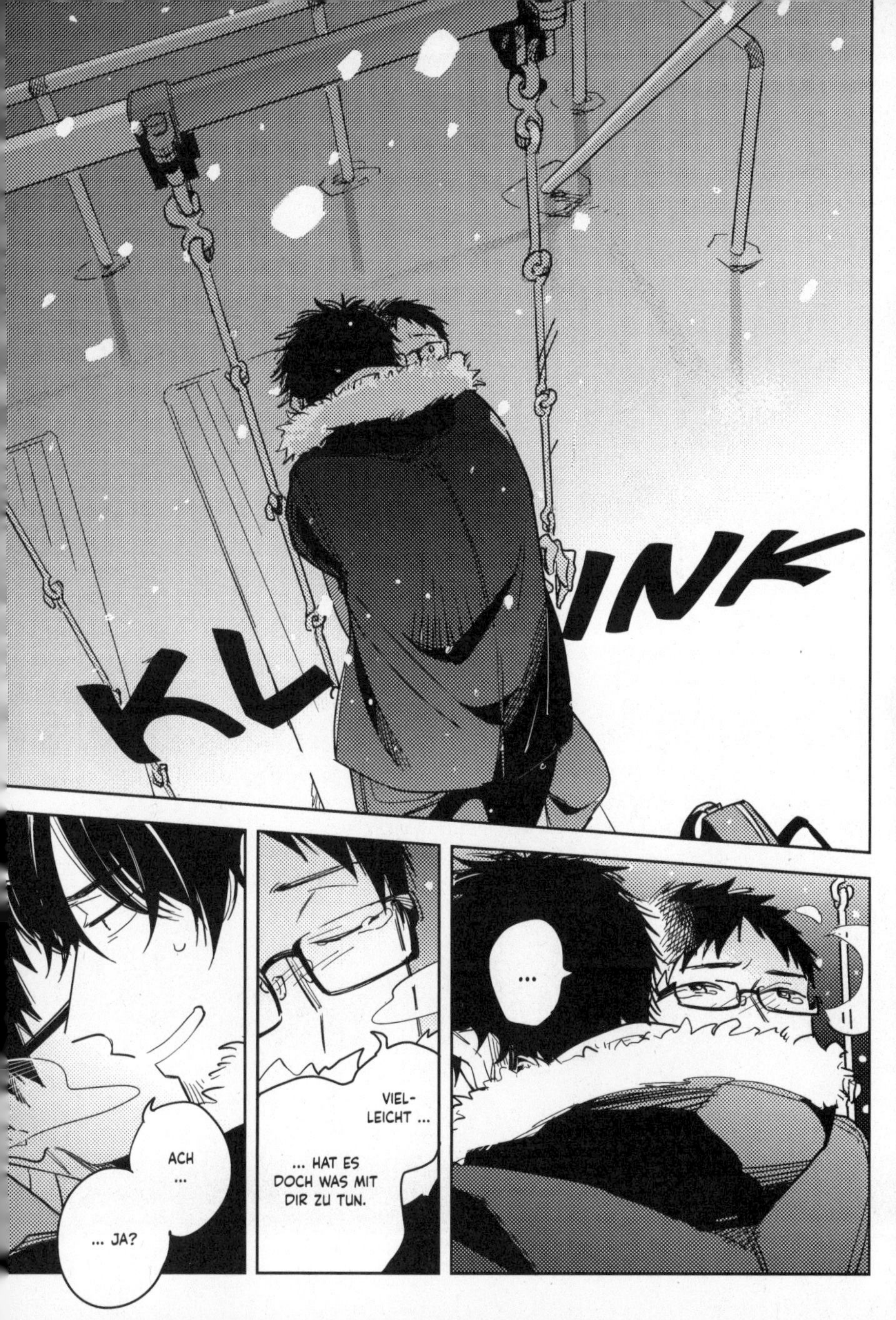
KL INK
...
VIEL-LEICHT ...
... HAT ES DOCH WAS MIT DIR ZU TUN.
ACH ...
... JA?

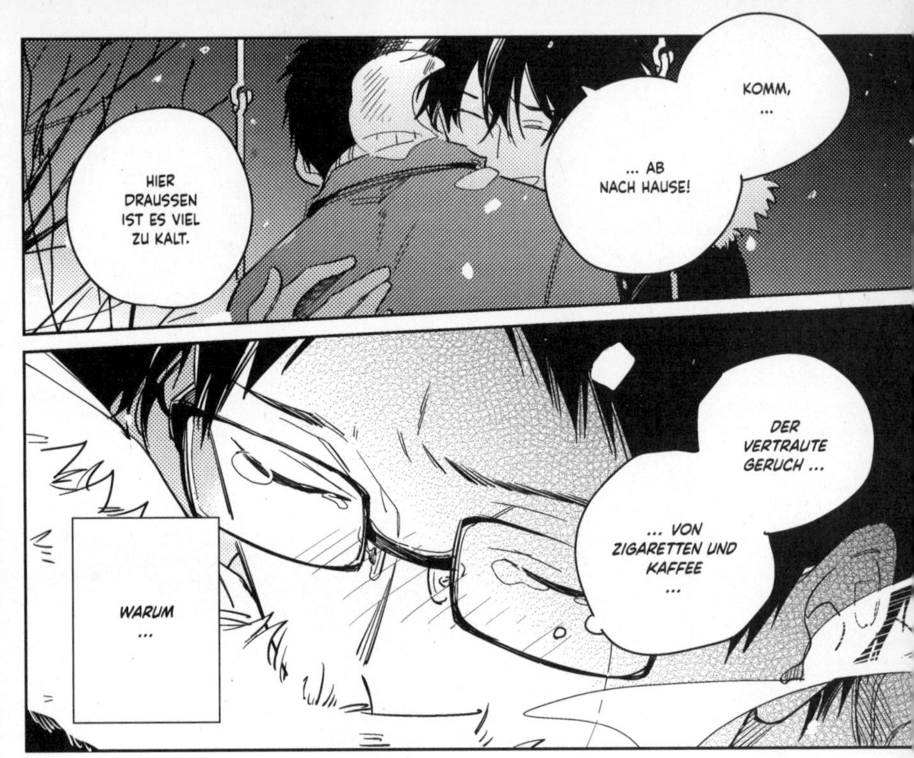

... KANN ICH NICHT AUFHÖREN ZU WEINEN?

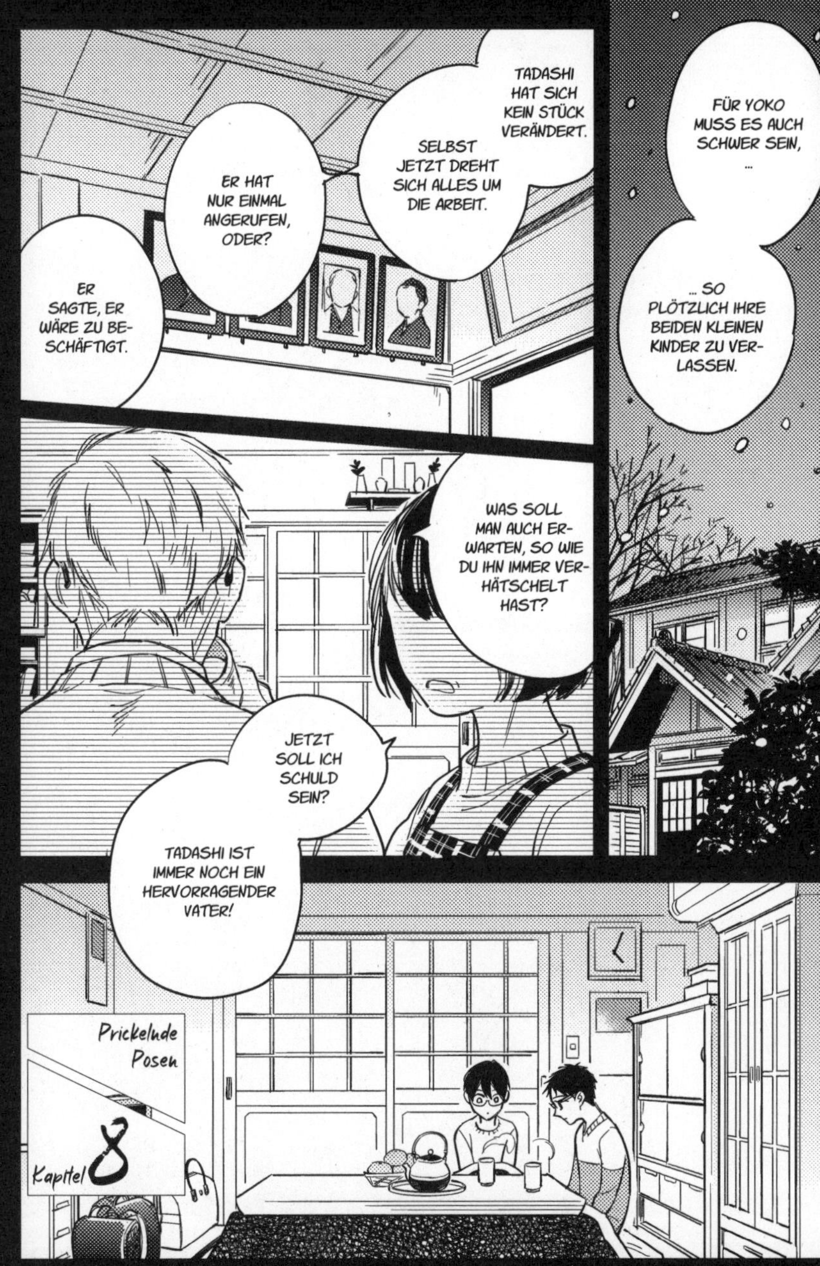
FÜR YOKO MUSS ES AUCH SCHWER SEIN, ...
... SO PLÖTZLICH IHRE BEIDEN KLEINEN KINDER ZU VERLASSEN.
TADASHI HAT SICH KEIN STÜCK VERÄNDERT.
SELBST JETZT DREHT SICH ALLES UM DIE ARBEIT.
ER HAT NUR EINMAL ANGERUFEN, ODER?
ER SAGTE, ER WÄRE ZU BESCHÄFTIGT.
WAS SOLL MAN AUCH ERWARTEN, SO WIE DU IHN IMMER VERHÄTSCHELT HAST?
JETZT SOLL ICH SCHULD SEIN?
TADASHI IST IMMER NOCH EIN HERVORRAGENDER VATER!
Prickelnde Posen
Kapitel 8

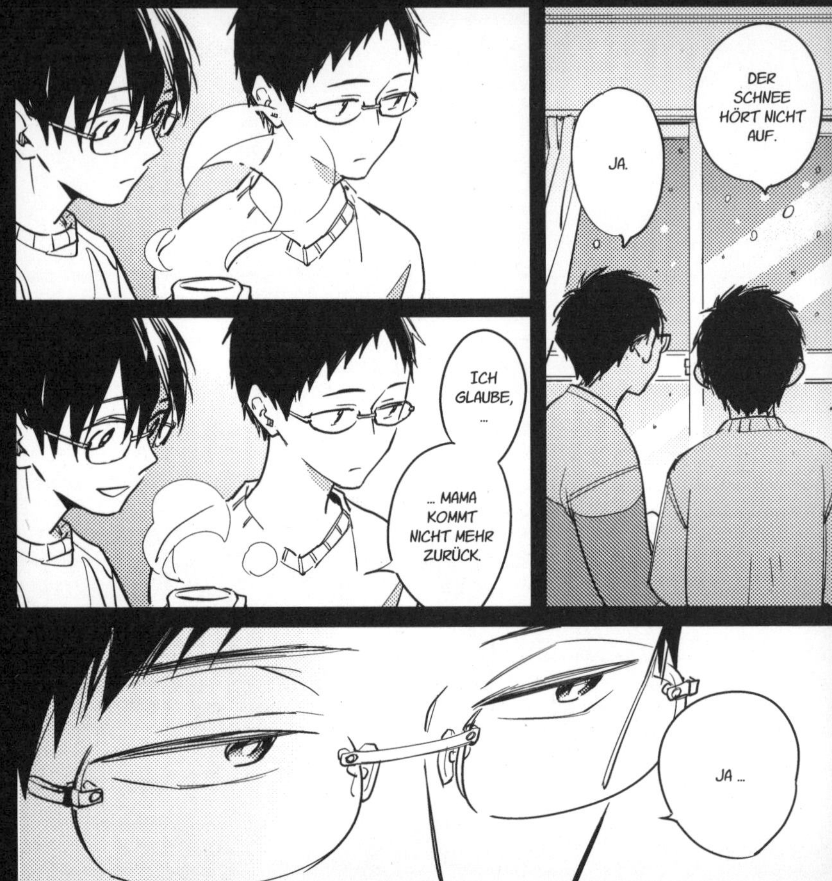

WAS GENAU ZWISCHEN UNSEREN ELTERN VORGEFALLEN WAR ...

... ODER WARUM UNS UNSERE GROSSELTERN AUFGENOMMEN HABEN, ...

... WEISS ICH BIS HEUTE NICHT.

DOCH SEITDEM HASSE ICH DEN SCHNEE.

LICHT, GERÄUSCHE, FARBEN ... ALLES, WAS EINEM WICHTIG IST, BEGRÄBT ER UNTER SICH, ...

... BIS MAN NICHTS JE WIEDERFINDEN KANN.

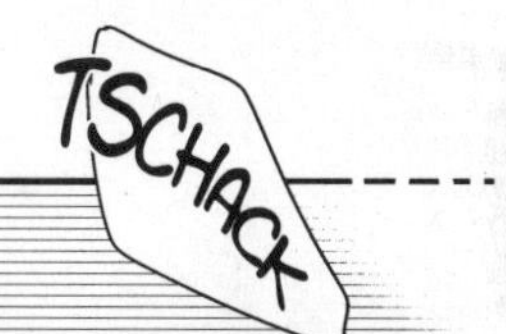

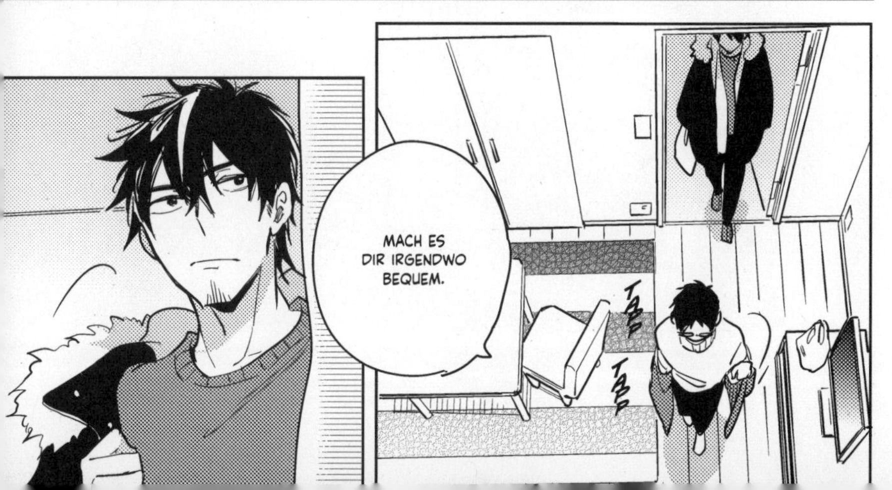

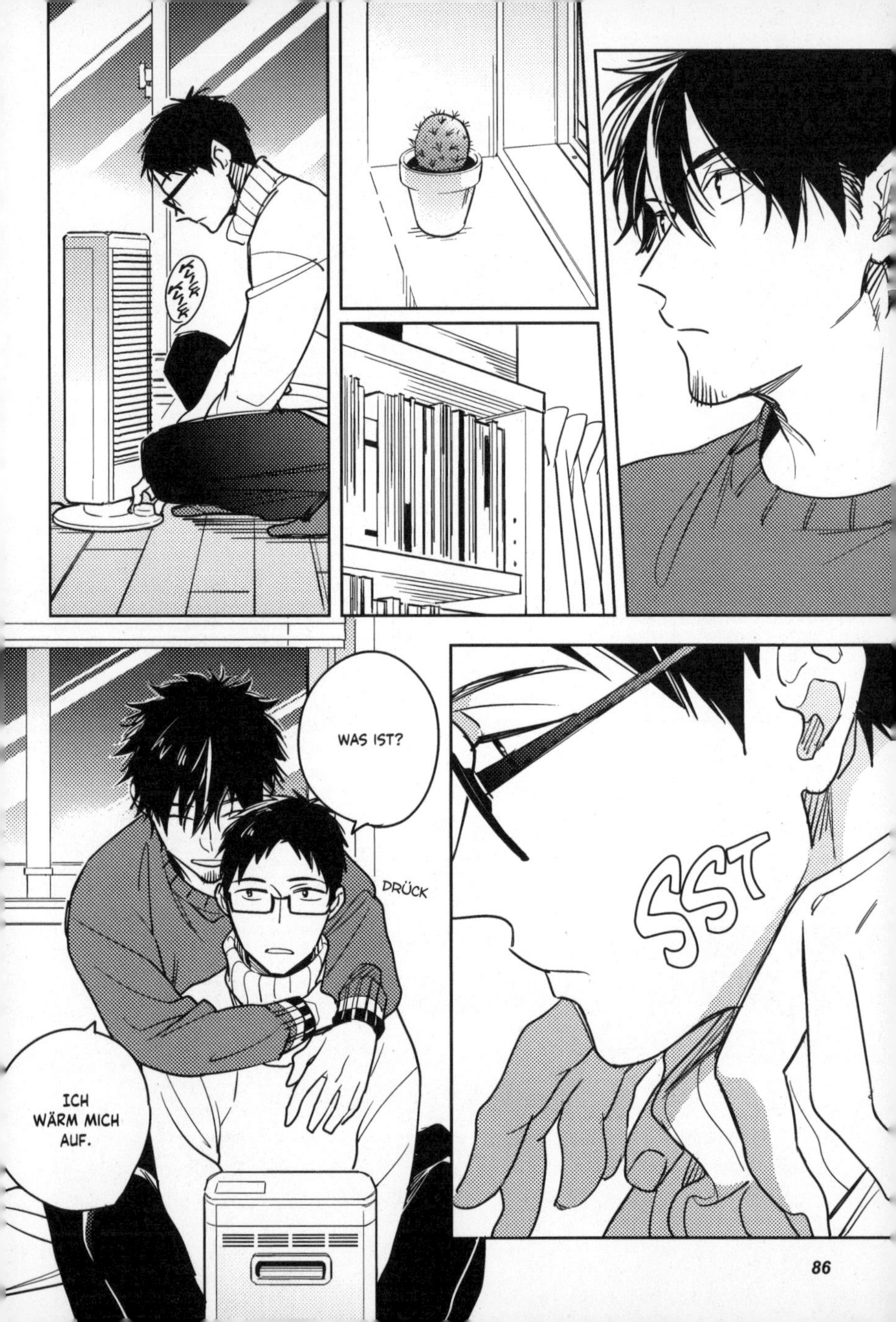
KLICK KLICK
SST
WAS IST?
DRÜCK
ICH WÄRM MICH AUF.

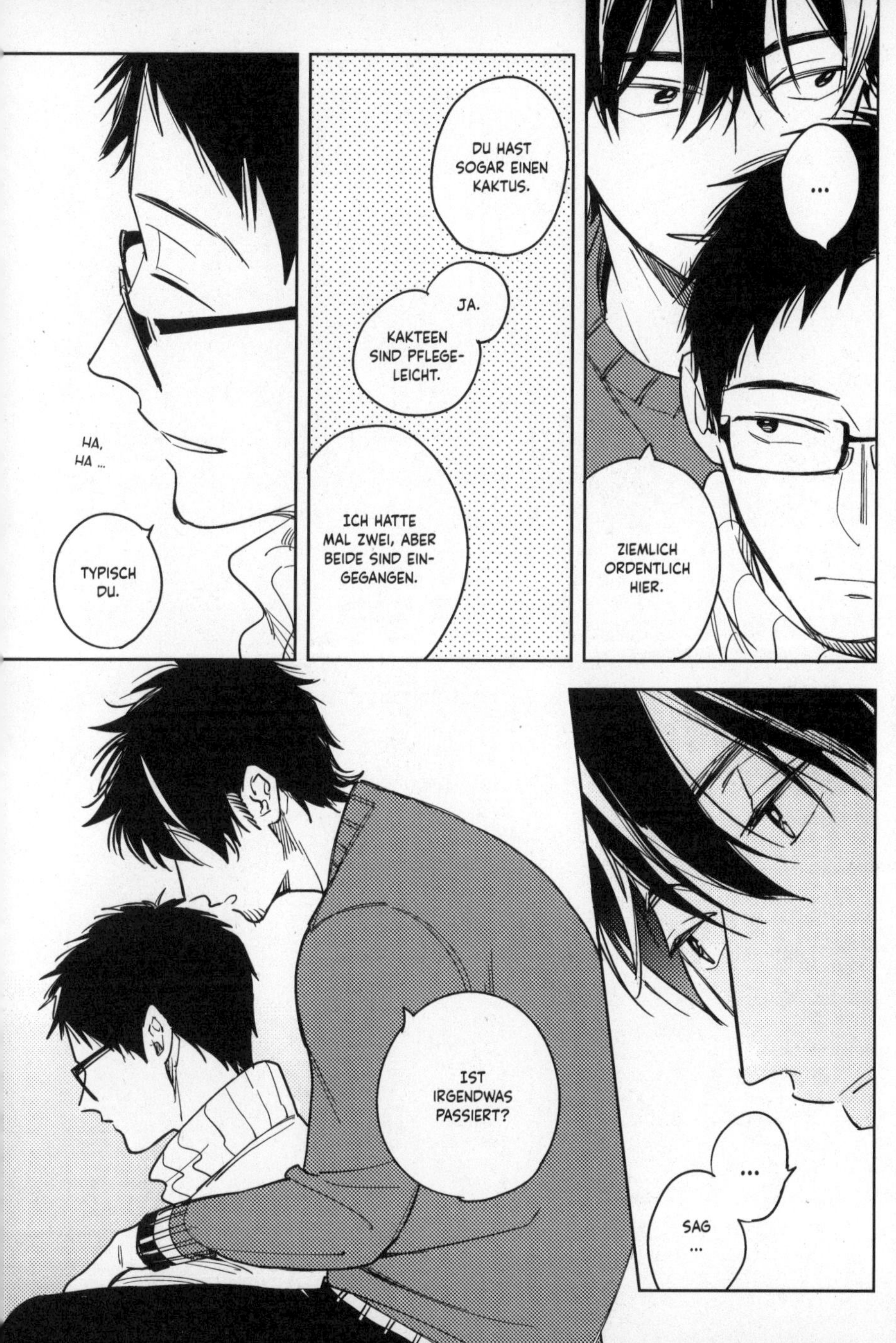
…
ZIEMLICH ORDENTLICH HIER.
DU HAST SOGAR EINEN KAKTUS.
JA.
KAKTEEN SIND PFLEGE-LEICHT.
ICH HATTE MAL ZWEI, ABER BEIDE SIND EIN-GEGANGEN.
HA, HA …
TYPISCH DU.
…
SAG …
IST IRGENDWAS PASSIERT?

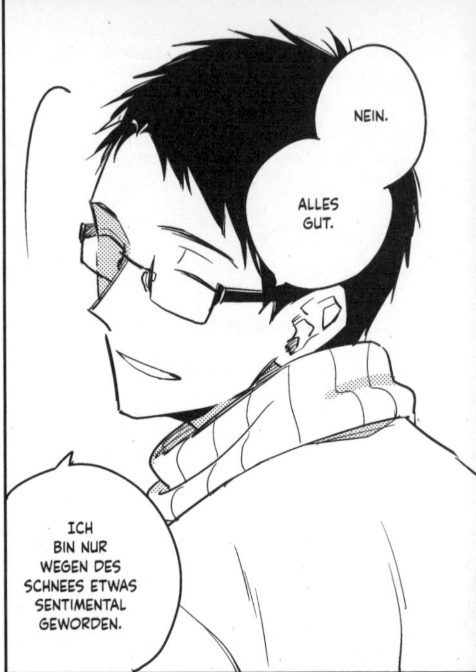
NEIN.
ALLES GUT.
ICH BIN NUR WEGEN DES SCHNEES ETWAS SENTIMENTAL GEWORDEN.

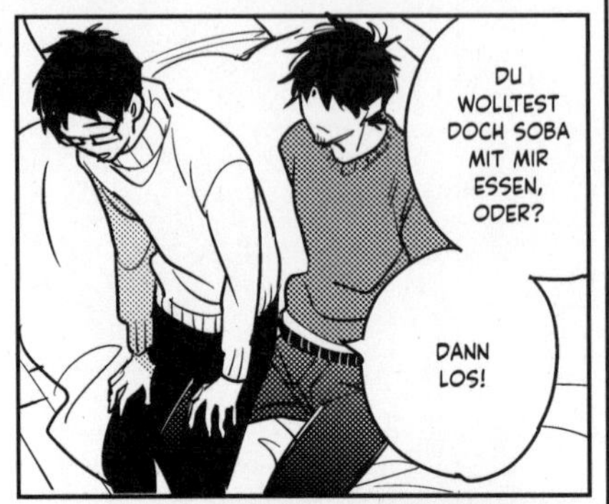
DU WOLLTEST DOCH SOBA MIT MIR ESSEN, ODER?
DANN LOS!

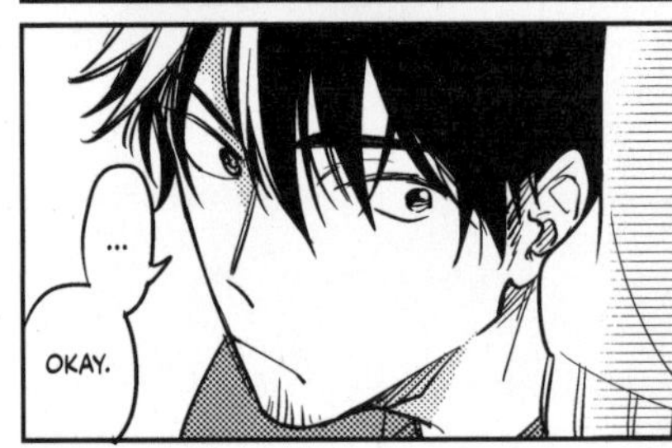
...
OKAY.

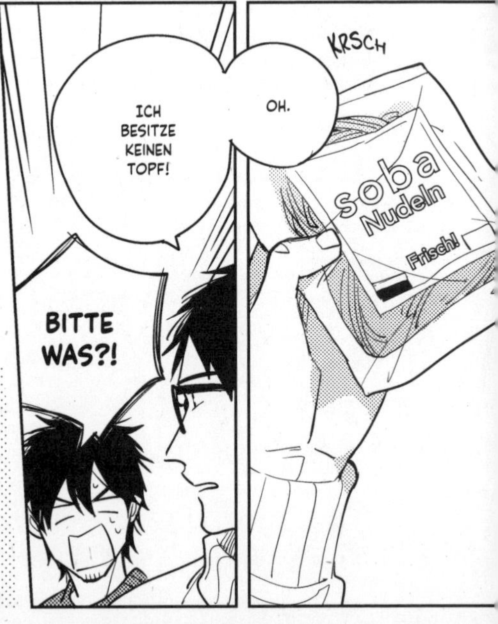
KRSCH
soba
Nudeln
Frisch!
OH.
ICH BESITZE KEINEN TOPF!
BITTE WAS?!

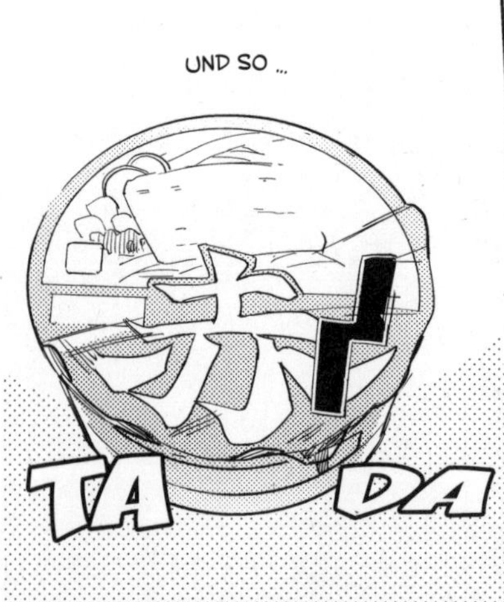
UND SO ...
TA
DA

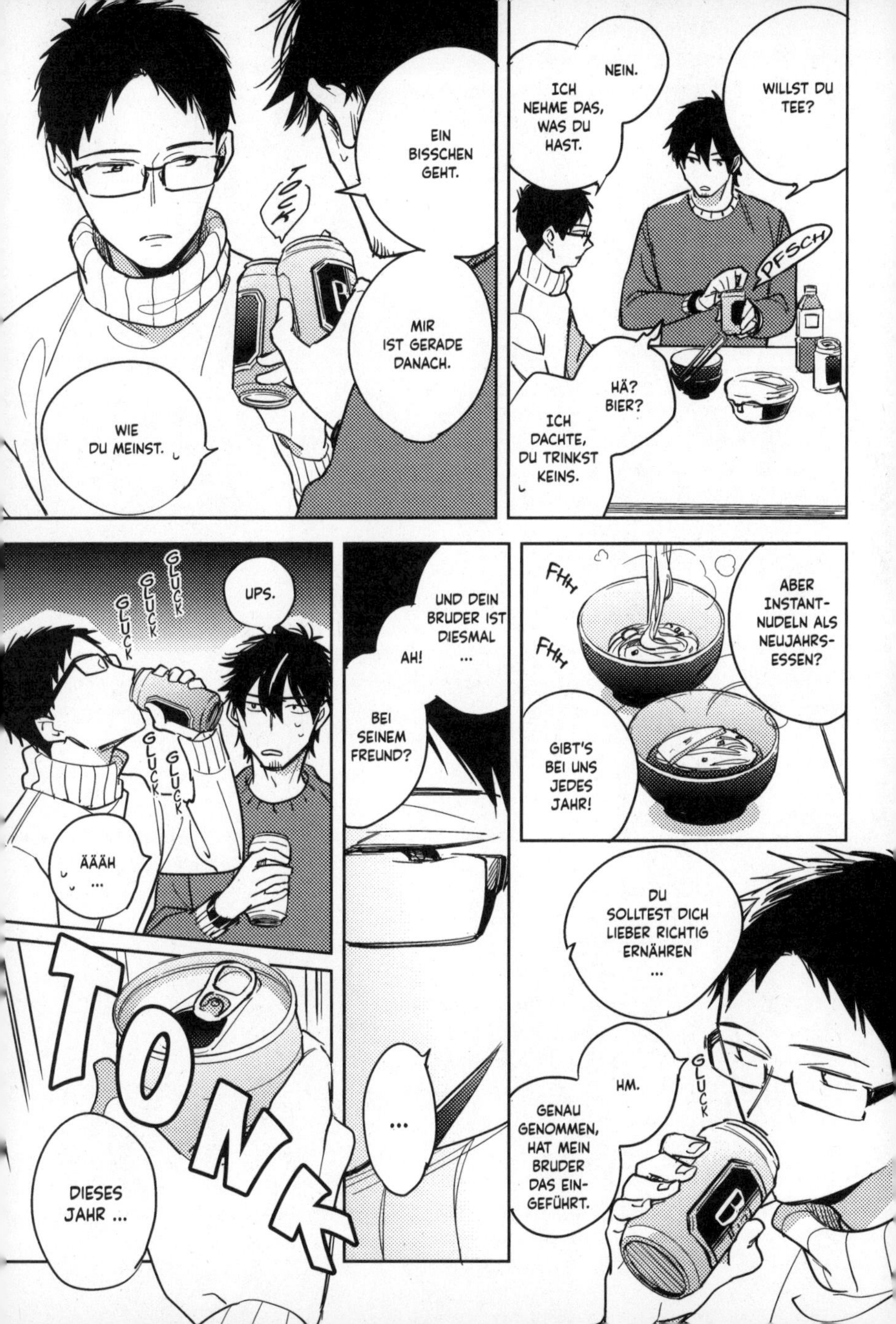
WILLST DU TEE?
NEIN.
ICH NEHME DAS, WAS DU HAST.
PFSCH
HÄ? BIER?
ICH DACHTE, DU TRINKST KEINS.
EIN BISSCHEN GEHT.
TOCK
MIR IST GERADE DANACH.
WIE DU MEINST.
ABER INSTANT-NUDELN ALS NEUJAHRS-ESSEN?
FHH
FHH
GIBT'S BEI UNS JEDES JAHR!
UND DEIN BRUDER IST DIESMAL ...
AH!
BEI SEINEM FREUND?
UPS.
GLUCK GLUCK GLUCK
GLUCK GLUCK
ÄÄÄH ...
DU SOLLTEST DICH LIEBER RICHTIG ERNÄHREN ...
HM.
GLUCK
GENAU GENOMMEN, HAT MEIN BRUDER DAS EIN-GEFÜHRT.
...
TONK
DIESES JAHR ...

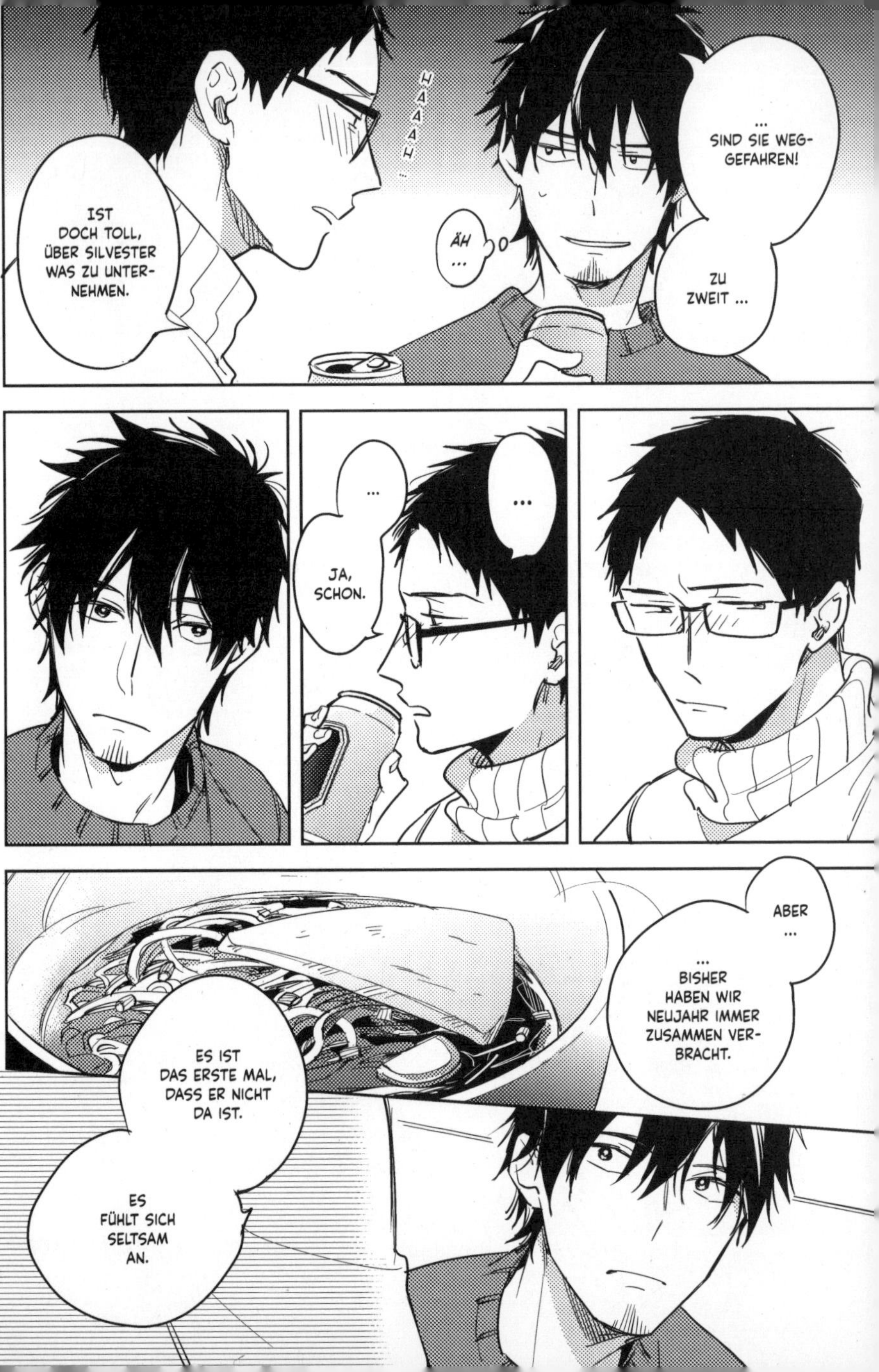

... SIND SIE WEGGEFAHREN!
ZU ZWEIT ...
ÄH ...
HAAAAH ...
IST DOCH TOLL, ÜBER SILVESTER WAS ZU UNTERNEHMEN.

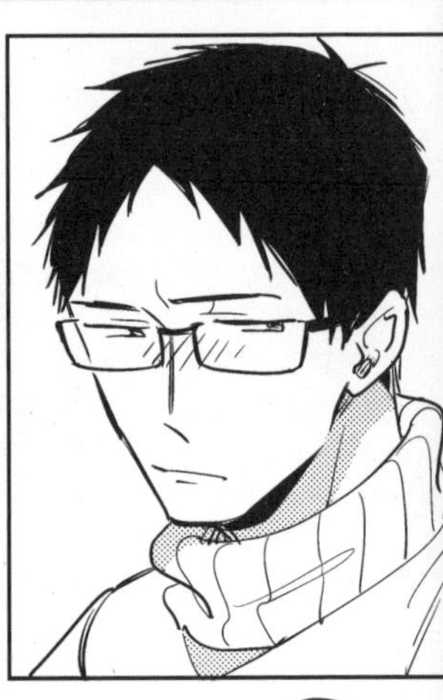

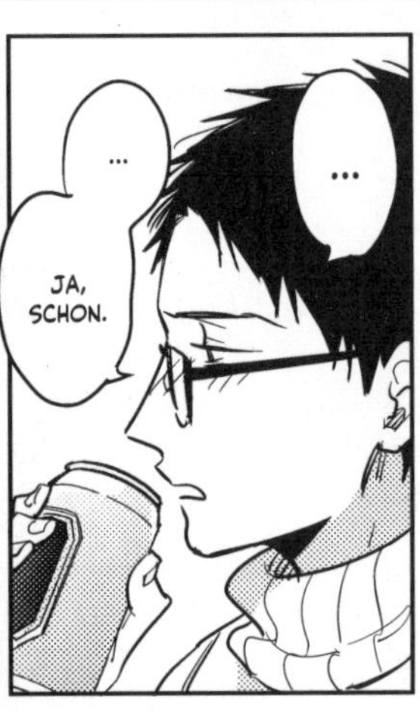

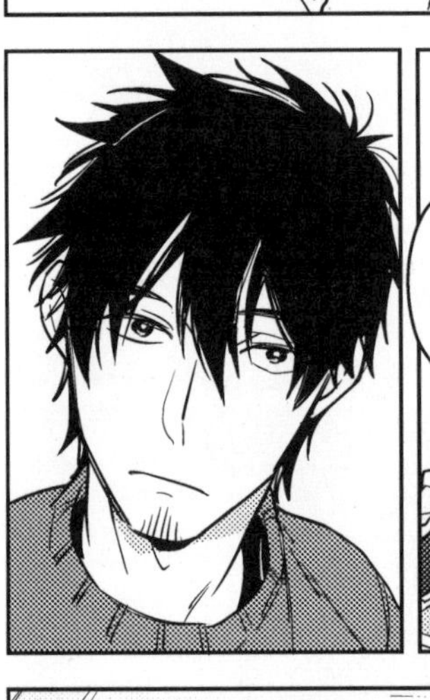

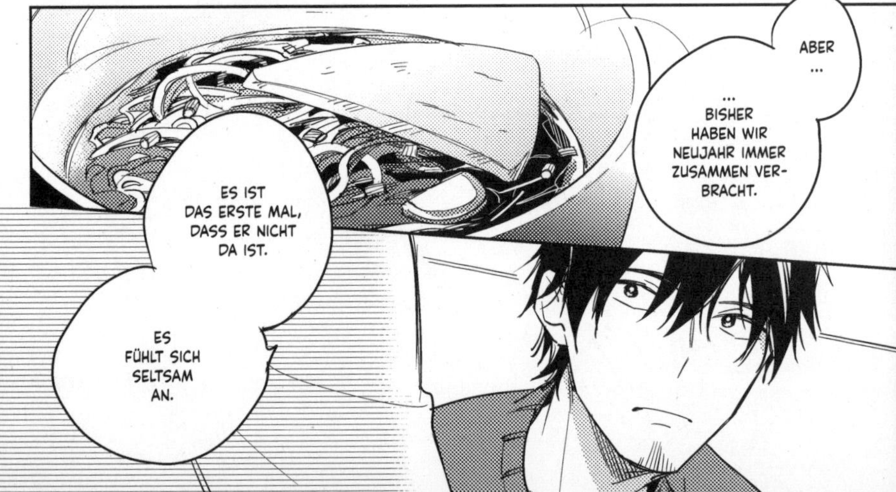

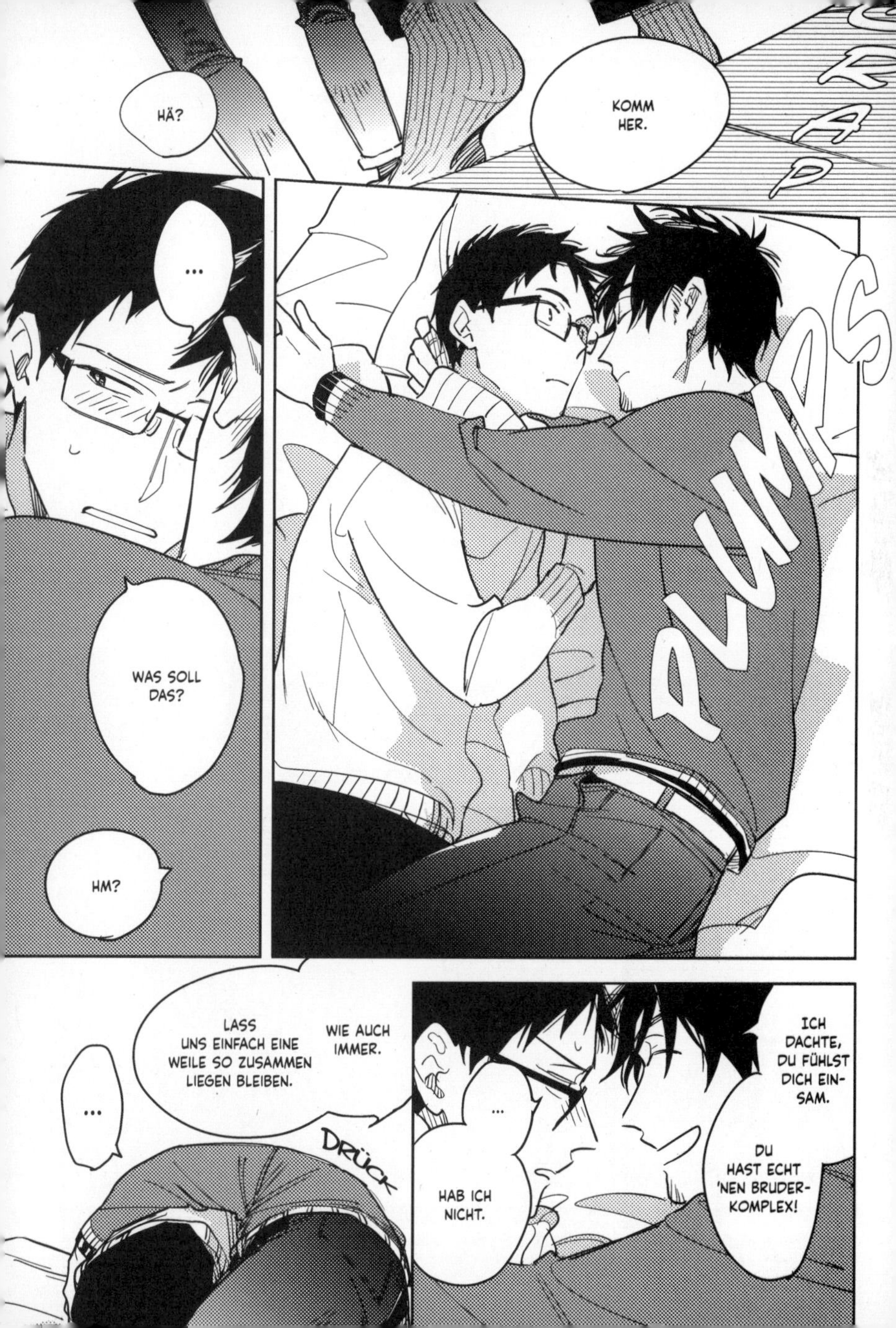
KOMM HER.
HÄ?
GRAP
...
PLUMPS
WAS SOLL DAS?
HM?
ICH DACHTE, DU FÜHLST DICH EIN-SAM.
DU HAST ECHT 'NEN BRUDER-KOMPLEX!
...
HAB ICH NICHT.
WIE AUCH IMMER.
LASS UNS EINFACH EINE WEILE SO ZUSAMMEN LIEGEN BLEIBEN.
DRÜCK
...

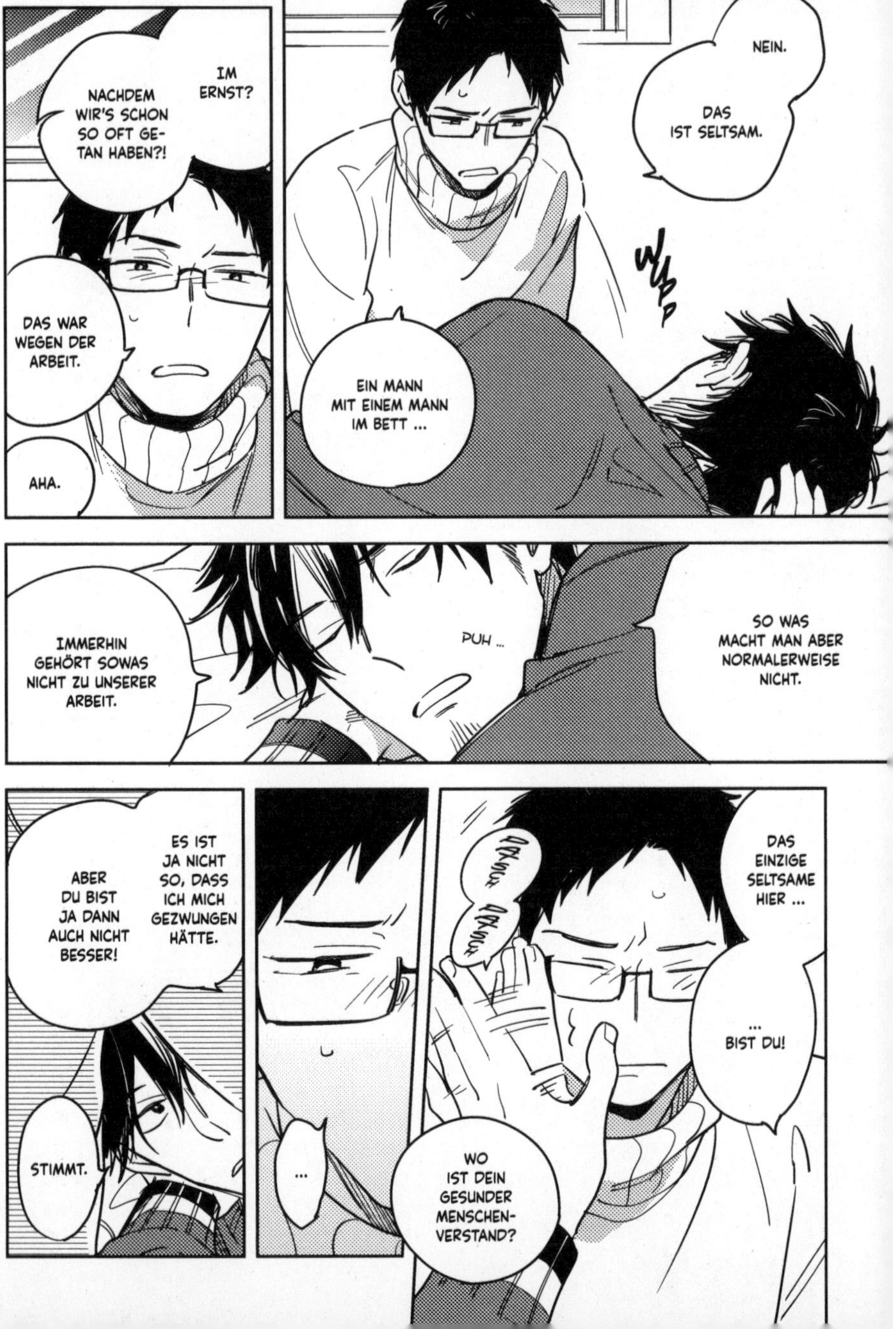

NEIN.
DAS IST SELTSAM.
WUPP
EIN MANN MIT EINEM MANN IM BETT ...
IM ERNST?
NACHDEM WIR'S SCHON SO OFT GETAN HABEN?!
DAS WAR WEGEN DER ARBEIT.
AHA.

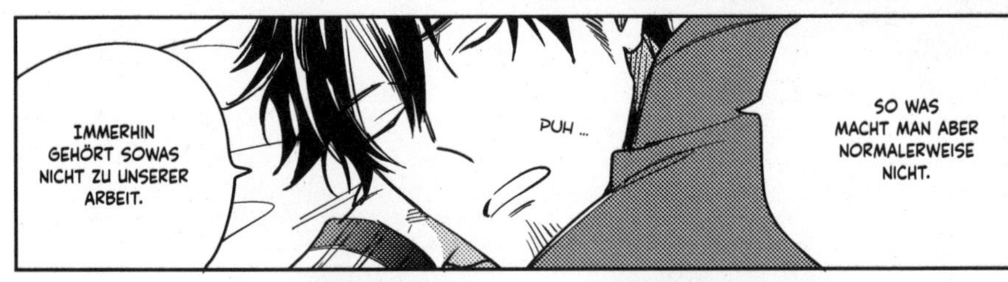

DAS EINZIGE SELTSAME HIER ...
... BIST DU!
WO IST DEIN GESUNDER MENSCHENVERSTAND?
...
ES IST JA NICHT SO, DASS ICH MICH GEZWUNGEN HÄTTE.
ABER DU BIST JA DANN AUCH NICHT BESSER!
STIMMT.

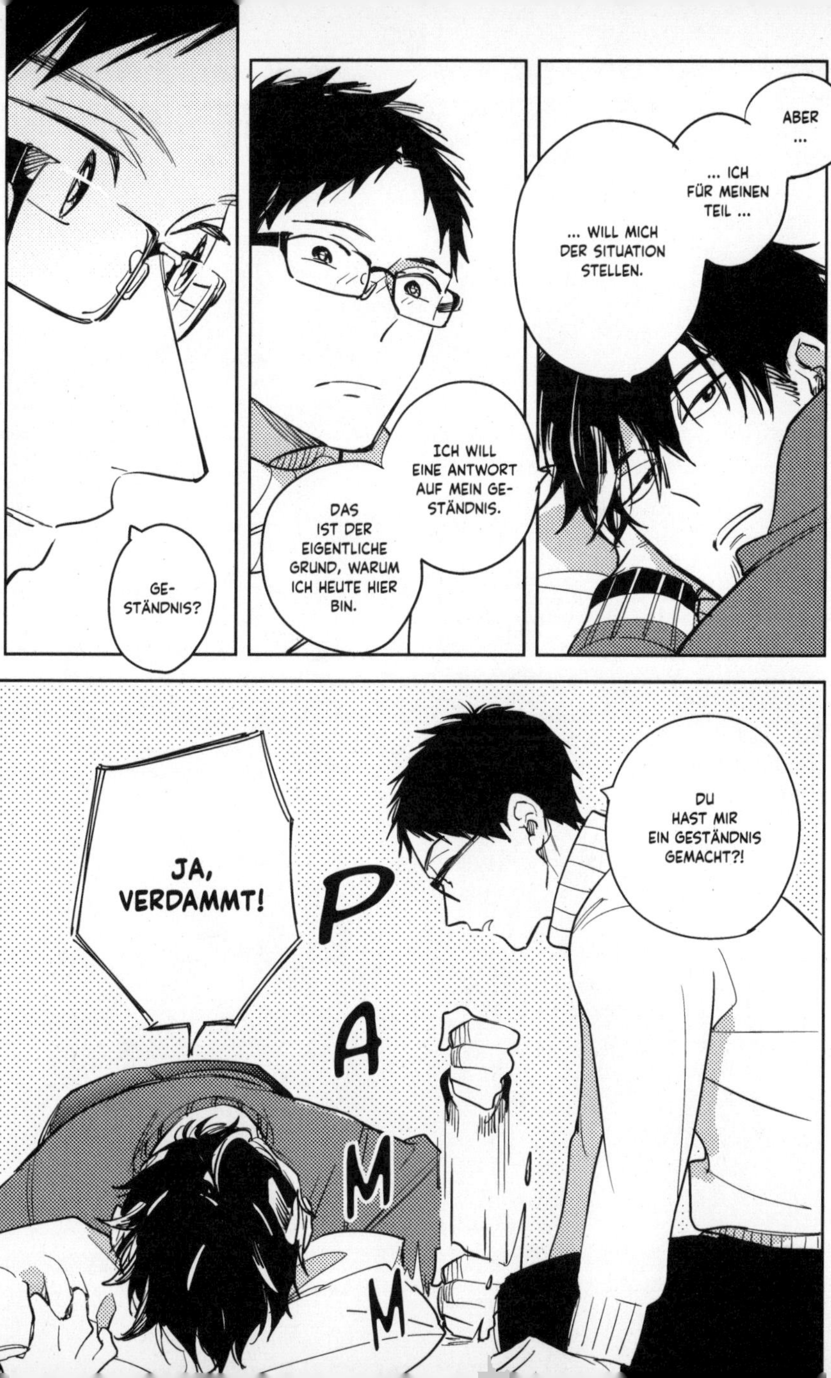

ABER ...

... ICH FÜR MEINEN TEIL ...

... WILL MICH DER SITUATION STELLEN.

ICH WILL EINE ANTWORT AUF MEIN GE-STÄNDNIS.

DAS IST DER EIGENTLICHE GRUND, WARUM ICH HEUTE HIER BIN.

GE-STÄNDNIS?

DU HAST MIR EIN GESTÄNDNIS GEMACHT?!

JA, VERDAMMT!

PAMM

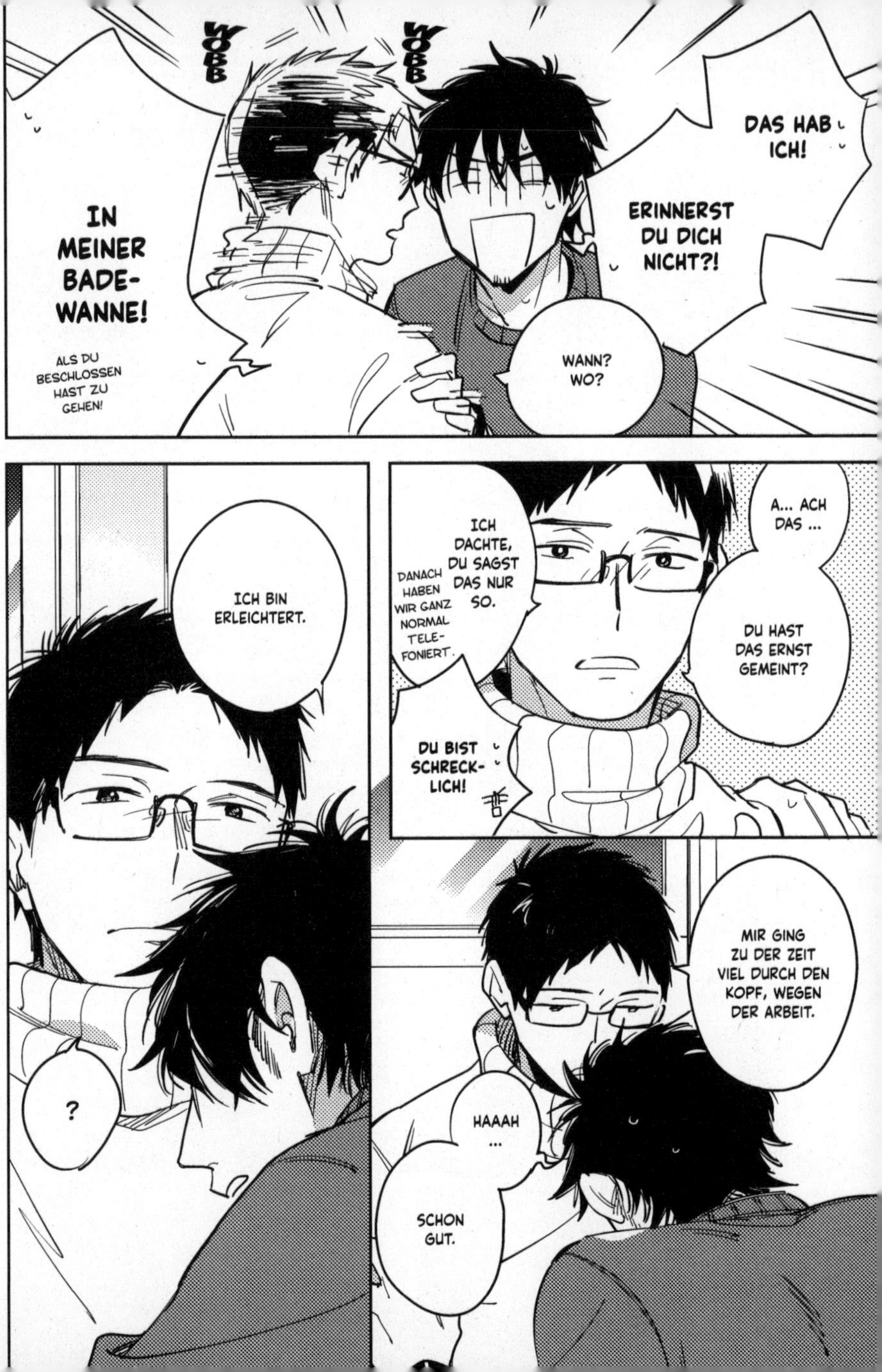

WOBB
WOBB
DAS HAB ICH!
ERINNERST DU DICH NICHT?!
WANN? WO?
IN MEINER BADE-WANNE!
ALS DU BESCHLOSSEN HAST ZU GEHEN!
A... ACH DAS ...
DU HAST DAS ERNST GEMEINT?
ICH DACHTE, DU SAGST DAS NUR SO.
DANACH HABEN WIR GANZ NORMAL TELE-FONIERT.
DU BIST SCHRECK-LICH!
MIR GING ZU DER ZEIT VIEL DURCH DEN KOPF, WEGEN DER ARBEIT.
HAAAH ...
SCHON GUT.
ICH BIN ERLEICHTERT.
?

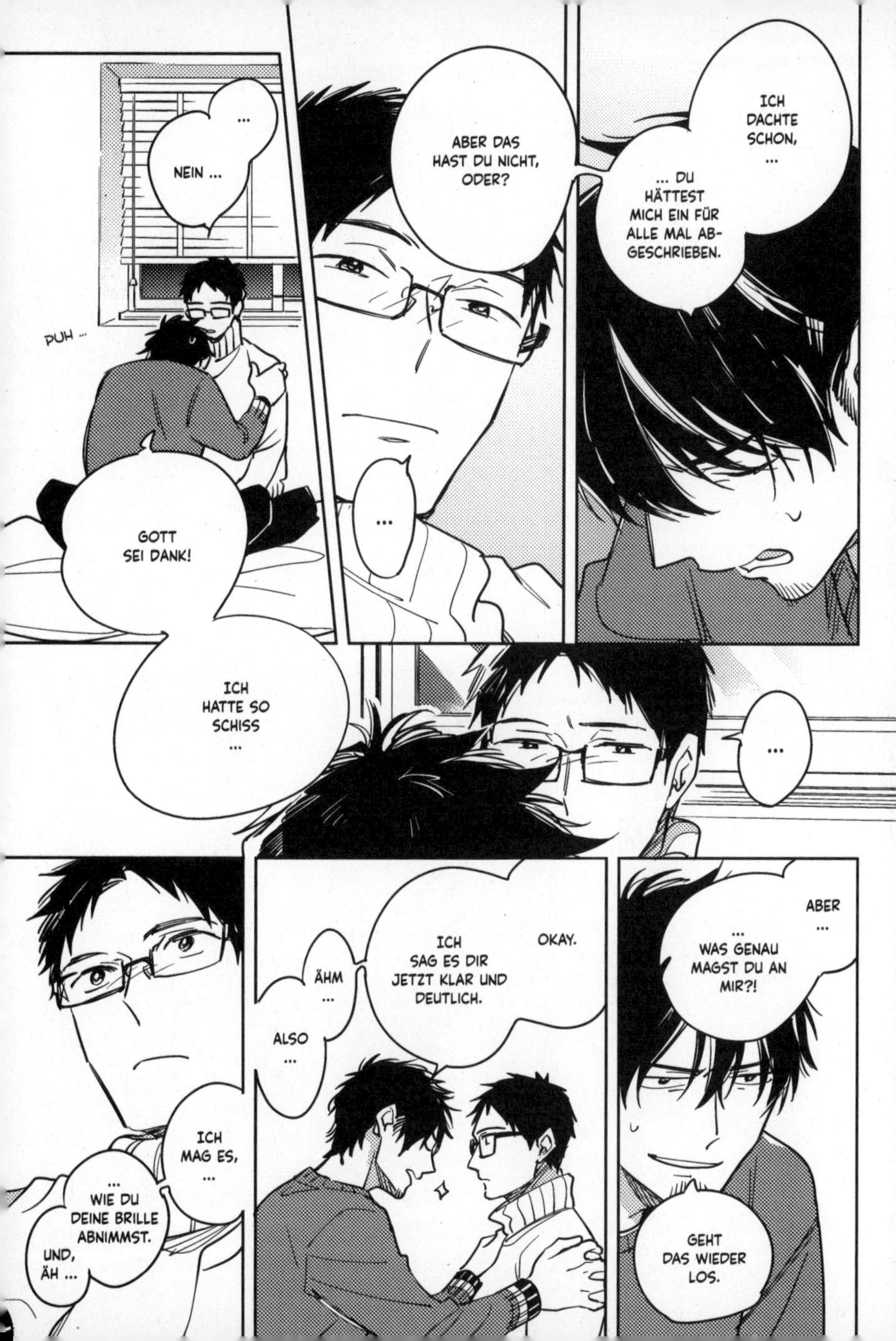

ICH DACHTE SCHON, ...
... DU HÄTTEST MICH EIN FÜR ALLE MAL AB-GESCHRIEBEN.
ABER DAS HAST DU NICHT, ODER?
...
... NEIN ...
PUH ...
GOTT SEI DANK!
ICH HATTE SO SCHISS ...
...
ABER ... WAS GENAU MAGST DU AN MIR?!
GEHT DAS WIEDER LOS.
OKAY.
ICH SAG ES DIR JETZT KLAR UND DEUTLICH.
ÄHM ...
ALSO ...
ICH MAG ES, ...
... WIE DU DEINE BRILLE ABNIMMST.
UND, ÄH ...

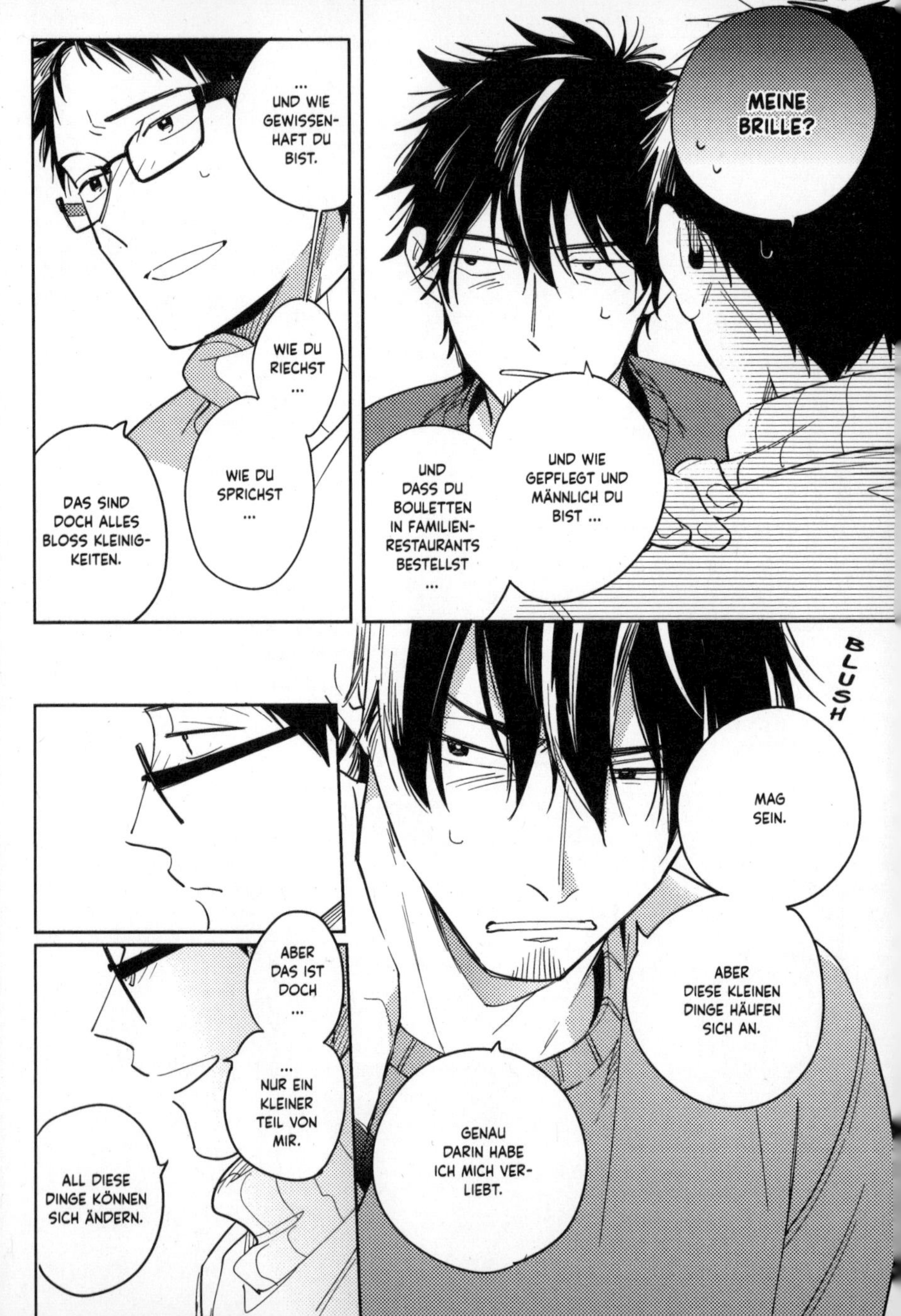
MEINE BRILLE?
UND WIE GEPFLEGT UND MÄNNLICH DU BIST ...
UND DASS DU BOULETTEN IN FAMILIEN-RESTAURANTS BESTELLST ...
... UND WIE GEWISSEN-HAFT DU BIST.
WIE DU RIECHST ...
WIE DU SPRICHST ...
DAS SIND DOCH ALLES BLOSS KLEINIG-KEITEN.
BLUSH
MAG SEIN.
ABER DIESE KLEINEN DINGE HÄUFEN SICH AN.
GENAU DARIN HABE ICH MICH VER-LIEBT.
ABER DAS IST DOCH ...
... NUR EIN KLEINER TEIL VON MIR.
ALL DIESE DINGE KÖNNEN SICH ÄNDERN.

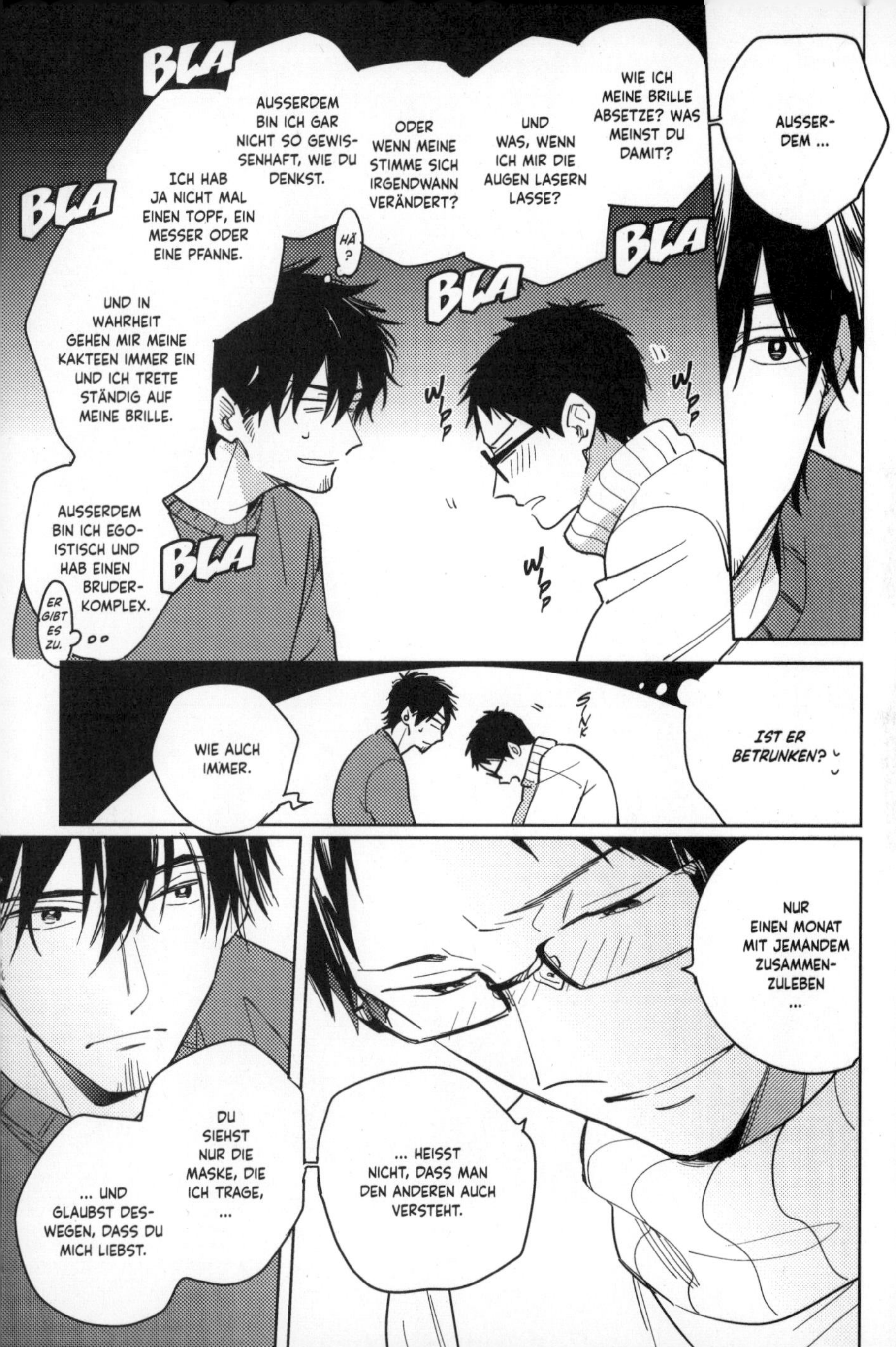
AUSSERDEM ...
WIE ICH MEINE BRILLE ABSETZE? WAS MEINST DU DAMIT?
BLA
UND WAS, WENN ICH MIR DIE AUGEN LASERN LASSE?
ODER WENN MEINE STIMME SICH IRGENDWANN VERÄNDERT?
AUSSERDEM BIN ICH GAR NICHT SO GEWISSENHAFT, WIE DU DENKST.
BLA
ICH HAB JA NICHT MAL EINEN TOPF, EIN MESSER ODER EINE PFANNE.
BLA
HÄ?
BLA
UND IN WAHRHEIT GEHEN MIR MEINE KAKTEEN IMMER EIN UND ICH TRETE STÄNDIG AUF MEINE BRILLE.
WIPP
WIPP
WIPP
AUSSERDEM BIN ICH EGOISTISCH UND HAB EINEN BRUDERKOMPLEX.
BLA
ER GIBT ES ZU.
IST ER BETRUNKEN?
SINK
WIE AUCH IMMER.
NUR EINEN MONAT MIT JEMANDEM ZUSAMMENZULEBEN ...
... HEISST NICHT, DASS MAN DEN ANDEREN AUCH VERSTEHT.
DU SIEHST NUR DIE MASKE, DIE ICH TRAGE, ...
... UND GLAUBST DESWEGEN, DASS DU MICH LIEBST.

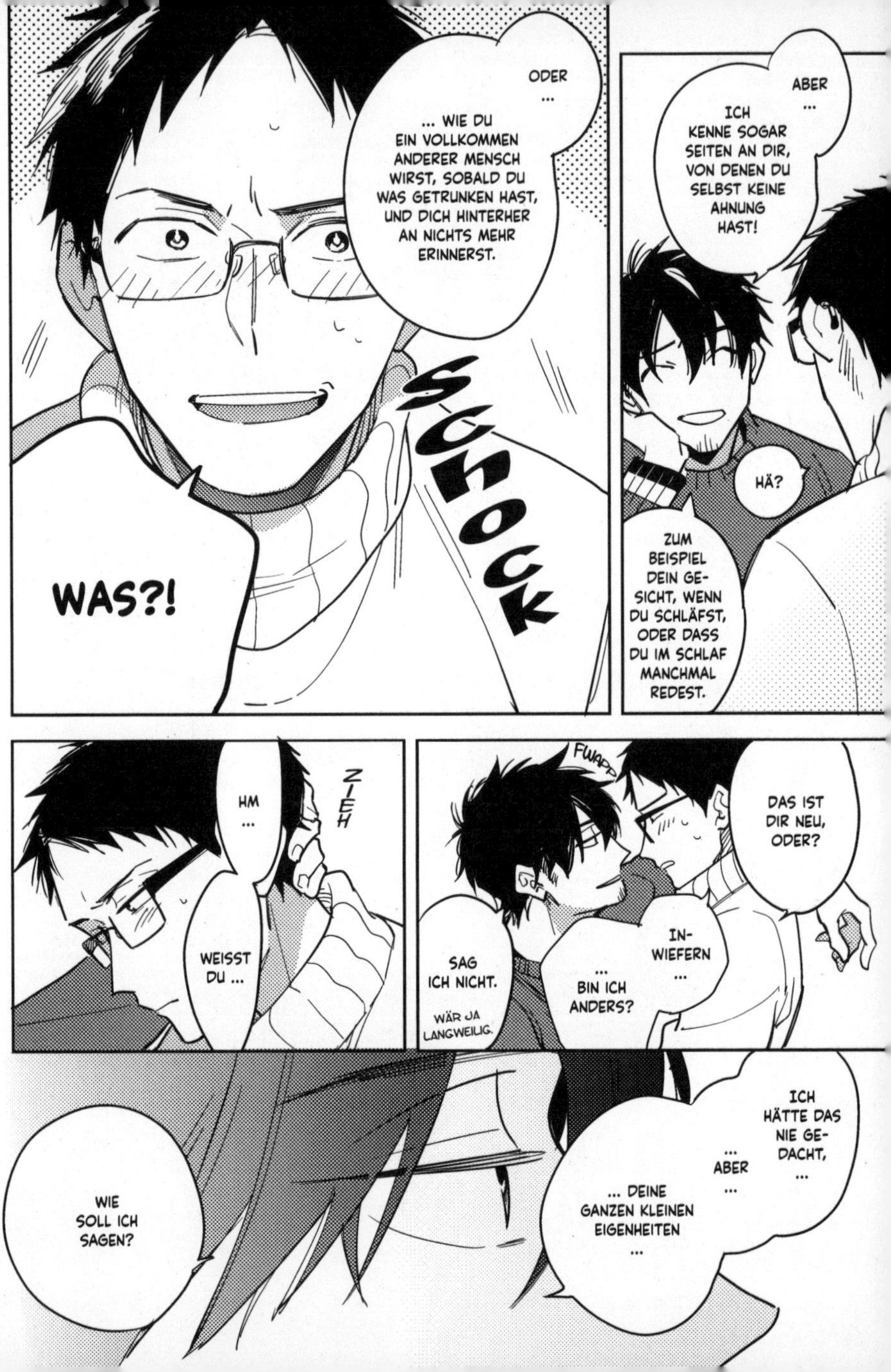

ABER ...
ICH KENNE SOGAR SEITEN AN DIR, VON DENEN DU SELBST KEINE AHNUNG HAST!
HÄ?
ZUM BEISPIEL DEIN GESICHT, WENN DU SCHLÄFST, ODER DASS DU IM SCHLAF MANCHMAL REDEST.
ODER ...
... WIE DU EIN VOLLKOMMEN ANDERER MENSCH WIRST, SOBALD DU WAS GETRUNKEN HAST, UND DICH HINTERHER AN NICHTS MEHR ERINNERST.
SCHOCK
WAS?!
DAS IST DIR NEU, ODER?
FWAPP
INWIEFERN ...
... BIN ICH ANDERS?
SAG ICH NICHT.
WÄR JA LANGWEILIG.
HM ...
ZIEH
WEISST DU ...
ICH HÄTTE DAS NIE GEDACHT, ...
... ABER ...
... DEINE GANZEN KLEINEN EIGENHEITEN ...
WIE SOLL ICH SAGEN?

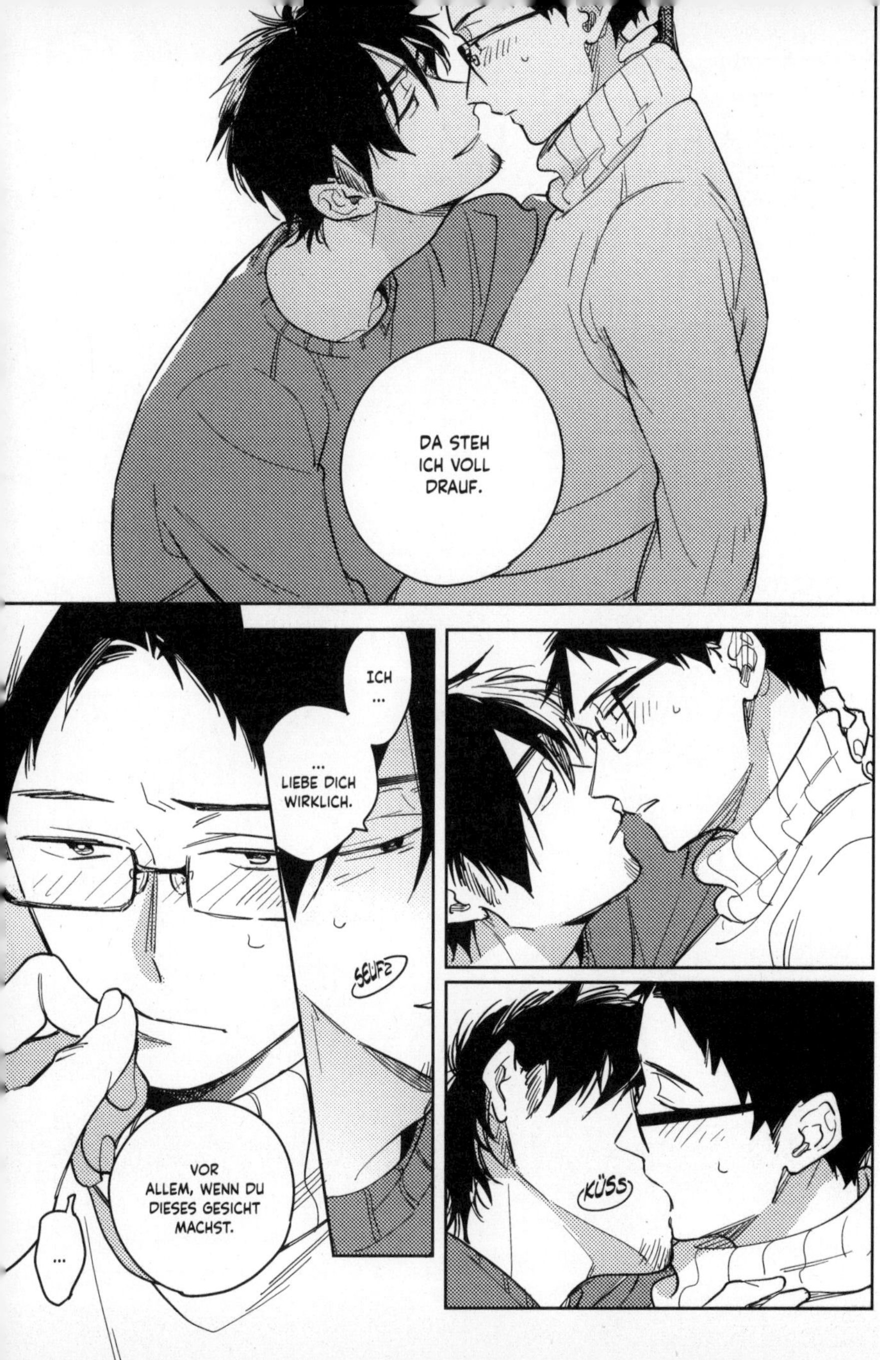

DA STEH ICH VOLL DRAUF.

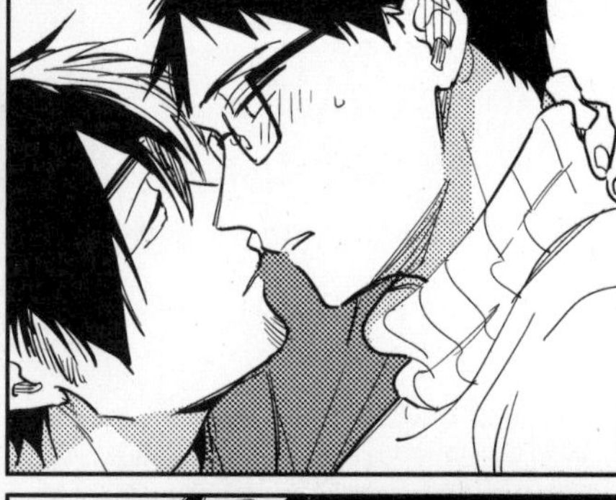

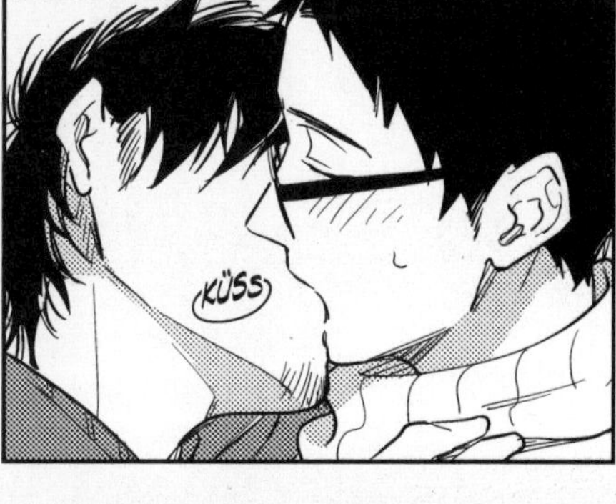

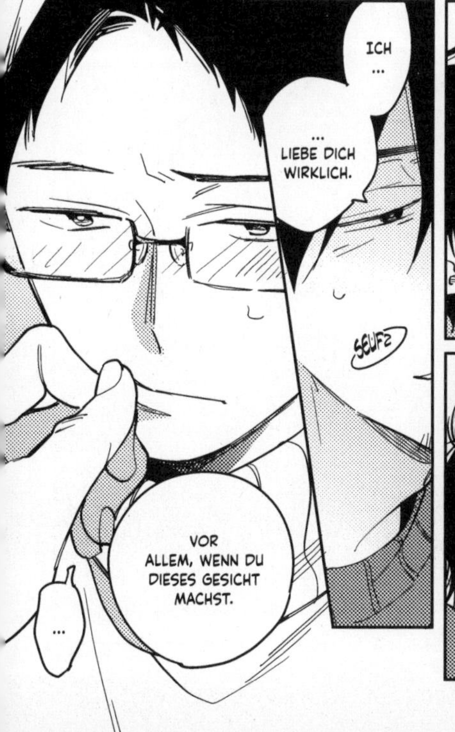

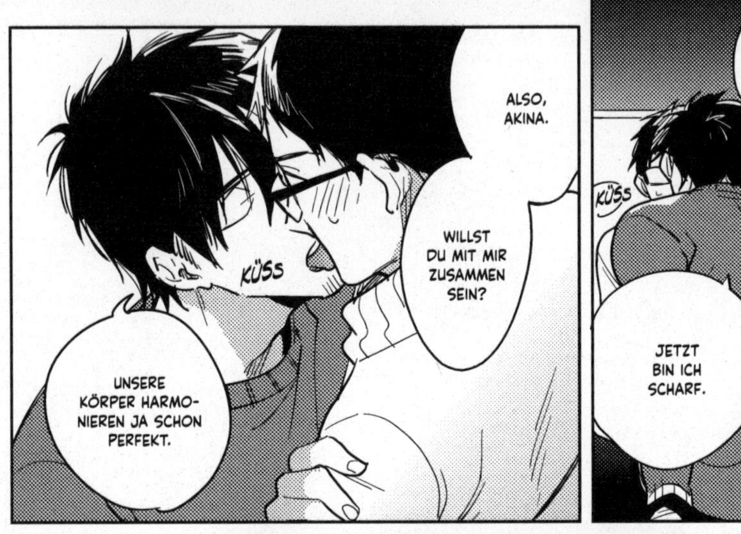
MIST!
KÜSS
KÜSS
JETZT BIN ICH SCHARF.
SST
ALSO, AKINA.
WILLST DU MIT MIR ZUSAMMEN SEIN?
KÜSS
UNSERE KÖRPER HARMONIEREN JA SCHON PERFEKT.

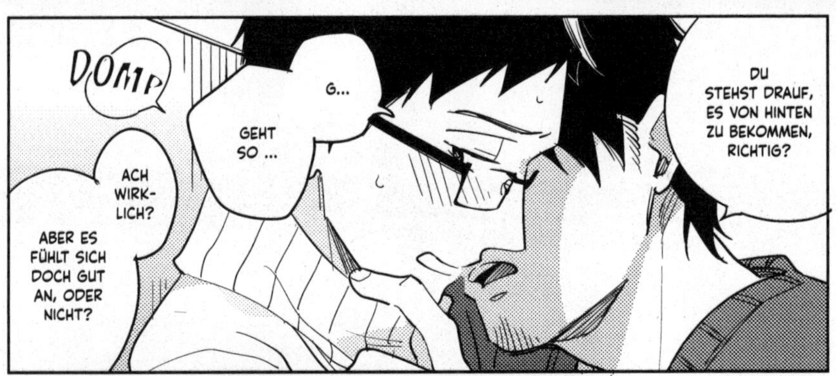
DU STEHST DRAUF, ES VON HINTEN ZU BEKOMMEN, RICHTIG?
G...
GEHT SO ...
DOMP
ACH WIRKLICH?
ABER ES FÜHLT SICH DOCH GUT AN, ODER NICHT?

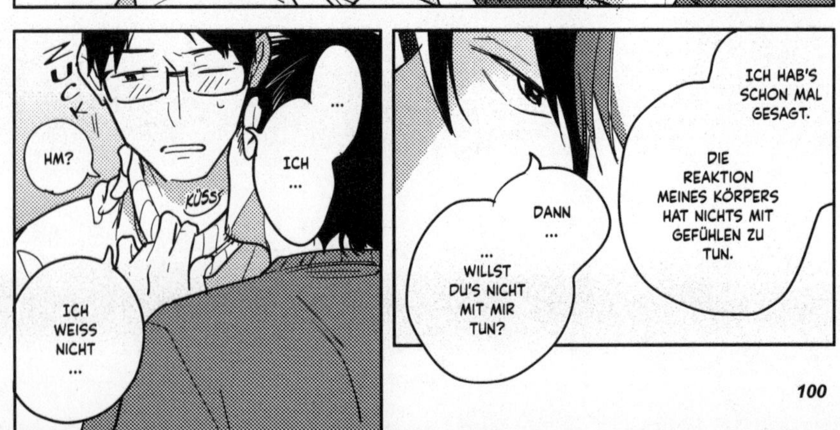
ICH HAB'S SCHON MAL GESAGT.
DIE REAKTION MEINES KÖRPERS HAT NICHTS MIT GEFÜHLEN ZU TUN.
DANN ...
... WILLST DU'S NICHT MIT MIR TUN?
...
ICH ...
ZUCK
HM?
KÜSS
ICH WEISS NICHT ...

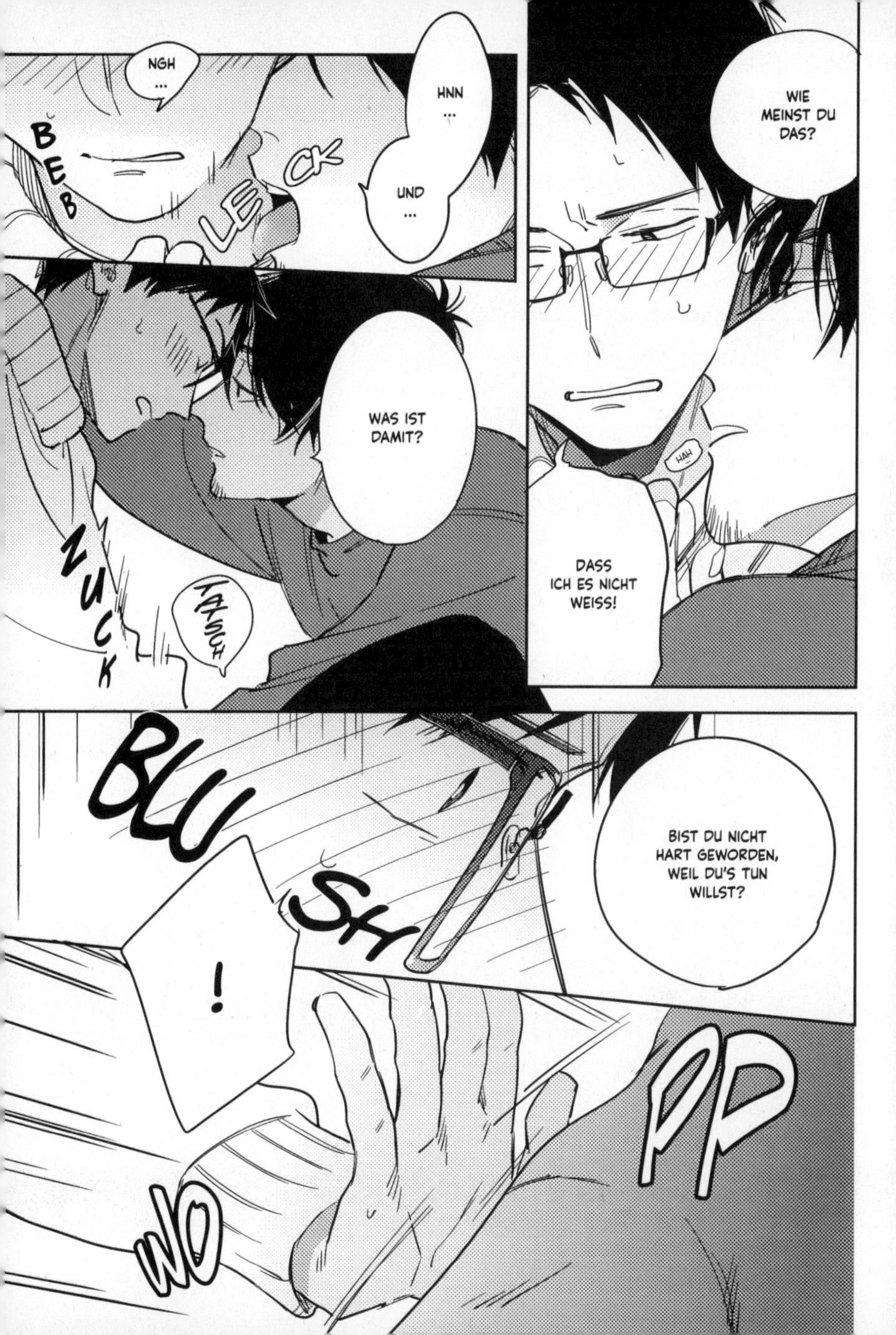

WIE MEINST DU DAS?
DASS ICH ES NICHT WEISS!
HNN ... UND ...
NGH ...
LECK
BEB
WAS IST DAMIT?
ZUCK
BIST DU NICHT HART GEWORDEN, WEIL DU'S TUN WILLST?
BLUSH
!
WO
PP

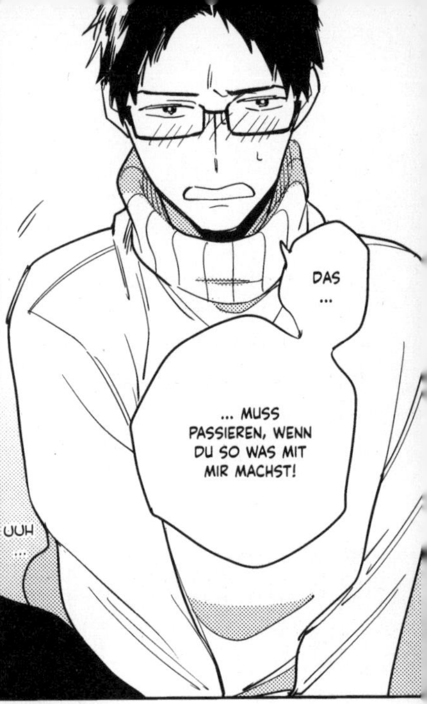
DAS ...
... MUSS PASSIEREN, WENN DU SO WAS MIT MIR MACHST!
UUH ...

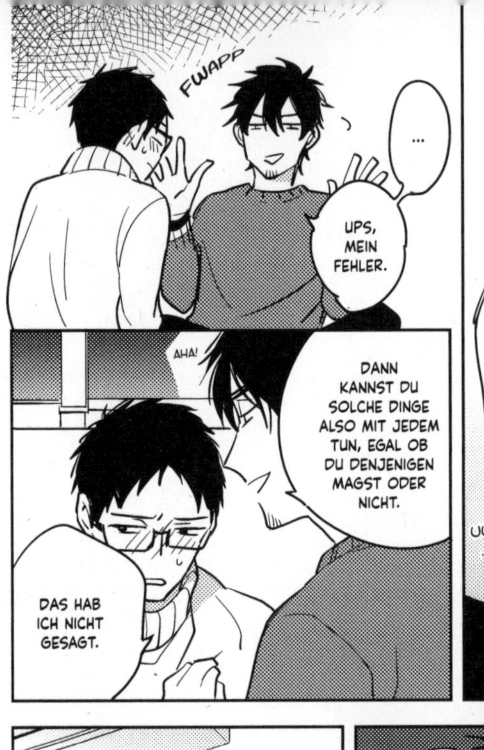
FWAPP
...
UPS, MEIN FEHLER.
AHA!
DANN KANNST DU SOLCHE DINGE ALSO MIT JEDEM TUN, EGAL OB DU DENJENIGEN MAGST ODER NICHT.
DAS HAB ICH NICHT GESAGT.

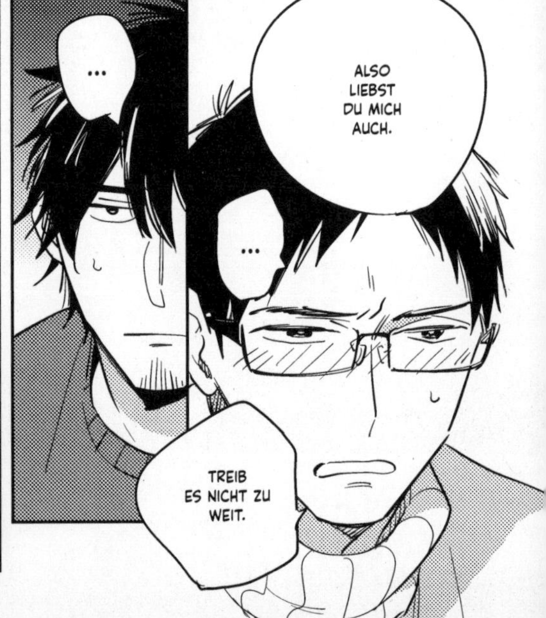
ALSO LIEBST DU MICH AUCH.
...
...
TREIB ES NICHT ZU WEIT.

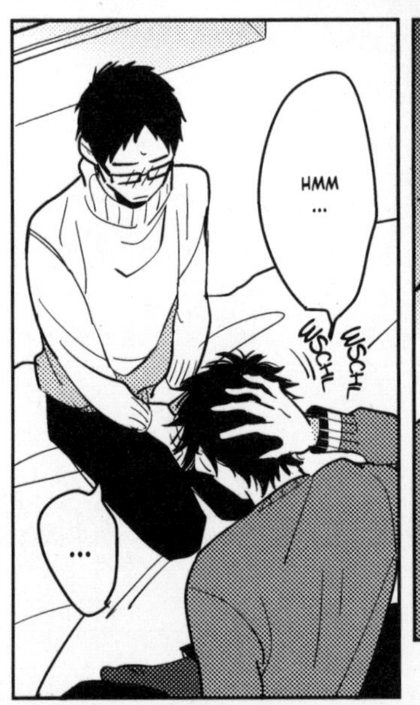
HMM ...
WSCHL WSCHL
...

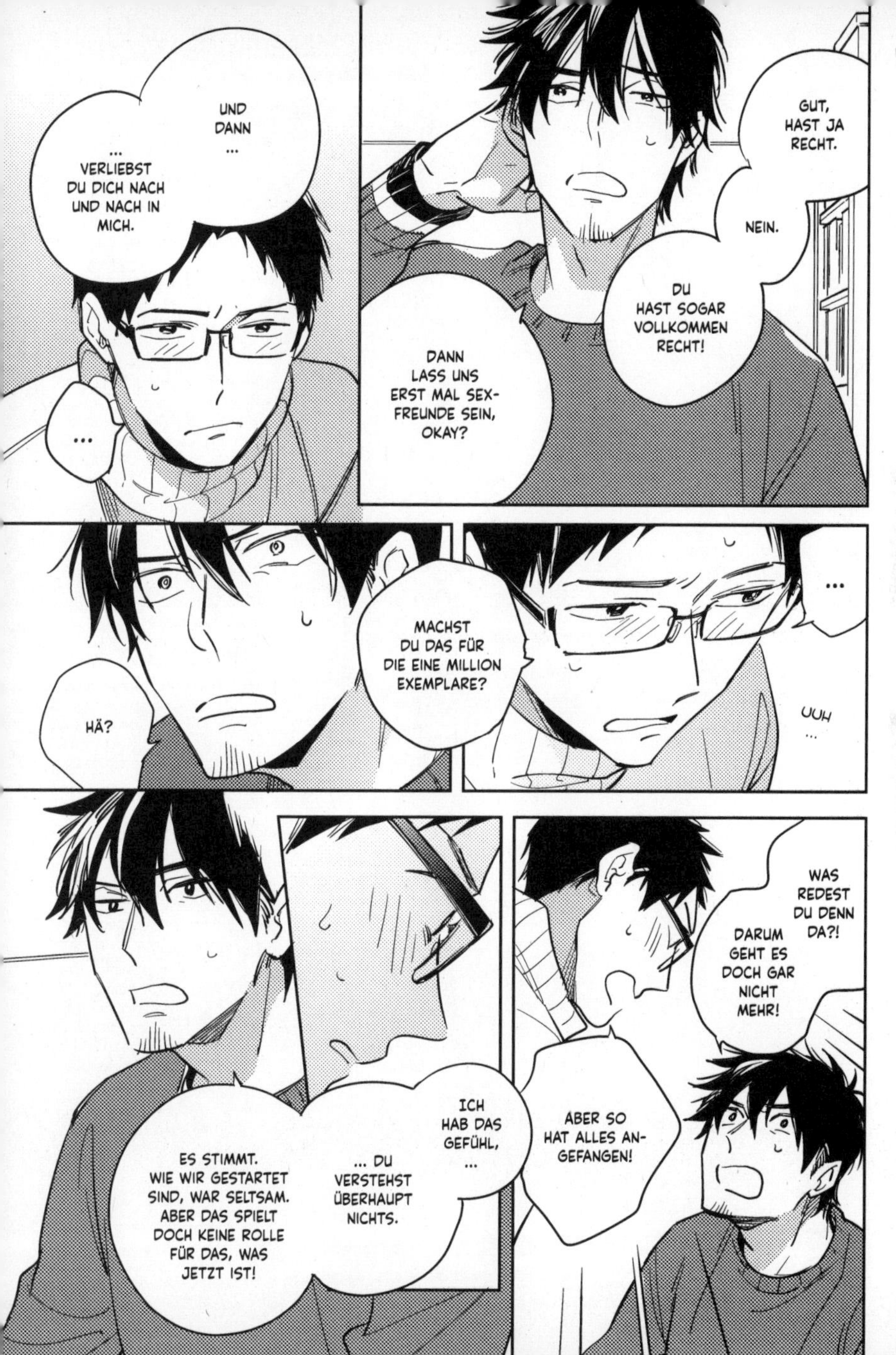
GUT, HAST JA RECHT.
NEIN.
DU HAST SOGAR VOLLKOMMEN RECHT!
DANN LASS UNS ERST MAL SEX-FREUNDE SEIN, OKAY?
UND DANN ...
... VERLIEBST DU DICH NACH UND NACH IN MICH.
...
...
UUH ...
MACHST DU DAS FÜR DIE EINE MILLION EXEMPLARE?
HÄ?
WAS REDEST DU DENN DA?!
DARUM GEHT ES DOCH GAR NICHT MEHR!
ABER SO HAT ALLES AN-GEFANGEN!
ICH HAB DAS GEFÜHL, ...
... DU VERSTEHST ÜBERHAUPT NICHTS.
ES STIMMT. WIE WIR GESTARTET SIND, WAR SELTSAM. ABER DAS SPIELT DOCH KEINE ROLLE FÜR DAS, WAS JETZT IST!

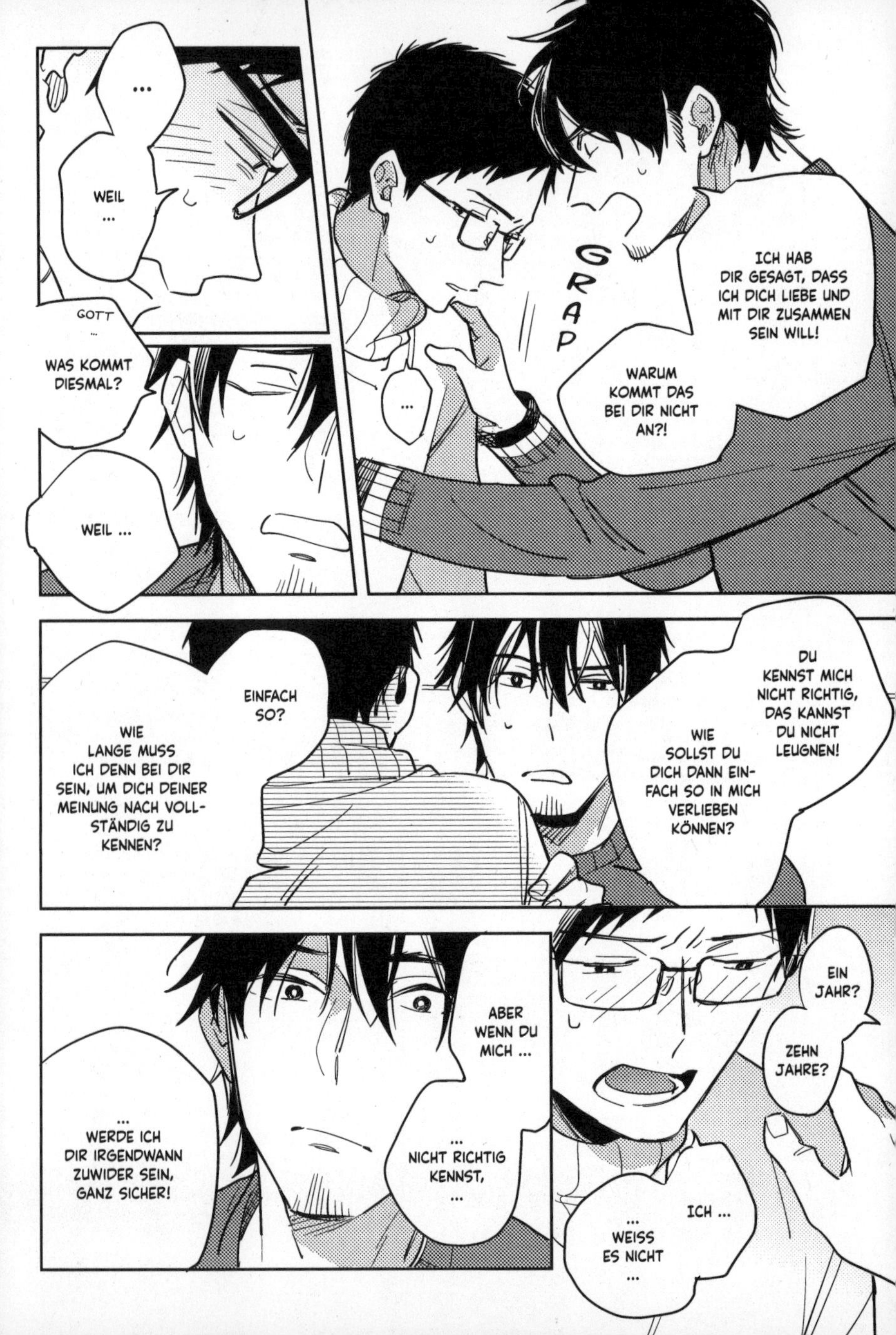
ICH HAB DIR GESAGT, DASS ICH DICH LIEBE UND MIT DIR ZUSAMMEN SEIN WILL!
GRAP
WARUM KOMMT DAS BEI DIR NICHT AN?!
...
...
WEIL ...
GOTT ...
WAS KOMMT DIESMAL?
WEIL ...
DU KENNST MICH NICHT RICHTIG, DAS KANNST DU NICHT LEUGNEN!
WIE SOLLST DU DICH DANN EINFACH SO IN MICH VERLIEBEN KÖNNEN?
EINFACH SO?
WIE LANGE MUSS ICH DENN BEI DIR SEIN, UM DICH DEINER MEINUNG NACH VOLLSTÄNDIG ZU KENNEN?
EIN JAHR?
ZEHN JAHRE?
ICH ...
... WEISS ES NICHT ...
ABER WENN DU MICH ...
... NICHT RICHTIG KENNST, ...
... WERDE ICH DIR IRGENDWANN ZUWIDER SEIN, GANZ SICHER!

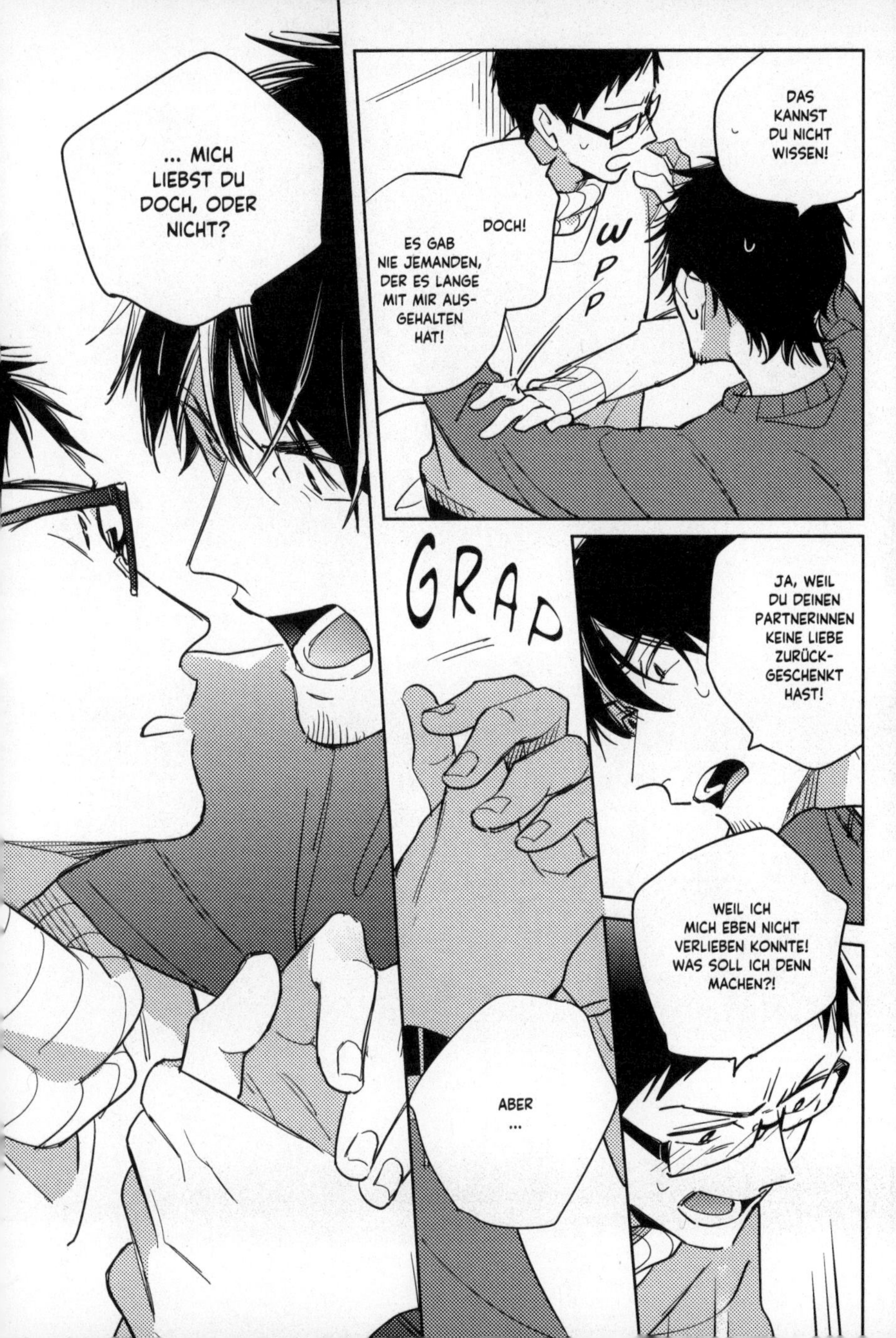
DAS KANNST DU NICHT WISSEN!
WPP
DOCH!
ES GAB NIE JEMANDEN, DER ES LANGE MIT MIR AUS-GEHALTEN HAT!
... MICH LIEBST DU DOCH, ODER NICHT?
GRAP
JA, WEIL DU DEINEN PARTNERINNEN KEINE LIEBE ZURÜCK-GESCHENKT HAST!
WEIL ICH MICH EBEN NICHT VERLIEBEN KONNTE! WAS SOLL ICH DENN MACHEN?!
ABER ...

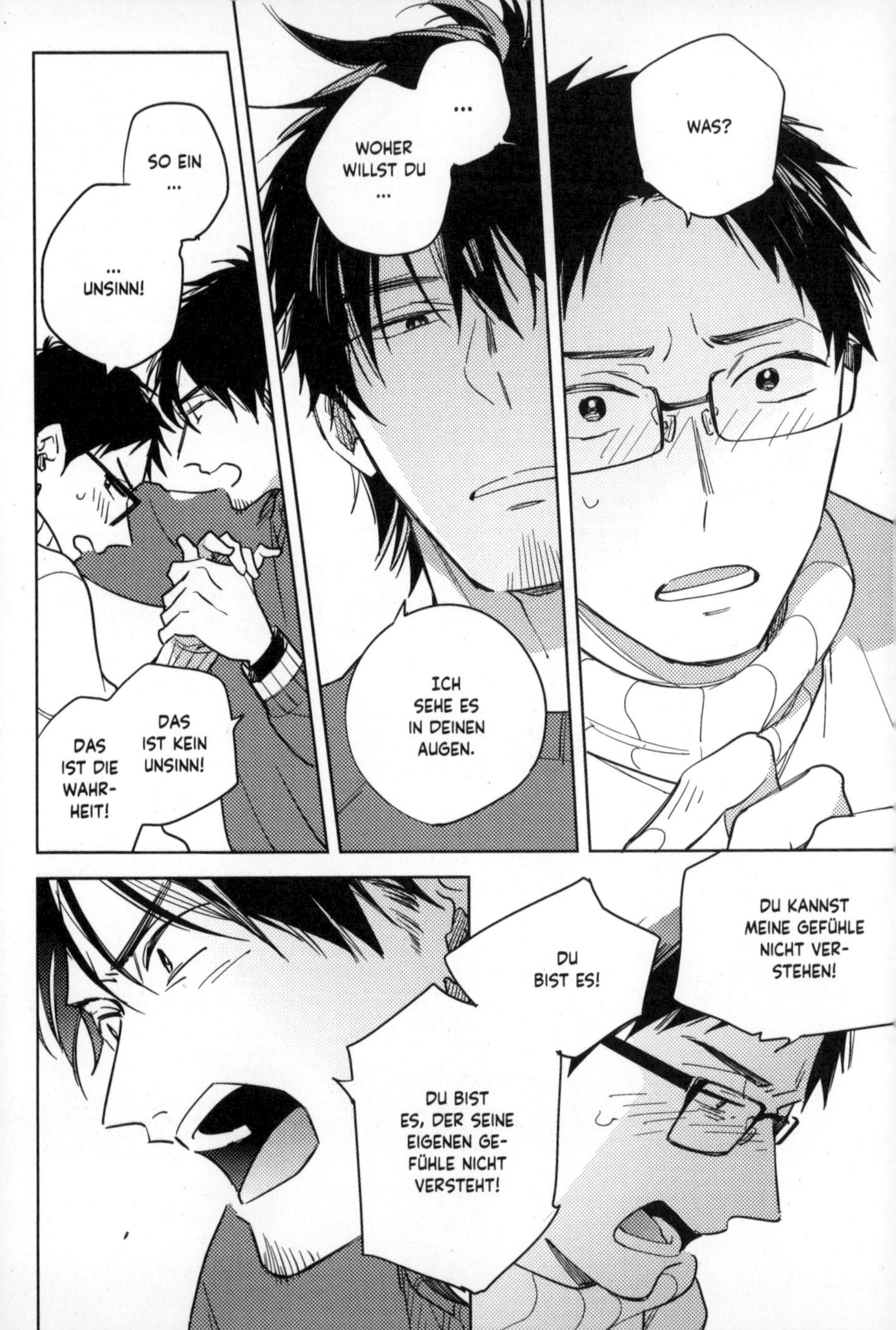
WAS?
... WOHER WILLST DU ...
ICH SEHE ES IN DEINEN AUGEN.
SO EIN ...
... UNSINN!
DAS IST KEIN UNSINN!
DAS IST DIE WAHR-HEIT!
DU KANNST MEINE GEFÜHLE NICHT VER-STEHEN!
DU BIST ES!
DU BIST ES, DER SEINE EIGENEN GE-FÜHLE NICHT VERSTEHT!

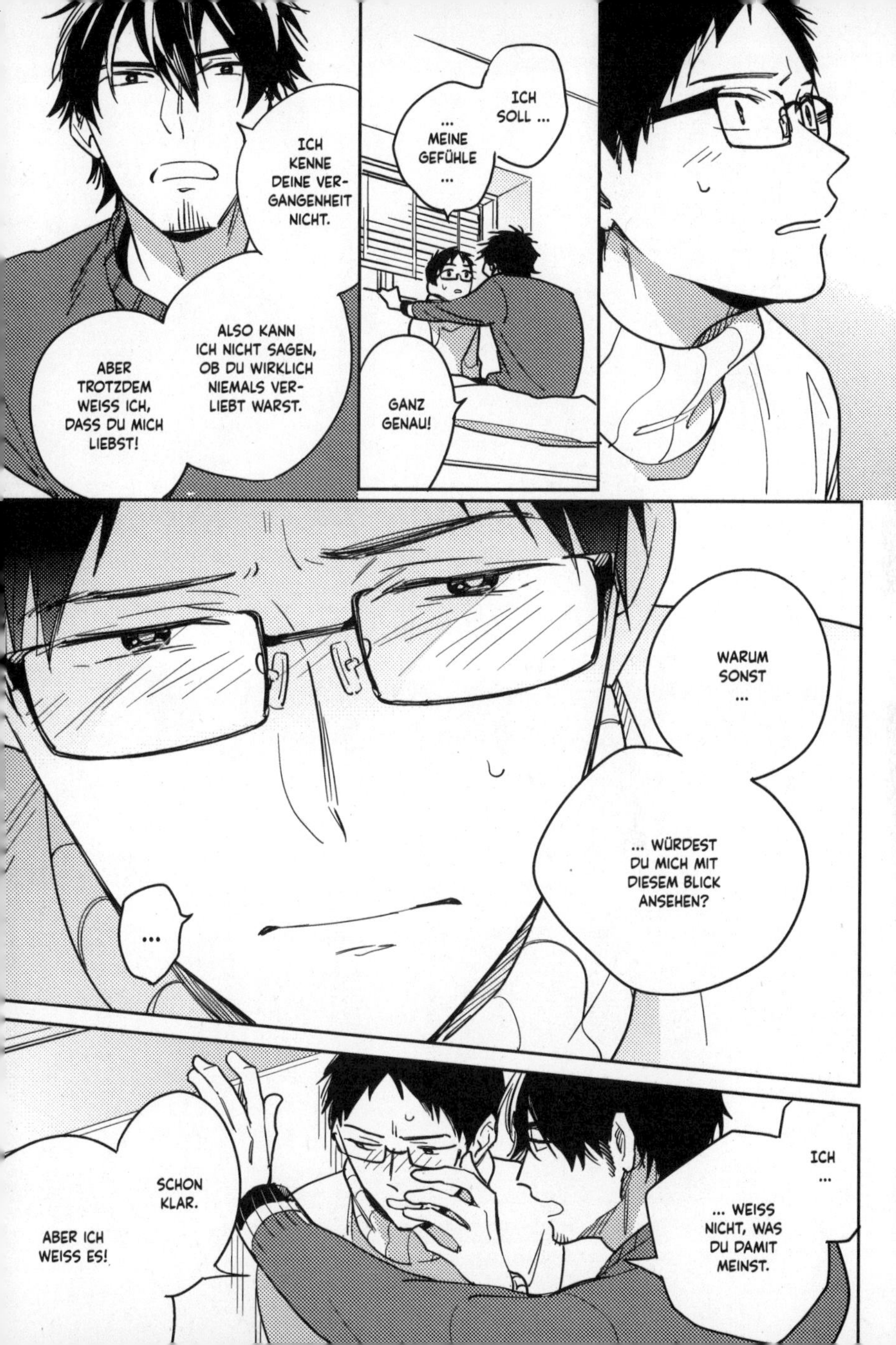
ICH SOLL ...
... MEINE GEFÜHLE ...
GANZ GENAU!
ICH KENNE DEINE VERGANGENHEIT NICHT.
ALSO KANN ICH NICHT SAGEN, OB DU WIRKLICH NIEMALS VERLIEBT WARST.
ABER TROTZDEM WEISS ICH, DASS DU MICH LIEBST!
WARUM SONST ...
... WÜRDEST DU MICH MIT DIESEM BLICK ANSEHEN?
...
ICH ...
... WEISS NICHT, WAS DU DAMIT MEINST.
SCHON KLAR.
ABER ICH WEISS ES!

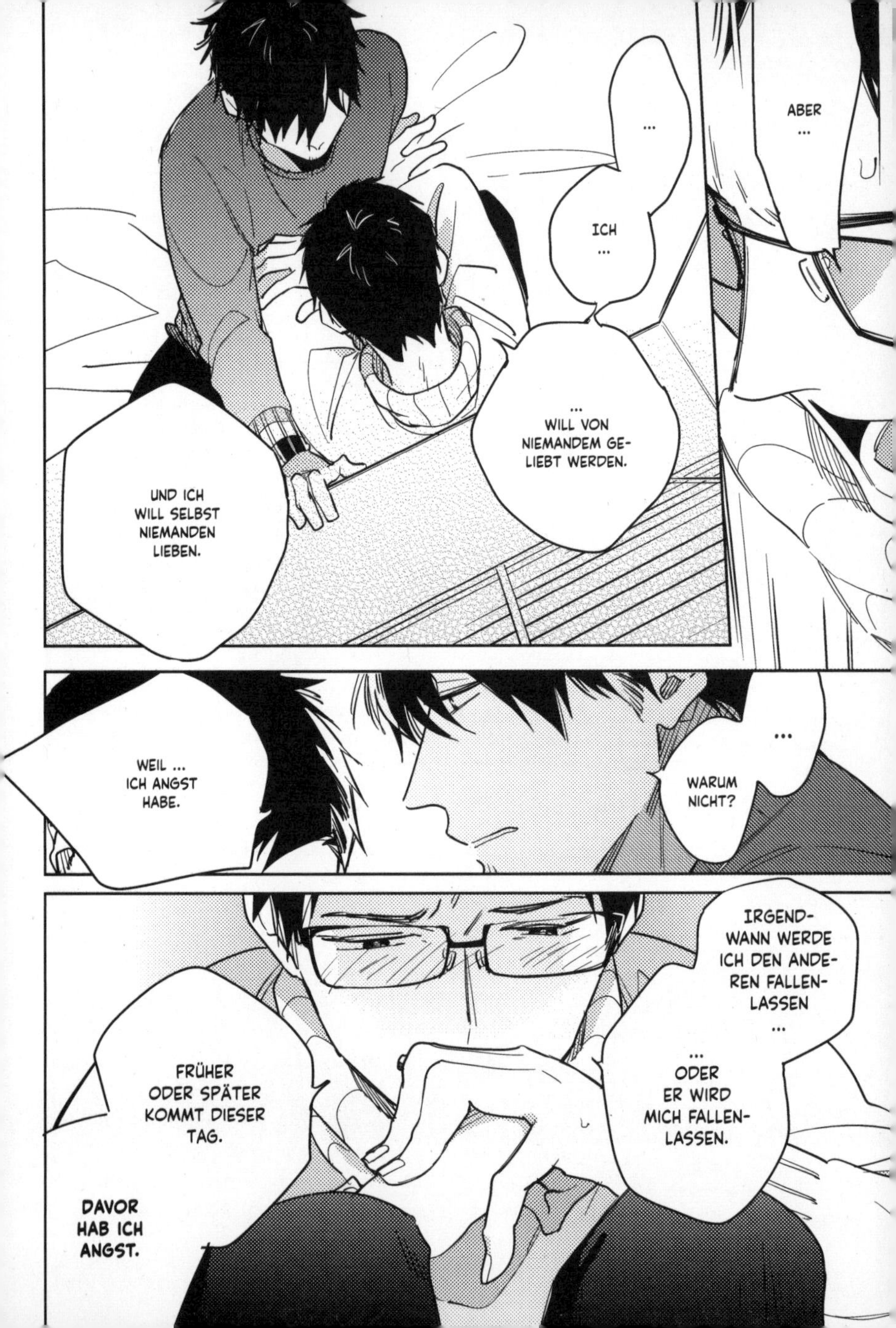
ABER ...
...
ICH ...
... WILL VON NIEMANDEM GELIEBT WERDEN.
UND ICH WILL SELBST NIEMANDEN LIEBEN.
... WARUM NICHT?
WEIL ... ICH ANGST HABE.
IRGENDWANN WERDE ICH DEN ANDEREN FALLENLASSEN ...
... ODER ER WIRD MICH FALLENLASSEN.
FRÜHER ODER SPÄTER KOMMT DIESER TAG.
DAVOR HAB ICH ANGST.

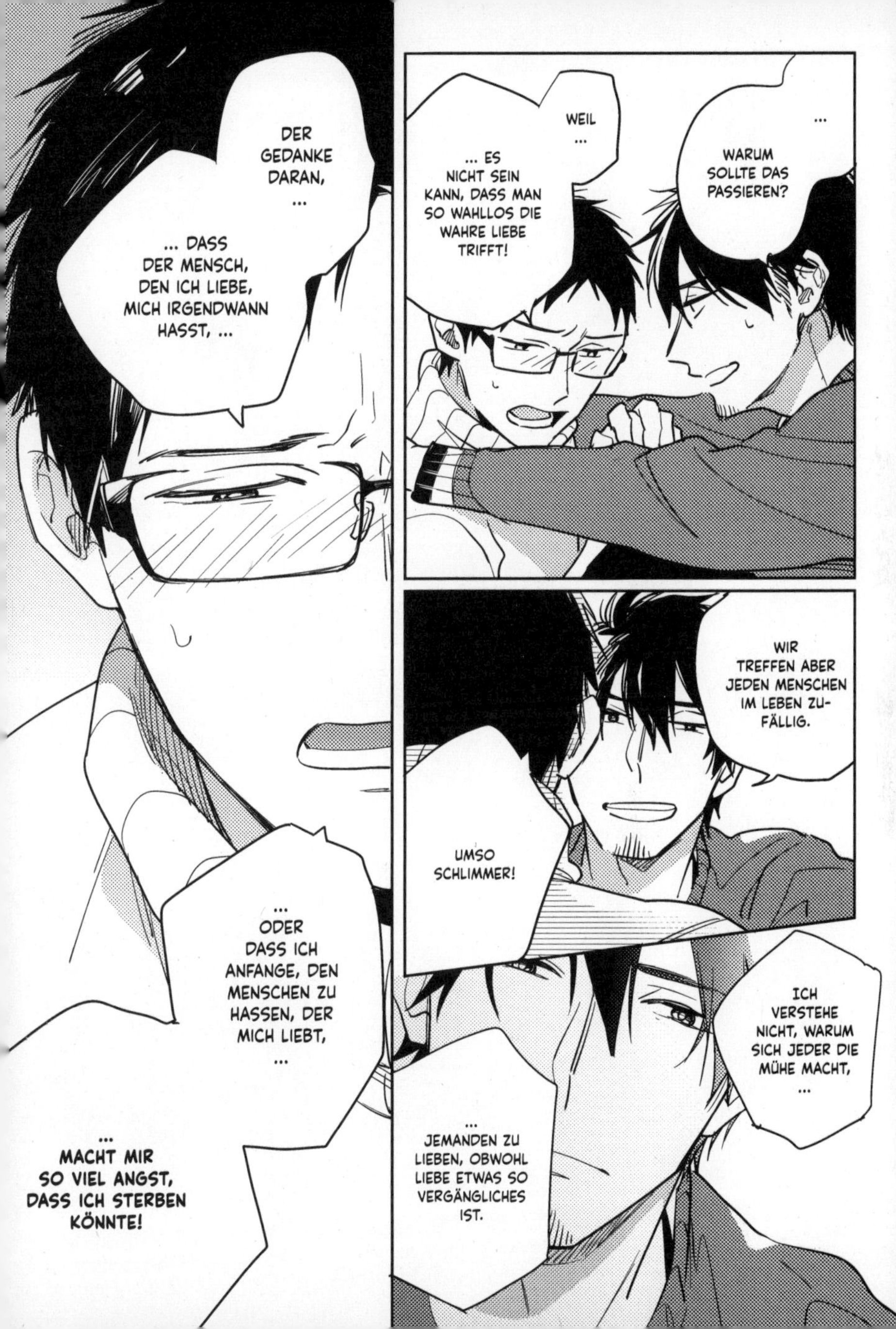
...
WARUM SOLLTE DAS PASSIEREN?
WEIL ...
... ES NICHT SEIN KANN, DASS MAN SO WAHLLOS DIE WAHRE LIEBE TRIFFT!
WIR TREFFEN ABER JEDEN MENSCHEN IM LEBEN ZU-FÄLLIG.
UMSO SCHLIMMER!
ICH VERSTEHE NICHT, WARUM SICH JEDER DIE MÜHE MACHT, ...
... JEMANDEN ZU LIEBEN, OBWOHL LIEBE ETWAS SO VERGÄNGLICHES IST.
DER GEDANKE DARAN, ...
... DASS DER MENSCH, DEN ICH LIEBE, MICH IRGENDWANN HASST, ...
... ODER DASS ICH ANFANGE, DEN MENSCHEN ZU HASSEN, DER MICH LIEBT, ...
... MACHT MIR SO VIEL ANGST, DASS ICH STERBEN KÖNNTE!

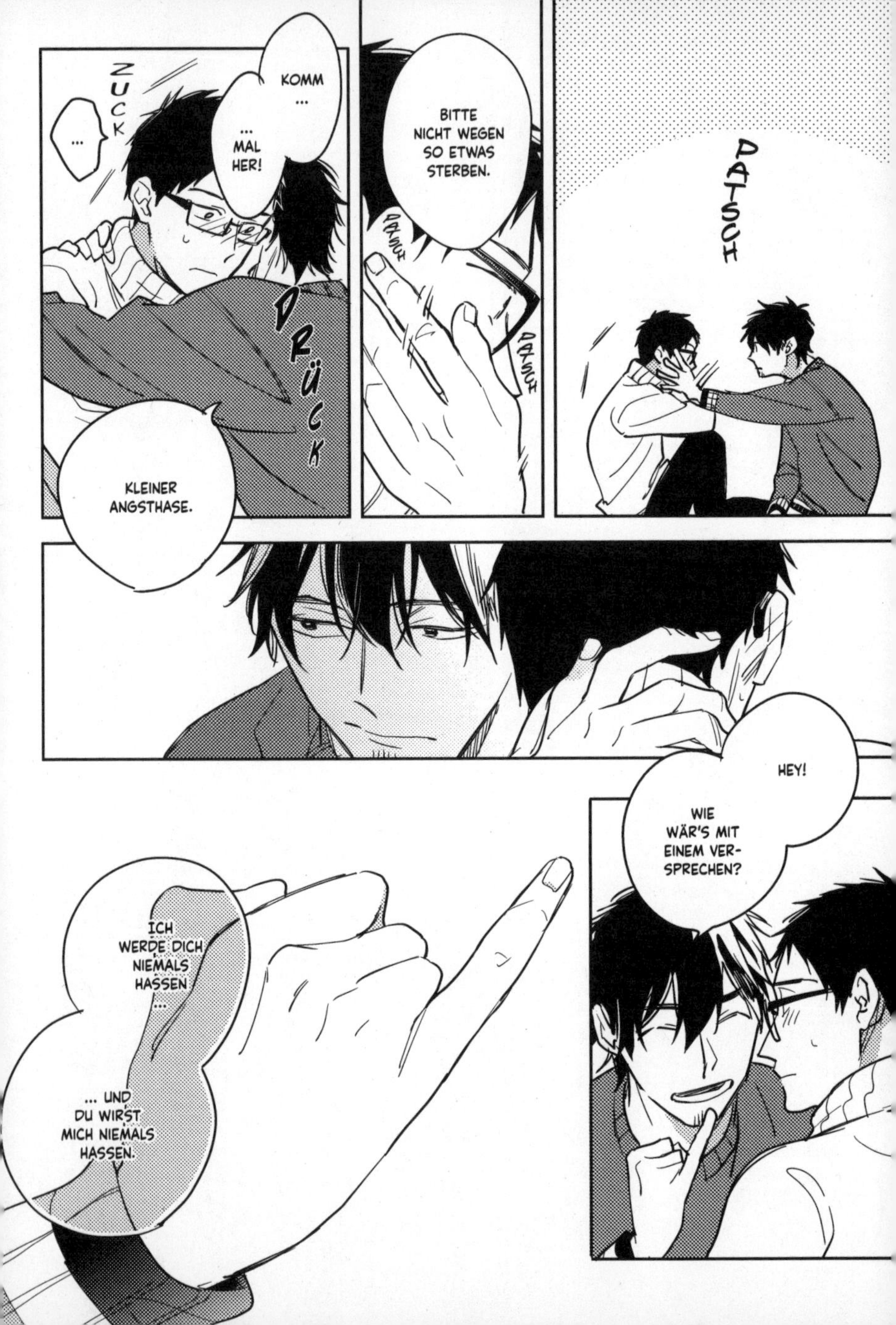
PATSCH
PATSCH
PATSCH
BITTE NICHT WEGEN SO ETWAS STERBEN.
KOMM ...
... MAL HER!
ZUCK
...
DRÜCK
KLEINER ANGSTHASE.
HEY!
WIE WÄR'S MIT EINEM VER-SPRECHEN?
ICH WERDE DICH NIEMALS HASSEN ...
... UND DU WIRST MICH NIEMALS HASSEN.

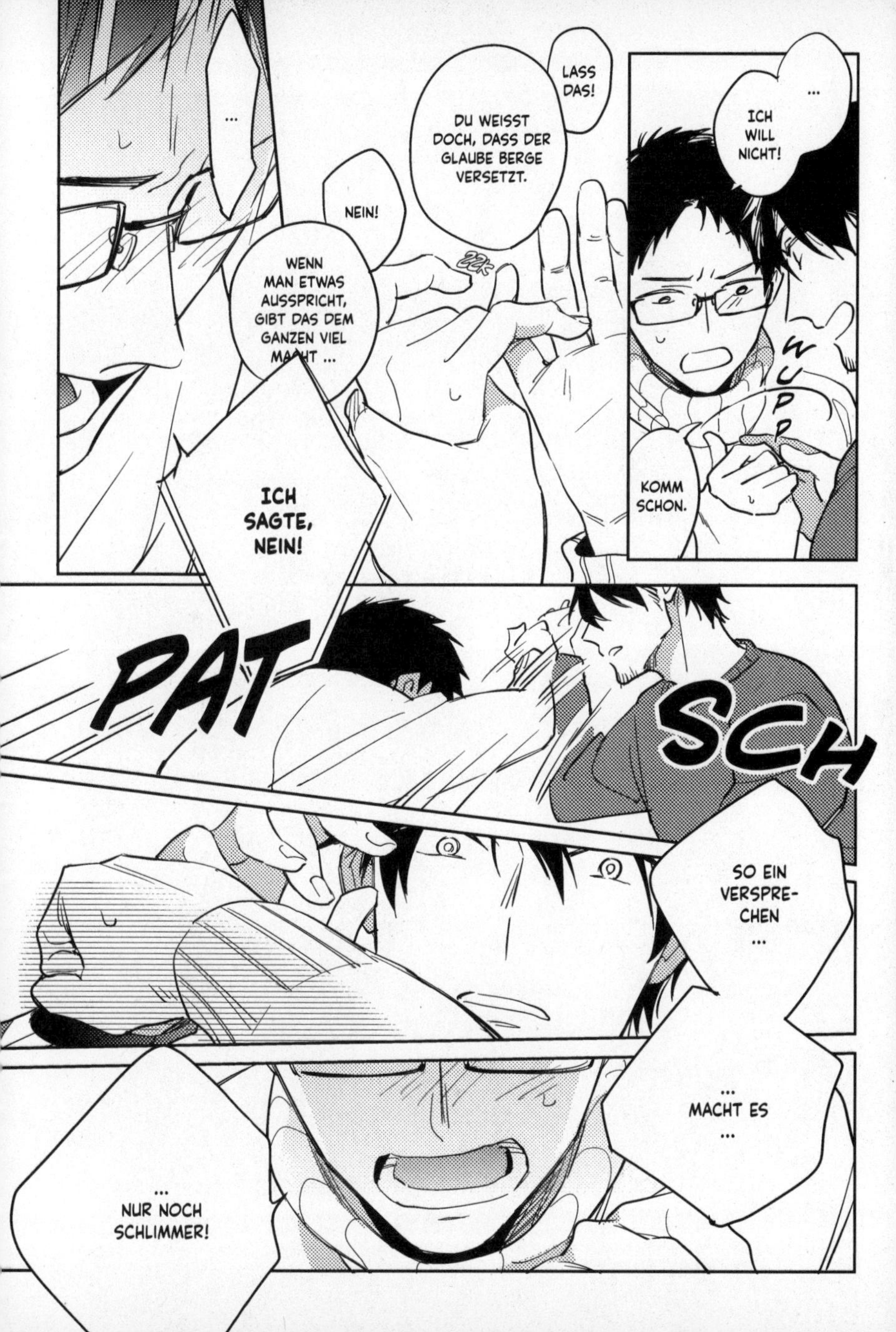
... ICH WILL NICHT!
KOMM SCHON.
WUPP
LASS DAS!
DU WEISST DOCH, DASS DER GLAUBE BERGE VERSETZT.
NEIN!
WENN MAN ETWAS AUSSPRICHT, GIBT DAS DEM GANZEN VIEL MACHT ...
...
ICH SAGTE, NEIN!
PAT
SCH
SO EIN VERSPRE-CHEN ...
... MACHT ES ...
... NUR NOCH SCHLIMMER!

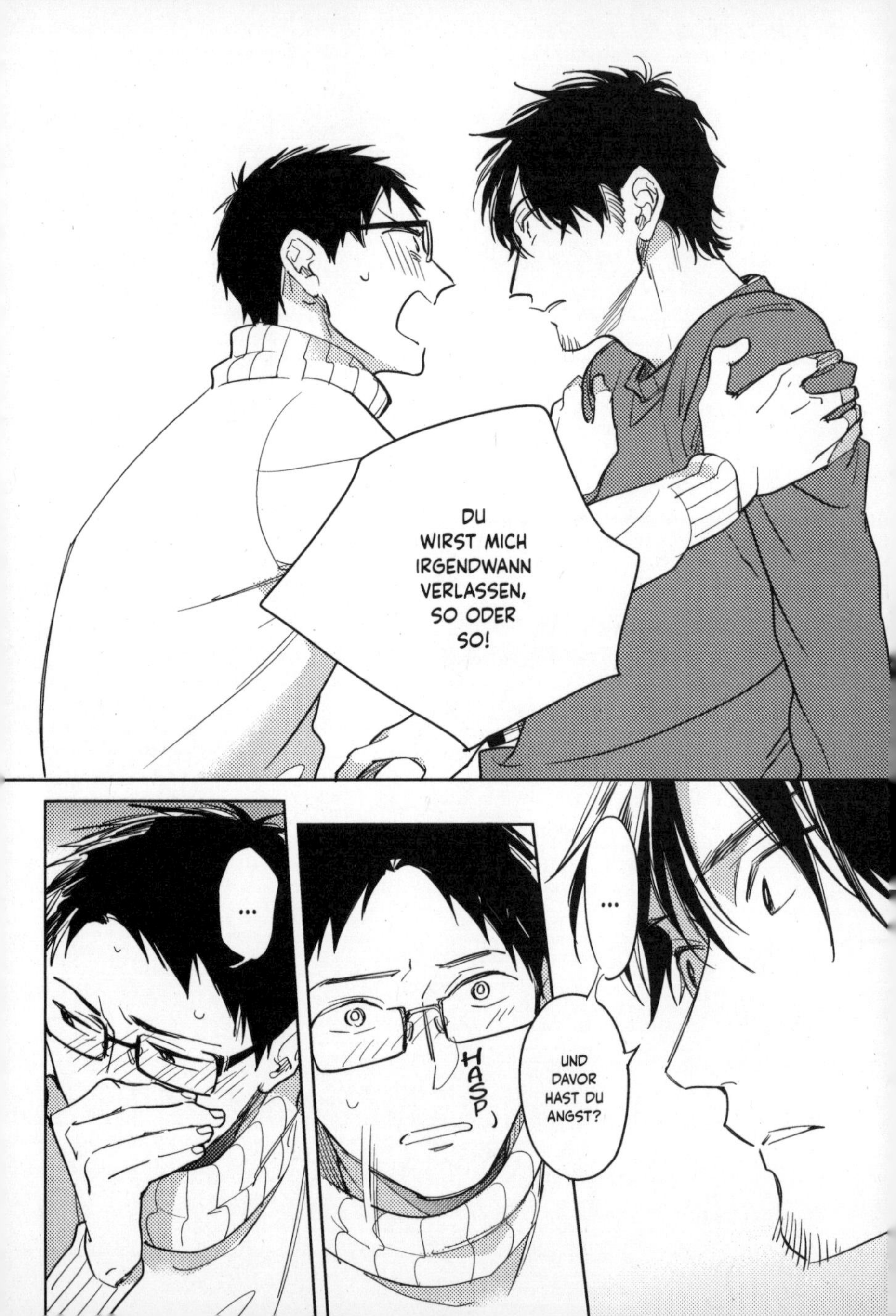
DU WIRST MICH IRGENDWANN VERLASSEN, SO ODER SO!
...
...
UND DAVOR HAST DU ANGST?
HASP

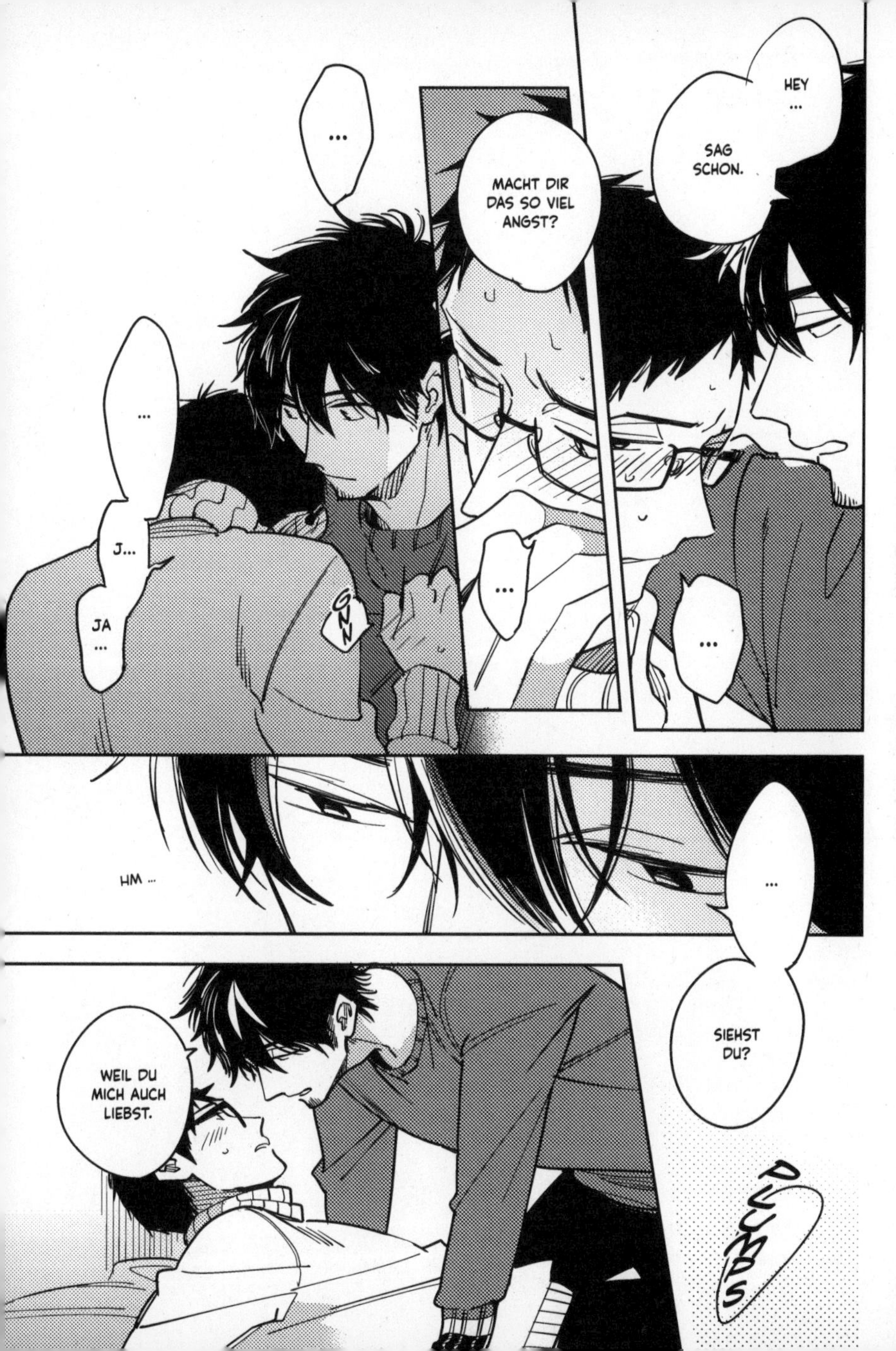
HEY ...
SAG SCHON.
...
MACHT DIR DAS SO VIEL ANGST?
...
...
...
J...
JA ...
GNN
...
HM ...
SIEHST DU?
WEIL DU MICH AUCH LIEBST.
PUUMPS

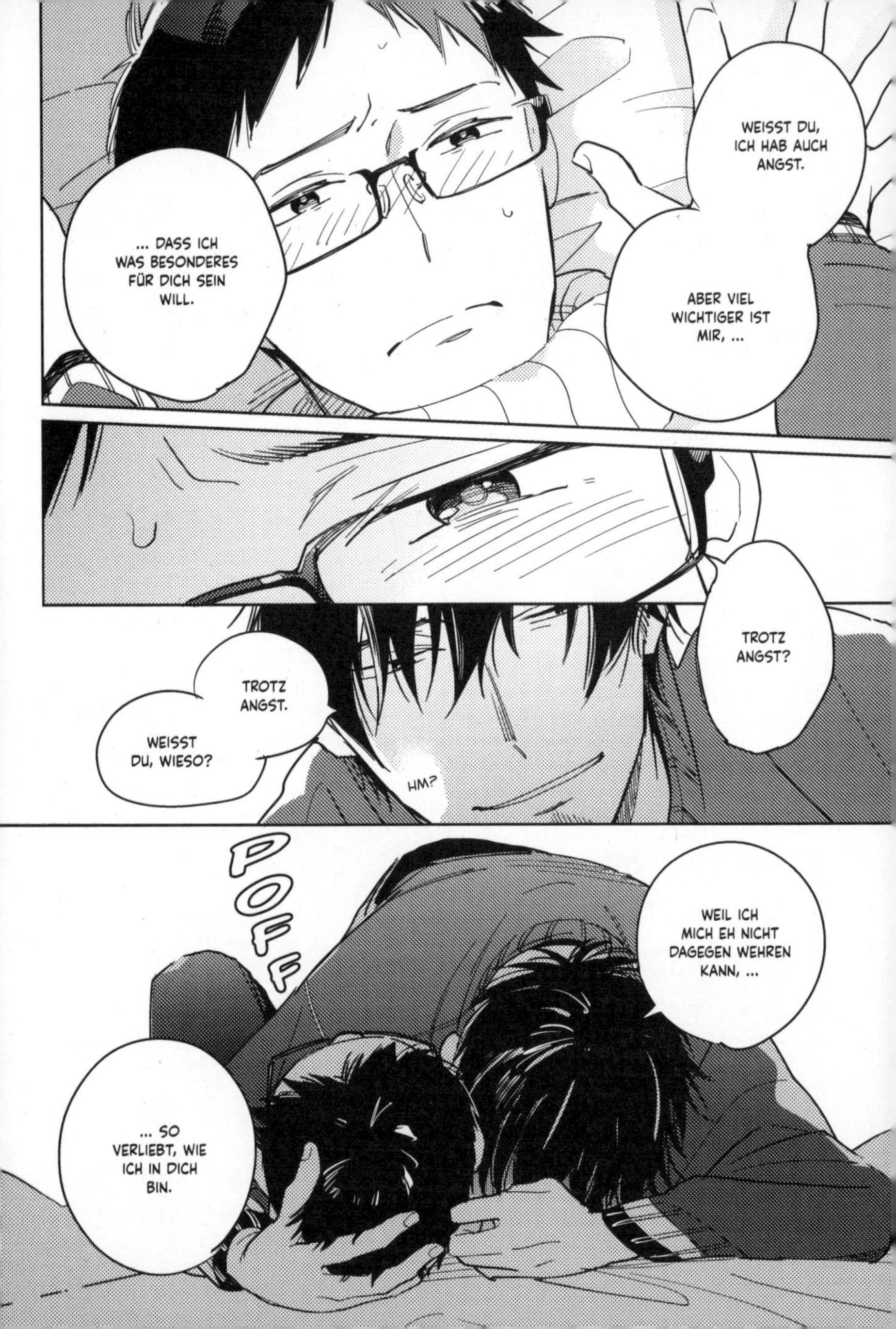

WEISST DU, ICH HAB AUCH ANGST.
ABER VIEL WICHTIGER IST MIR, ...
... DASS ICH WAS BESONDERES FÜR DICH SEIN WILL.
TROTZ ANGST?
TROTZ ANGST.
WEISST DU, WIESO?
HM?
POFF
WEIL ICH MICH EH NICHT DAGEGEN WEHREN KANN, ...
... SO VERLIEBT, WIE ICH IN DICH BIN.

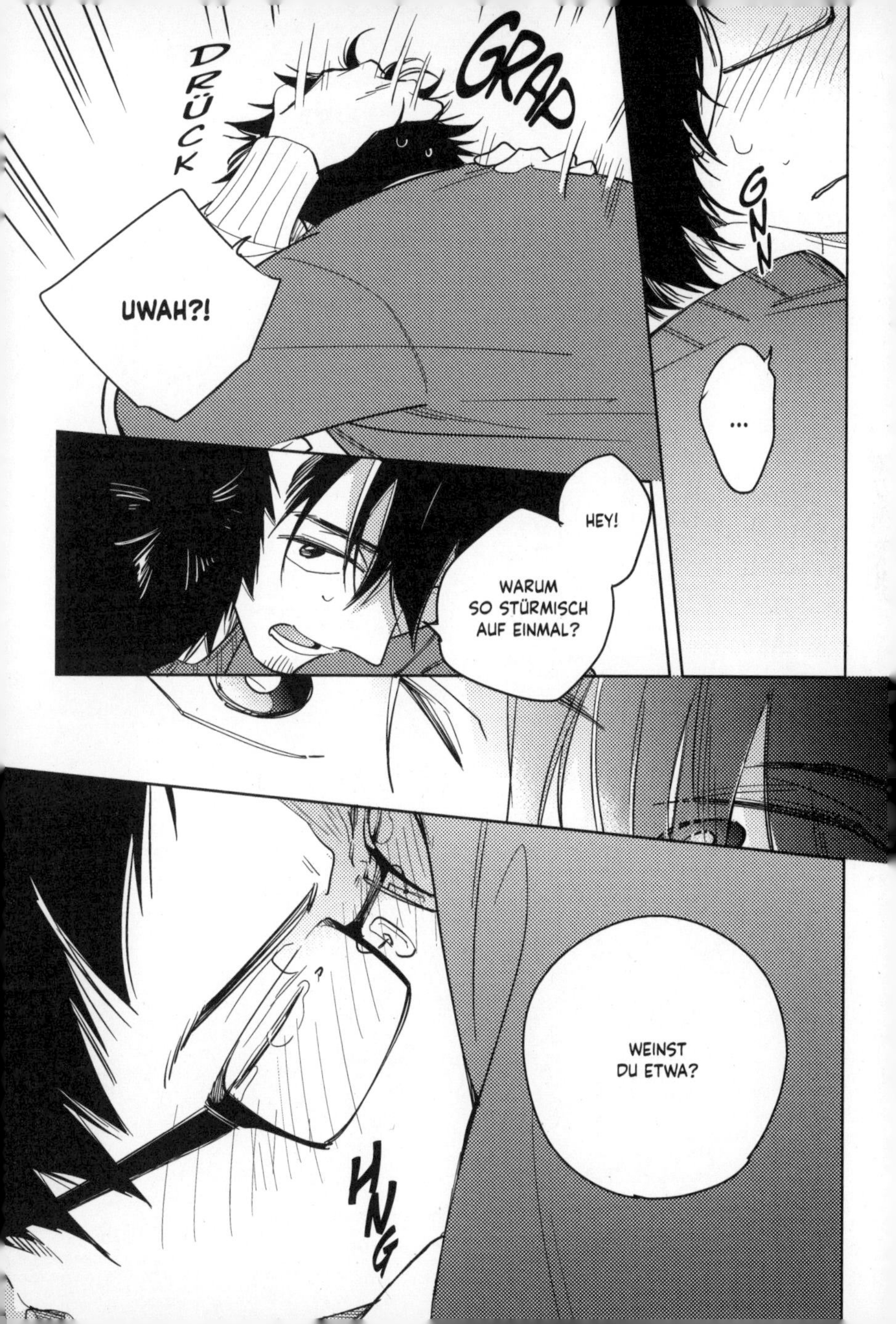
GRAP
DRÜCK
GNN
UWAH?!
...
HEY!
WARUM SO STÜRMISCH AUF EINMAL?
WEINST DU ETWA?
HNG

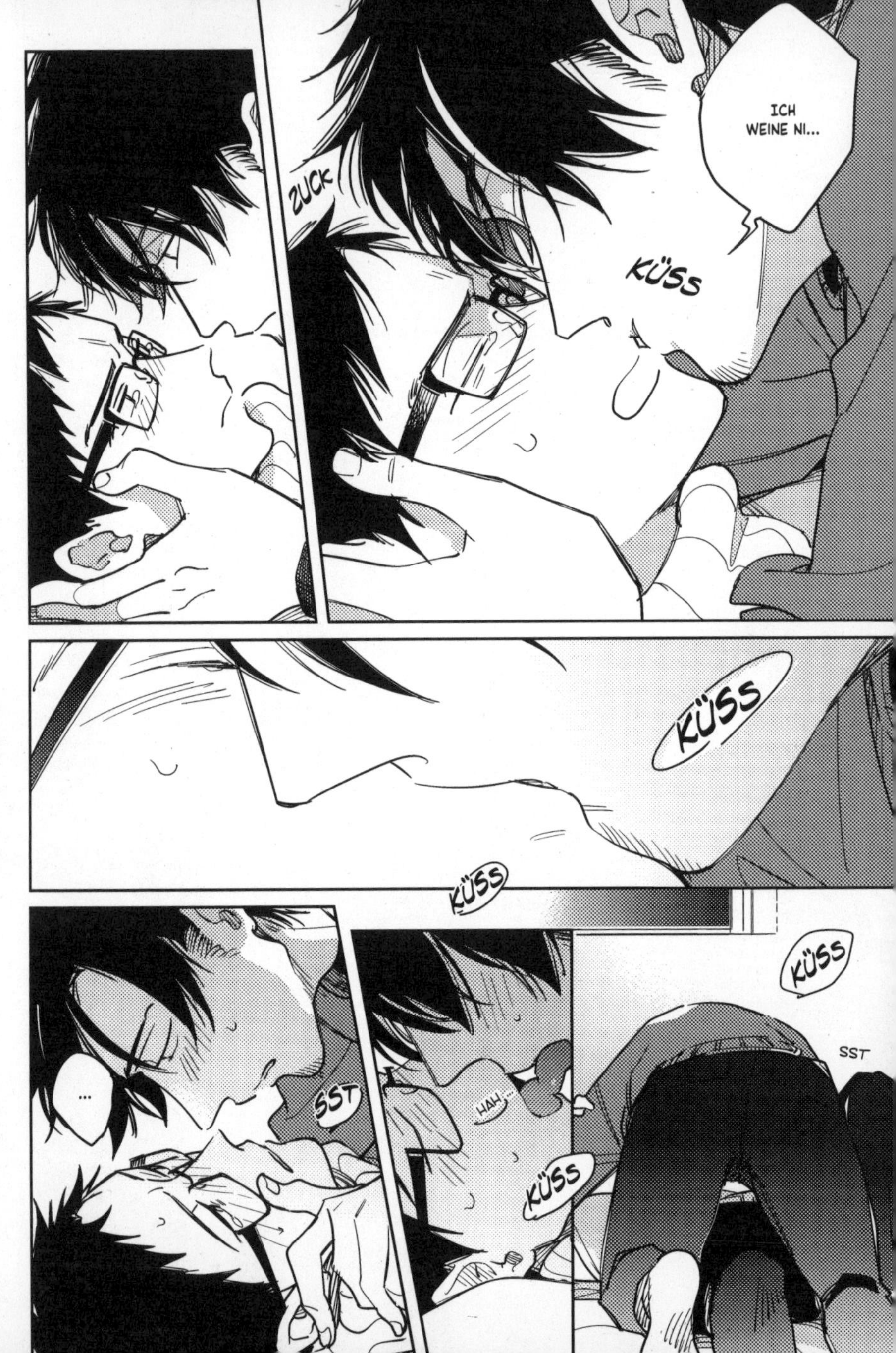
ICH WEINE NI...
KÜSS
ZUCK
KÜSS
KÜSS
KÜSS
SST
HAH...
KÜSS
SST
...

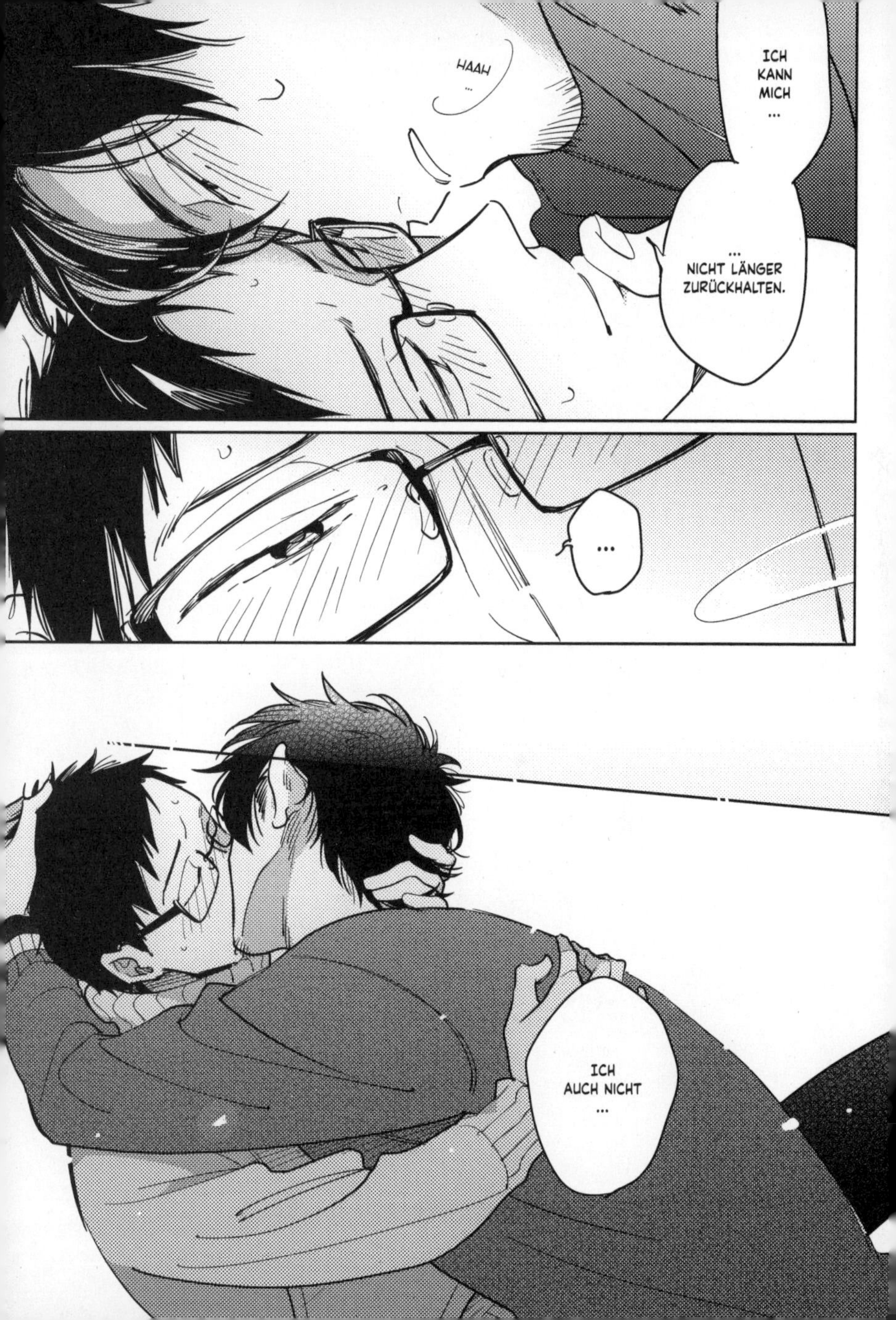
ICH KANN MICH ...
HAAH ...
... NICHT LÄNGER ZURÜCKHALTEN.
...
ICH AUCH NICHT ...

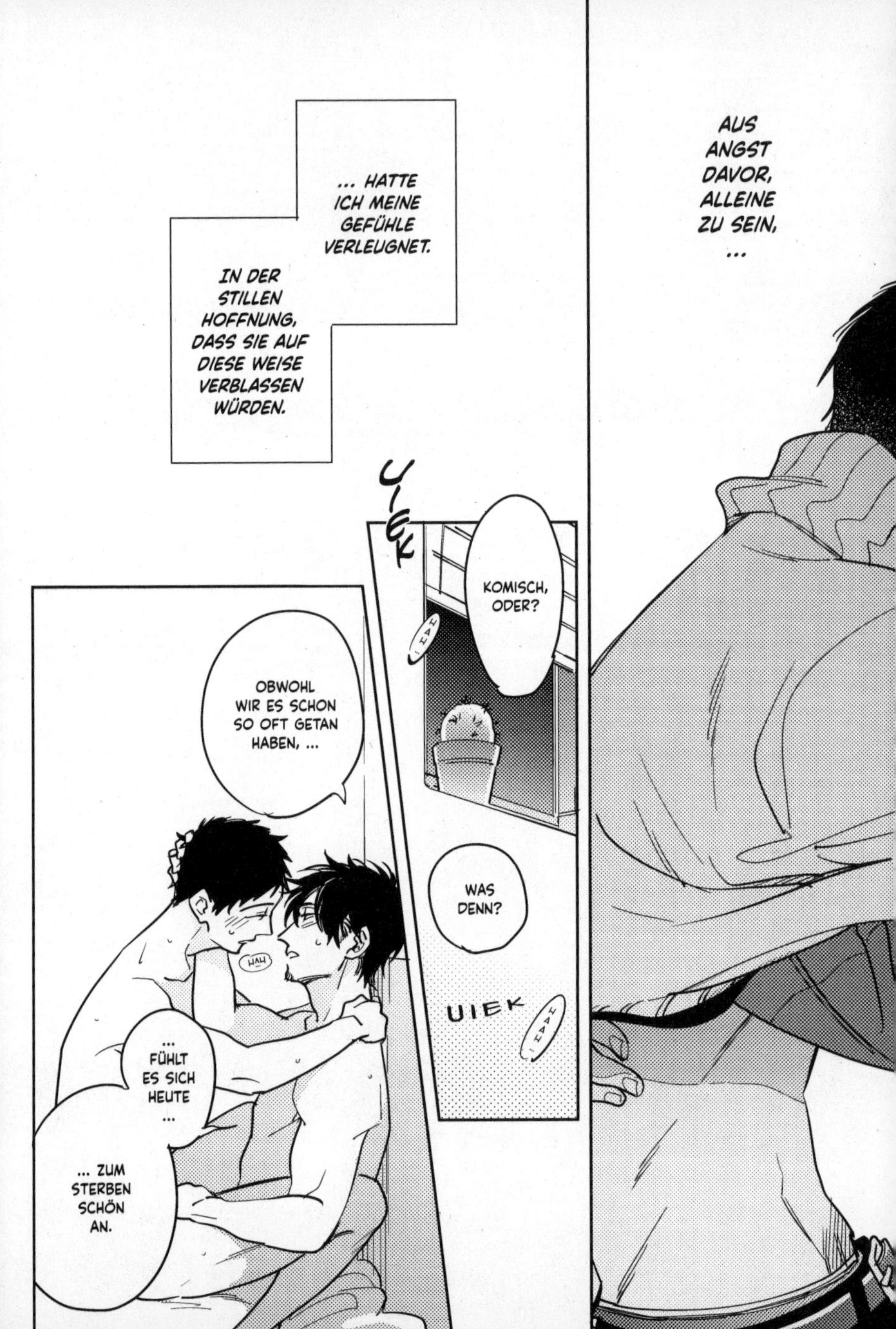
AUS ANGST DAVOR, ALLEINE ZU SEIN, ...
... HATTE ICH MEINE GEFÜHLE VERLEUGNET.
IN DER STILLEN HOFFNUNG, DASS SIE AUF DIESE WEISE VERBLASSEN WÜRDEN.
UIEK
KOMISCH, ODER?
WAS DENN?
UIEK
OBWOHL WIR ES SCHON SO OFT GETAN HABEN, ...
HAH
... FÜHLT ES SICH HEUTE ...
... ZUM STERBEN SCHÖN AN.

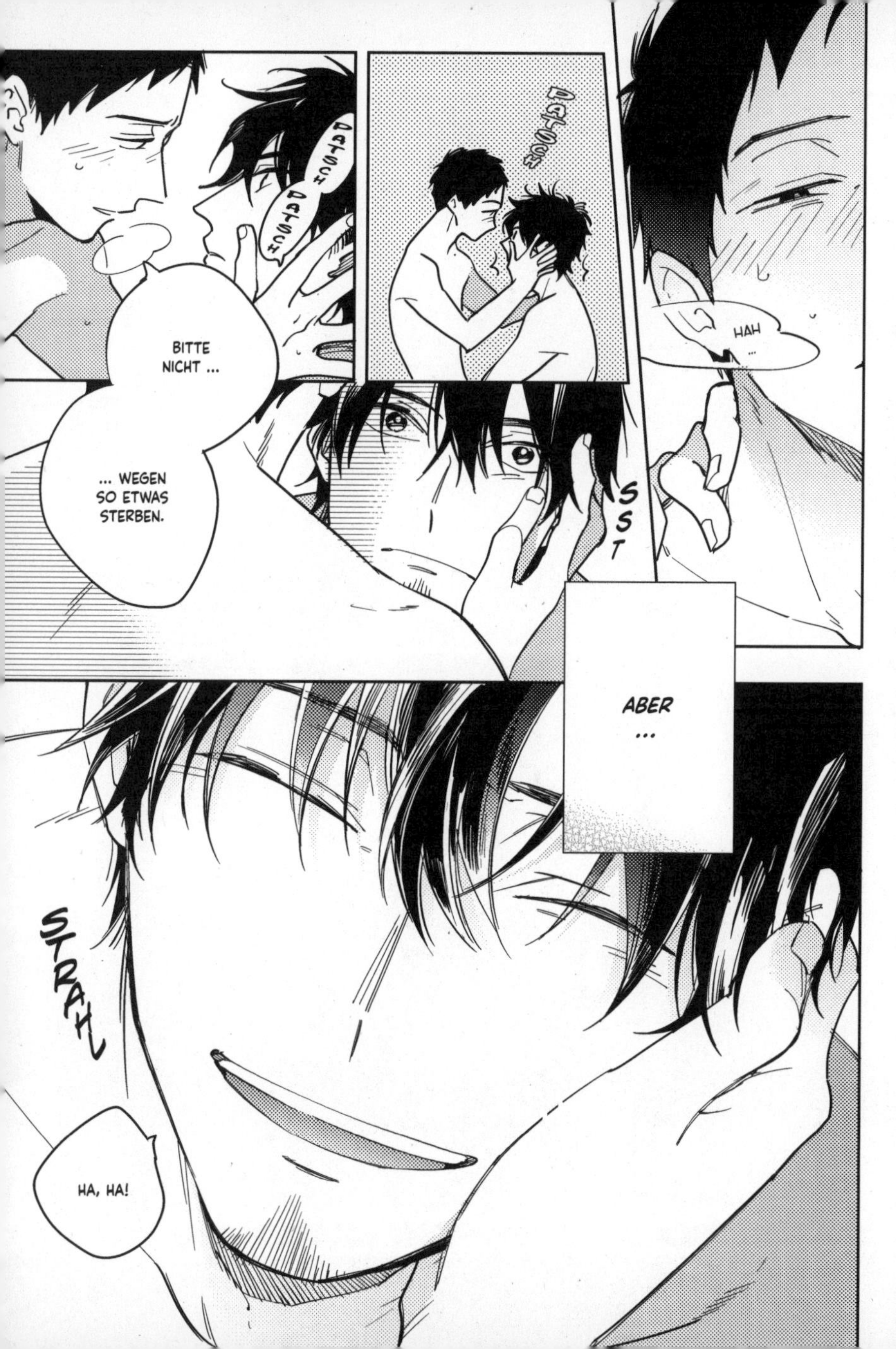
PATSCH
PATSCH PATSCH
BITTE NICHT ...
HAH ...
SST
... WEGEN SO ETWAS STERBEN.
ABER ...
STRAHL
HA, HA!

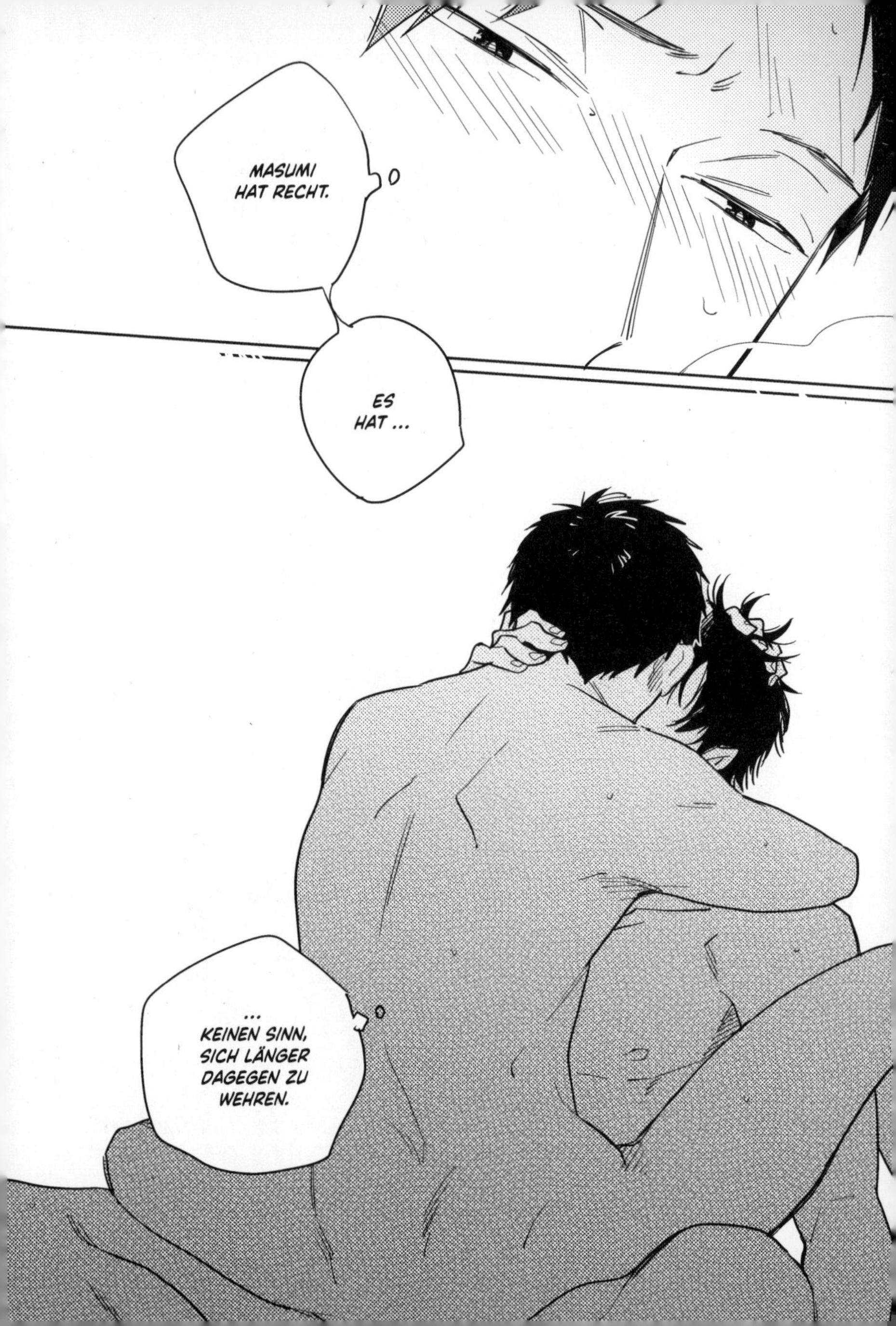
MASUMI HAT RECHT.
ES HAT ...
... KEINEN SINN, SICH LÄNGER DAGEGEN ZU WEHREN.

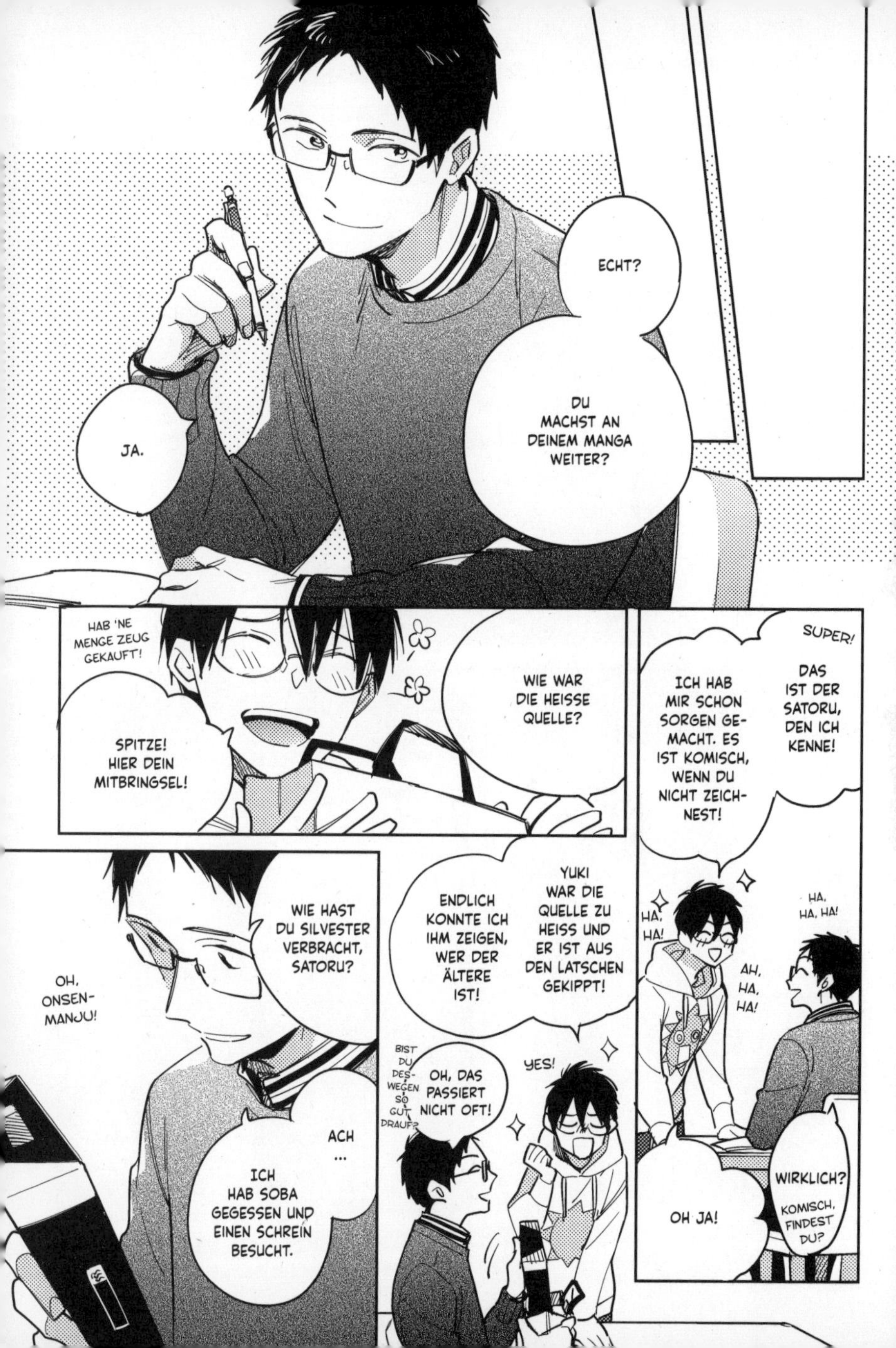

ECHT?
DU MACHST AN DEINEM MANGA WEITER?
JA.
SUPER!
DAS IST DER SATORU, DEN ICH KENNE!
ICH HAB MIR SCHON SORGEN GEMACHT. ES IST KOMISCH, WENN DU NICHT ZEICHNEST!
WIE WAR DIE HEISSE QUELLE?
HAB 'NE MENGE ZEUG GEKAUFT!
SPITZE! HIER DEIN MITBRINGSEL!
HA, HA, HA!
AH, HA, HA, HA!
HA, HA!
WIRKLICH?
KOMISCH, FINDEST DU?
OH JA!
YUKI WAR DIE QUELLE ZU HEISS UND ER IST AUS DEN LATSCHEN GEKIPPT!
ENDLICH KONNTE ICH IHM ZEIGEN, WER DER ÄLTERE IST!
YES!
OH, DAS PASSIERT NICHT OFT!
BIST DU DESWEGEN SO GUT DRAUF?
WIE HAST DU SILVESTER VERBRACHT, SATORU?
OH, ONSEN-MANJU!
ACH ...
ICH HAB SOBA GEGESSEN UND EINEN SCHREIN BESUCHT.

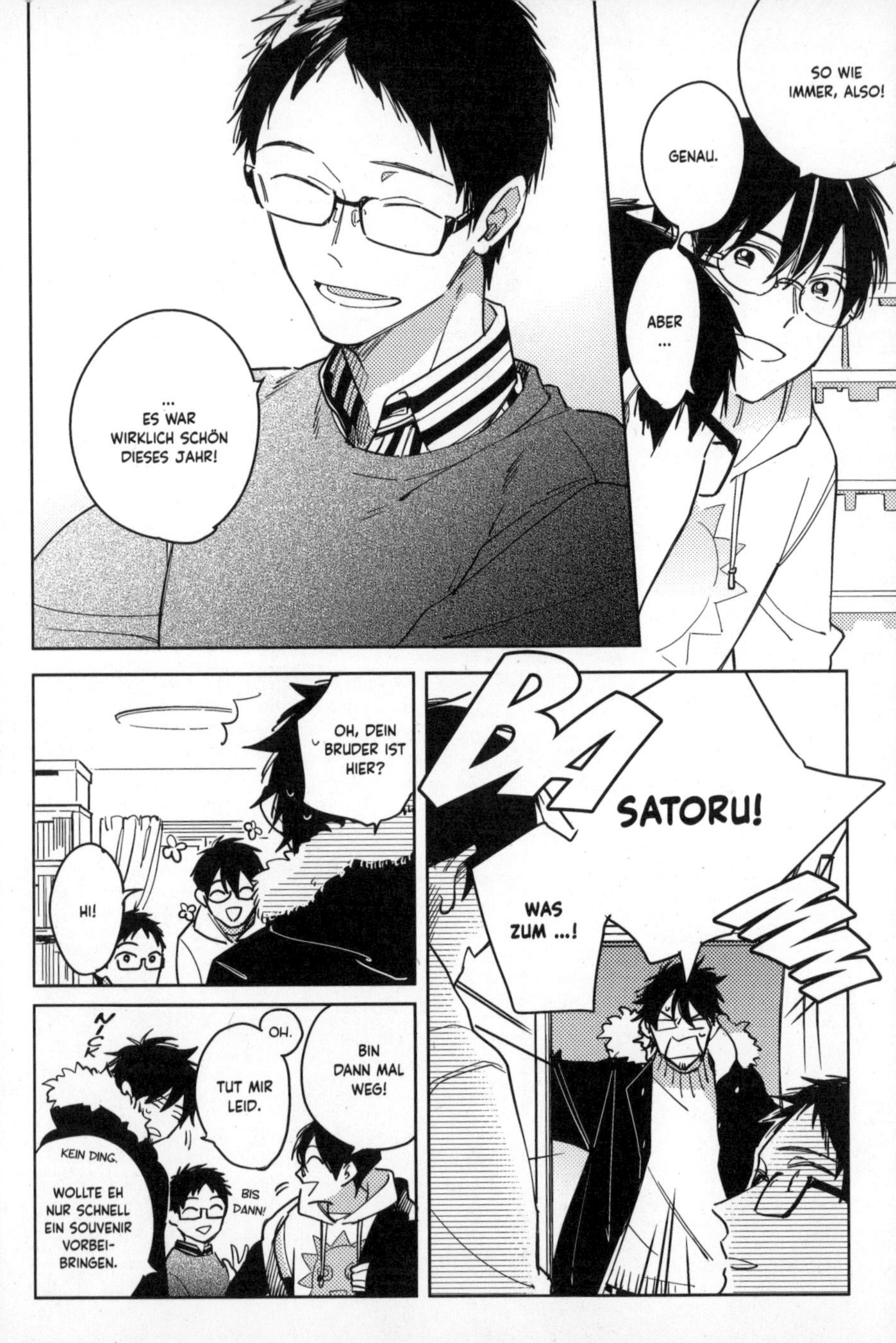

SO WIE IMMER, ALSO!
GENAU.
ABER ...
... ES WAR WIRKLICH SCHÖN DIESES JAHR!
BA
SATORU!
WAS ZUM ...!
OH, DEIN BRUDER IST HIER?
HI!
BIN DANN MAL WEG!
OH.
TUT MIR LEID.
NICK
KEIN DING.
WOLLTE EH NUR SCHNELL EIN SOUVENIR VORBEI-BRINGEN.
BIS DANN!

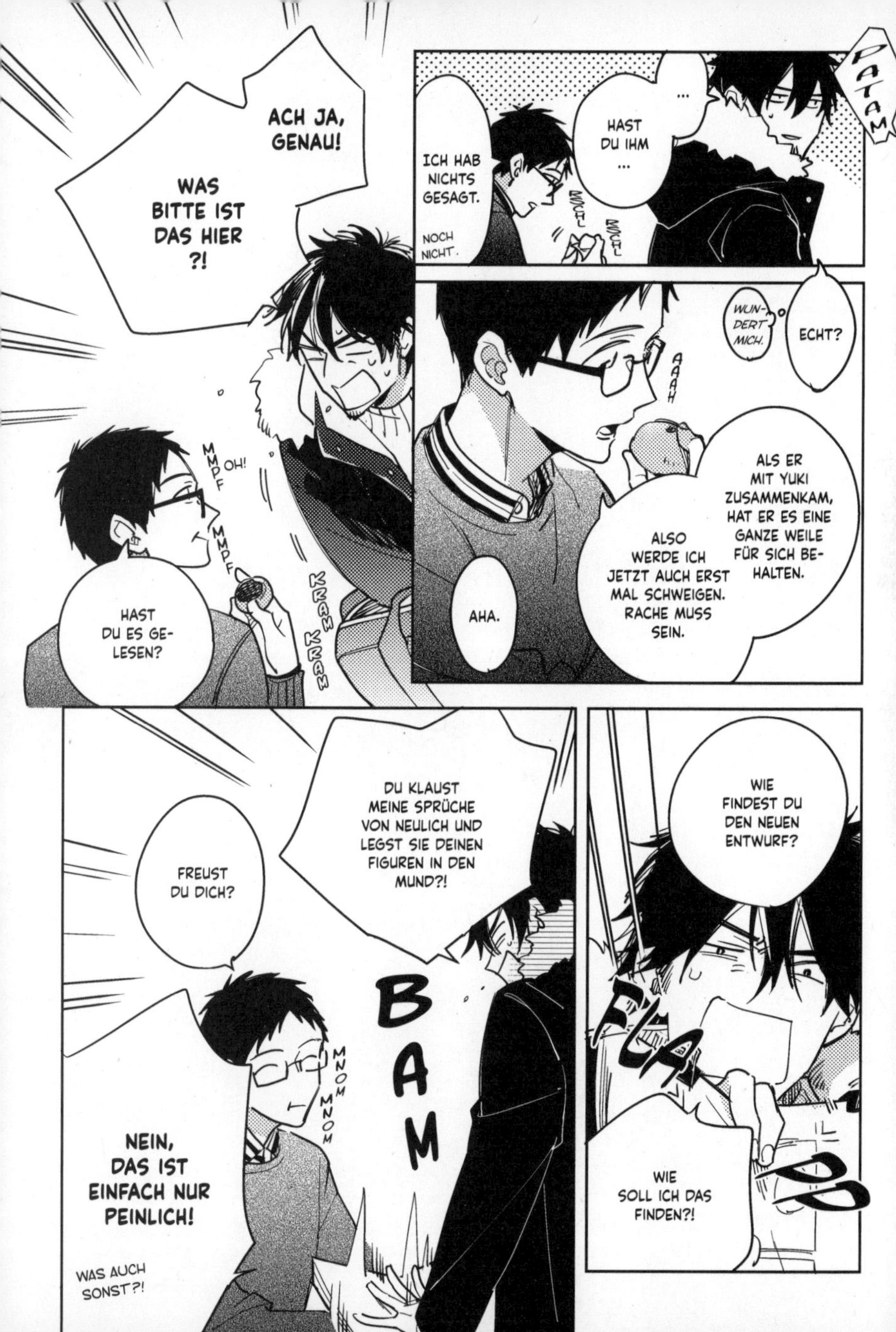
PATAM
...
HAST DU IHM ...
ICH HAB NICHTS GESAGT.
RSCHL RSCHL
NOCH NICHT.
ECHT?
WUNDERT MICH.
AAAH
ALS ER MIT YUKI ZUSAMMENKAM, HAT ER ES EINE GANZE WEILE FÜR SICH BEHALTEN.
ALSO WERDE ICH JETZT AUCH ERST MAL SCHWEIGEN. RACHE MUSS SEIN.
AHA.
ACH JA, GENAU!
WAS BITTE IST DAS HIER ?!
OH!
MMPF MMPF
KRAM KRAM
HAST DU ES GELESEN?
WIE FINDEST DU DEN NEUEN ENTWURF?
FLAPP
WIE SOLL ICH DAS FINDEN?!
DU KLAUST MEINE SPRÜCHE VON NEULICH UND LEGST SIE DEINEN FIGUREN IN DEN MUND?!
FREUST DU DICH?
BAM
MNOM MNOM
NEIN, DAS IST EINFACH NUR PEINLICH!
WAS AUCH SONST?!

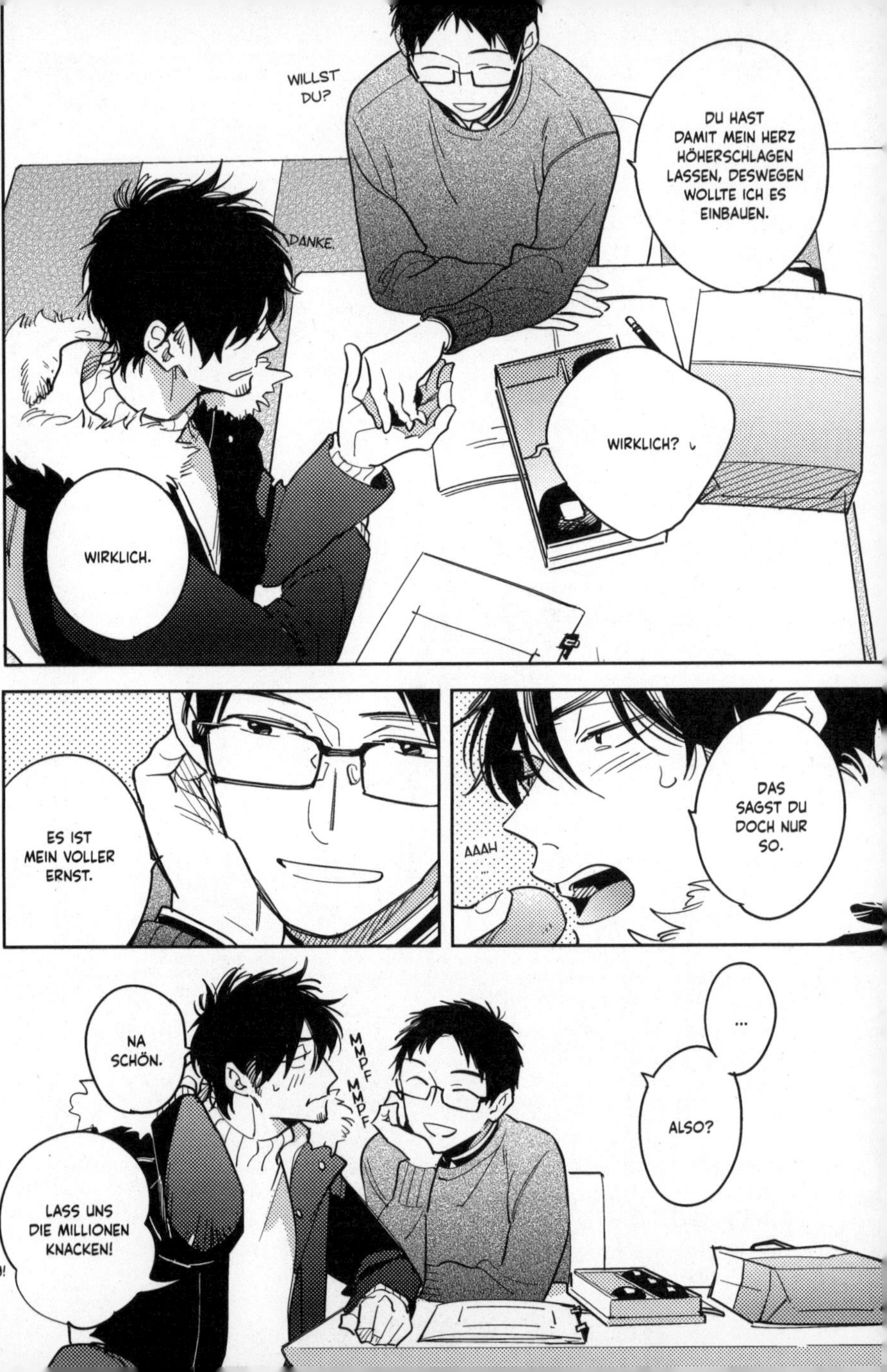

DU HAST DAMIT MEIN HERZ HÖHERSCHLAGEN LASSEN, DESWEGEN WOLLTE ICH ES EINBAUEN.

WILLST DU?

DANKE.

WIRKLICH?

WIRKLICH.

DAS SAGST DU DOCH NUR SO.

AAAH ...

ES IST MEIN VOLLER ERNST.

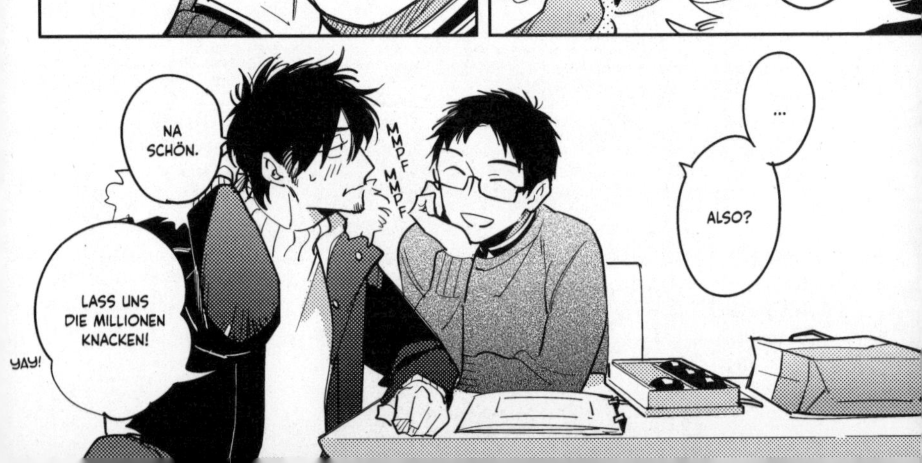

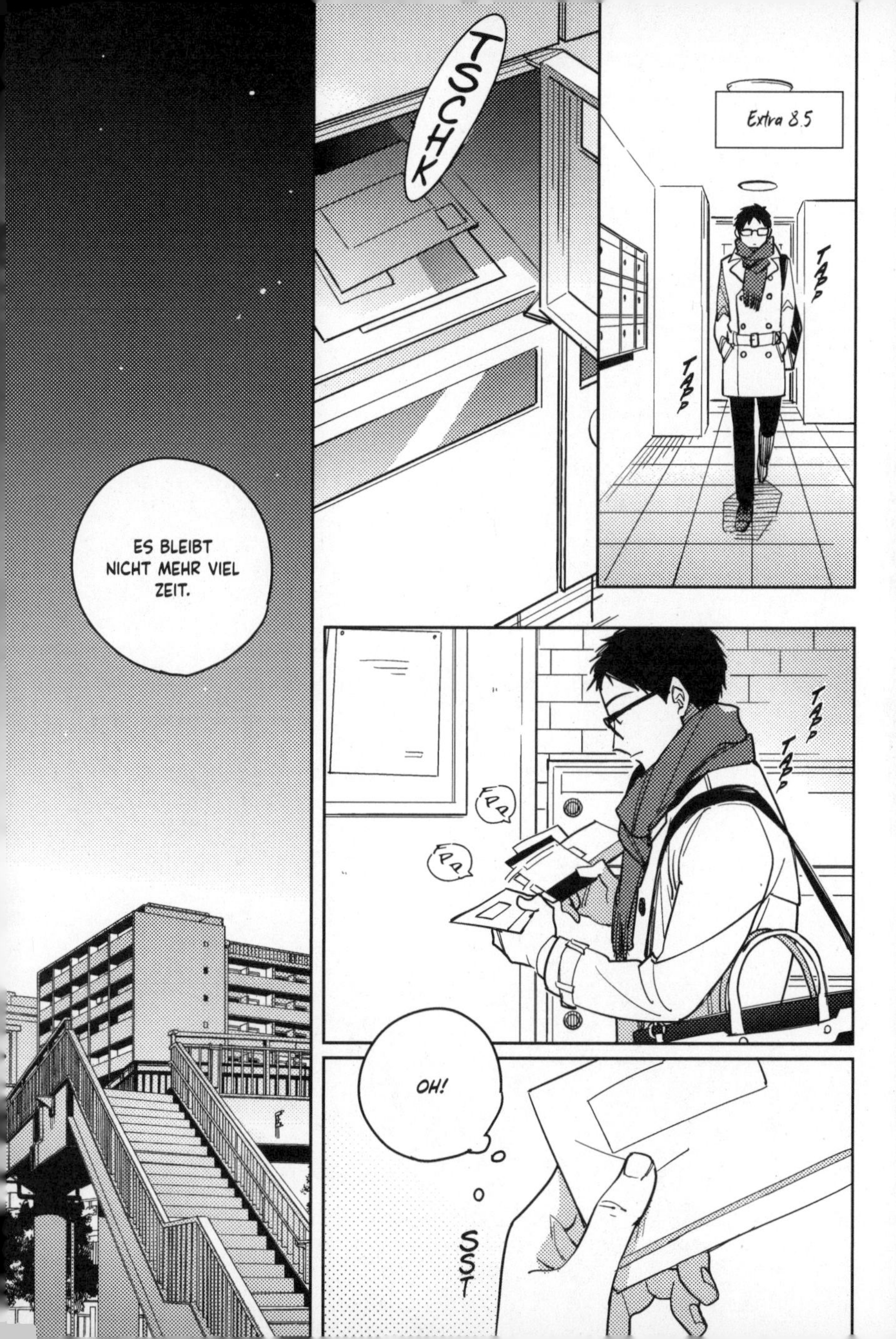

Extra 8.5
TAPP
TAPP
TSCHK
TAPP
TAPP
OH!
SST
ES BLEIBT NICHT MEHR VIEL ZEIT.

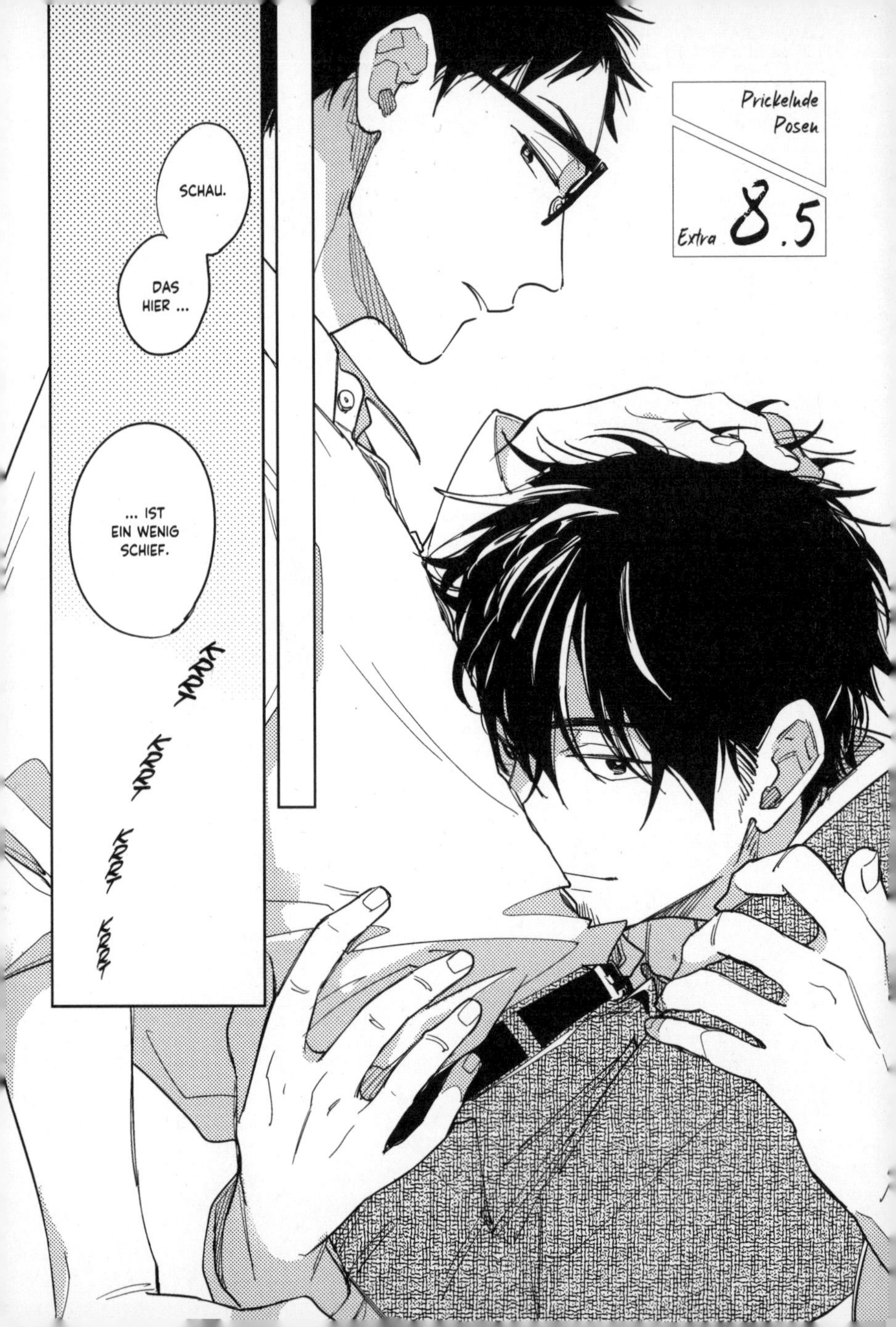

Prickelnde Posen
Extra 8.5
SCHAU.
DAS HIER ...
... IST EIN WENIG SCHIEF.

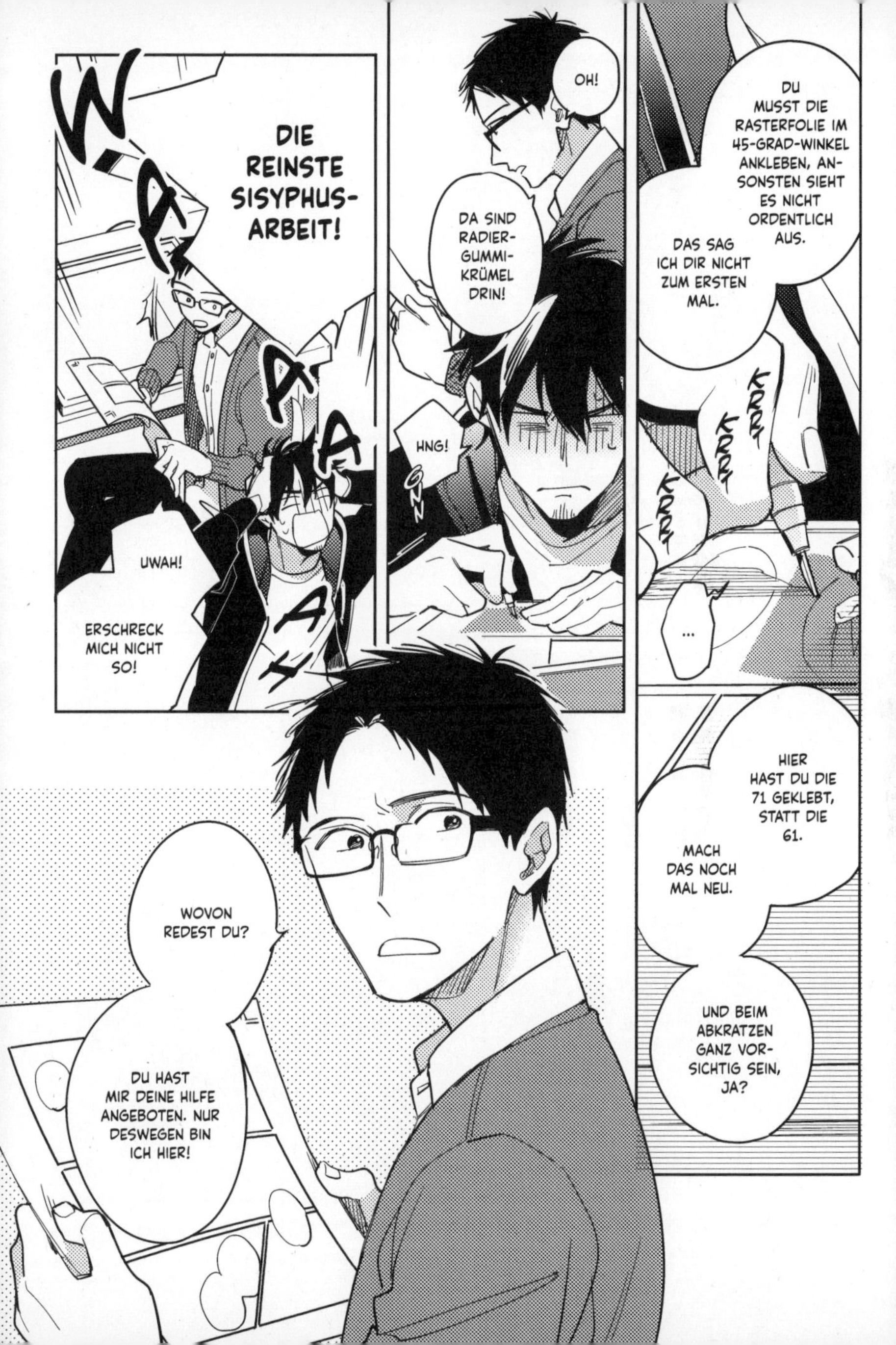
DU MUSST DIE RASTERFOLIE IM 45-GRAD-WINKEL ANKLEBEN, ANSONSTEN SIEHT ES NICHT ORDENTLICH AUS.
DAS SAG ICH DIR NICHT ZUM ERSTEN MAL.
KRRRT KRRRT KRRRT KRRRT
...
OH!
DA SIND RADIERGUMMIKRÜMEL DRIN!
HNG!
GNN
DIE REINSTE SISYPHUSARBEIT!
UWAH!
ERSCHRECK MICH NICHT SO!
HIER HAST DU DIE 71 GEKLEBT, STATT DIE 61.
MACH DAS NOCH MAL NEU.
UND BEIM ABKRATZEN GANZ VORSICHTIG SEIN, JA?
WOVON REDEST DU?
DU HAST MIR DEINE HILFE ANGEBOTEN. NUR DESWEGEN BIN ICH HIER!

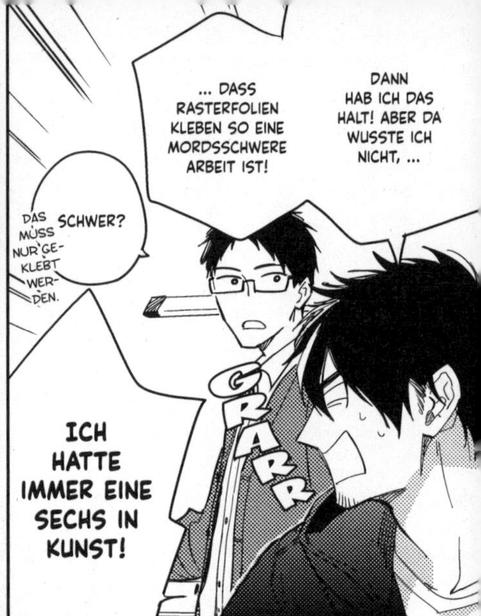
DANN HAB ICH DAS HALT! ABER DA WUSSTE ICH NICHT, ...
... DASS RASTERFOLIEN KLEBEN SO EINE MORDSSCHWERE ARBEIT IST!
SCHWER?
DAS MUSS NUR GE-KLEBT WER-DEN.
GRARR
ICH HATTE IMMER EINE SECHS IN KUNST!

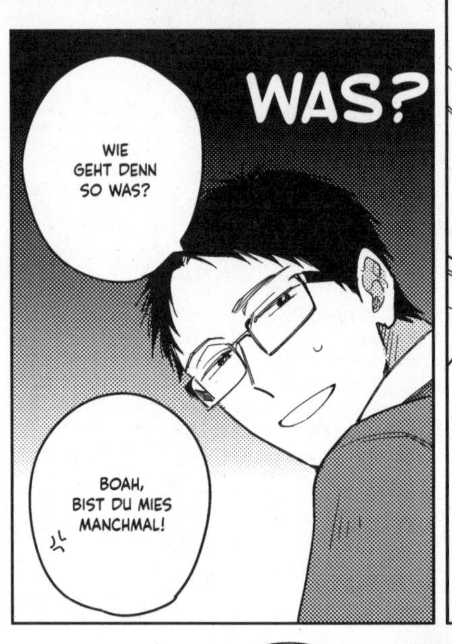
WAS?
WIE GEHT DENN SO WAS?
BOAH, BIST DU MIES MANCHMAL!

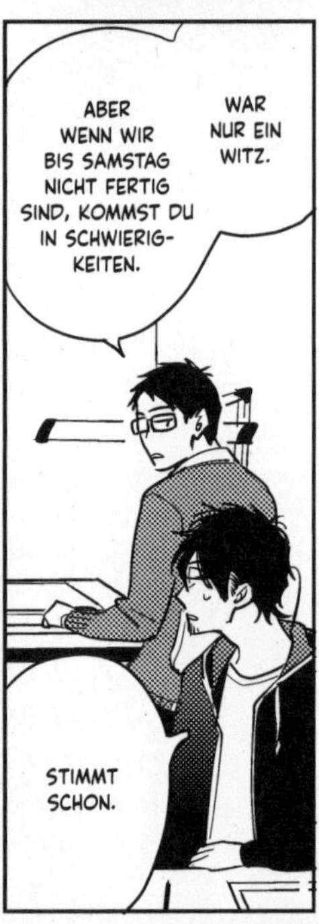
WAR NUR EIN WITZ.
ABER WENN WIR BIS SAMSTAG NICHT FERTIG SIND, KOMMST DU IN SCHWIERIG-KEITEN.
STIMMT SCHON.

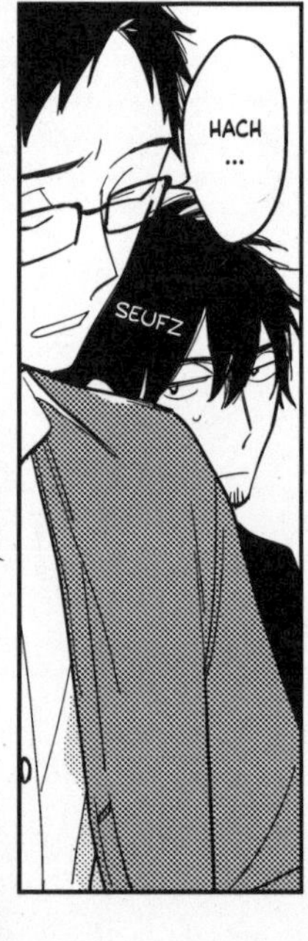
HACH ...
SEUFZ

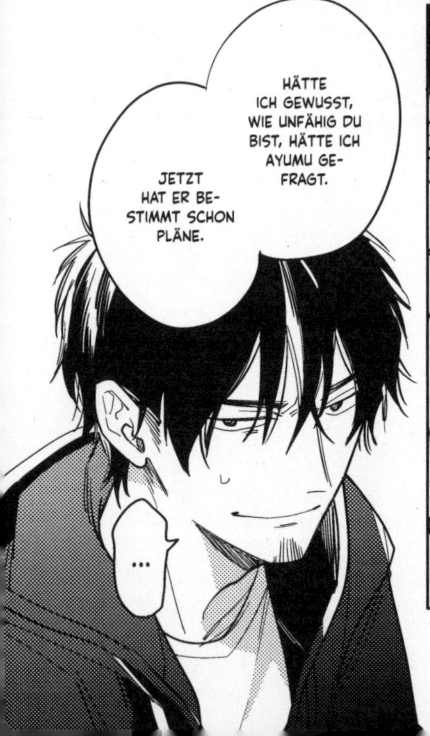
HÄTTE ICH GEWUSST, WIE UNFÄHIG DU BIST, HÄTTE ICH AYUMU GE-FRAGT.
JETZT HAT ER BE-STIMMT SCHON PLÄNE.
...

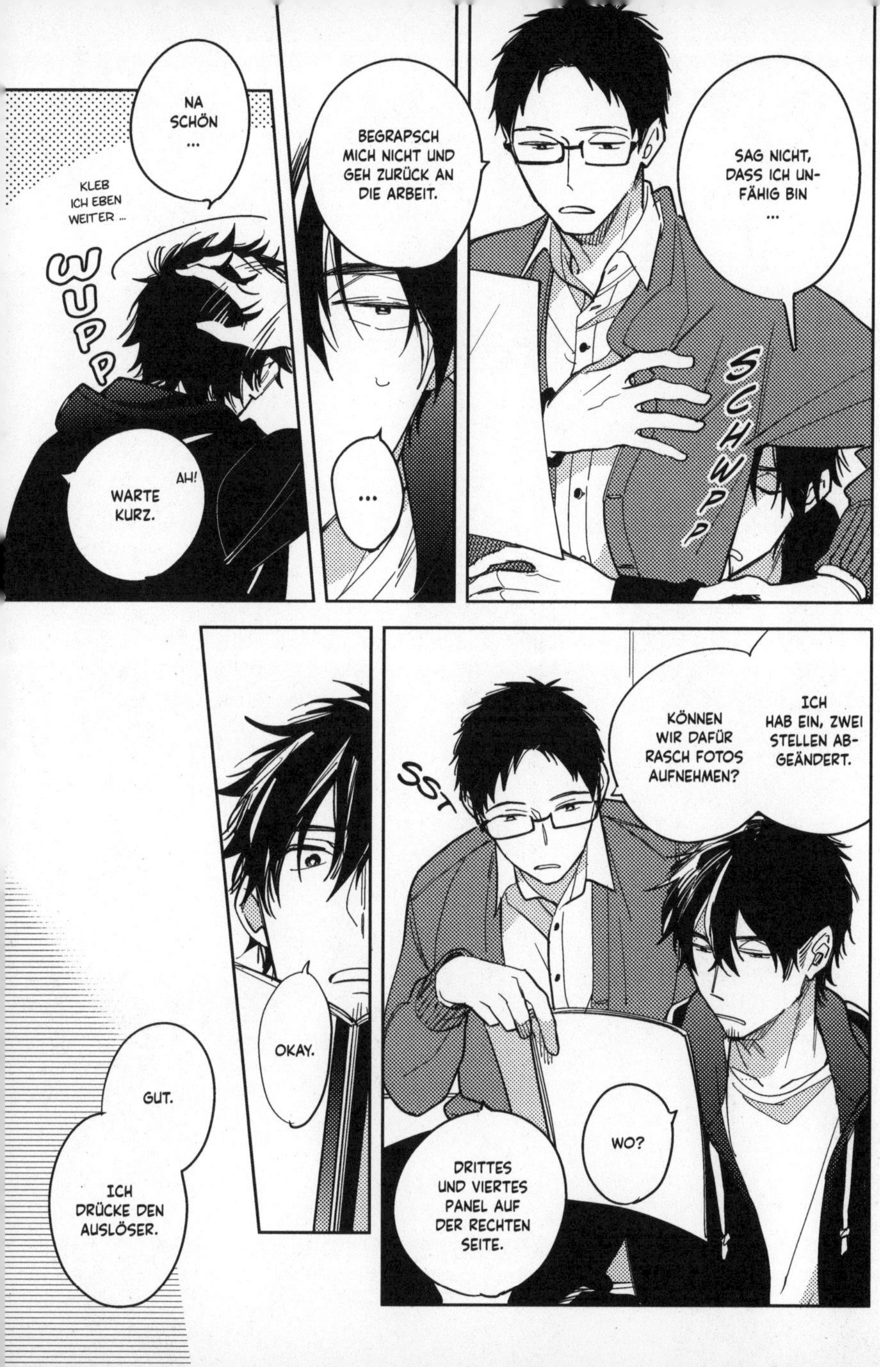

SAG NICHT, DASS ICH UNFÄHIG BIN ...
SCHWUPP
BEGRAPSCH MICH NICHT UND GEH ZURÜCK AN DIE ARBEIT.
...
NA SCHÖN ...
KLEB ICH EBEN WEITER ...
WUPP
AH! WARTE KURZ.
ICH HAB EIN, ZWEI STELLEN ABGEÄNDERT.
KÖNNEN WIR DAFÜR RASCH FOTOS AUFNEHMEN?
SST
WO?
DRITTES UND VIERTES PANEL AUF DER RECHTEN SEITE.
OKAY.
GUT.
ICH DRÜCKE DEN AUSLÖSER.

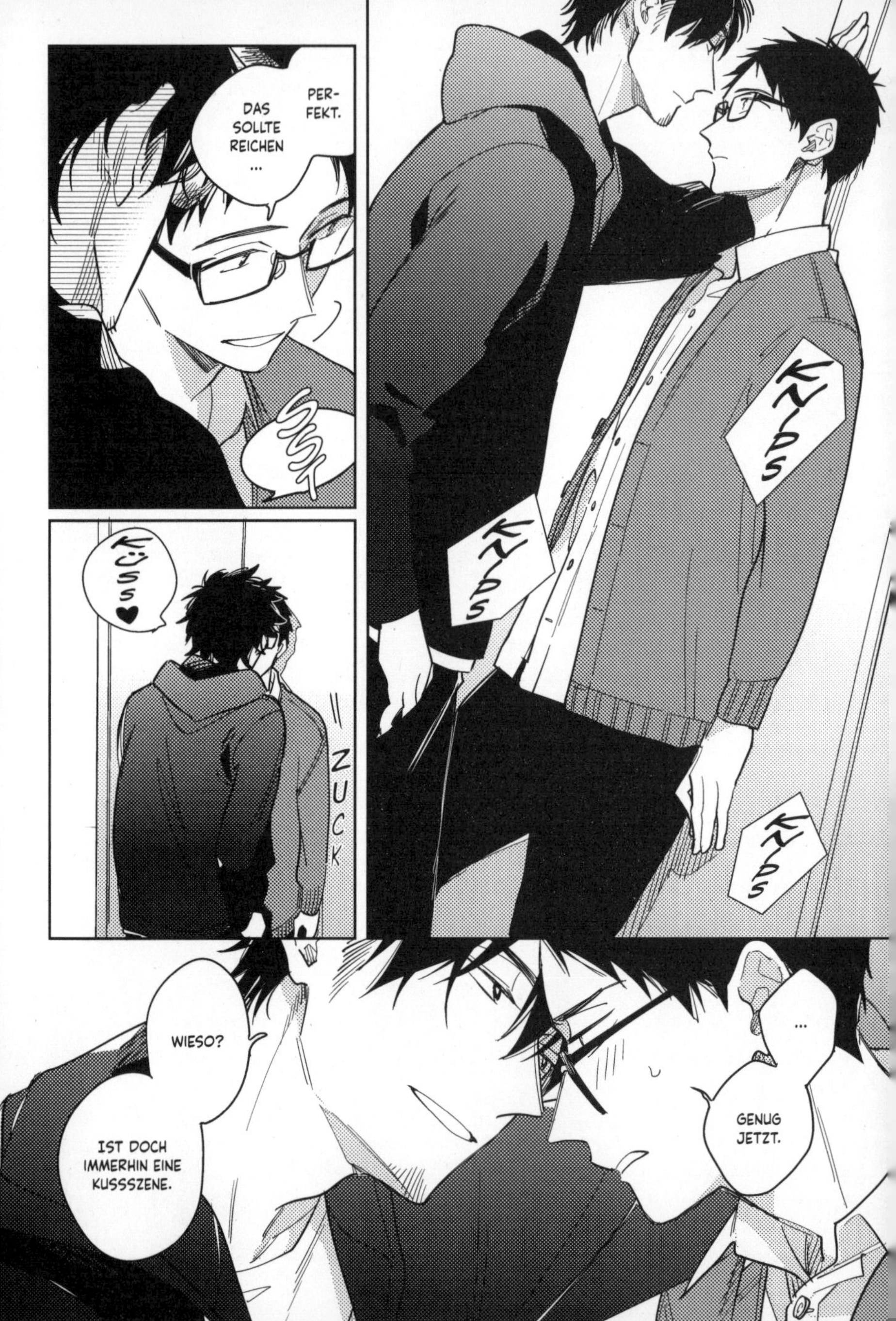
KNIPS
KNIPS
KNIPS
PERFEKT.
DAS SOLLTE REICHEN …
KÜSS♥
ZUCK
…
GENUG JETZT.
WIESO?
IST DOCH IMMERHIN EINE KUSSSZENE.

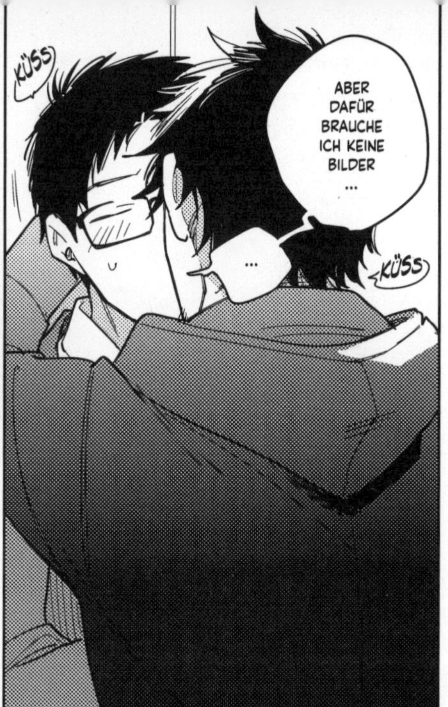
KÜSS
ABER DAFÜR BRAUCHE ICH KEINE BILDER ...
...
KÜSS

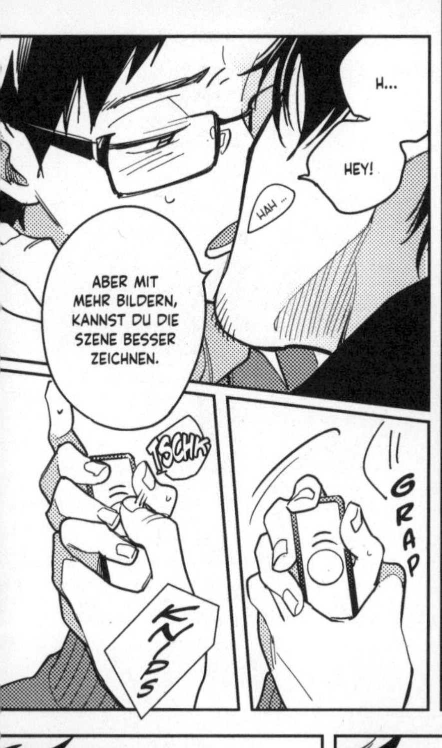
H...
HEY!
HAH ...
ABER MIT MEHR BILDERN, KANNST DU DIE SZENE BESSER ZEICHNEN.
TSCHK
GRAP
KNIPS

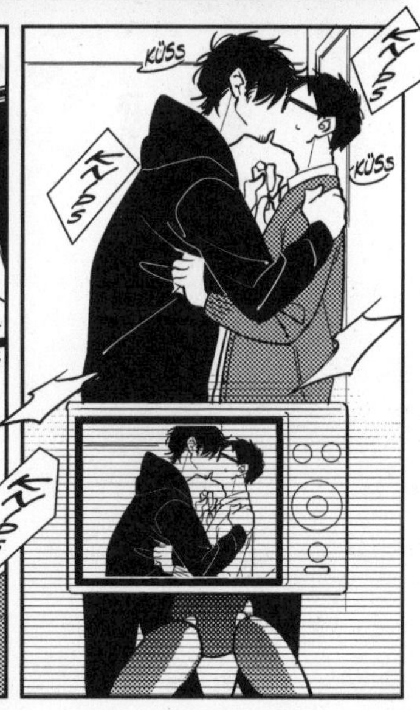
KÜSS
KNIPS
KNIPS
KÜSS

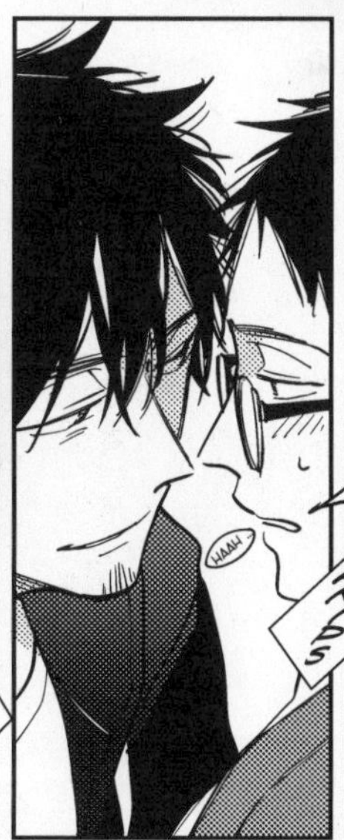
HAAH
KNIPS

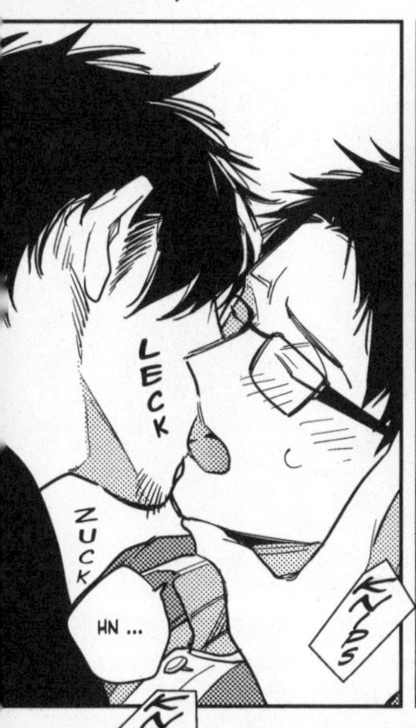
LECK
ZUCK
HN ...
KNIPS
KNIPS

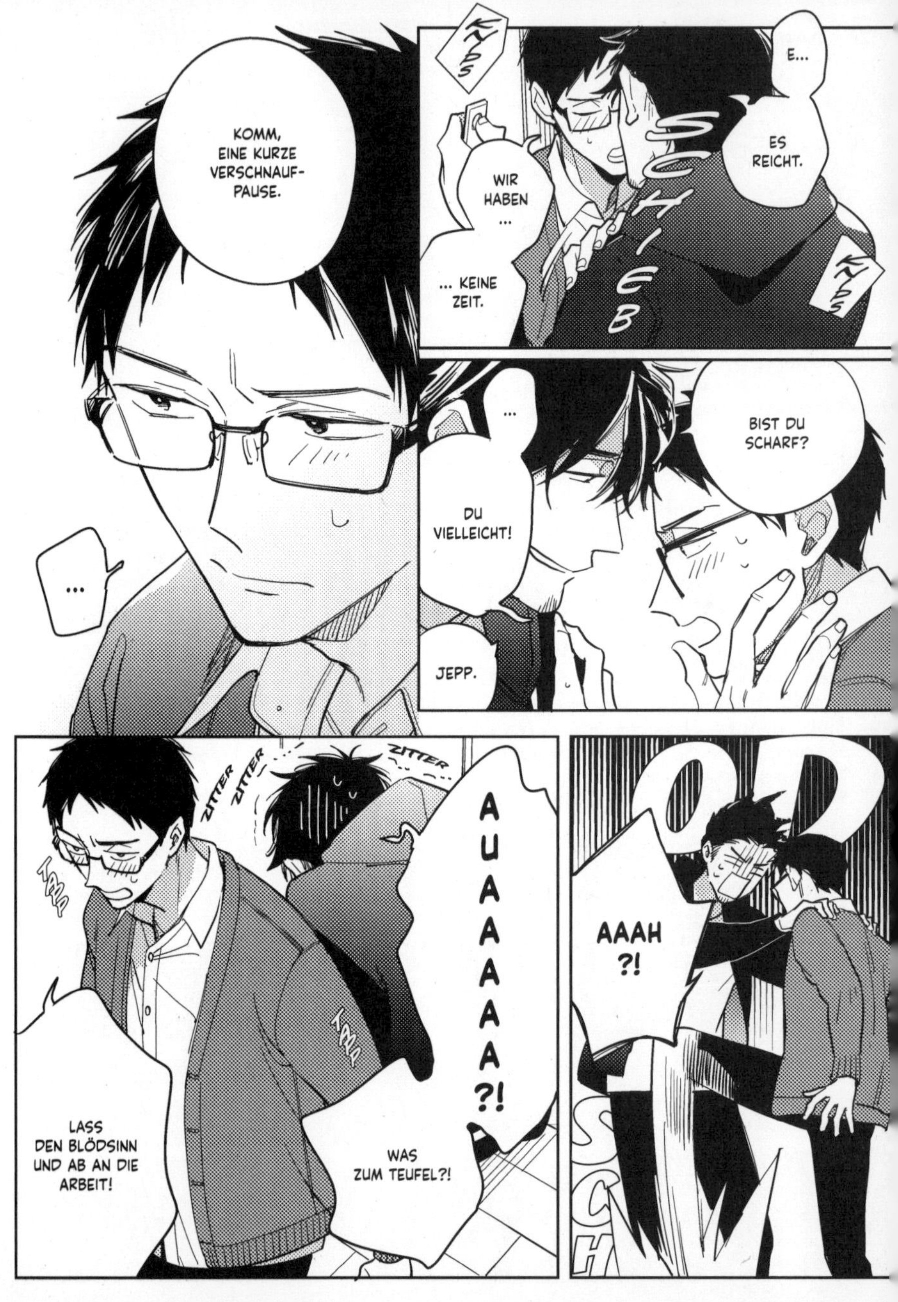

E...
ES REICHT.
SCHIEB
WIR HABEN ...
... KEINE ZEIT.
KOMM, EINE KURZE VERSCHNAUF-PAUSE.
...
BIST DU SCHARF?
...
DU VIELLEICHT!
JEPP.
AAAH ?!
AUAAAAAAA ?!
WAS ZUM TEUFEL?!
ZITTER
ZITTER ZITTER
LASS DEN BLÖDSINN UND AB AN DIE ARBEIT!

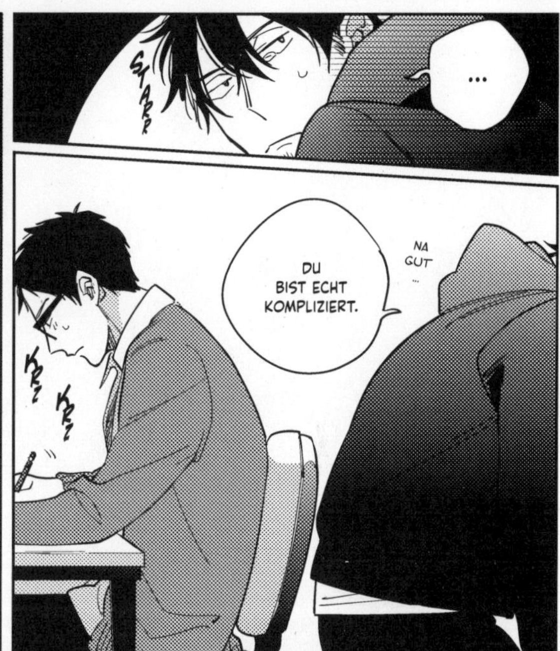
STARR
...
KRZ KRZ
DU BIST ECHT KOMPLIZIERT.
NA GUT ...

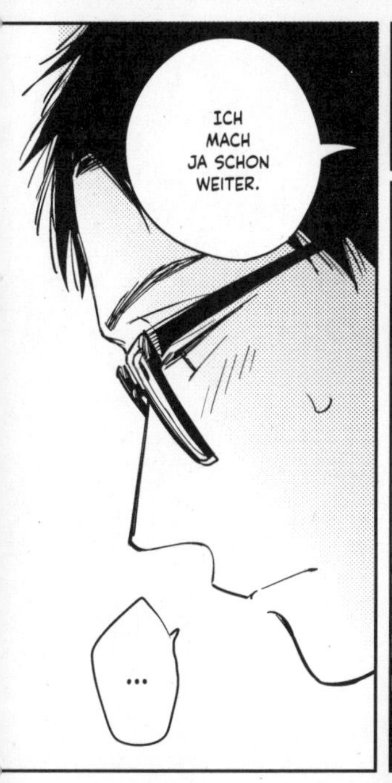
ICH MACH JA SCHON WEITER.
...

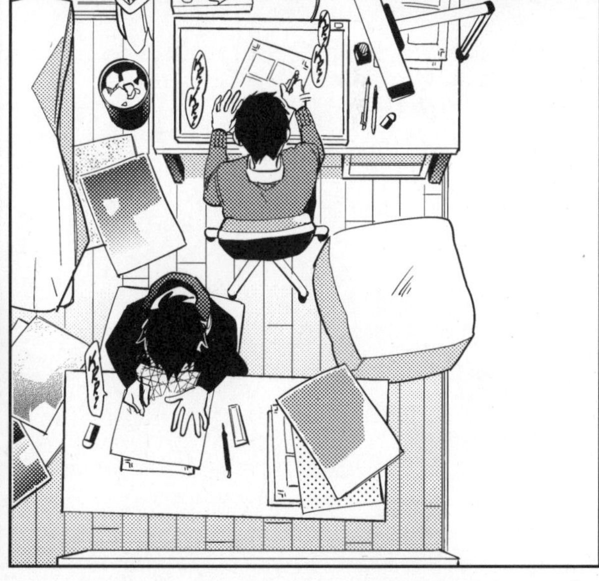

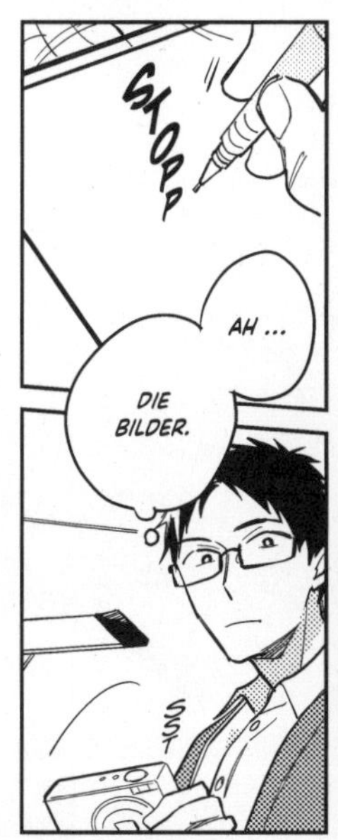
STOPP
AH ...
DIE BILDER.
SST

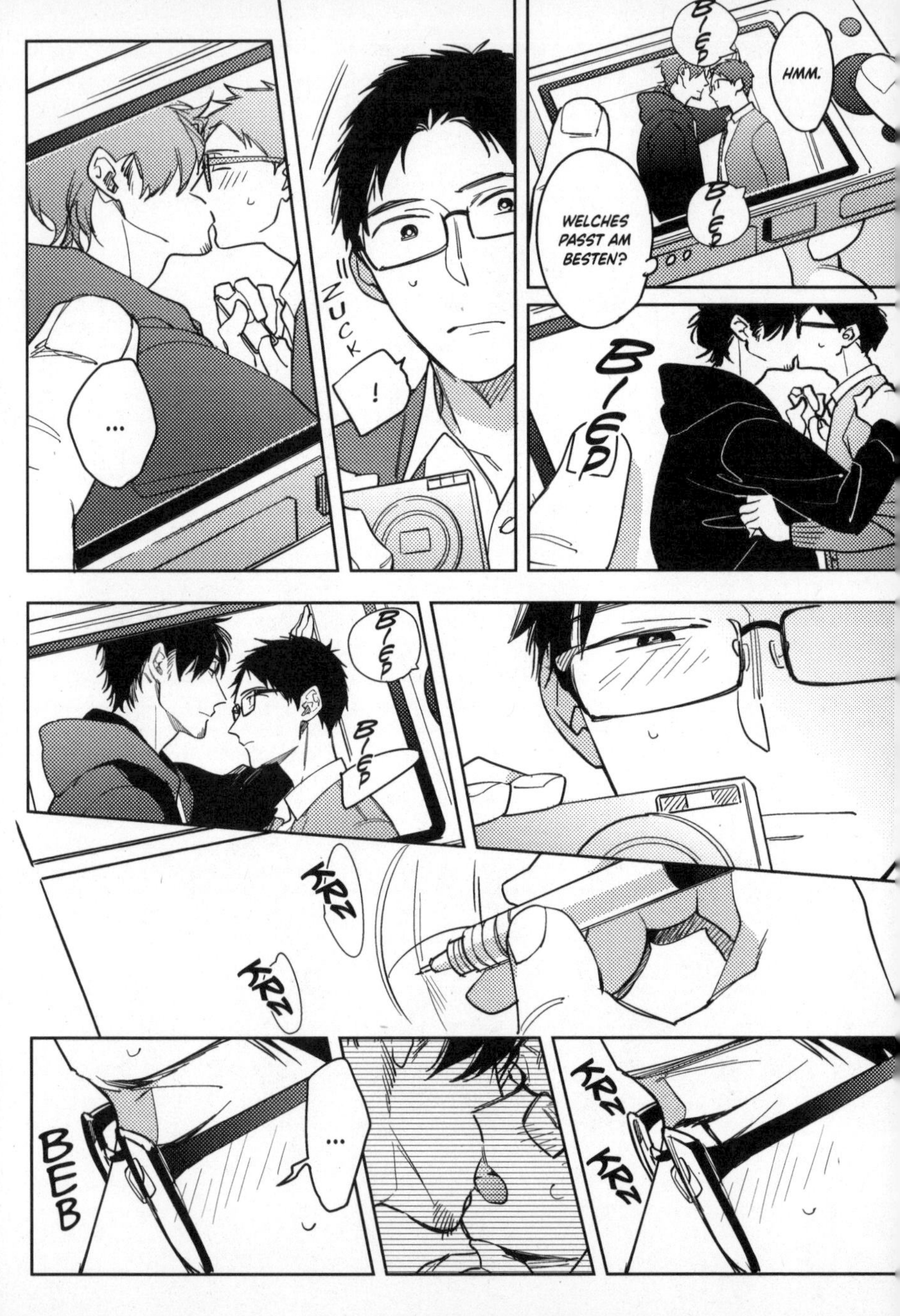
BIEP
HMM.
BIEP
WELCHES PASST AM BESTEN?
BIEP
ZUCK
!
...
BIEP
BIEP
KRZ
KRZ
KRZ
KRZ
...
BEEB

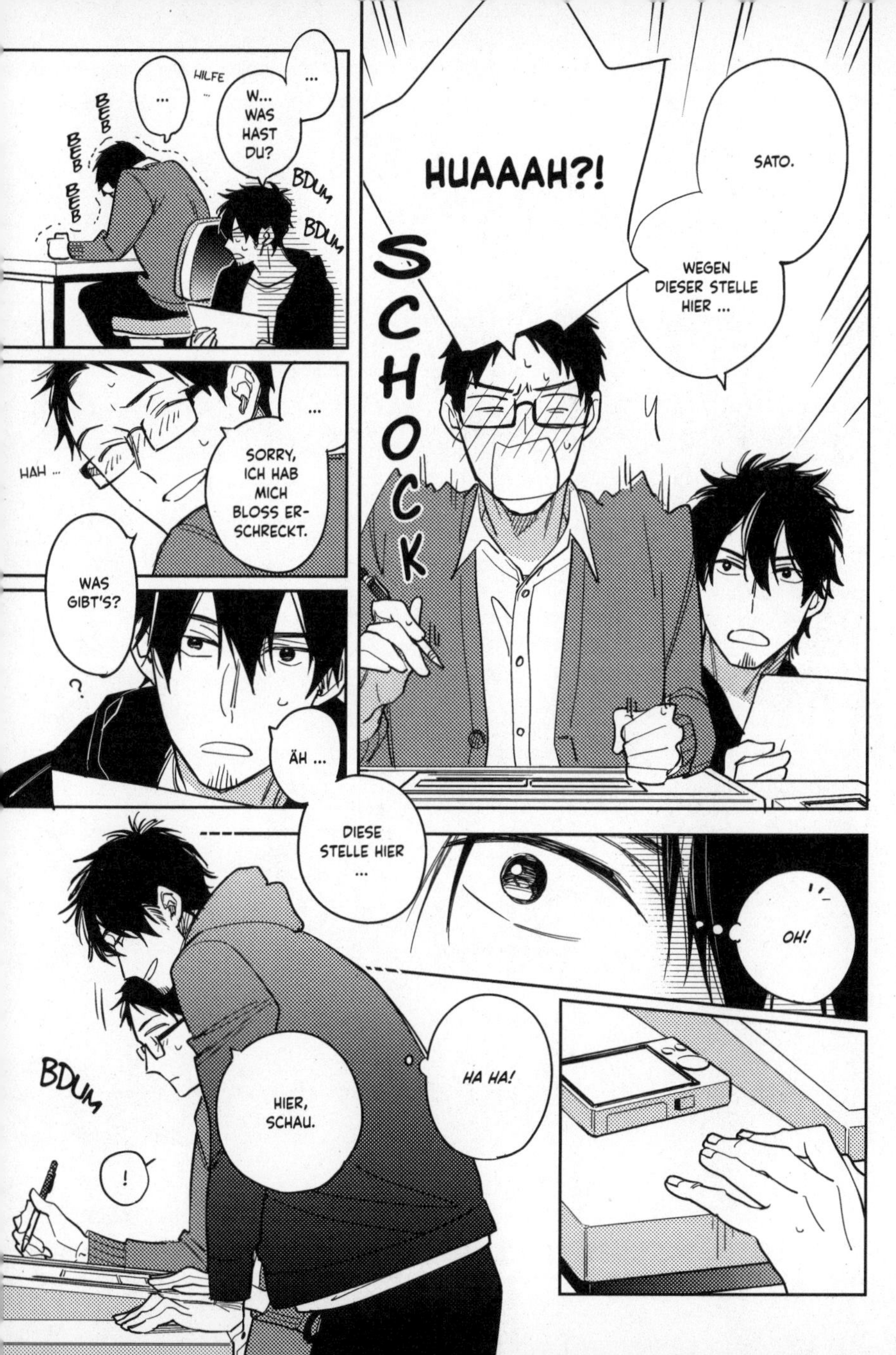
SATO.
WEGEN DIESER STELLE HIER ...
HUAAAH?!
SCHOCK
...
W... WAS HAST DU?
...
HILFE ...
BEB BEB BEB
BDUM BDUM
...
SORRY, ICH HAB MICH BLOSS ER-SCHRECKT.
HAH ...
WAS GIBT'S?
?
ÄH ...
DIESE STELLE HIER ...
OH!
HA HA!
HIER, SCHAU.
BDUM
!

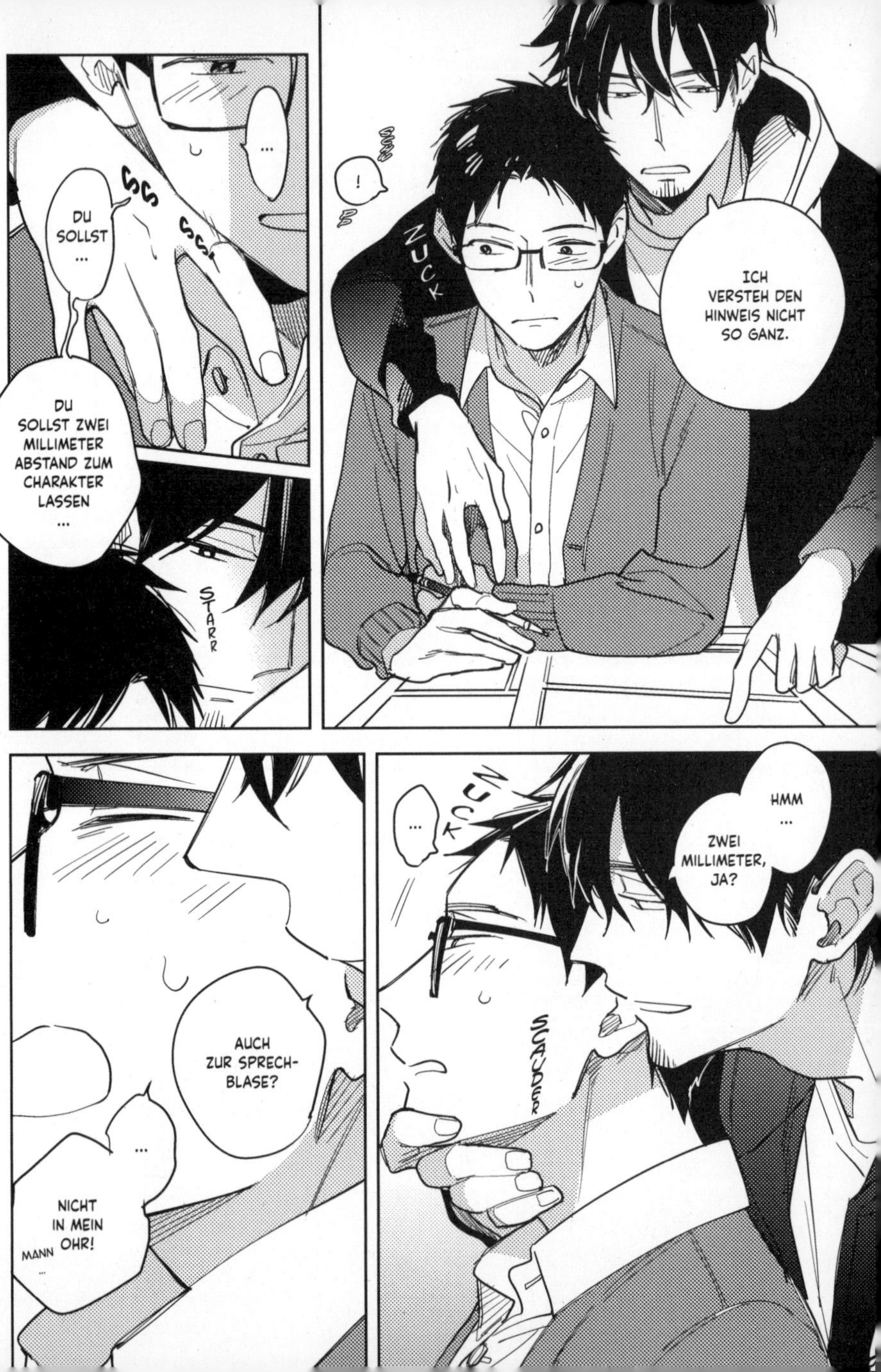

!

ZUCK

ICH VERSTEH DEN HINWEIS NICHT SO GANZ.

...

SSS

SSS

DU SOLLST ...

DU SOLLST ZWEI MILLIMETER ABSTAND ZUM CHARAKTER LASSEN ...

STARR

HMM ... ZWEI MILLIMETER, JA?

ZUCK

...

SCHAUDER

AUCH ZUR SPRECHBLASE?

...

NICHT IN MEIN OHR!

MANN ...

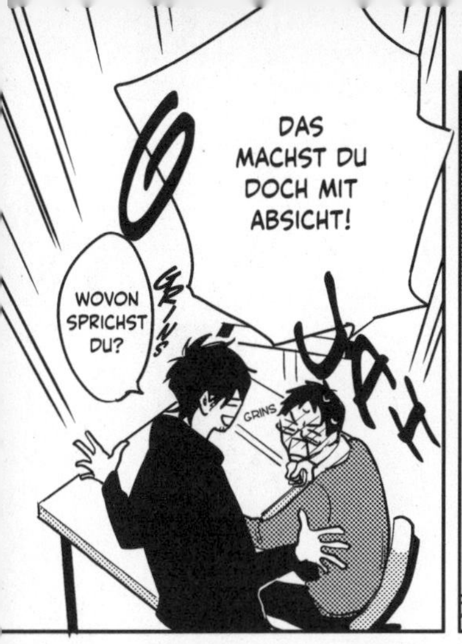
O
DAS MACHST DU DOCH MIT ABSICHT!
WOVON SPRICHST DU?
GRINS
GRINS
UAAH

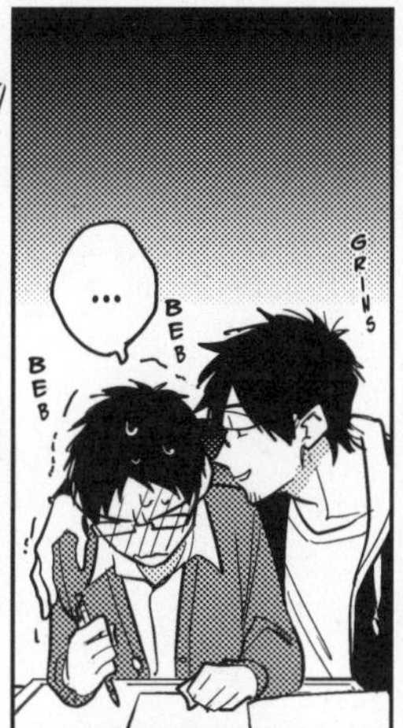
...
BEB
BEB
GRINS

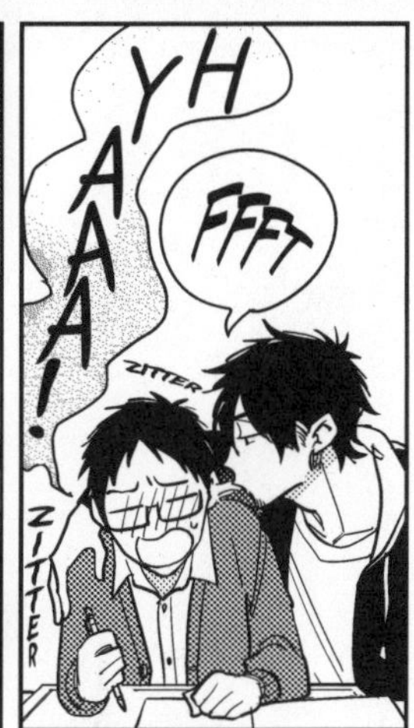
YHAAAA!
FFFT
ZITTER
ZITTER

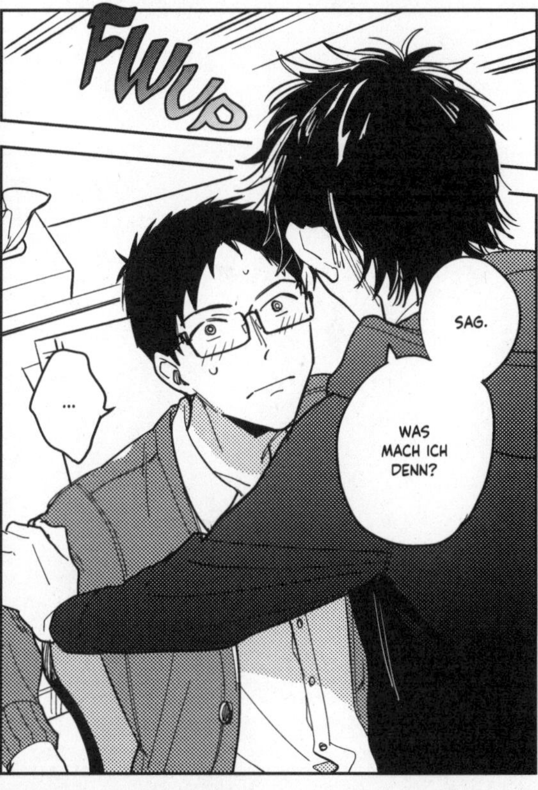
FWUP
SAG.
WAS MACH ICH DENN?
...

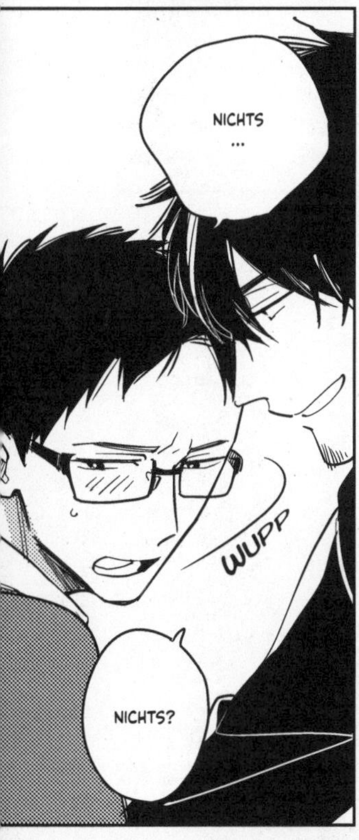
NICHTS ...
WUPP
NICHTS?

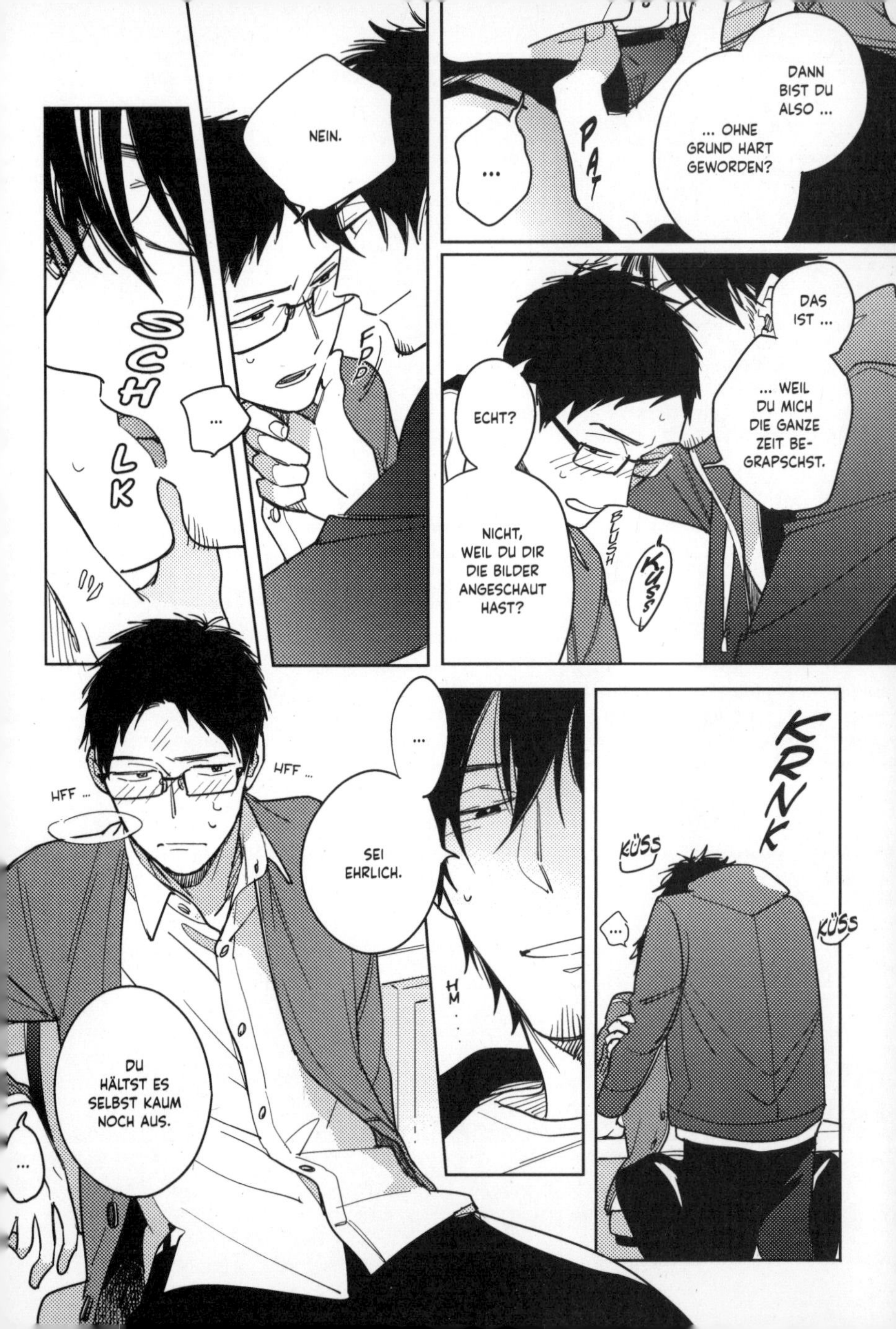
DANN BIST DU ALSO ...
... OHNE GRUND HART GEWORDEN?
PAT
...
NEIN.
...
SCHLK
DAS IST ...
... WEIL DU MICH DIE GANZE ZEIT BE-GRAPSCHST.
KÜSS
BLUSH
ECHT?
NICHT, WEIL DU DIR DIE BILDER ANGESCHAUT HAST?
KRNK
KÜSS
KÜSS
...
...
SEI EHRLICH.
HM ...
HFF ...
HFF ...
DU HÄLTST ES SELBST KAUM NOCH AUS.
...

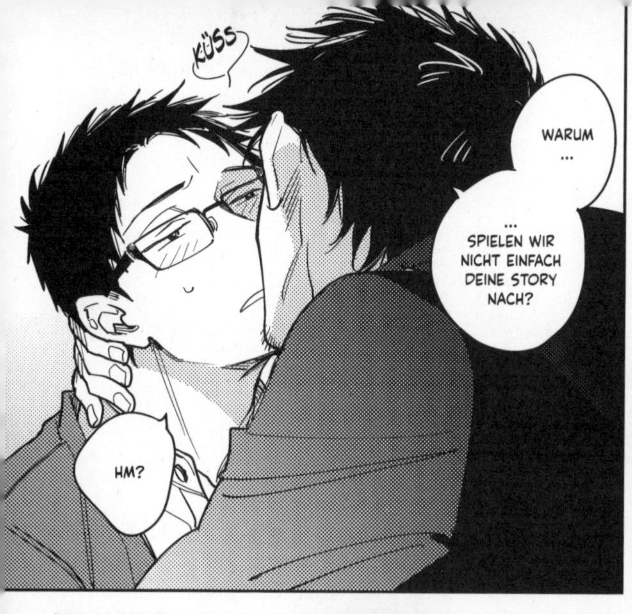
KÜSS
WARUM …
… SPIELEN WIR NICHT EINFACH DEINE STORY NACH?
HM?

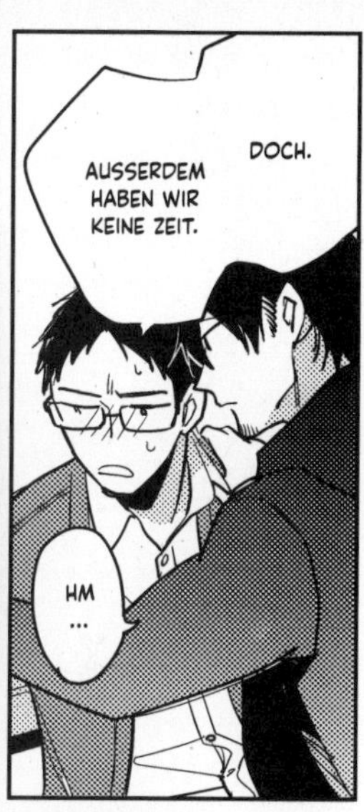
DOCH.
AUSSERDEM HABEN WIR KEINE ZEIT.
HM …

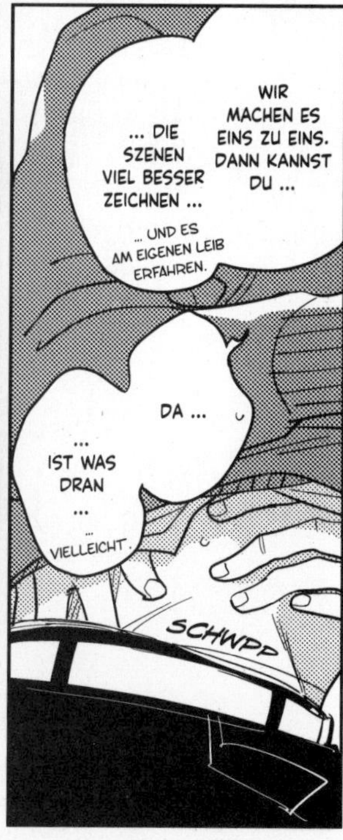
WIR MACHEN ES EINS ZU EINS. DANN KANNST DU …
… DIE SZENEN VIEL BESSER ZEICHNEN …
… UND ES AM EIGENEN LEIB ERFAHREN.
DA …
… IST WAS DRAN …
… VIELLEICHT.
SCHWPP

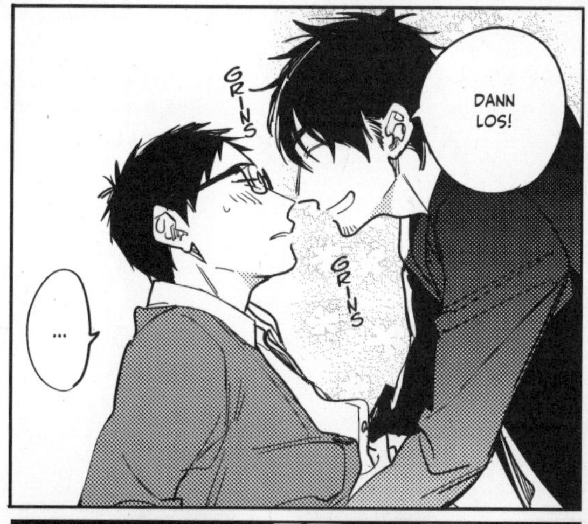
DANN LOS!
GRINS
GRINS
…

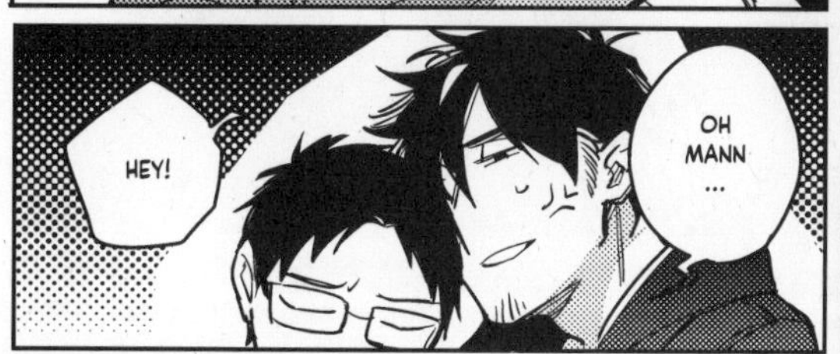
OH MANN …
HEY!

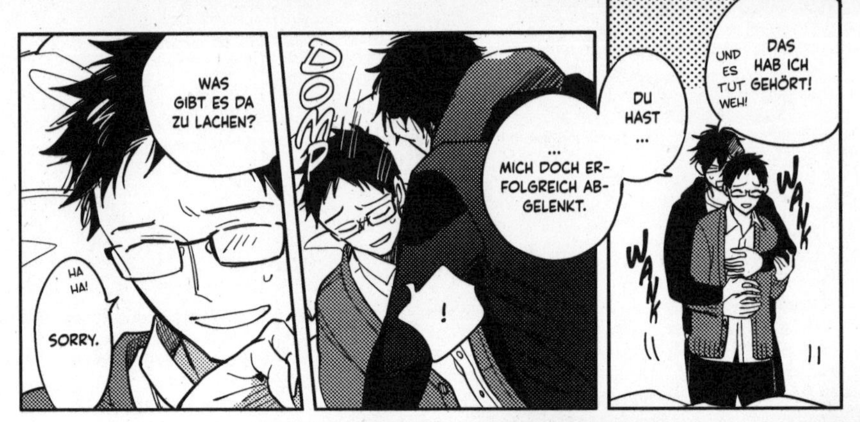

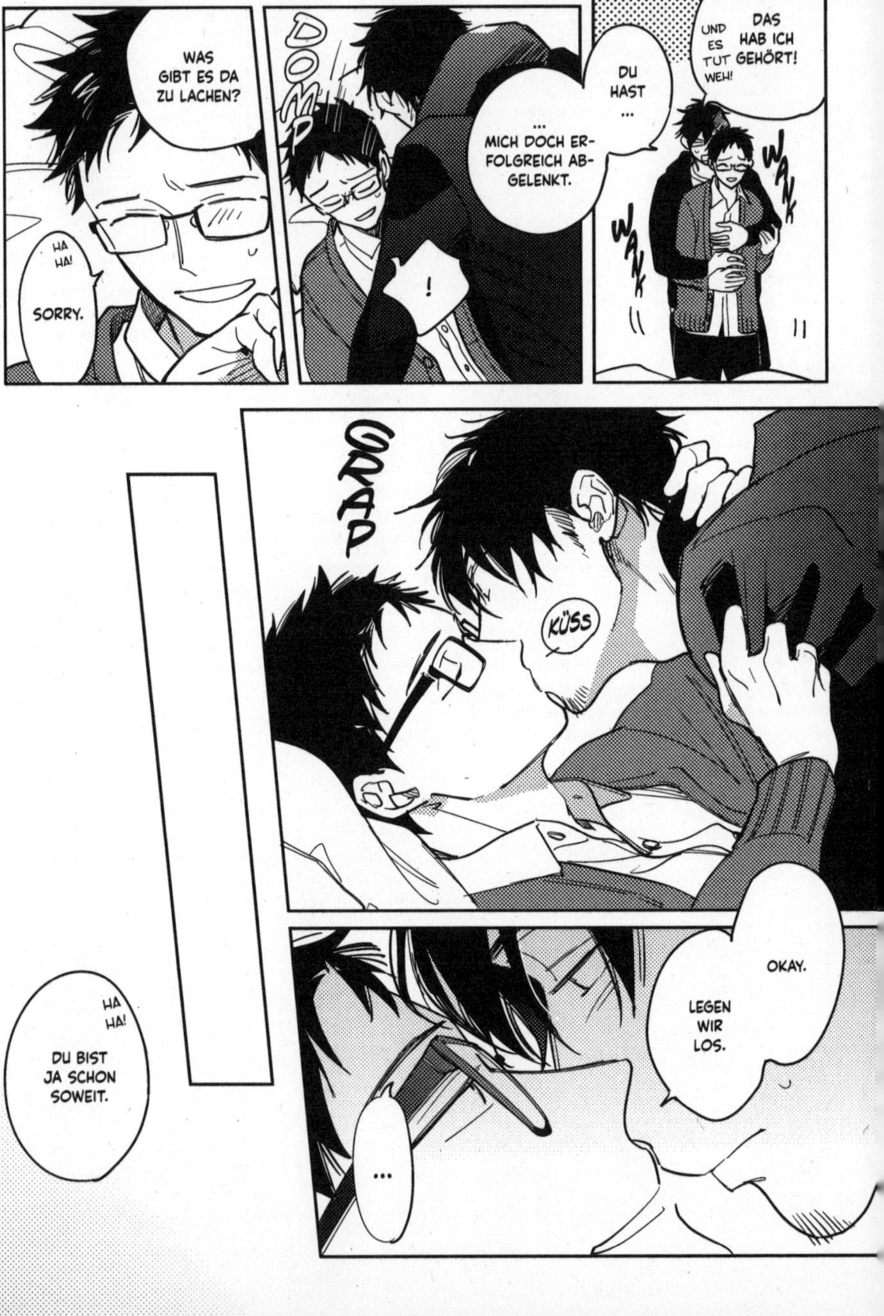

GRAP

KÜSS

OKAY.

LEGEN WIR LOS.

...

HA HA!

DU BIST JA SCHON SOWEIT.

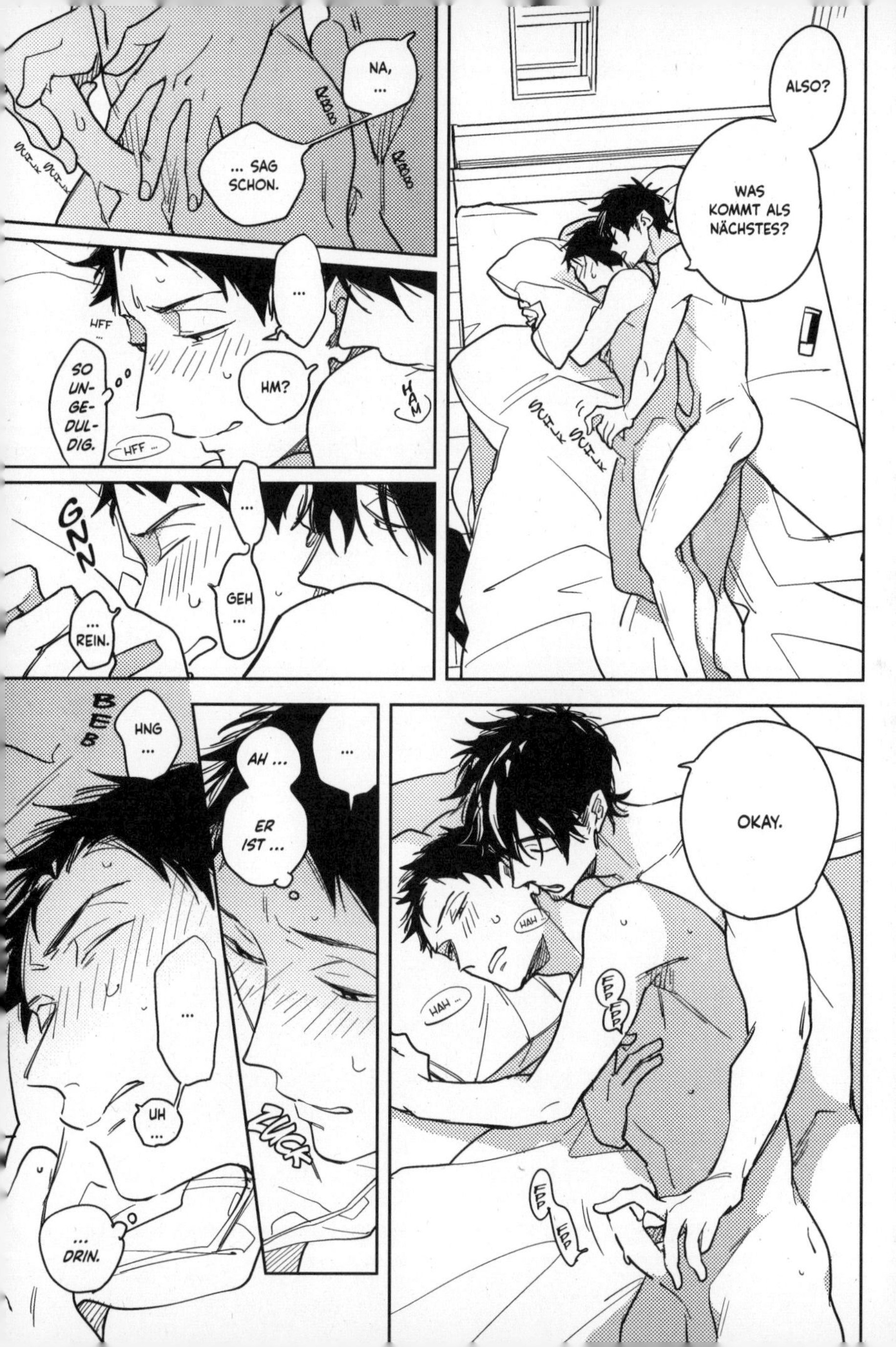
ALSO?
WAS KOMMT ALS NÄCHSTES?
NA, ...
... SAG SCHON.
...
HM?
HAM
HFF ...
SO UNGE-DUL-DIG.
HFF ...
...
GEH ...
... REIN.
GNN
OKAY.
HAH
HAH ...
...
AH ...
ER IST ...
ZUCK
HNG ...
...
UH ...
... DRIN.

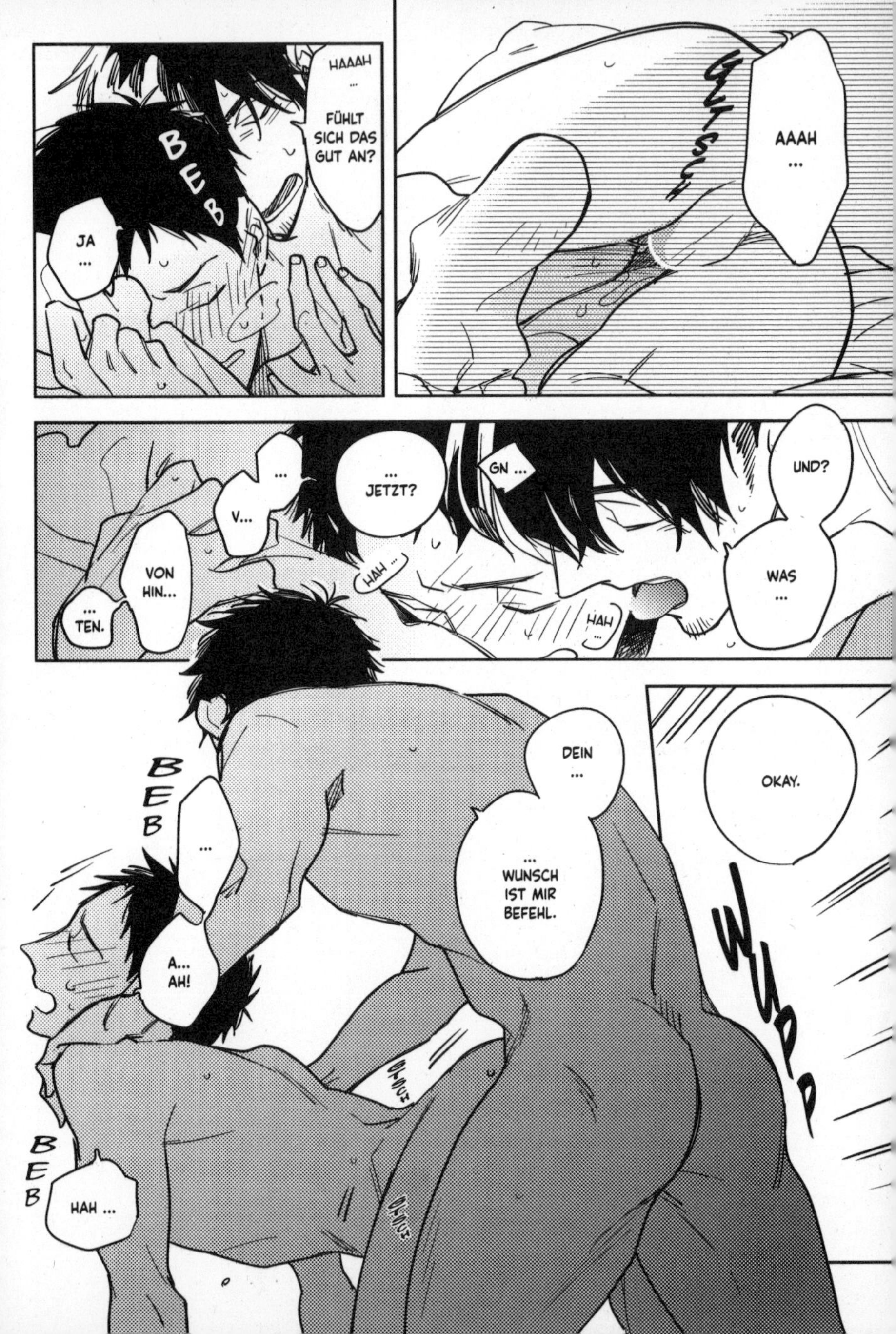
AAAH ...
HAAAH ... FÜHLT SICH DAS GUT AN?
BEB
JA ...
UND?
WAS ...
GN ...
HAH ...
... JETZT?
...
V...
HAH ...
VON HIN...
... TEN.
OKAY.
DEIN ...
... WUNSCH IST MIR BEFEHL.
WUPP
BEB
...
A... AH!
BEB
HAH ...

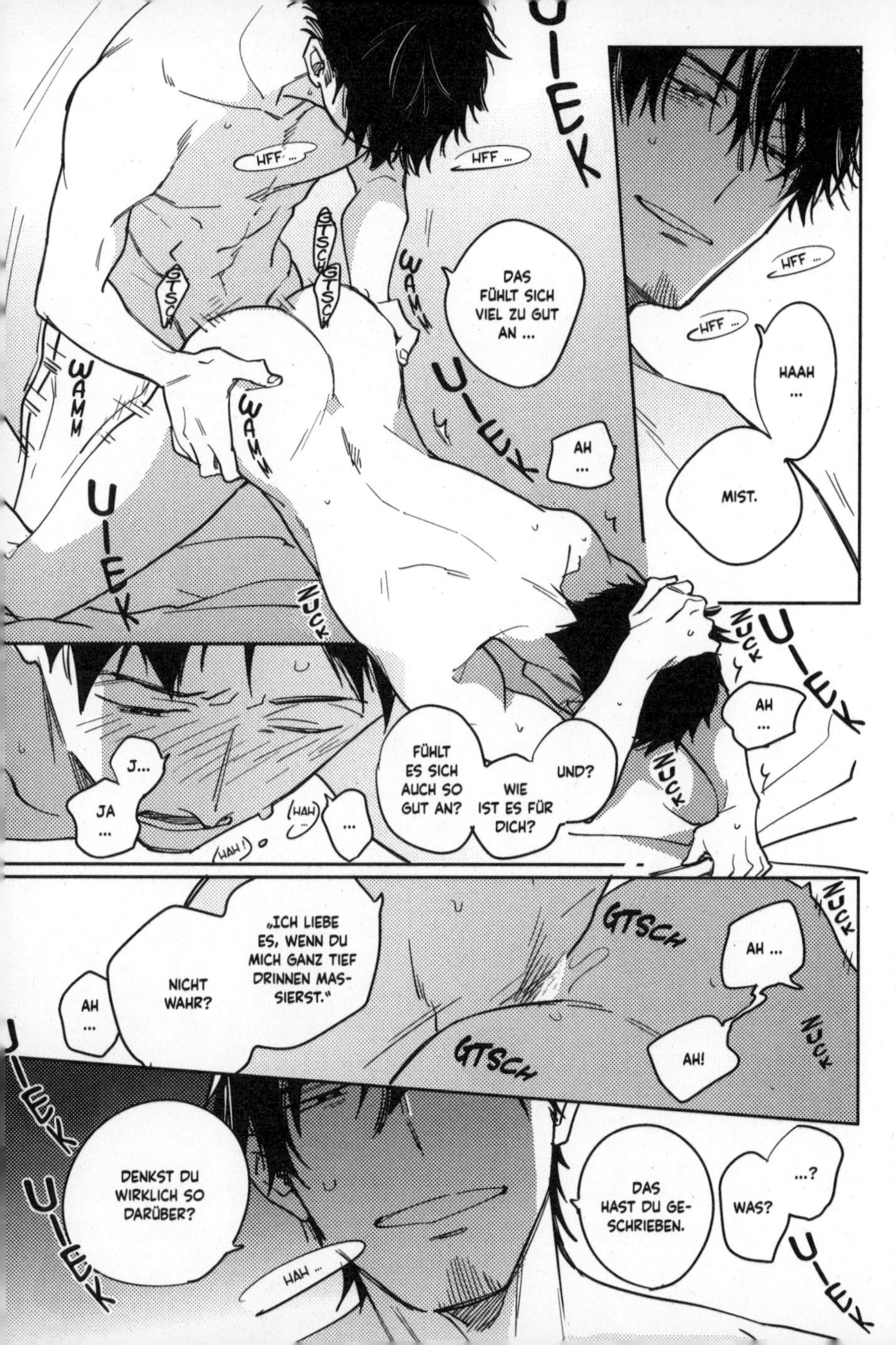
UIEK
HFF …
HFF …
HFF …
HFF …
HAAH …
MIST.
DAS FÜHLT SICH VIEL ZU GUT AN …
AH …
GTSCH
GTSCH
GTSCH
WAMM
WAMM
WAMM
UIEK
UIEK
NUCK
NUCK
UIEK
AH …
UND? WIE IST ES FÜR DICH?
FÜHLT ES SICH AUCH SO GUT AN?
NUCK
…
HAH
HAH!
J…
JA …
NUCK
„ICH LIEBE ES, WENN DU MICH GANZ TIEF DRINNEN MASSIERST."
NICHT WAHR?
AH …
GTSCH
AH …
NUCK
AH!
GTSCH
UIEK
…?
WAS?
DAS HAST DU GESCHRIEBEN.
DENKST DU WIRKLICH SO DARÜBER?
HAH …
UIEK
UIEK

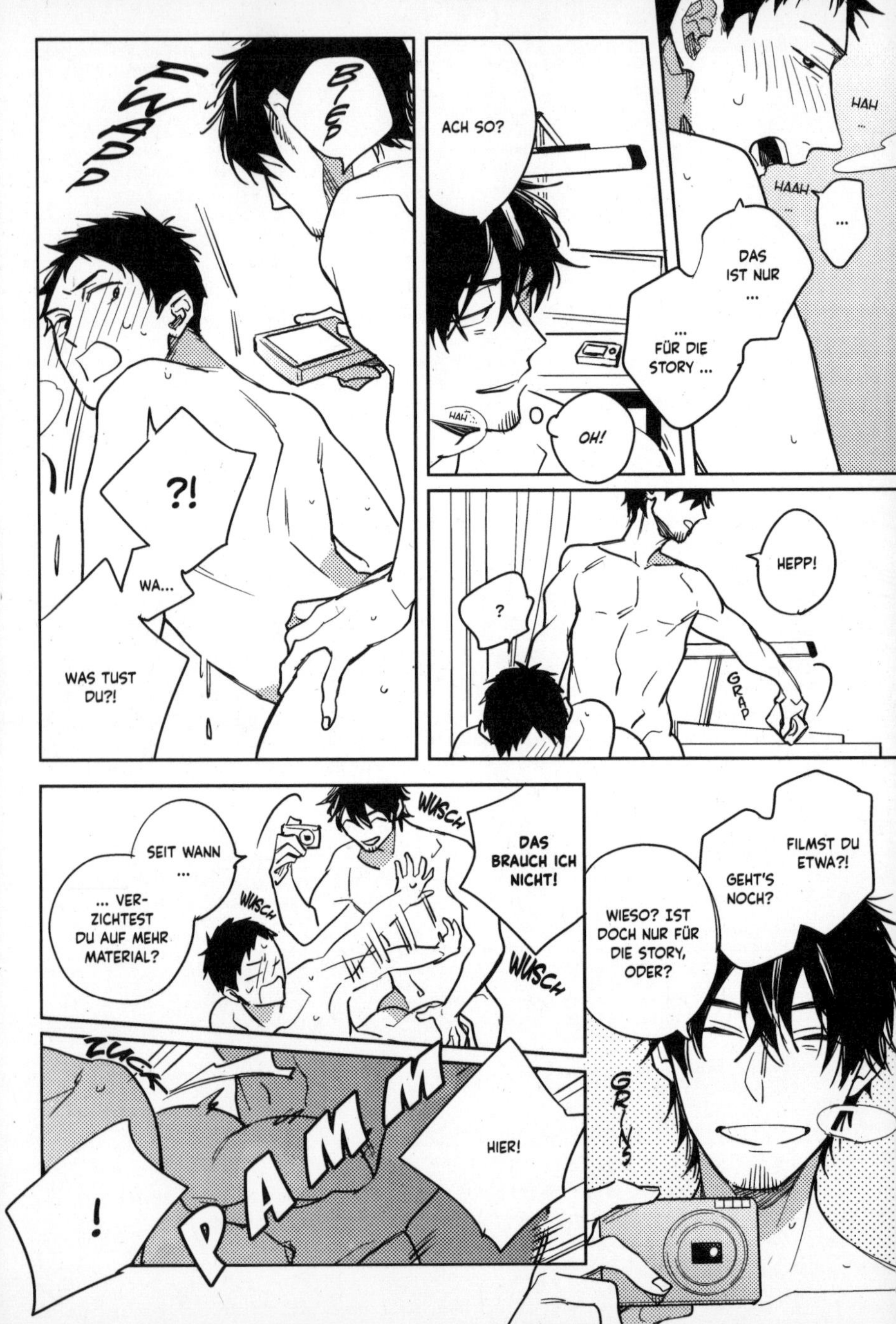
HAH ...
HAAH ...
...
DAS IST NUR ...
... FÜR DIE STORY ...
OH!
HAH ...
ACH SO?
HEPP!
?
GRAP
BIEG
FWAPP
?!
WA...
WAS TUST DU?!
FILMST DU ETWA?!
GEHT'S NOCH?
WIESO? IST DOCH NUR FÜR DIE STORY, ODER?
GRINS
DAS BRAUCH ICH NICHT!
WUSCH
SEIT WANN ...
... VERZICHTEST DU AUF MEHR MATERIAL?
WUSCH
WUSCH
HIER!
PAMM
ZUCK
!

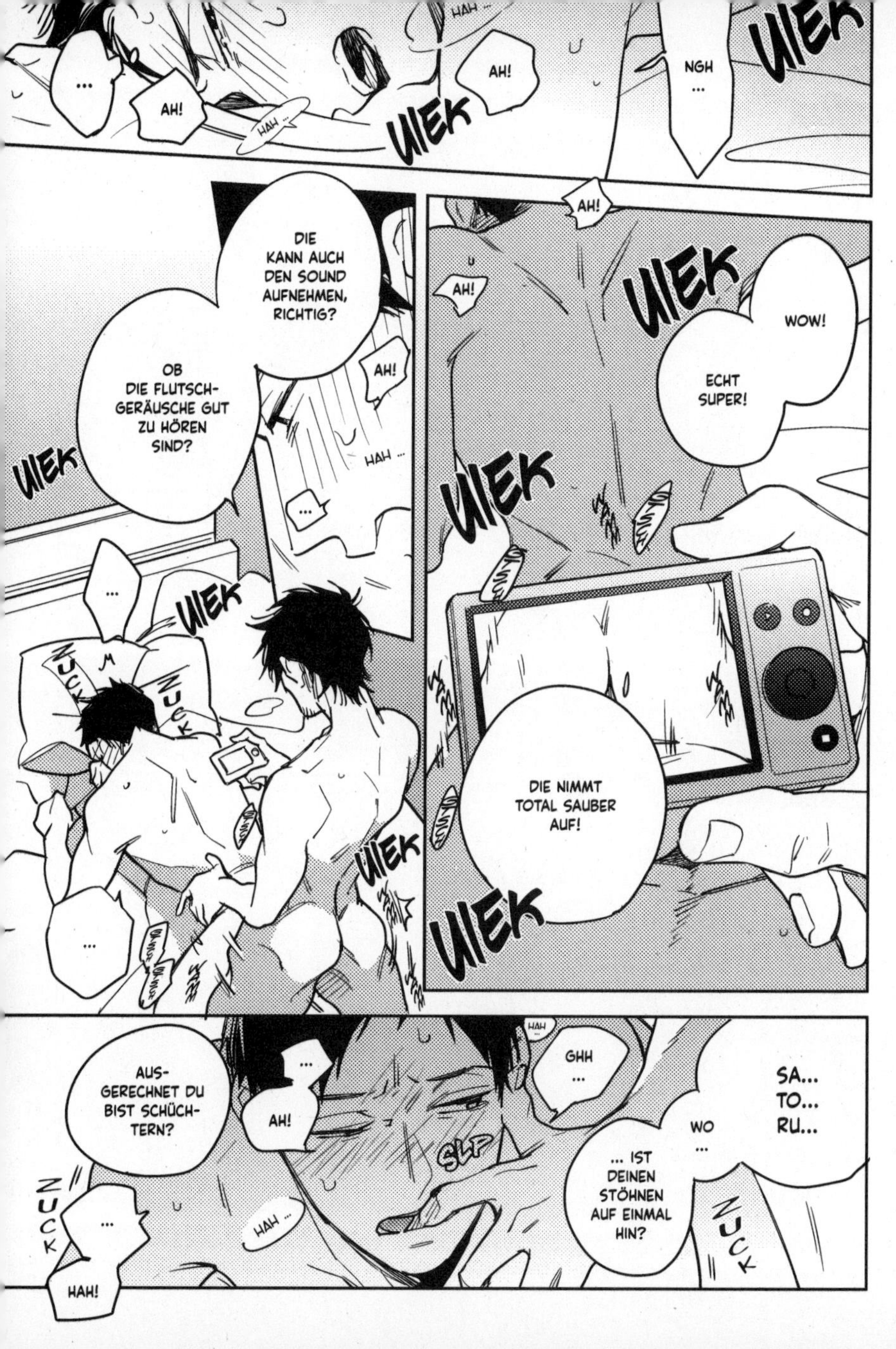
HAH ...
UIEK
NGH ...
AH!
...
UIEK
AH!
HAH ...
AH!
UIEK
WOW!
ECHT SUPER!
AH!
DIE KANN AUCH DEN SOUND AUFNEHMEN, RICHTIG?
OB DIE FLUTSCH-GERÄUSCHE GUT ZU HÖREN SIND?
AH!
HAH ...
...
UIEK
UIEK
...
UIEK
M
ZUCK
ZUCK
DIE NIMMT TOTAL SAUBER AUF!
UIEK
UIEK
...
SA... TO... RU...
GHH ...
HAH
...
AUS-GERECHNET DU BIST SCHÜCH-TERN?
AH!
SLP
WO ...
... IST DEINEN STÖHNEN AUF EINMAL HIN?
ZUCK
HAH ...
ZUCK
...
HAH!

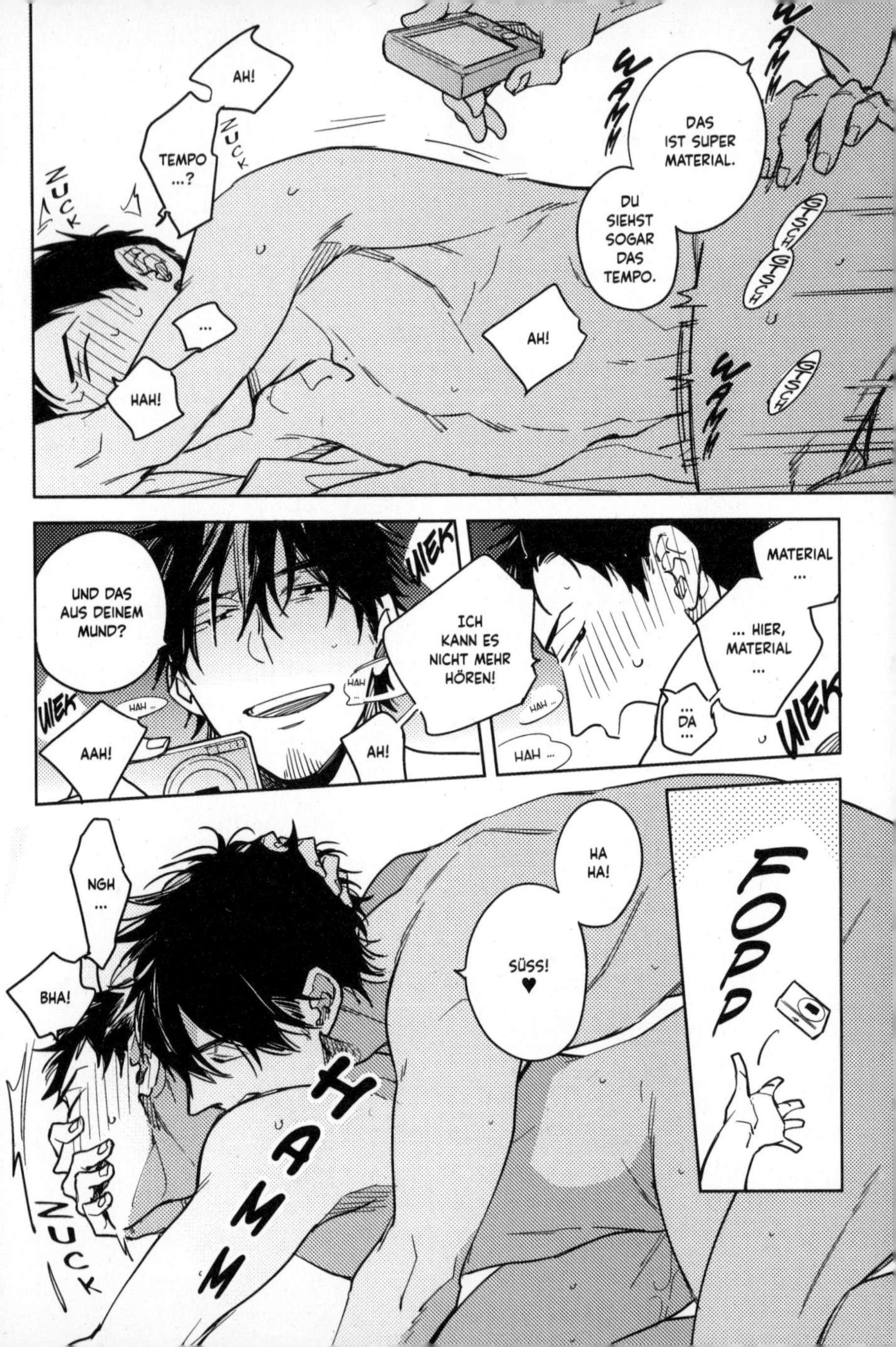

WAMM
WAMM
DAS IST SUPER MATERIAL.
DU SIEHST SOGAR DAS TEMPO.
AH!
ZUCK
TEMPO ...?
ZUCK
GTSCH GTSCH GTSCH
GTSCH
WAMM
AH!
...
HAH!
MATERIAL ...
... HIER, MATERIAL ...
UIEK
... DA ...
HAH ...
HAH ...
ICH KANN ES NICHT MEHR HÖREN!
UIEK
UND DAS AUS DEINEM MUND?
HAH ...
HAH ...
AH!
UIEK
AAH!
FOPP
HA HA!
SÜSS! ♥
NGH ...
BHA!
WAMM
ZUCK

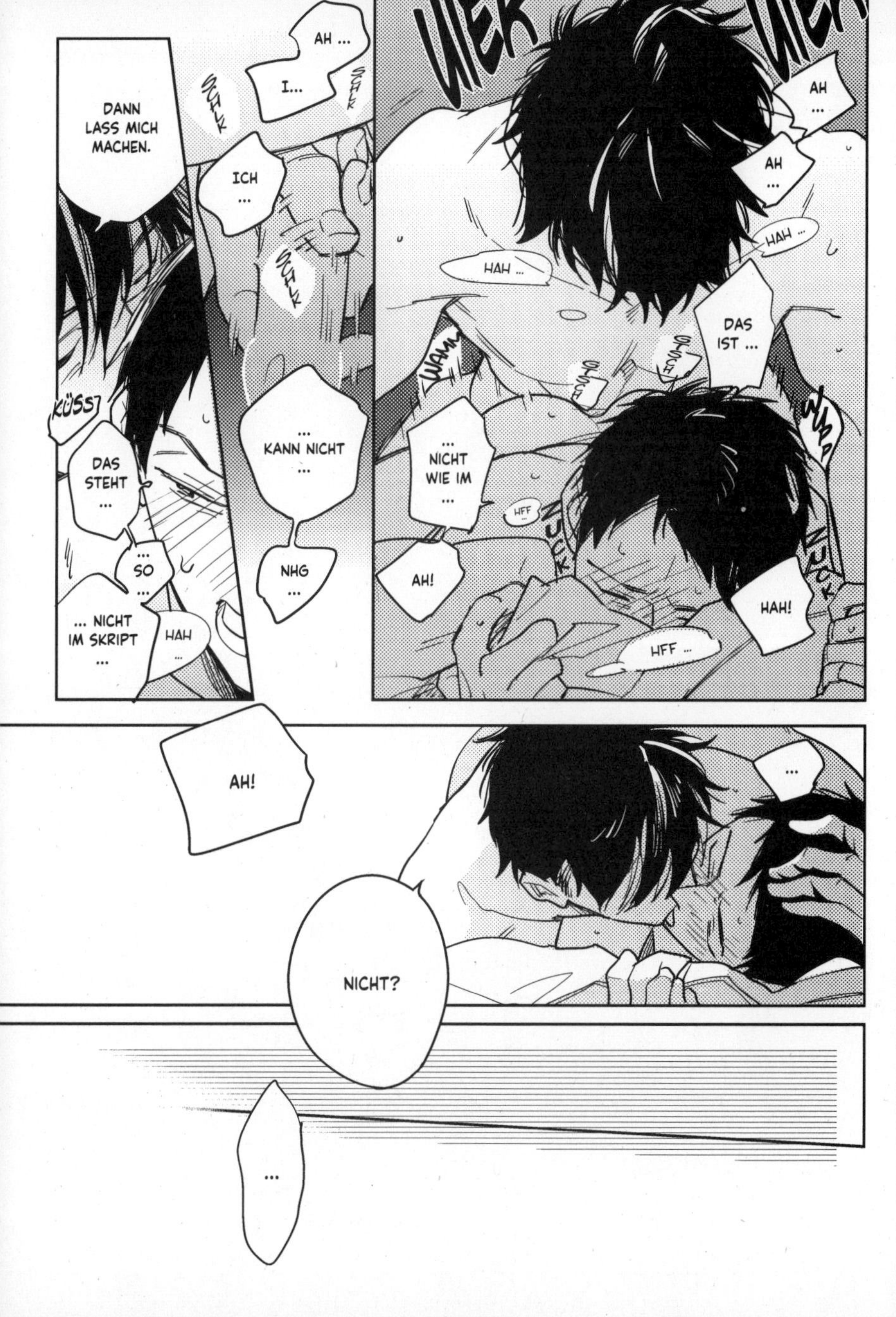

AH ...
I...
SCHLK
SCHLK
DANN LASS MICH MACHEN.
ICH ...
SCHLK
KÜSS
DAS STEHT ...
... SO ...
... NICHT IM SKRIPT ...
HAH ...
... KANN NICHT ...
NHG ...
UIEK
UIEK
AH ...
AH ...
HAH ...
HAH ...
DAS IST ...
GISCH
GISCH
WAMM
WAMM
NICHT WIE IM ...
HFF
AH!
HAH!
HFF ...
AH!
...
NICHT?
...

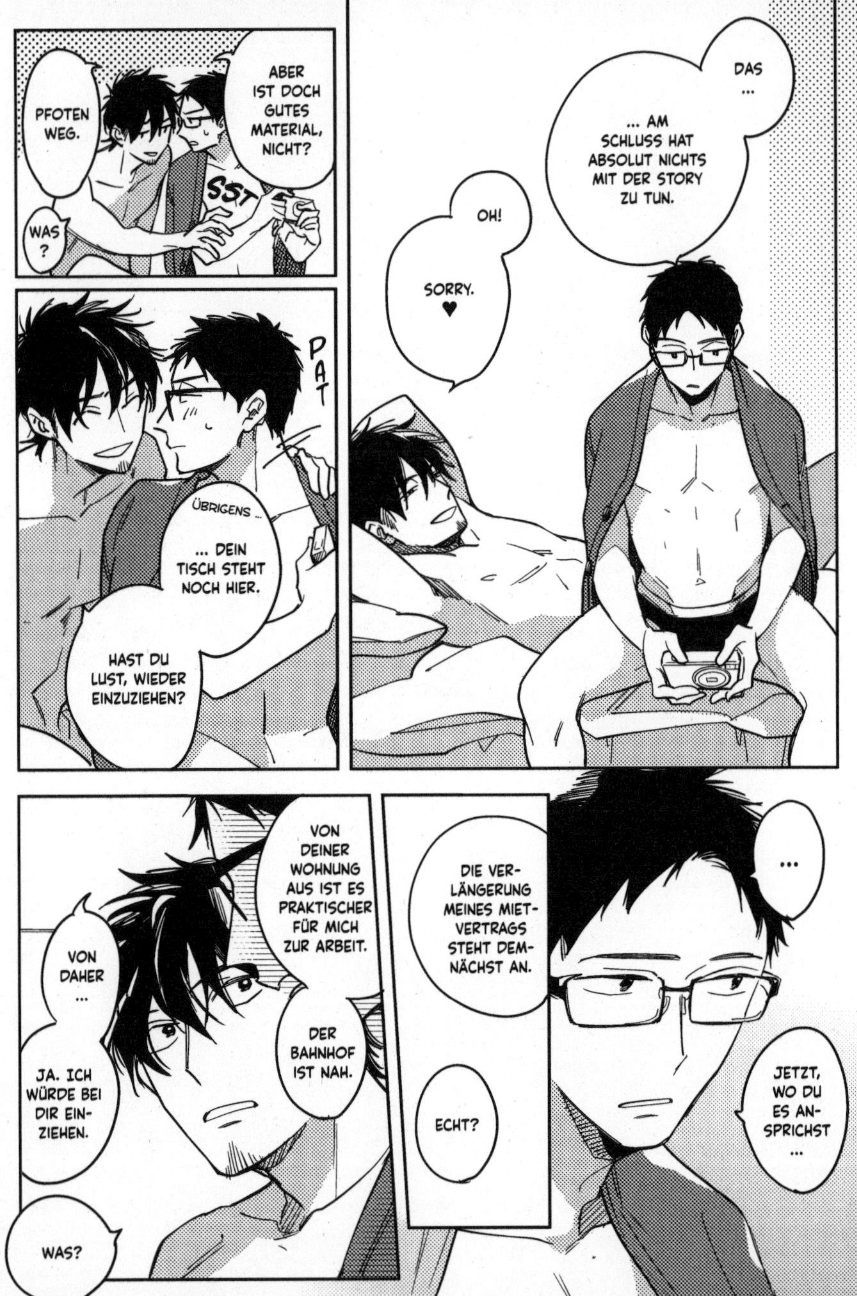
DAS ...
... AM SCHLUSS HAT ABSOLUT NICHTS MIT DER STORY ZU TUN.
OH!
SORRY. ♥
ABER IST DOCH GUTES MATERIAL, NICHT?
SST
PFOTEN WEG.
WAS?
PAT
ÜBRIGENS ...
... DEIN TISCH STEHT NOCH HIER.
HAST DU LUST, WIEDER EINZUZIEHEN?
...
JETZT, WO DU ES ANSPRICHST ...
DIE VERLÄNGERUNG MEINES MIETVERTRAGS STEHT DEMNÄCHST AN.
ECHT?
VON DEINER WOHNUNG AUS IST ES PRAKTISCHER FÜR MICH ZUR ARBEIT.
DER BAHNHOF IST NAH.
VON DAHER ...
JA. ICH WÜRDE BEI DIR EINZIEHEN.
WAS?

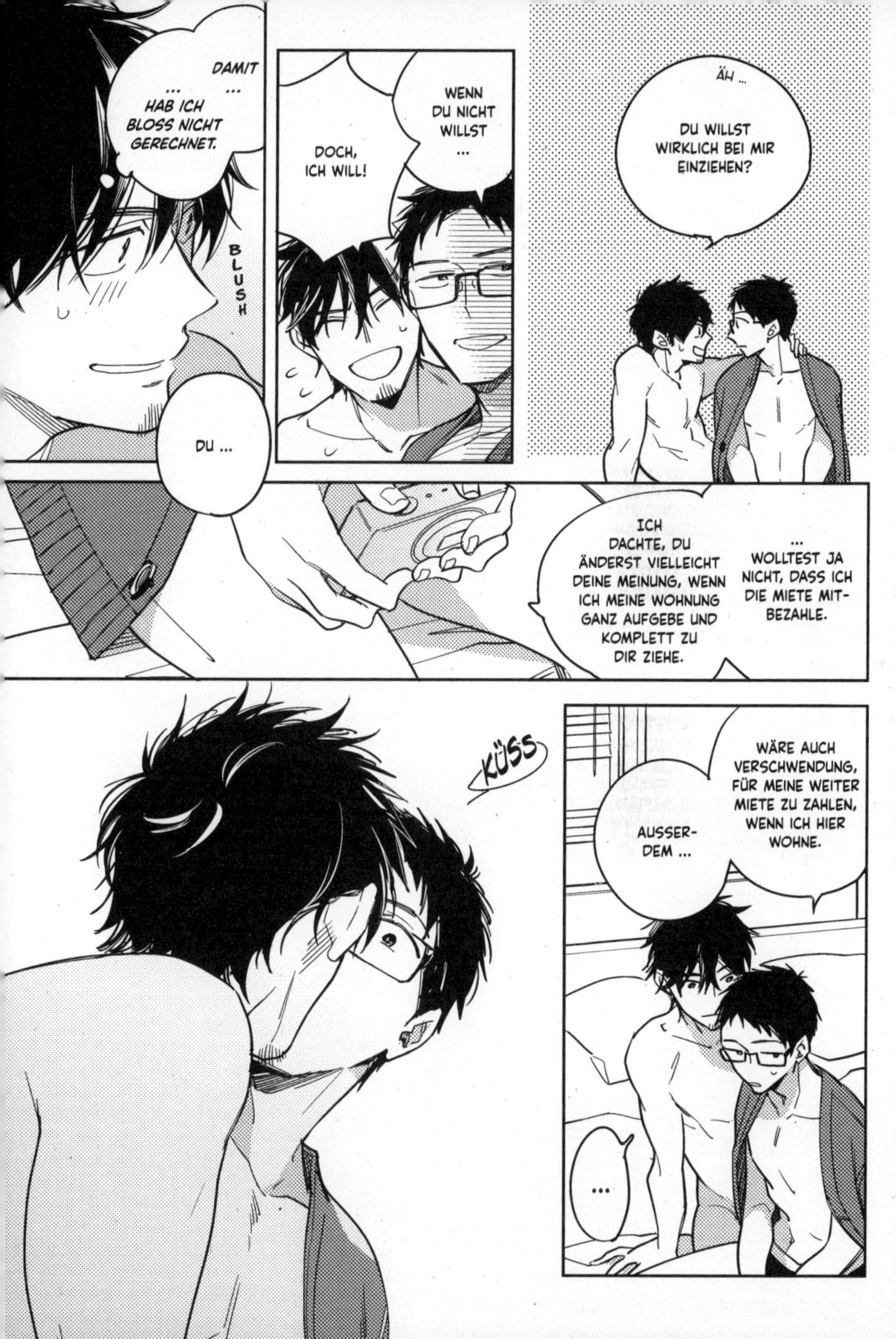
ÄH …
DU WILLST WIRKLICH BEI MIR EINZIEHEN?
WENN DU NICHT WILLST …
DOCH, ICH WILL!
DAMIT … … HAB ICH BLOSS NICHT GERECHNET.
BLUSH
DU …
… WOLLTEST JA NICHT, DASS ICH DIE MIETE MIT-BEZAHLE.
ICH DACHTE, DU ÄNDERST VIELLEICHT DEINE MEINUNG, WENN ICH MEINE WOHNUNG GANZ AUFGEBE UND KOMPLETT ZU DIR ZIEHE.
WÄRE AUCH VERSCHWENDUNG, FÜR MEINE WEITER MIETE ZU ZAHLEN, WENN ICH HIER WOHNE.
AUSSER-DEM …
…
KÜSS

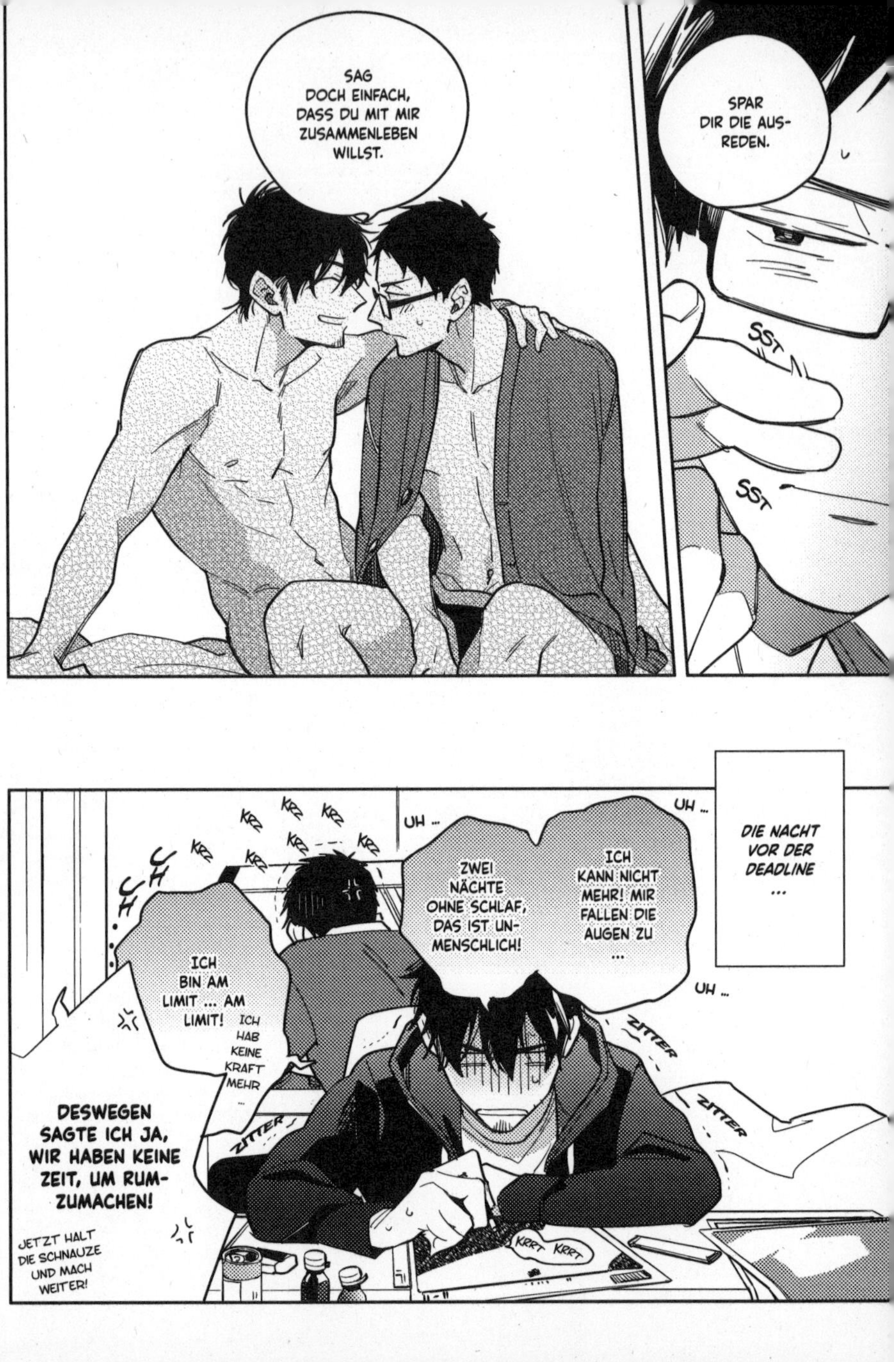

SPAR DIR DIE AUSREDEN.

SSST SSST

SAG DOCH EINFACH, DASS DU MIT MIR ZUSAMMENLEBEN WILLST.

DIE NACHT VOR DER DEADLINE ...

UH ...

UH ...

ICH KANN NICHT MEHR! MIR FALLEN DIE AUGEN ZU ...

ZWEI NÄCHTE OHNE SCHLAF, DAS IST UNMENSCHLICH!

UH ...

KRZ KRZ KRZ KRZ KRZ KRZ

UH UH ...

ICH BIN AM LIMIT ... AM LIMIT!

ICH HAB KEINE KRAFT MEHR ...

ZITTER ZITTER ZITTER

DESWEGEN SAGTE ICH JA, WIR HABEN KEINE ZEIT, UM RUMZUMACHEN!

JETZT HALT DIE SCHNAUZE UND MACH WEITER!

KRRT KRRT

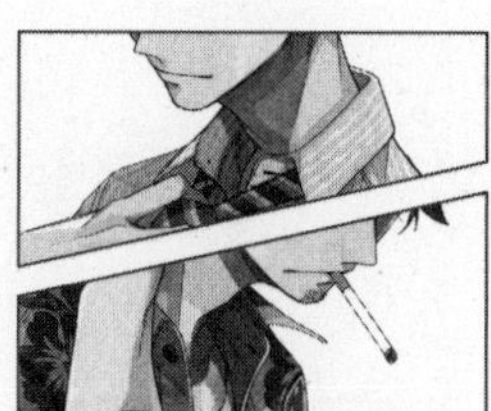

Prickelnde Posen – Ende

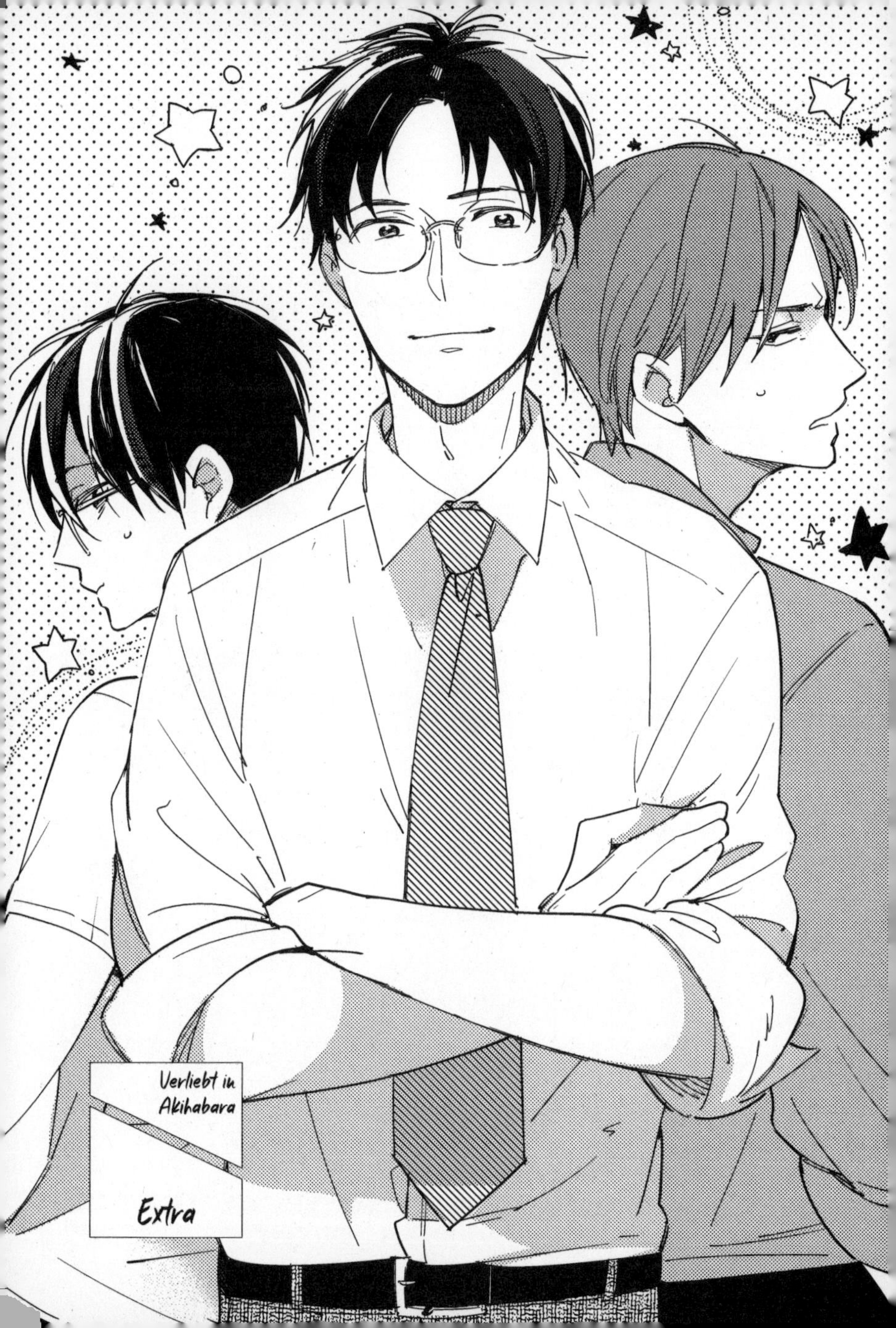
Verliebt in Akihabara
Extra

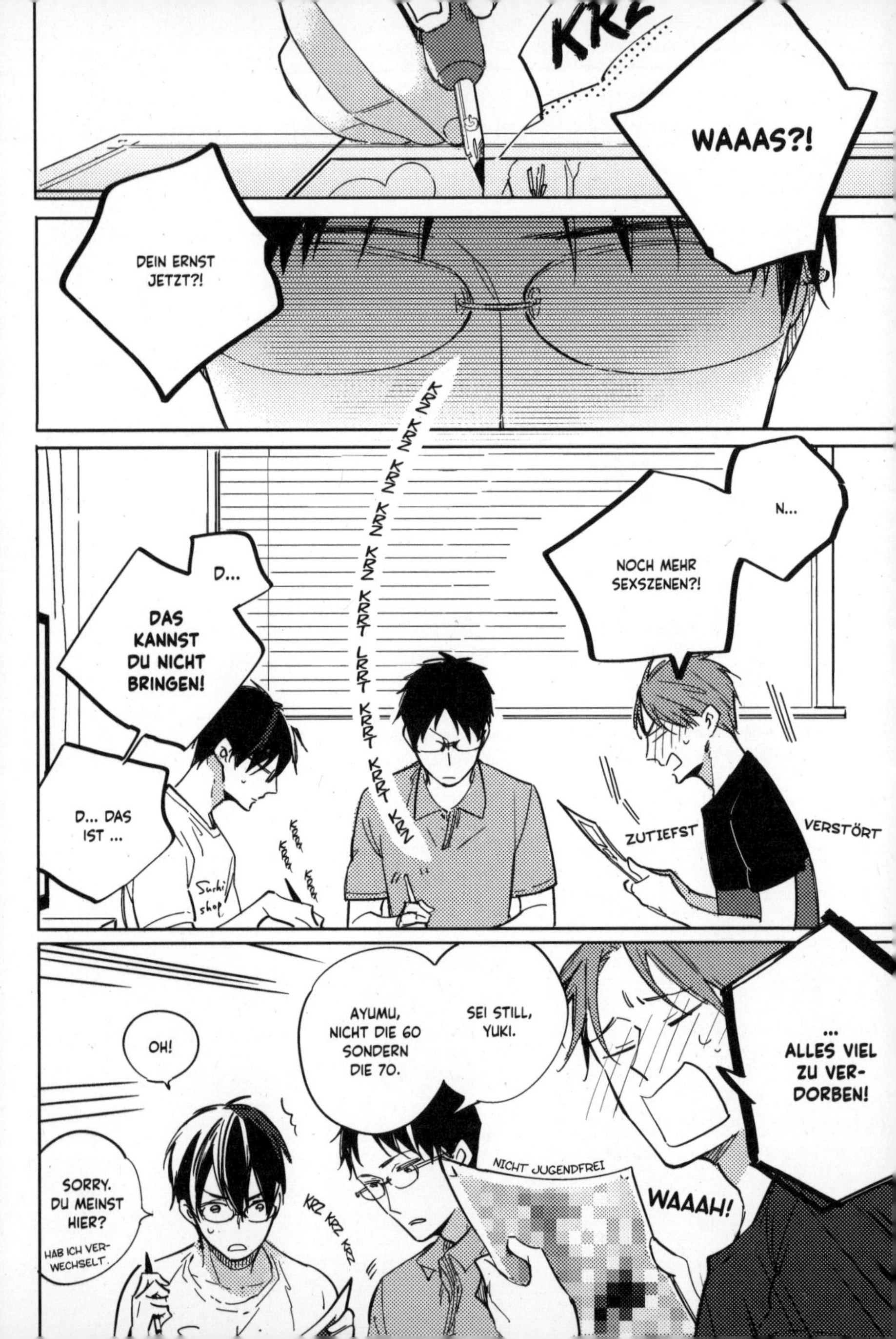

KK
WAAAS?!
DEIN ERNST JETZT?!
KRZ KRZ KRZ KRZ KRZ KRZ KRRT LRRT KRRT KRRT KRZ
N...
NOCH MEHR SEXSZENEN?!
ZUTIEFST VERSTÖRT
D...
DAS KANNST DU NICHT BRINGEN!
D... DAS IST ...
Sushi shop
... ALLES VIEL ZU VER-DORBEN!
WAAAH!
NICHT JUGENDFREI
SEI STILL, YUKI.
AYUMU, NICHT DIE 60 SONDERN DIE 70.
OH!
KRZ KRZ KRZ
SORRY. DU MEINST HIER?
HAB ICH VER-WECHSELT.

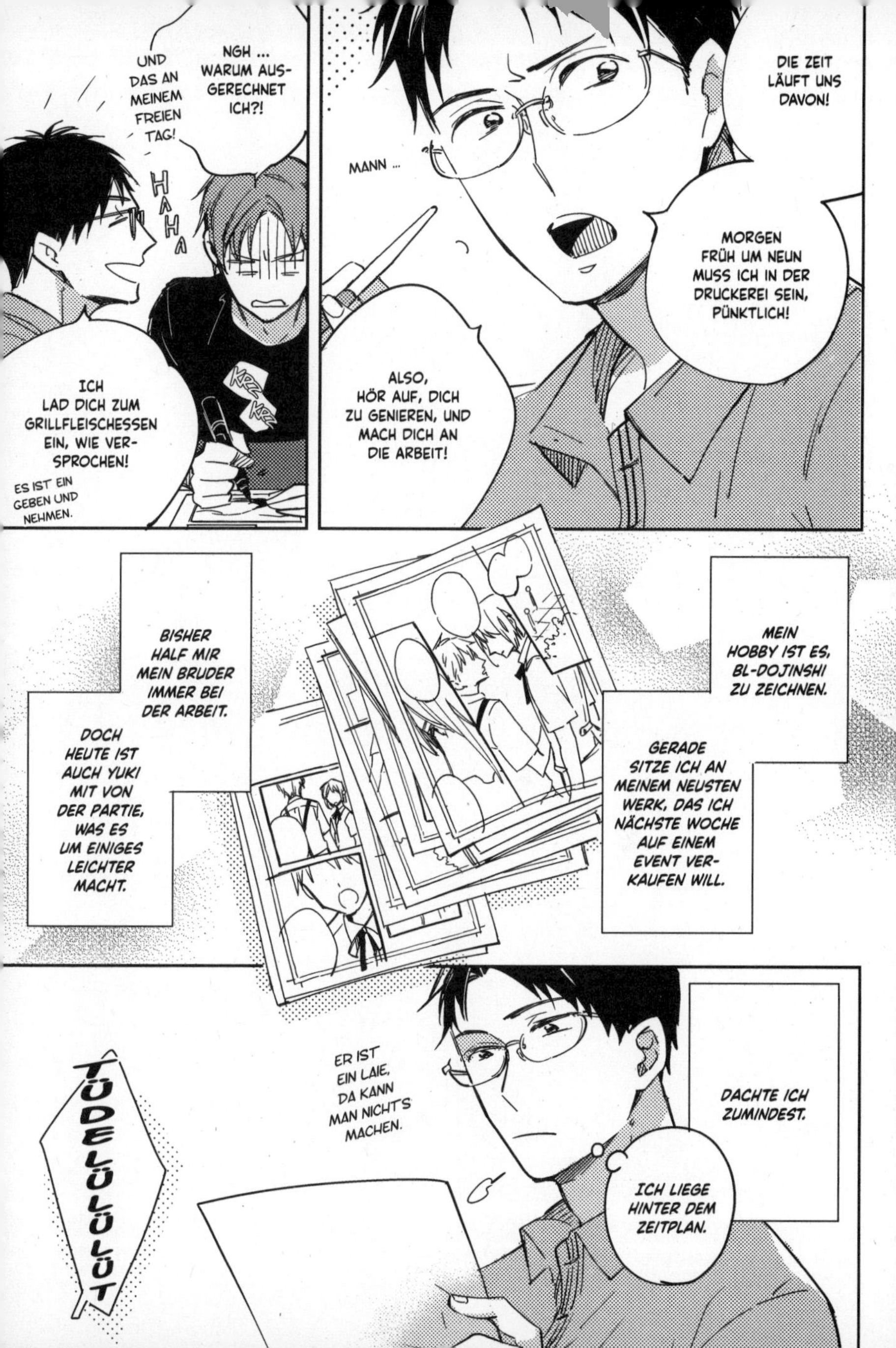
DIE ZEIT LÄUFT UNS DAVON!
MORGEN FRÜH UM NEUN MUSS ICH IN DER DRUCKEREI SEIN, PÜNKTLICH!
MANN ...
ALSO, HÖR AUF, DICH ZU GENIEREN, UND MACH DICH AN DIE ARBEIT!
NGH ... WARUM AUS-GERECHNET ICH?!
UND DAS AN MEINEM FREIEN TAG!
HAHAHA
KRZ KRZ
ICH LAD DICH ZUM GRILLFLEISCHESSEN EIN, WIE VER-SPROCHEN!
ES IST EIN GEBEN UND NEHMEN.
MEIN HOBBY IST ES, BL-DOJINSHI ZU ZEICHNEN.
GERADE SITZE ICH AN MEINEM NEUSTEN WERK, DAS ICH NÄCHSTE WOCHE AUF EINEM EVENT VER-KAUFEN WILL.
BISHER HALF MIR MEIN BRUDER IMMER BEI DER ARBEIT.
DOCH HEUTE IST AUCH YUKI MIT VON DER PARTIE, WAS ES UM EINIGES LEICHTER MACHT.
DACHTE ICH ZUMINDEST.
ICH LIEGE HINTER DEM ZEITPLAN.
ER IST EIN LAIE, DA KANN MAN NICHTS MACHEN.
TÜDELÜLÜLÜT

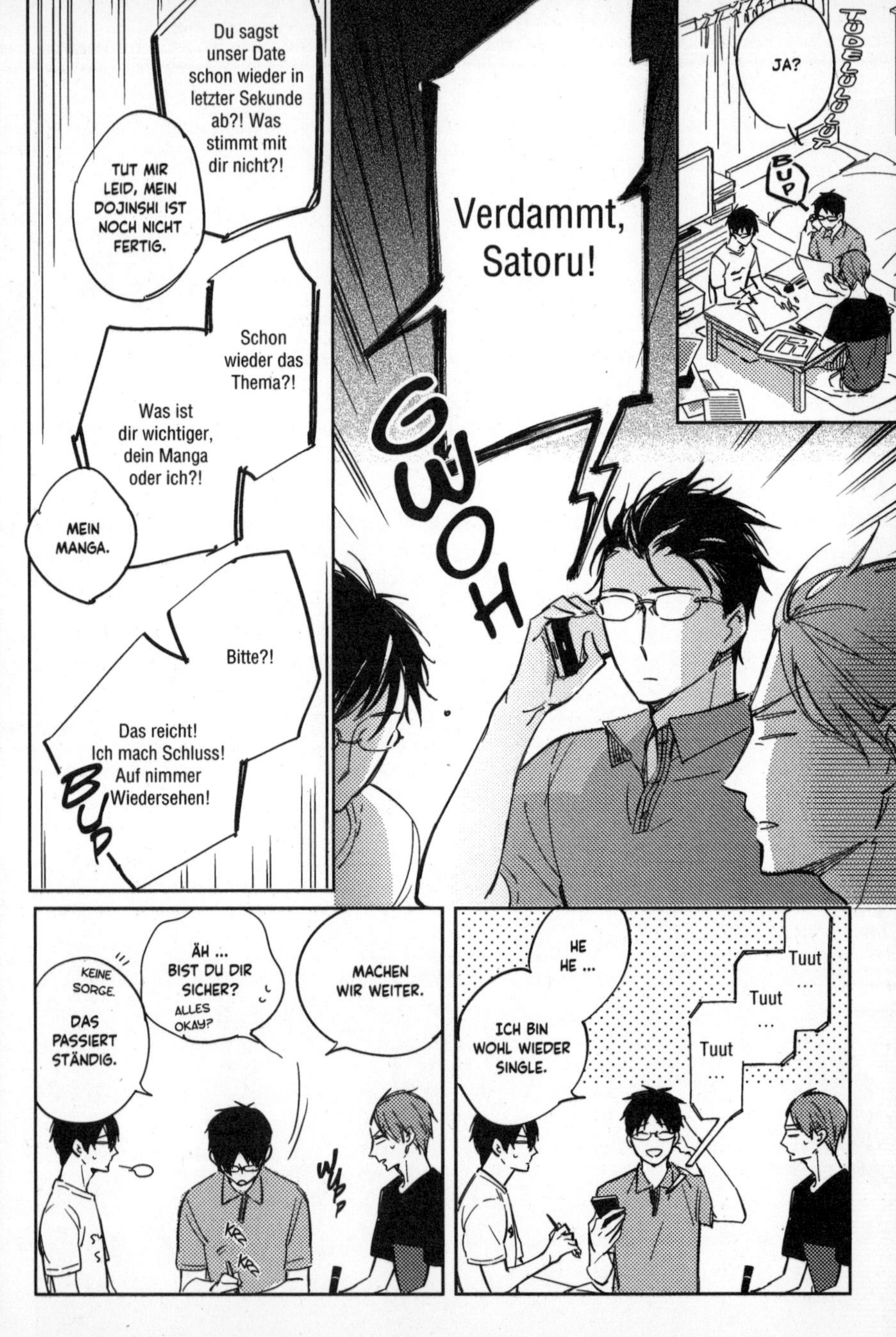
TUDELULULUT
JA?
BUP
Verdammt, Satoru!
GWOH
Du sagst unser Date schon wieder in letzter Sekunde ab?! Was stimmt mit dir nicht?!
TUT MIR LEID, MEIN DOJINSHI IST NOCH NICHT FERTIG.
Schon wieder das Thema?!
Was ist dir wichtiger, dein Manga oder ich?!
MEIN MANGA.
Bitte?!
Das reicht! Ich mach Schluss! Auf nimmer Wiedersehen!
BUP
Tuut … Tuut … Tuut …
HE HE …
ICH BIN WOHL WIEDER SINGLE.
MACHEN WIR WEITER.
ÄH … BIST DU DIR SICHER?
ALLES OKAY?
KEINE SORGE.
DAS PASSIERT STÄNDIG.

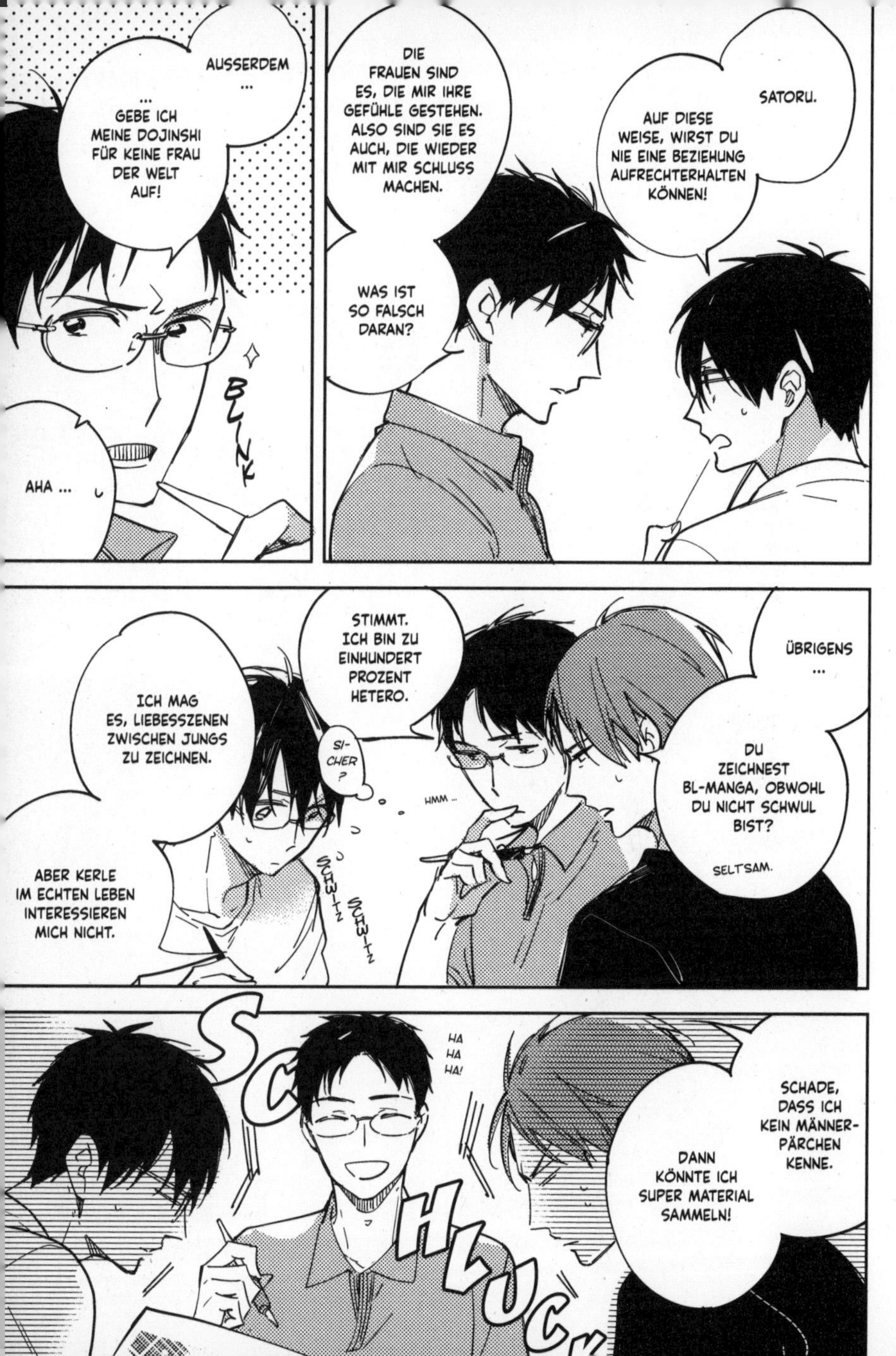
SATORU.
AUF DIESE WEISE, WIRST DU NIE EINE BEZIEHUNG AUFRECHTERHALTEN KÖNNEN!
DIE FRAUEN SIND ES, DIE MIR IHRE GEFÜHLE GESTEHEN. ALSO SIND SIE ES AUCH, DIE WIEDER MIT MIR SCHLUSS MACHEN.
WAS IST SO FALSCH DARAN?
AUSSERDEM ...
... GEBE ICH MEINE DOJINSHI FÜR KEINE FRAU DER WELT AUF!
BLINK
AHA ...
ÜBRIGENS ...
DU ZEICHNEST BL-MANGA, OBWOHL DU NICHT SCHWUL BIST?
SELTSAM.
HMM ...
STIMMT. ICH BIN ZU EINHUNDERT PROZENT HETERO.
SI-CHER?
ICH MAG ES, LIEBESSZENEN ZWISCHEN JUNGS ZU ZEICHNEN.
ABER KERLE IM ECHTEN LEBEN INTERESSIEREN MICH NICHT.
SCHWITZ
SCHWITZ
SCHADE, DASS ICH KEIN MÄNNER-PÄRCHEN KENNE.
DANN KÖNNTE ICH SUPER MATERIAL SAMMELN!
HA HA HA!
SCHLUCK

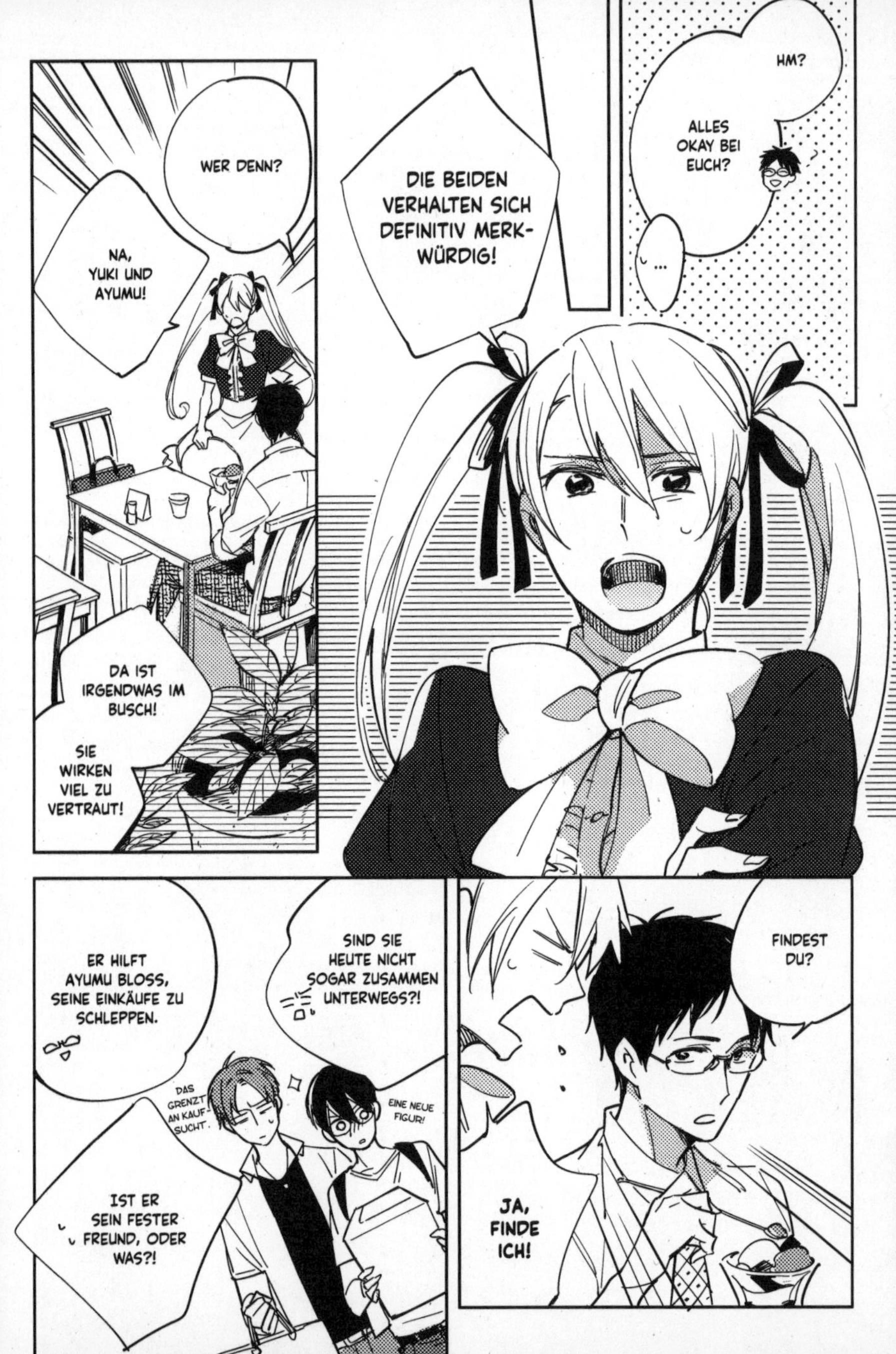
HM?
ALLES OKAY BEI EUCH?
…
DIE BEIDEN VERHALTEN SICH DEFINITIV MERK-WÜRDIG!
WER DENN?
NA, YUKI UND AYUMU!
DA IST IRGENDWAS IM BUSCH!
SIE WIRKEN VIEL ZU VERTRAUT!
FINDEST DU?
JA, FINDE ICH!
SIND SIE HEUTE NICHT SOGAR ZUSAMMEN UNTERWEGS?!
ER HILFT AYUMU BLOSS, SEINE EINKÄUFE ZU SCHLEPPEN.
EINE NEUE FIGUR!
DAS GRENZT AN KAUF-SUCHT.
IST ER SEIN FESTER FREUND, ODER WAS?!

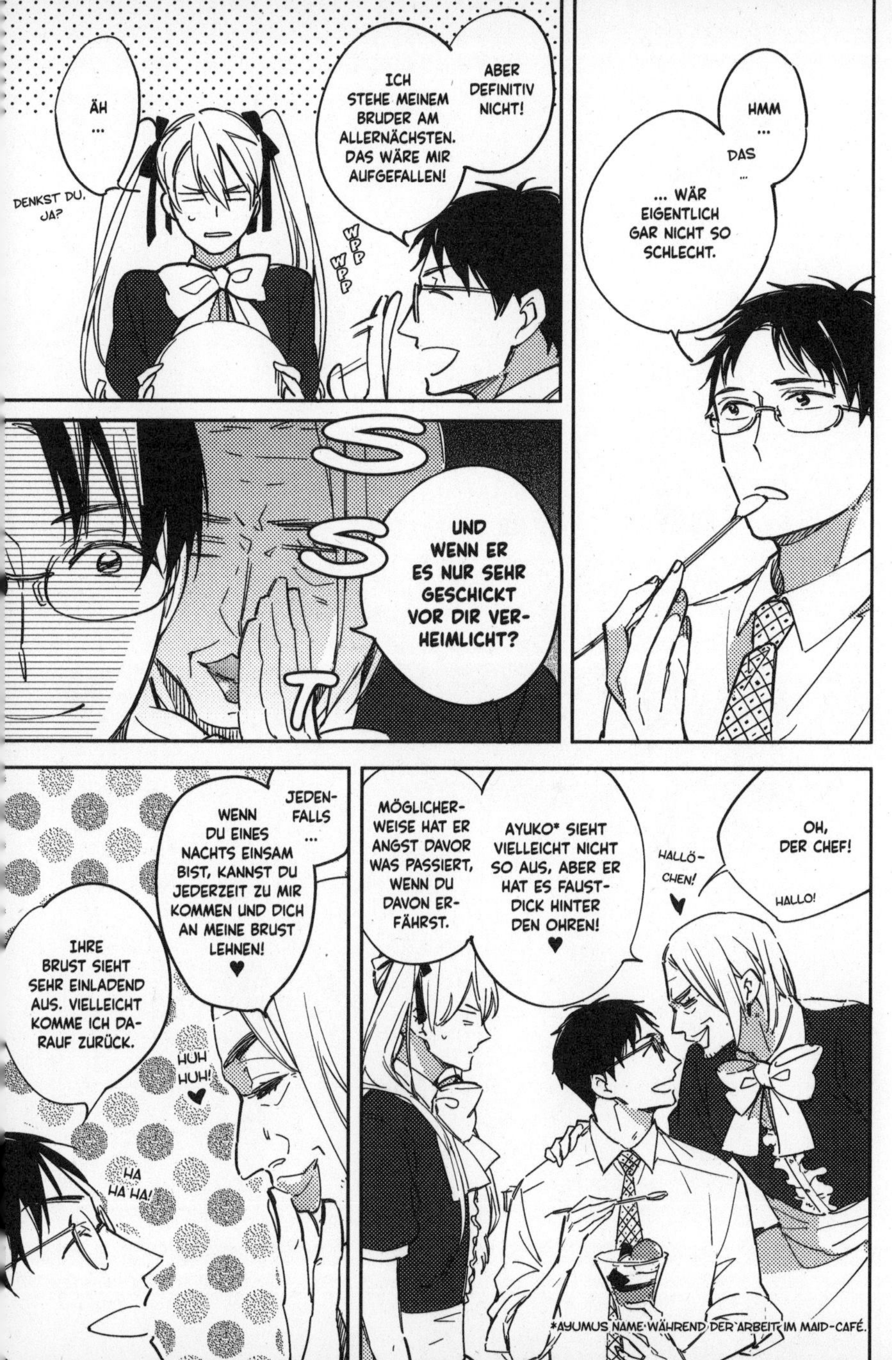

*AYUMUS NAME WÄHREND DER ARBEIT IM MAID-CAFÉ.

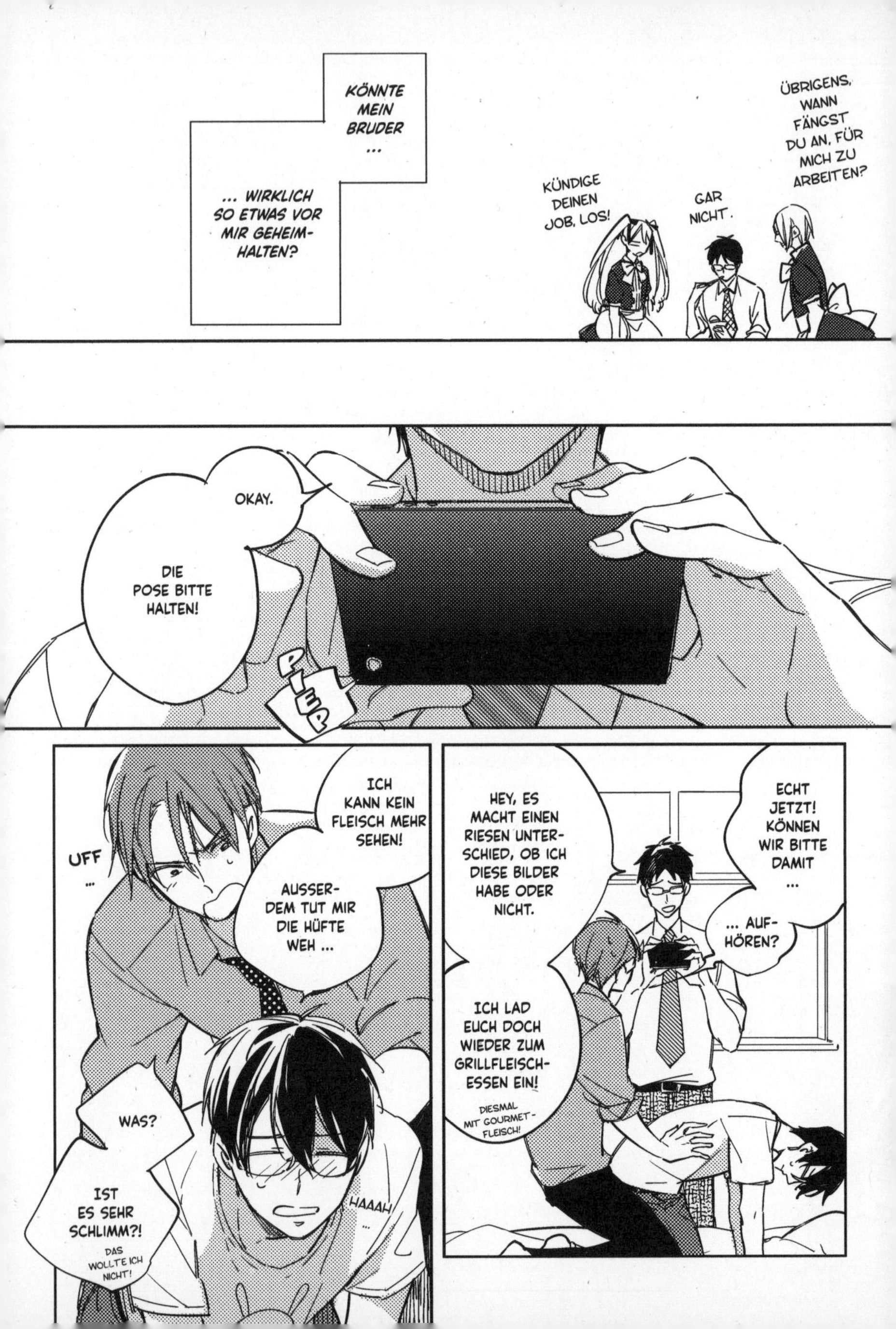

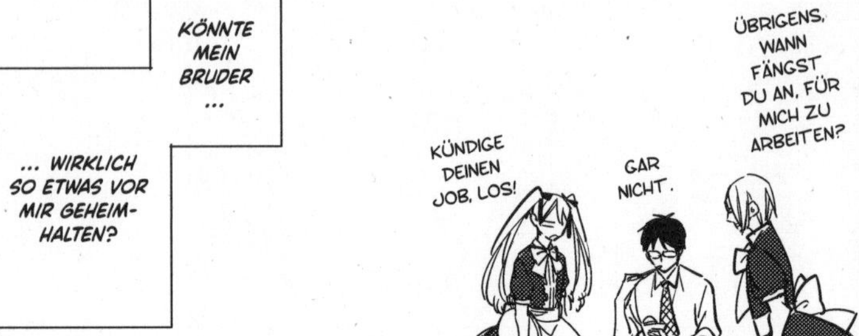
ÜBRIGENS, WANN FÄNGST DU AN, FÜR MICH ZU ARBEITEN?
GAR NICHT.
KÜNDIGE DEINEN JOB, LOS!
KÖNNTE MEIN BRUDER ...
... WIRKLICH SO ETWAS VOR MIR GEHEIMHALTEN?
OKAY.
DIE POSE BITTE HALTEN!
PIEP
ECHT JETZT! KÖNNEN WIR BITTE DAMIT ...
... AUFHÖREN?
HEY, ES MACHT EINEN RIESEN UNTERSCHIED, OB ICH DIESE BILDER HABE ODER NICHT.
ICH LAD EUCH DOCH WIEDER ZUM GRILLFLEISCHESSEN EIN!
DIESMAL MIT GOURMETFLEISCH!
ICH KANN KEIN FLEISCH MEHR SEHEN!
UFF ...
AUSSERDEM TUT MIR DIE HÜFTE WEH ...
WAS?
IST ES SEHR SCHLIMM?!
DAS WOLLTE ICH NICHT!
HAAAH ...

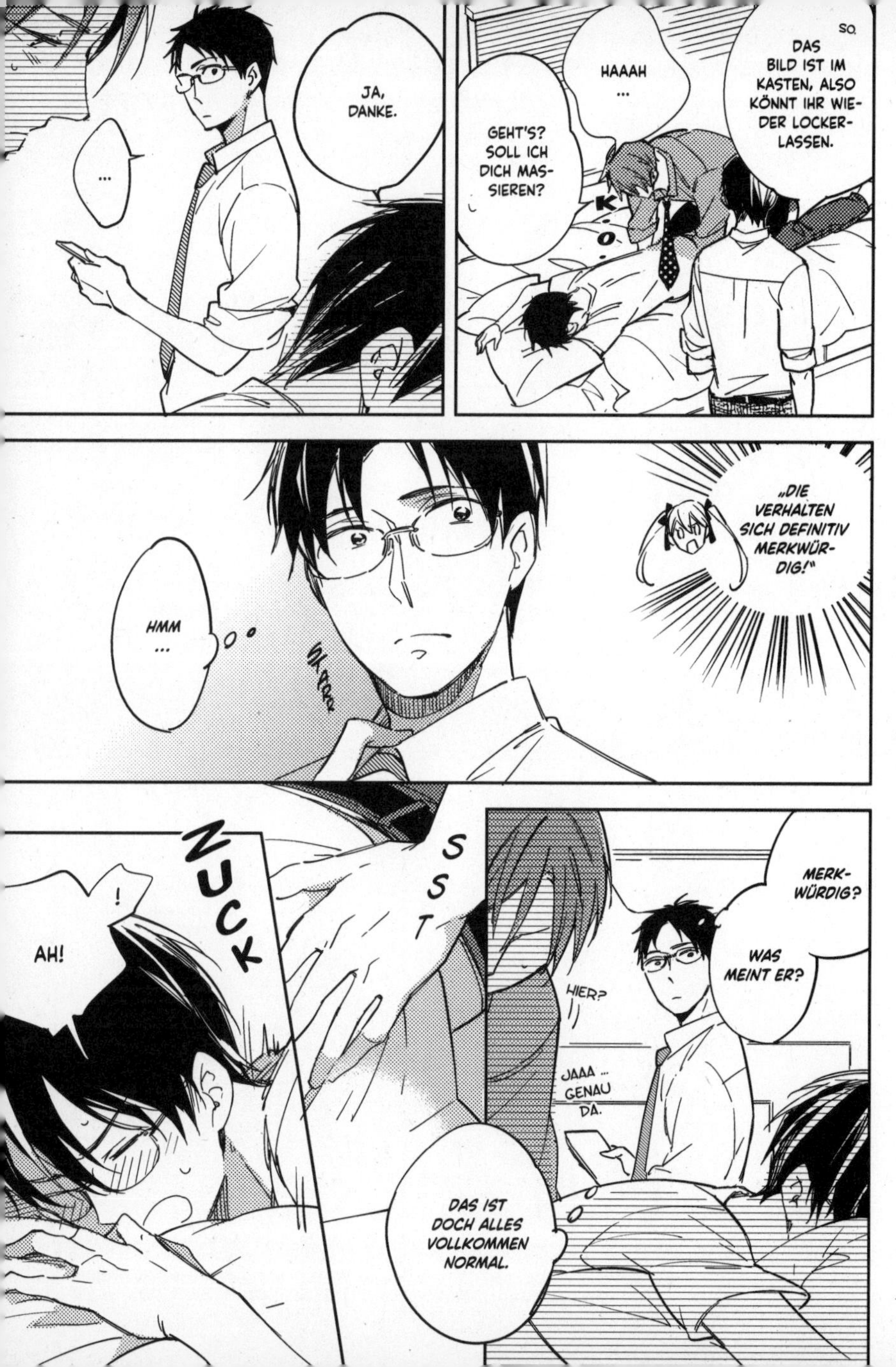
SO.
DAS BILD IST IM KASTEN, ALSO KÖNNT IHR WIEDER LOCKERLASSEN.
HAAAH …
K. O.
GEHT'S? SOLL ICH DICH MASSIEREN?
JA, DANKE.
…
„DIE VERHALTEN SICH DEFINITIV MERKWÜRDIG!"
HMM …
MERKWÜRDIG?
WAS MEINT ER?
HIER?
JAAA … GENAU DA.
DAS IST DOCH ALLES VOLLKOMMEN NORMAL.
SST
ZUCK
!
AH!

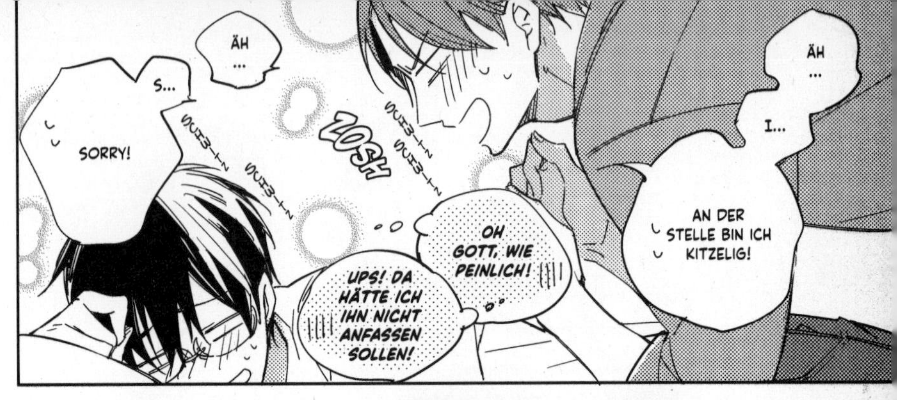
ÄH ...
I...
AN DER STELLE BIN ICH KITZELIG!
OH GOTT, WIE PEINLICH!
UPS! DA HÄTTE ICH IHN NICHT ANFASSEN SOLLEN!
ZOSH
ÄH ...
S...
SORRY!

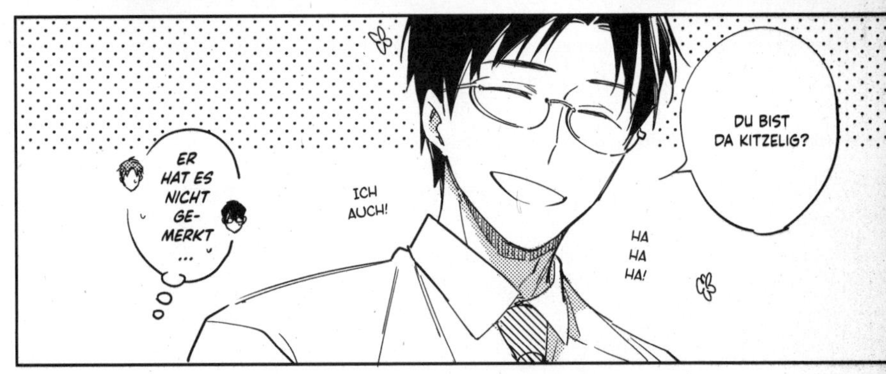
DU BIST DA KITZELIG?
HA HA HA!
ICH AUCH!
ER HAT ES NICHT GE-MERKT ...

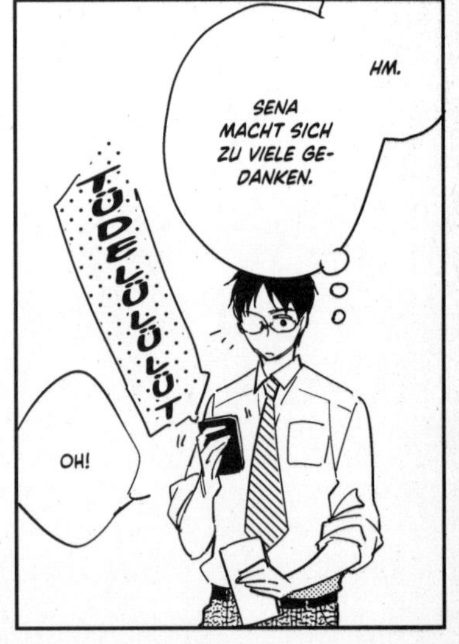
HM.
SENA MACHT SICH ZU VIELE GE-DANKEN.
TUDELULULUT
OH!

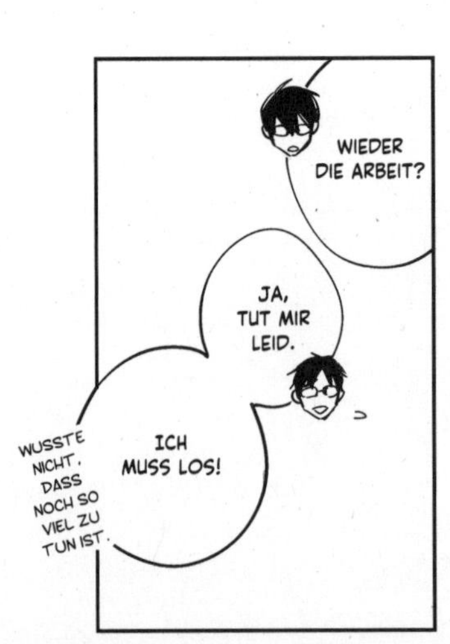
WIEDER DIE ARBEIT?
JA, TUT MIR LEID.
ICH MUSS LOS!
WUSSTE NICHT, DASS NOCH SO VIEL ZU TUN IST.

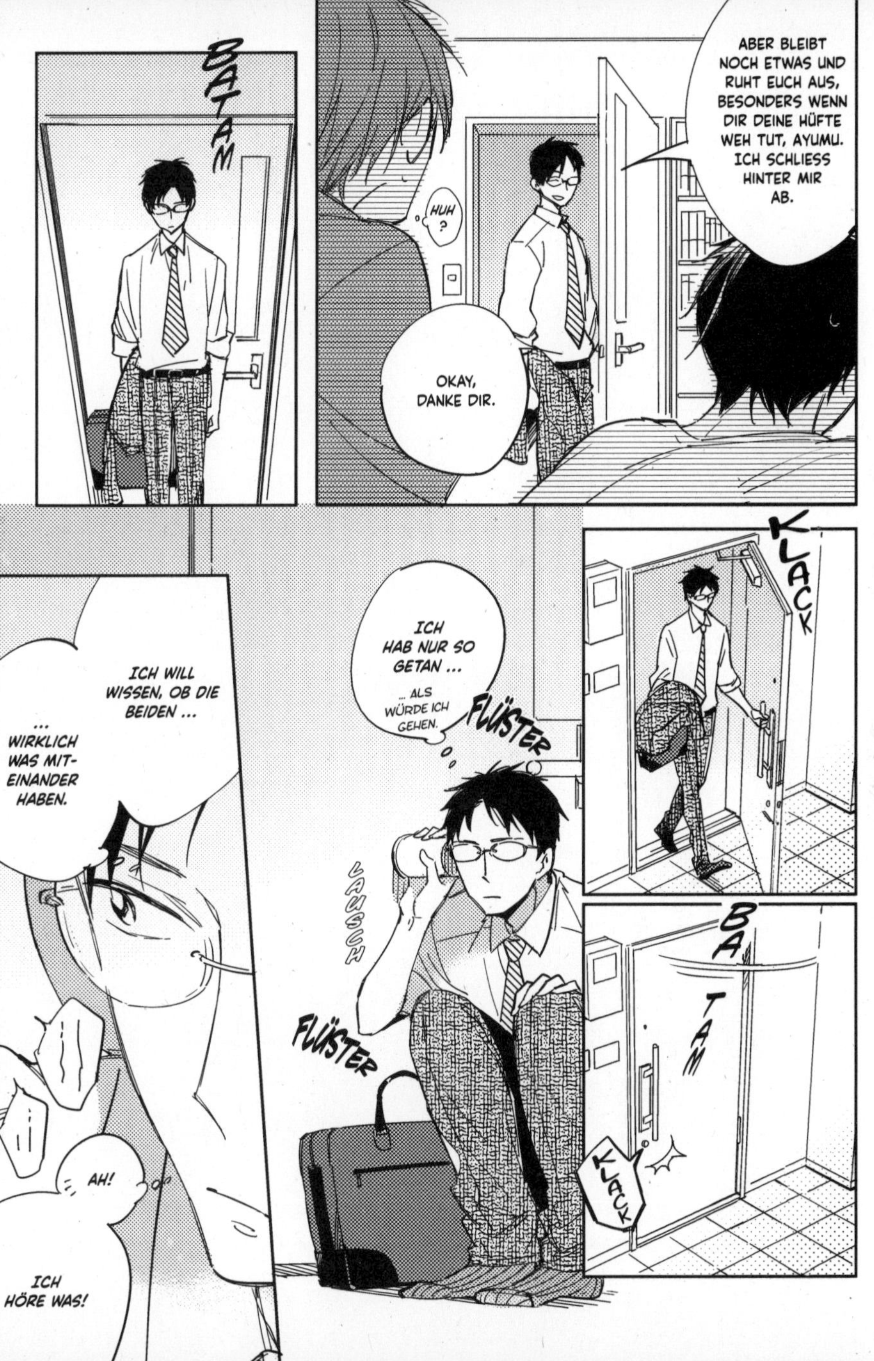
ABER BLEIBT NOCH ETWAS UND RUHT EUCH AUS, BESONDERS WENN DIR DEINE HÜFTE WEH TUT, AYUMU. ICH SCHLIESS HINTER MIR AB.
HUH?
OKAY, DANKE DIR.
BATAM
KLACK
ICH HAB NUR SO GETAN ...
... ALS WÜRDE ICH GEHEN.
FLÜSTER
BATAM
KLACK
LAUSCH
FLÜSTER
ICH WILL WISSEN, OB DIE BEIDEN ...
... WIRKLICH WAS MITEINANDER HABEN.
AH!
ICH HÖRE WAS!

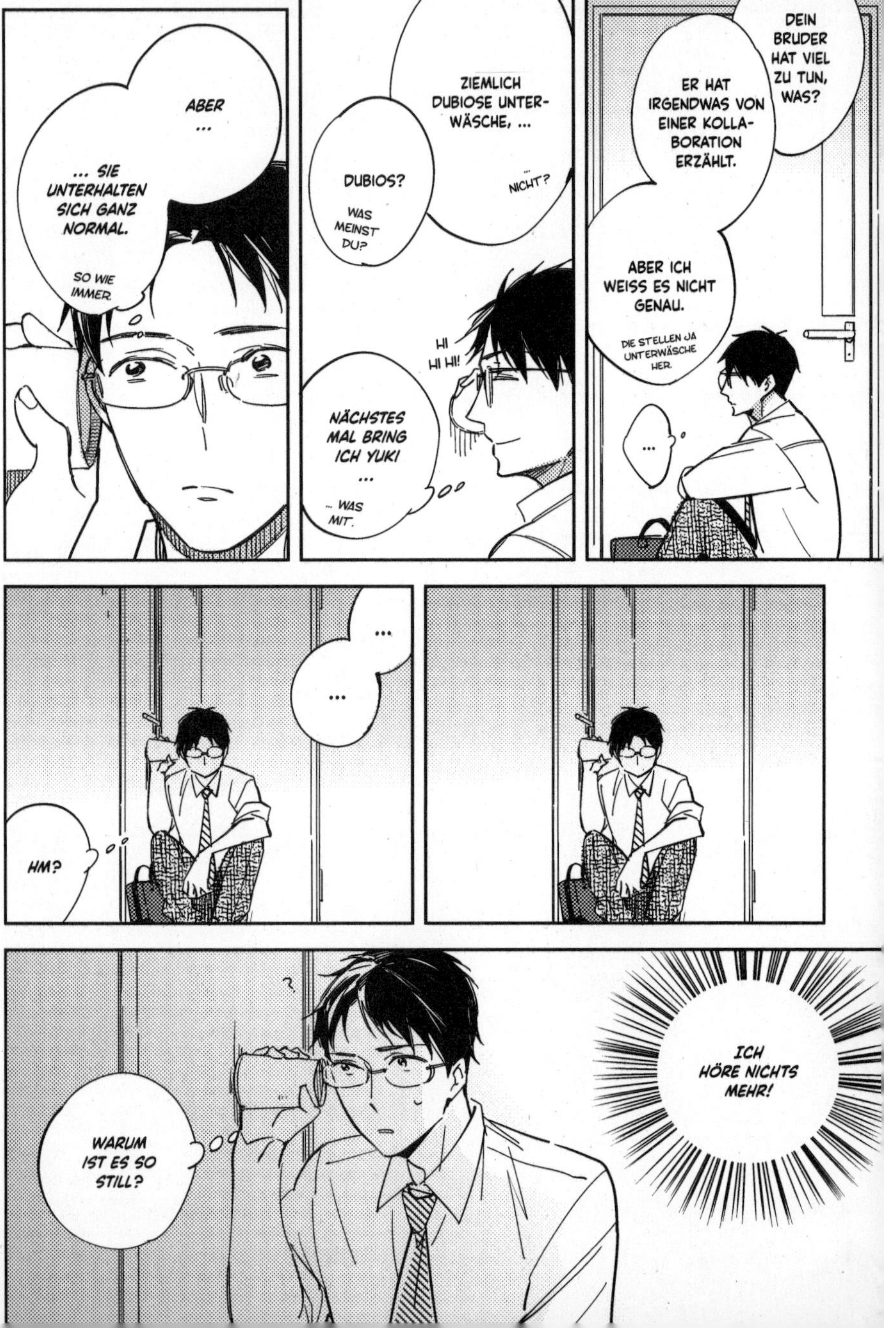

DEIN BRUDER HAT VIEL ZU TUN, WAS?
ER HAT IRGENDWAS VON EINER KOLLABORATION ERZÄHLT.
ABER ICH WEISS ES NICHT GENAU.
DIE STELLEN JA UNTERWÄSCHE HER.
...
ZIEMLICH DUBIOSE UNTERWÄSCHE, ...
... NICHT?
DUBIOS?
WAS MEINST DU?
HI HI HI!
NÄCHSTES MAL BRING ICH YUKI ...
... WAS MIT.
ABER ...
... SIE UNTERHALTEN SICH GANZ NORMAL.
SO WIE IMMER.
...
...
HM?

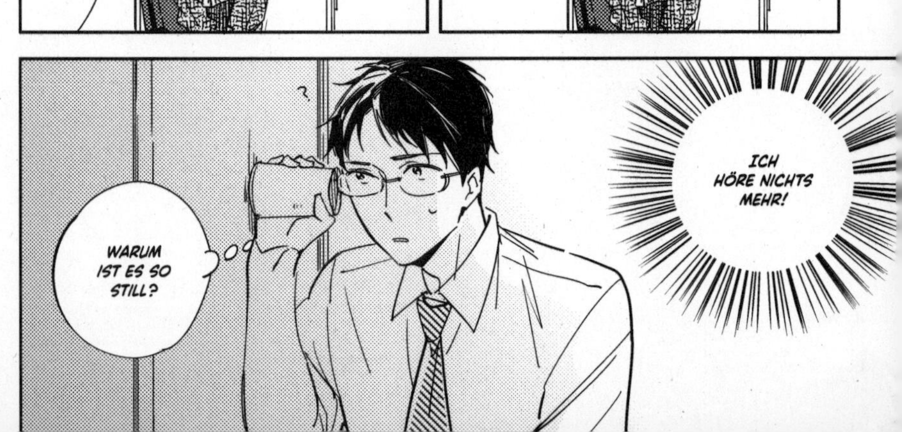

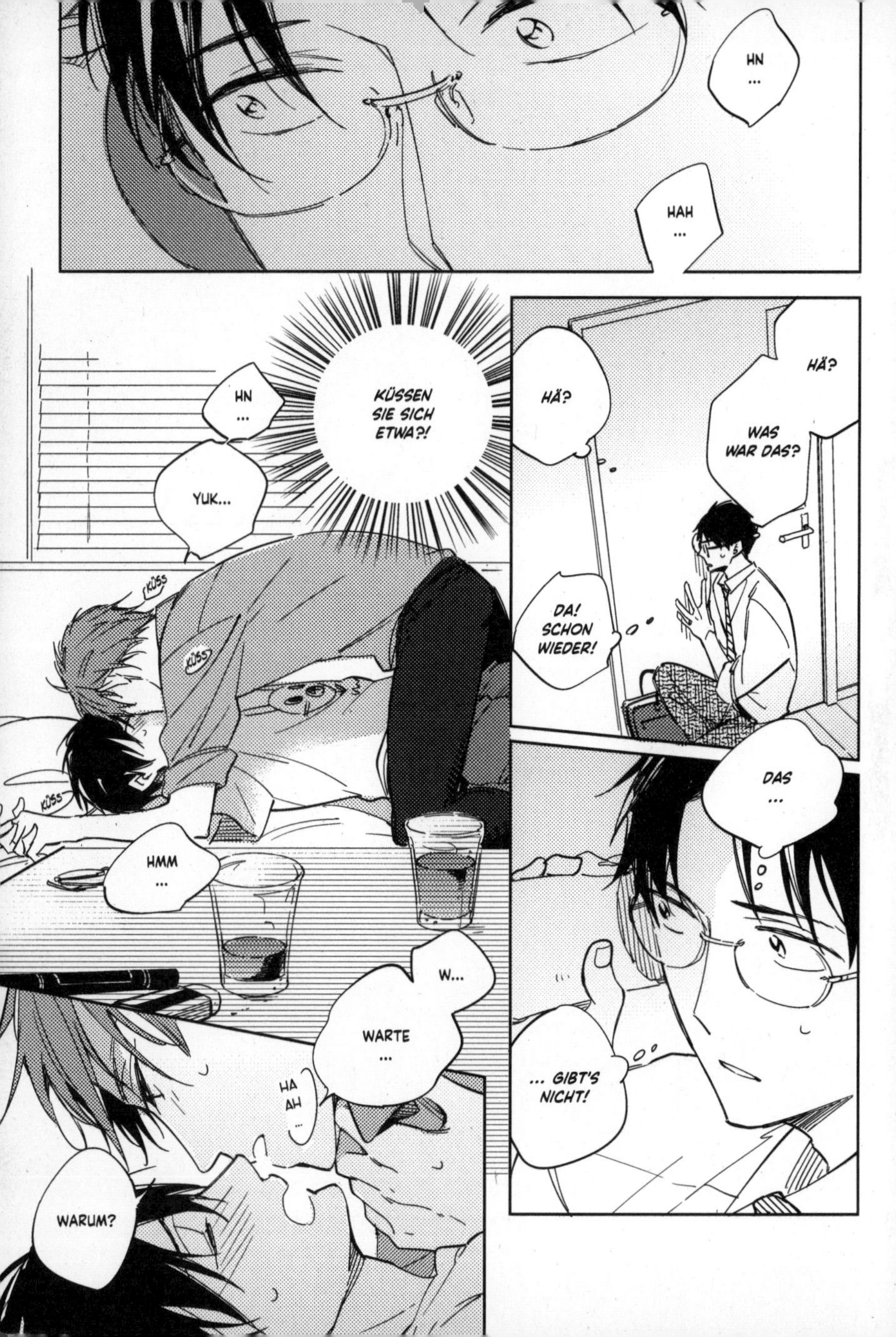

HN ...
HAH ...
HÄ?
WAS WAR DAS?
HÄ?
KÜSSEN SIE SICH ETWA?!
HN ...
YUK...
KÜSS
KÜSS
KÜSS
DA! SCHON WIEDER!
DAS ...
... GIBT'S NICHT!
HMM ...
W...
WARTE ...
HA AH ...
WARUM?

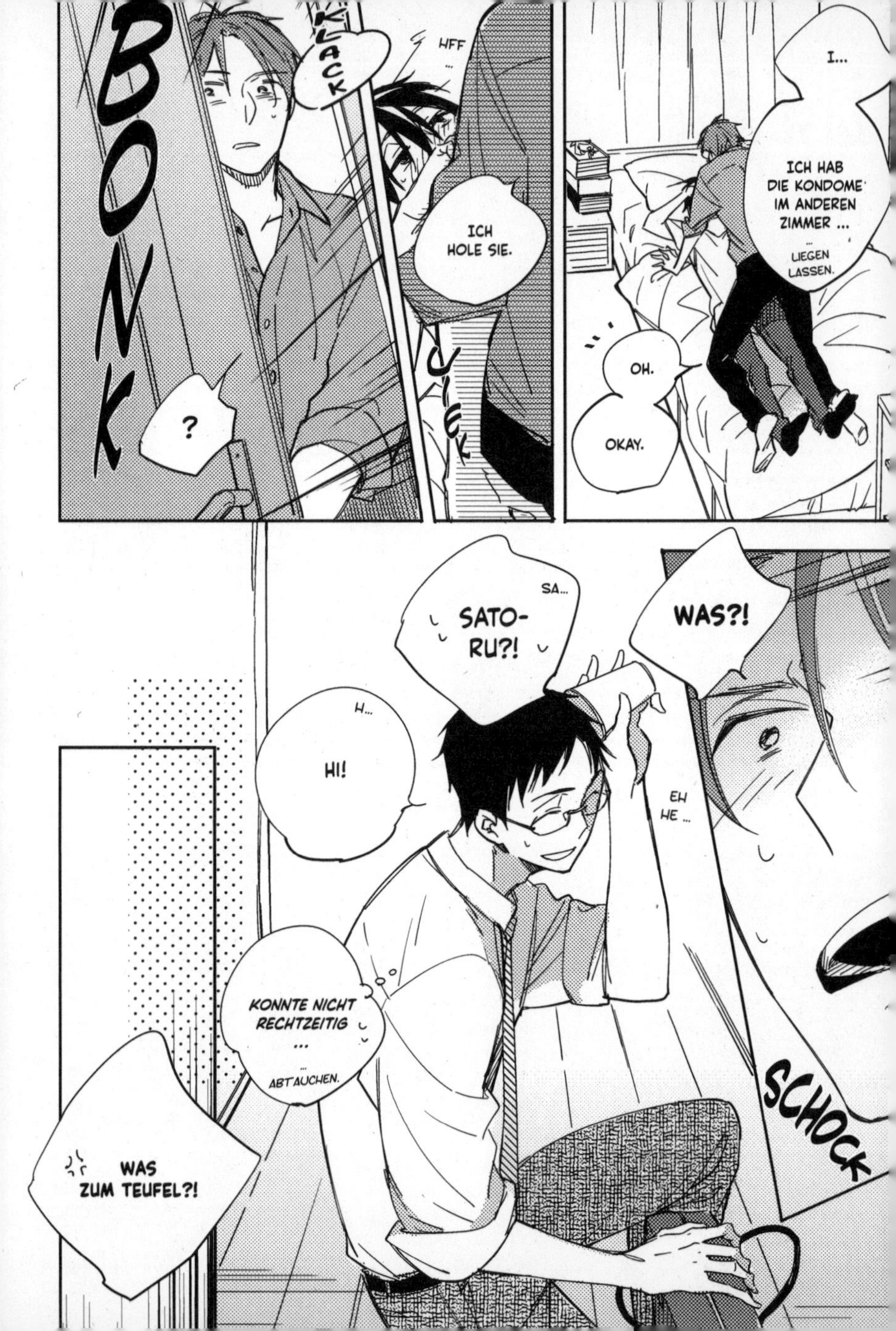
I...
ICH HAB DIE KONDOME IM ANDEREN ZIMMER ...
... LIEGEN LASSEN.
OH.
OKAY.
HFF ...
ICH HOLE SIE.
KLACK
?
BONK
QUIEK
WAS?!
SA...
SATO-RU?!
H...
HI!
EH HE ...
SCHOCK
KONNTE NICHT RECHTZEITIG ...
... ABTAUCHEN.
WAS ZUM TEUFEL?!

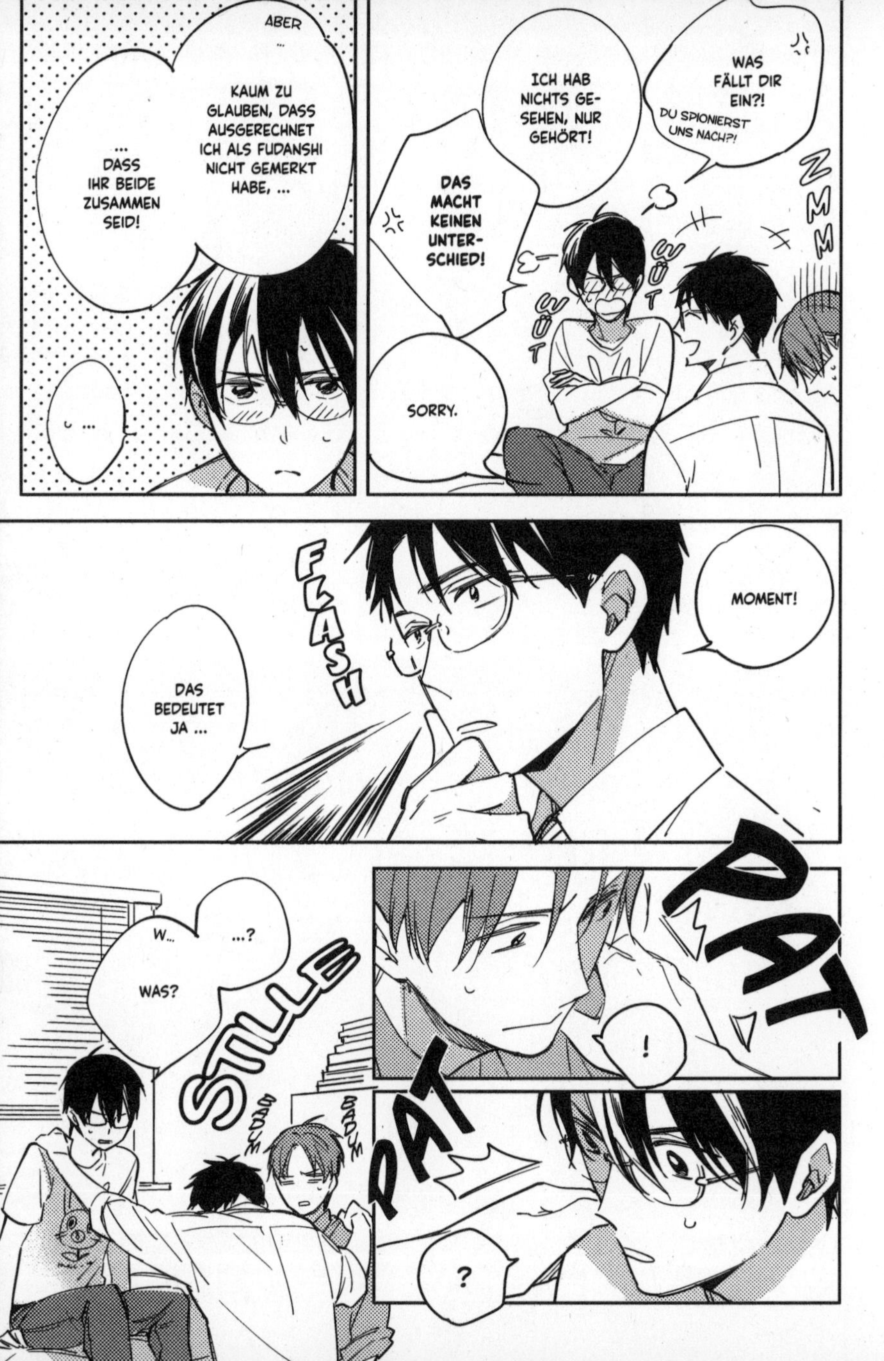
WAS FÄLLT DIR EIN?!
DU SPIONIERST UNS NACH?!
ZNMM
ICH HAB NICHTS GESEHEN, NUR GEHÖRT!
WÜT
WÜT
DAS MACHT KEINEN UNTERSCHIED!
SORRY.
ABER ...
KAUM ZU GLAUBEN, DASS AUSGERECHNET ICH ALS FUDANSHI NICHT GEMERKT HABE, ...
... DASS IHR BEIDE ZUSAMMEN SEID!
...
MOMENT!
FLASH
DAS BEDEUTET JA ...
PAT
!
PAT
?
W... ...?
WAS?
STILLE

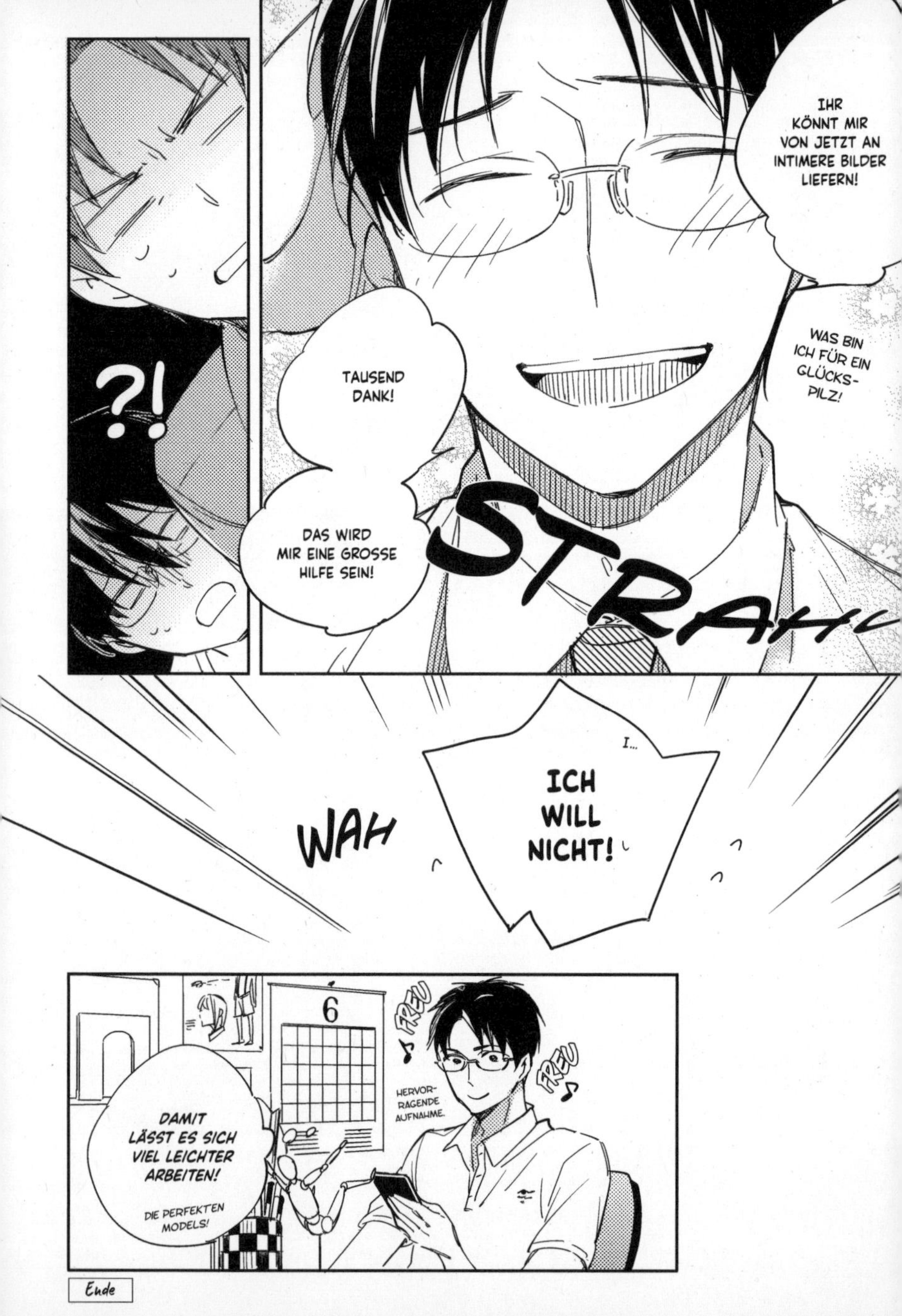
IHR KÖNNT MIR VON JETZT AN INTIMERE BILDER LIEFERN!
WAS BIN ICH FÜR EIN GLÜCKS-PILZ!
TAUSEND DANK!
DAS WIRD MIR EINE GROSSE HILFE SEIN!
STRAHL
?!
I...
ICH WILL NICHT!
WAH
FREU
FREU
HERVOR-RAGENDE AUFNAHME.
DAMIT LÄSST ES SICH VIEL LEICHTER ARBEITEN!
DIE PERFEKTEN MODELS!
6

Ende

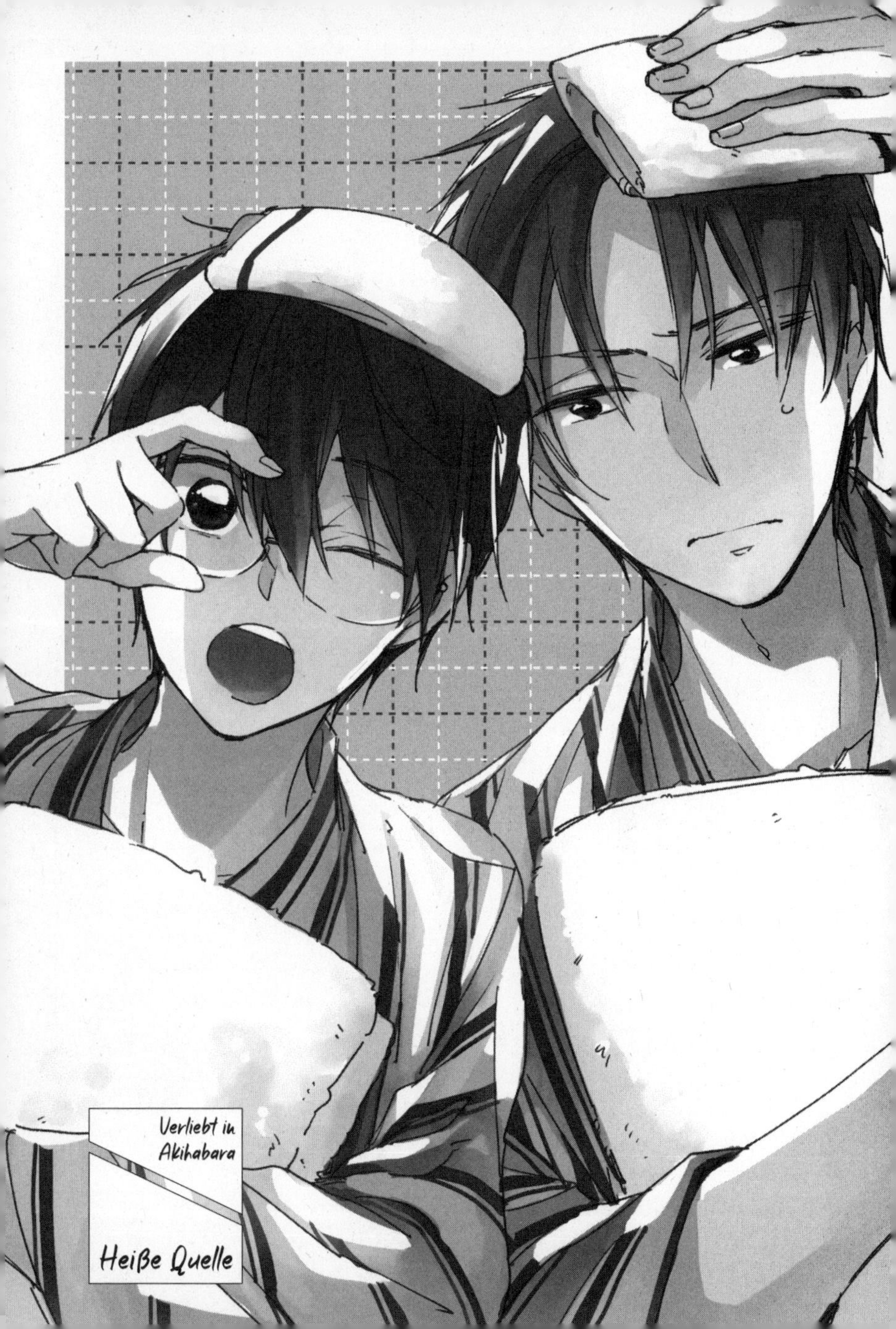
Verliebt in
Akihabara
Heiße Quelle

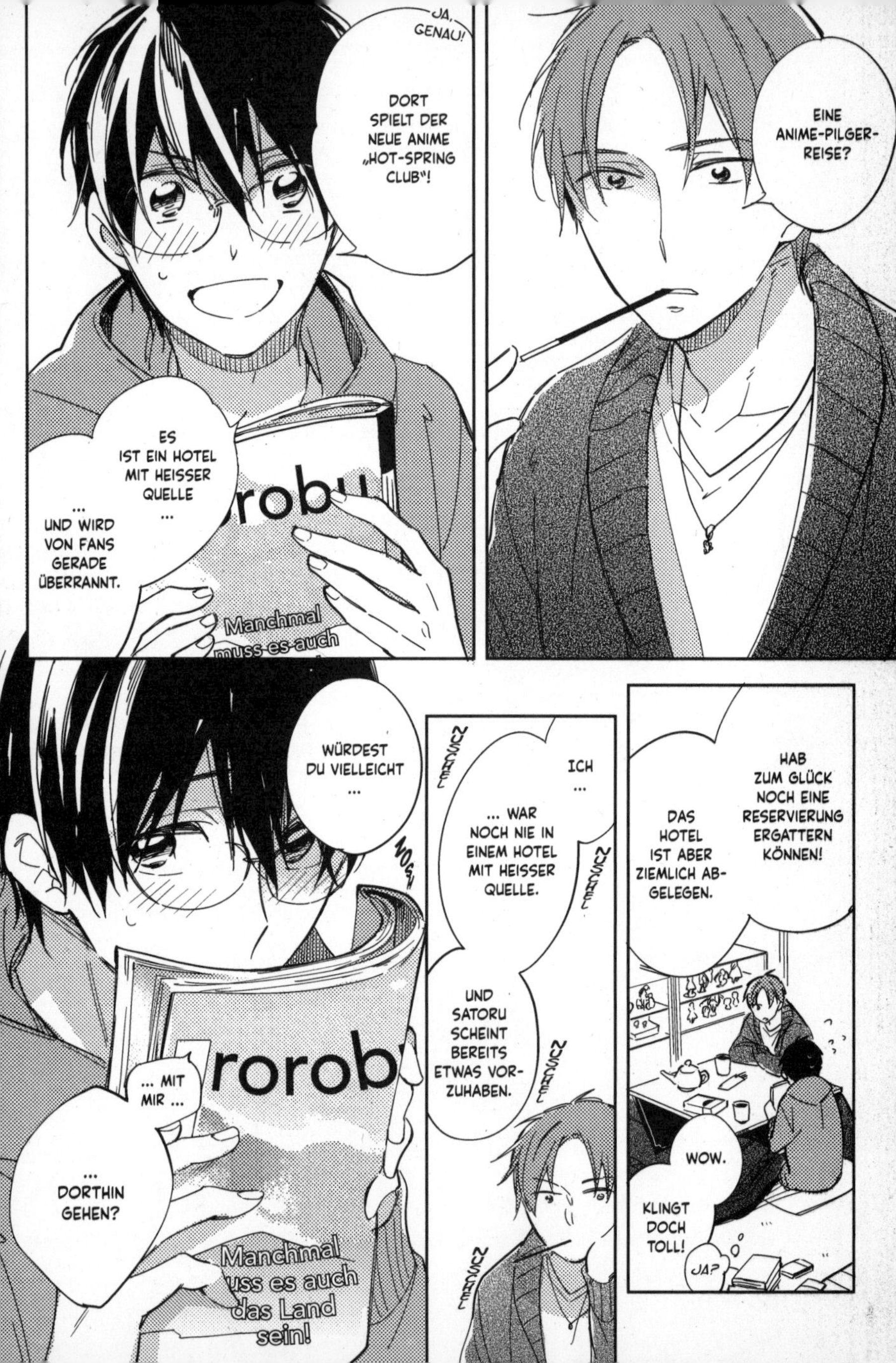

EINE ANIME-PILGER-REISE?
JA, GENAU!
DORT SPIELT DER NEUE ANIME „HOT-SPRING CLUB“!
ES IST EIN HOTEL MIT HEISSER QUELLE ...
... UND WIRD VON FANS GERADE ÜBERRANNT.
HAB ZUM GLÜCK NOCH EINE RESERVIERUNG ERGATTERN KÖNNEN!
DAS HOTEL IST ABER ZIEMLICH AB-GELEGEN.
WOW.
KLINGT DOCH TOLL!
JA?
NUSCHEL
ICH ...
... WAR NOCH NIE IN EINEM HOTEL MIT HEISSER QUELLE.
NUSCHEL
UND SATORU SCHEINT BEREITS ETWAS VOR-ZUHABEN.
NUSCHEL
NUSCHEL
WÜRDEST DU VIELLEICHT ...
... MIT MIR ...
... DORTHIN GEHEN?
Manchmal uss es auch das Land sein!

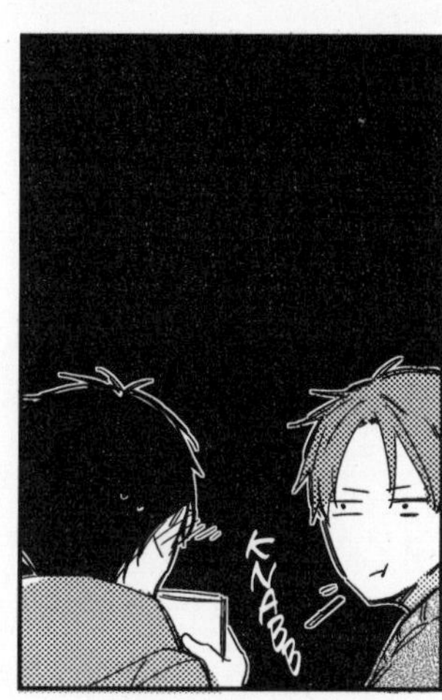

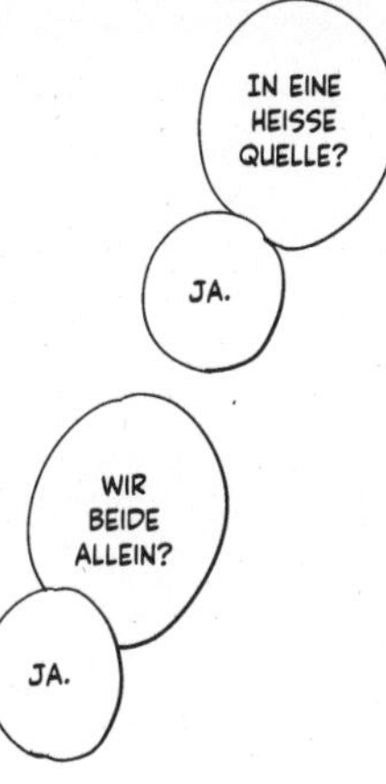

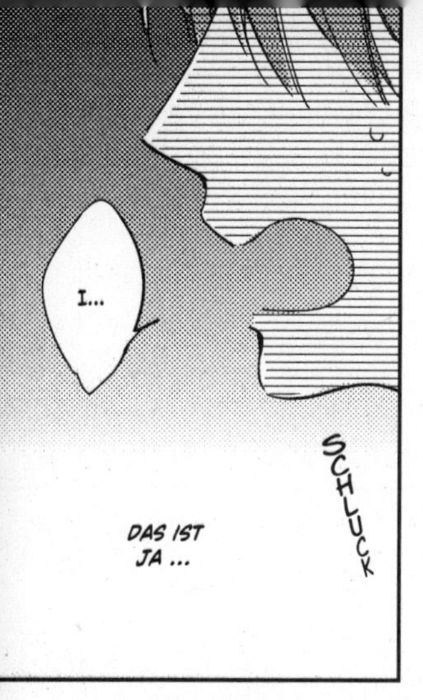

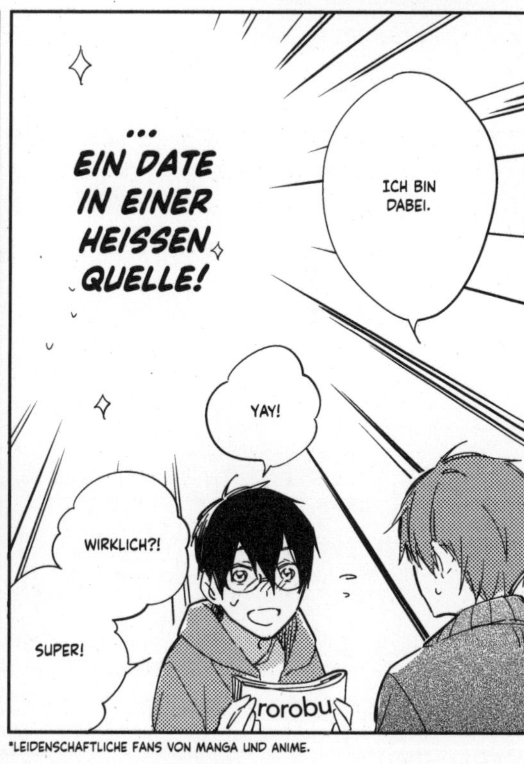

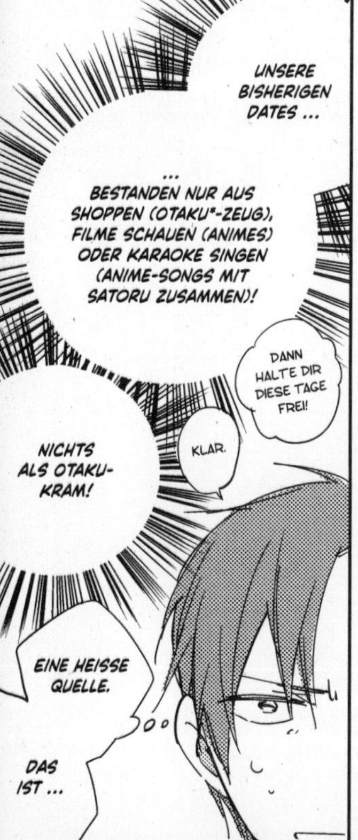

*LEIDENSCHAFTLICHE FANS VON MANGA UND ANIME.

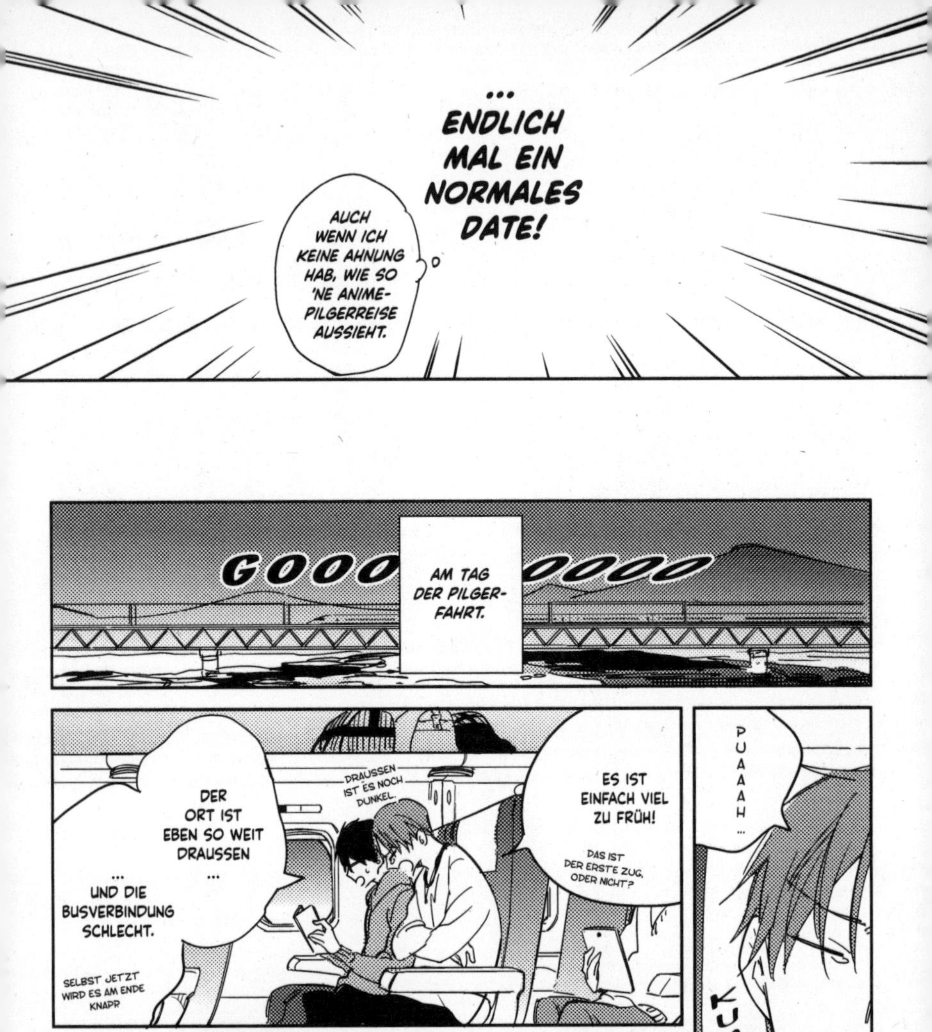

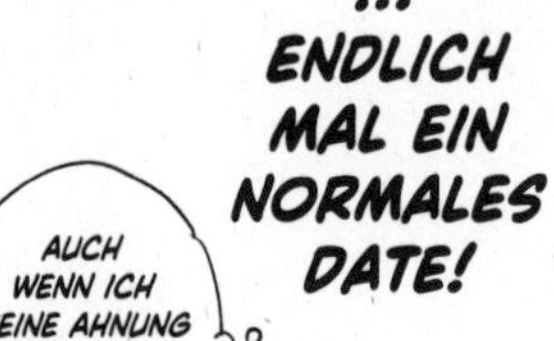
... ENDLICH MAL EIN NORMALES DATE!
AUCH WENN ICH KEINE AHNUNG HAB, WIE SO 'NE ANIME-PILGERREISE AUSSIEHT.

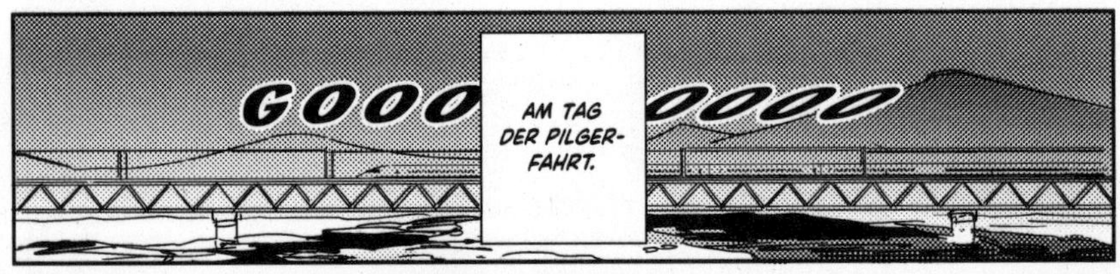
GOOOOOOOO
AM TAG DER PILGERFAHRT.
PUAAAH ...
KUAH
ES IST EINFACH VIEL ZU FRÜH!
DAS IST DER ERSTE ZUG, ODER NICHT?
DRAUSSEN IST ES NOCH DUNKEL.
DER ORT IST EBEN SO WEIT DRAUSSEN ...
... UND DIE BUSVERBINDUNG SCHLECHT.
SELBST JETZT WIRD ES AM ENDE KNAPP.
WOW! DAS HAST DU ...
... ALLES RAUSGESUCHT? ICH BIN BEEINDRUCKT!
HASP
!
ÄH, JA.

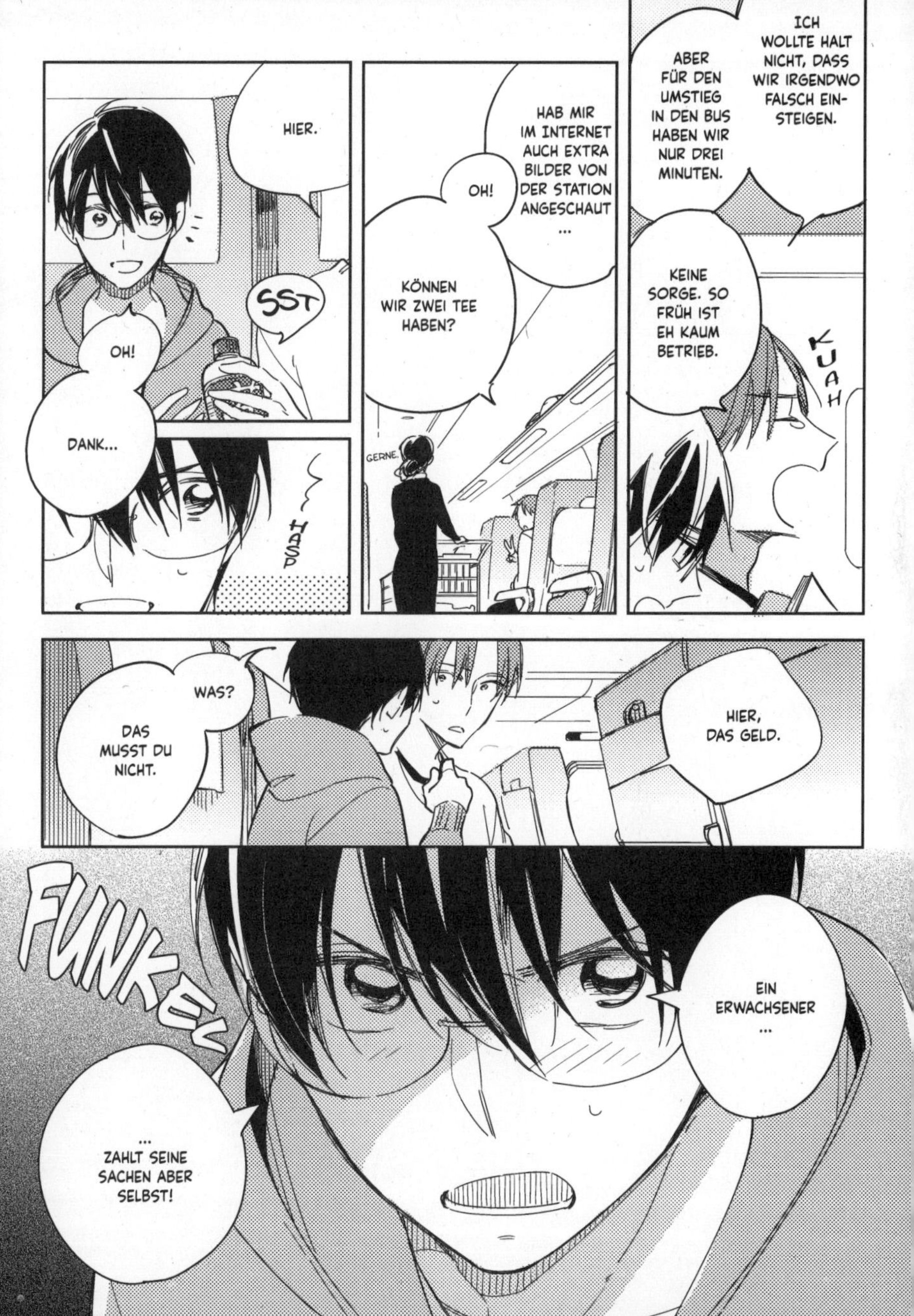
ICH WOLLTE HALT NICHT, DASS WIR IRGENDWO FALSCH EIN-STEIGEN.
ABER FÜR DEN UMSTIEG IN DEN BUS HABEN WIR NUR DREI MINUTEN.
KEINE SORGE. SO FRÜH IST EH KAUM BETRIEB.
KUAH
HAB MIR IM INTERNET AUCH EXTRA BILDER VON DER STATION ANGESCHAUT …
OH!
KÖNNEN WIR ZWEI TEE HABEN?
GERNE.
HIER.
SST
OH!
DANK…
HASP
HIER, DAS GELD.
WAS?
DAS MUSST DU NICHT.
FUNKEL
EIN ERWACHSENER …
… ZAHLT SEINE SACHEN ABER SELBST!

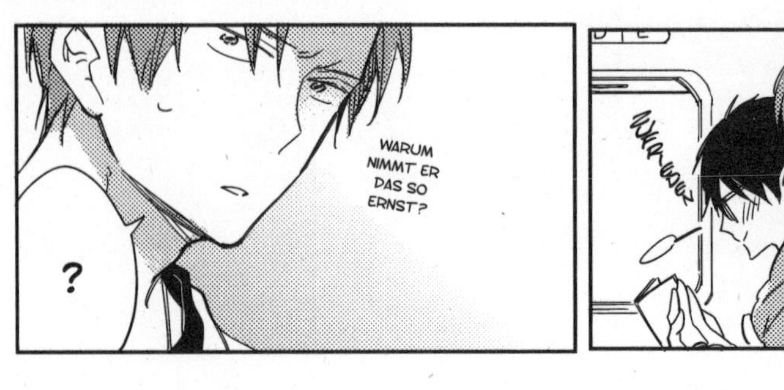

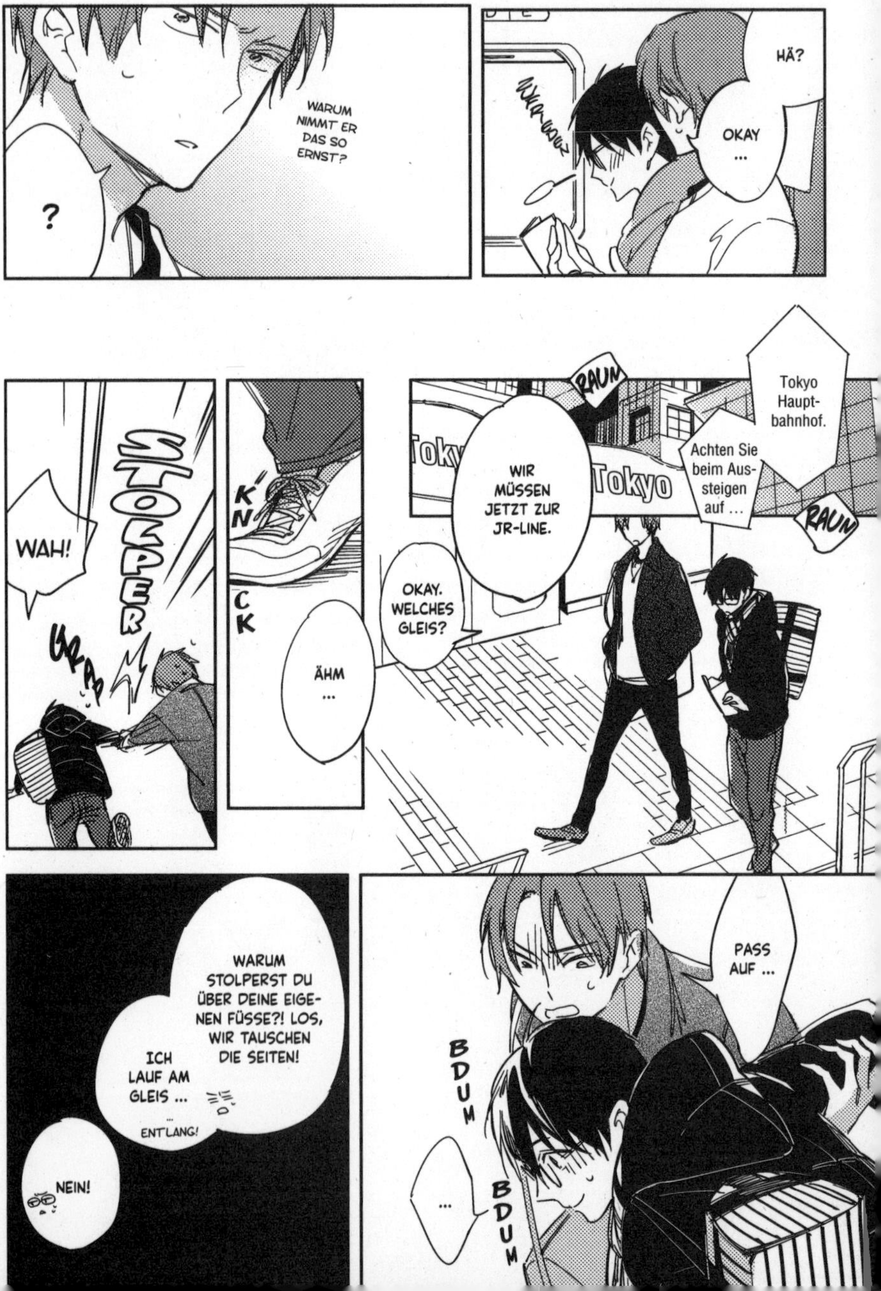

Tokyo Hauptbahnhof.
Achten Sie beim Aussteigen auf ...
RAUN
RAUN
WIR MÜSSEN JETZT ZUR JR-LINE.
OKAY. WELCHES GLEIS?
ÄHM ...
KN
CK
STOLPER
WAH!

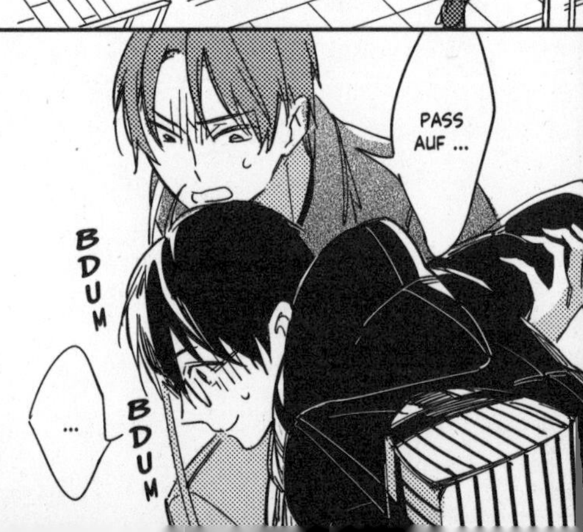

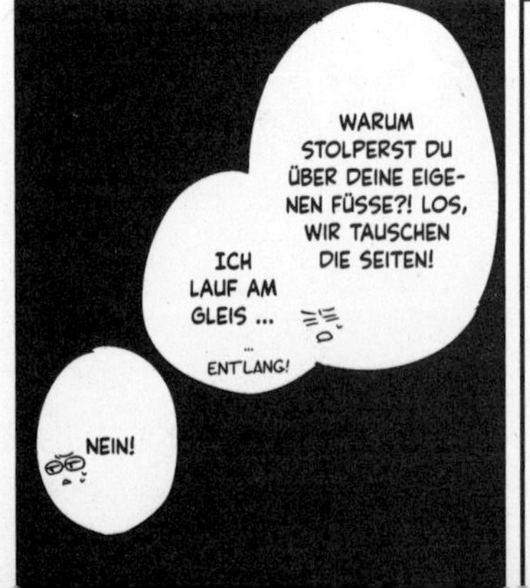

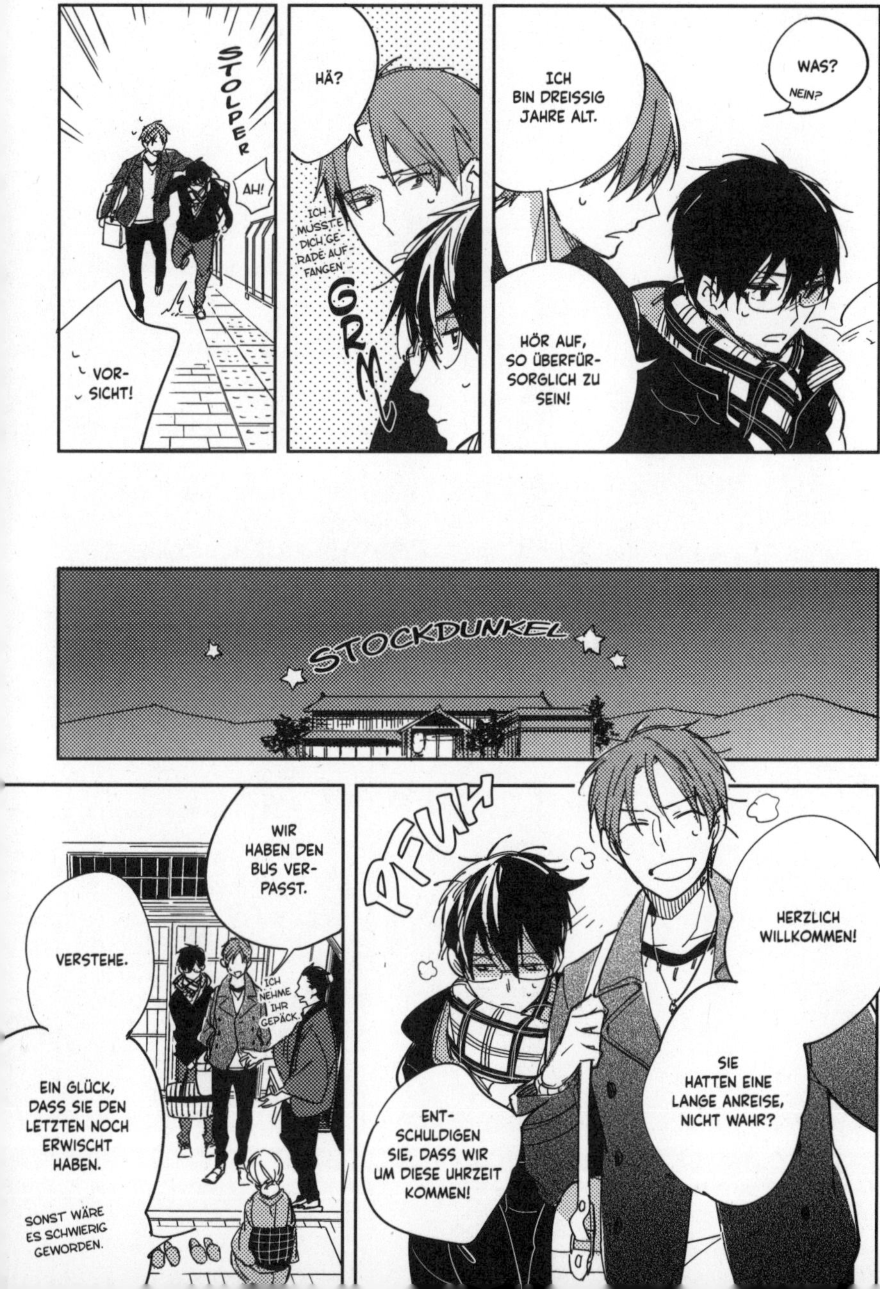

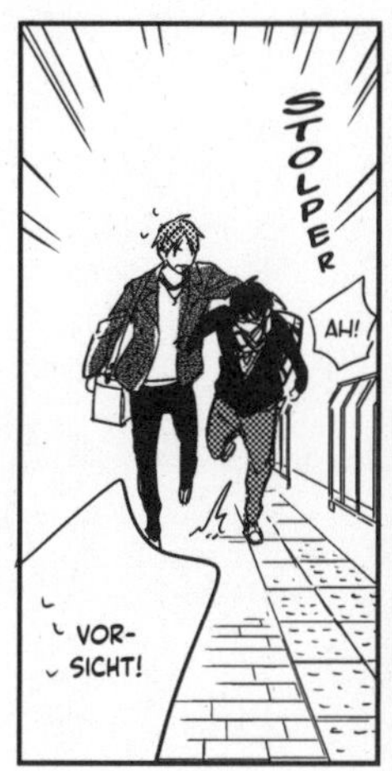

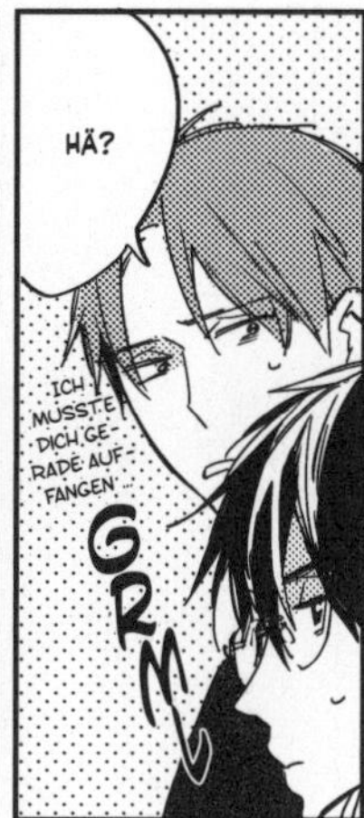

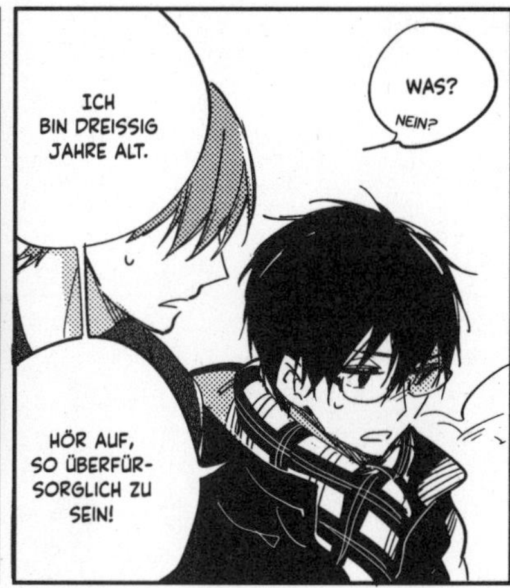

STOCKDUNKEL

PFUH

HERZLICH WILLKOMMEN!

SIE HATTEN EINE LANGE ANREISE, NICHT WAHR?

ENTSCHULDIGEN SIE, DASS WIR UM DIESE UHRZEIT KOMMEN!

WIR HABEN DEN BUS VERPASST.

ICH NEHME IHR GEPÄCK.

VERSTEHE.

EIN GLÜCK, DASS SIE DEN LETZTEN NOCH ERWISCHT HABEN.

SONST WÄRE ES SCHWIERIG GEWORDEN.

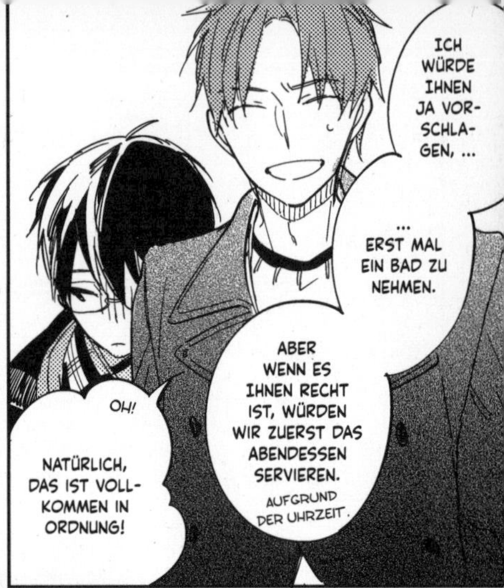
ICH WÜRDE IHNEN JA VORSCHLAGEN, ...
... ERST MAL EIN BAD ZU NEHMEN.
ABER WENN ES IHNEN RECHT IST, WÜRDEN WIR ZUERST DAS ABENDESSEN SERVIEREN.
AUFGRUND DER UHRZEIT.
OH!
NATÜRLICH, DAS IST VOLLKOMMEN IN ORDNUNG!

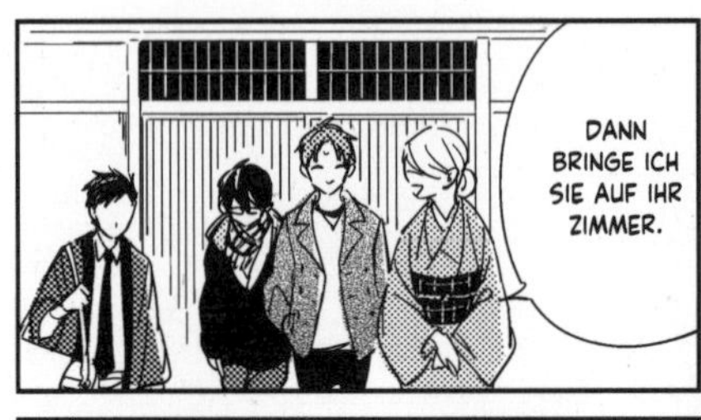
DANN BRINGE ICH SIE AUF IHR ZIMMER.

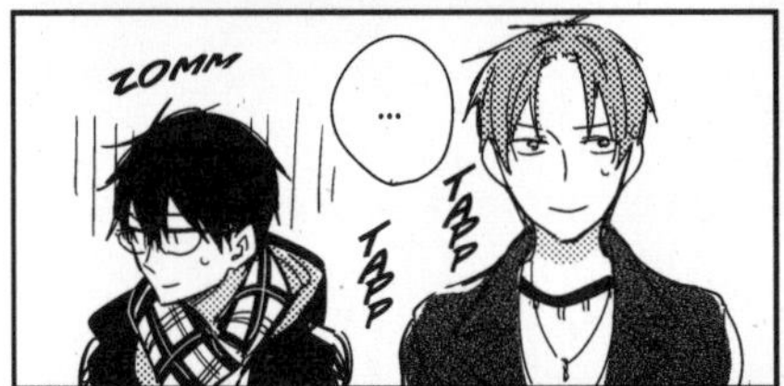
...
ZOMM
TAPP TAPP

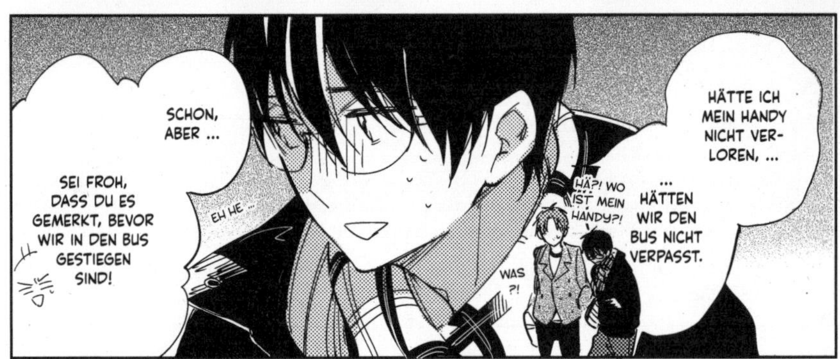
HÄTTE ICH MEIN HANDY NICHT VERLOREN, ...
... HÄTTEN WIR DEN BUS NICHT VERPASST.
HÄ?! WO IST MEIN HANDY?!
WAS ?!
SCHON, ABER ...
SEI FROH, DASS DU ES GEMERKT, BEVOR WIR IN DEN BUS GESTIEGEN SIND!
EH HE ...

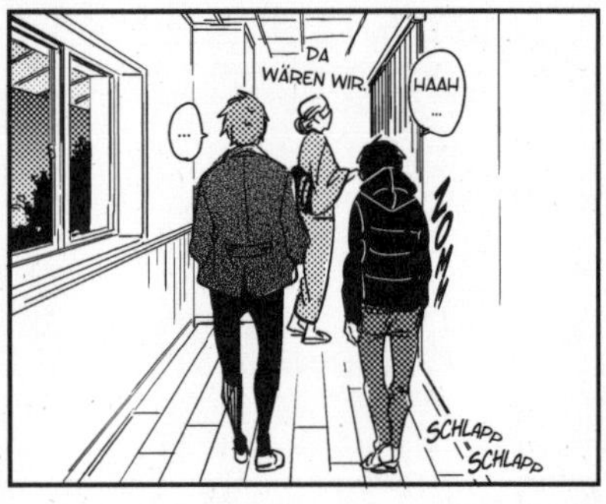
DA WÄREN WIR.
HAAH ...
...
ZOMM
SCHLAPP SCHLAPP

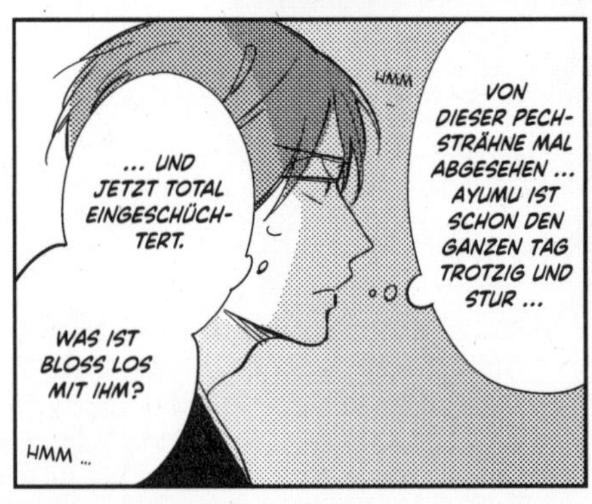
HMM
VON DIESER PECHSTRÄHNE MAL ABGESEHEN ... AYUMU IST SCHON DEN GANZEN TAG TROTZIG UND STUR ...
... UND JETZT TOTAL EINGESCHÜCHTERT.
WAS IST BLOSS LOS MIT IHM?
HMM ...

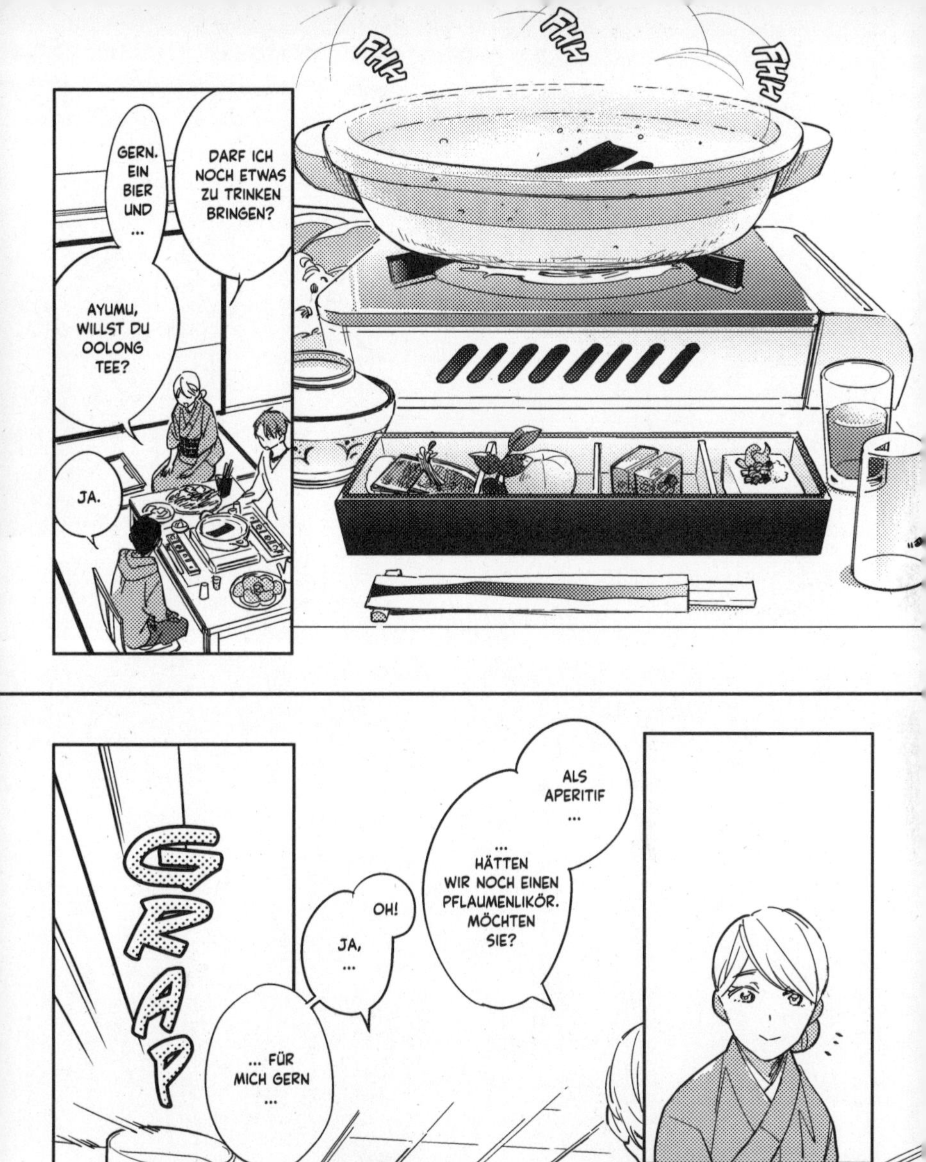
FHH
FHH
FHH
DARF ICH NOCH ETWAS ZU TRINKEN BRINGEN?
GERN. EIN BIER UND ...
AYUMU, WILLST DU OOLONG TEE?
JA.
ALS APERITIF ...
... HÄTTEN WIR NOCH EINEN PFLAUMENLIKÖR. MÖCHTEN SIE?
OH!
JA, ...
... FÜR MICH GERN ...
GRAP

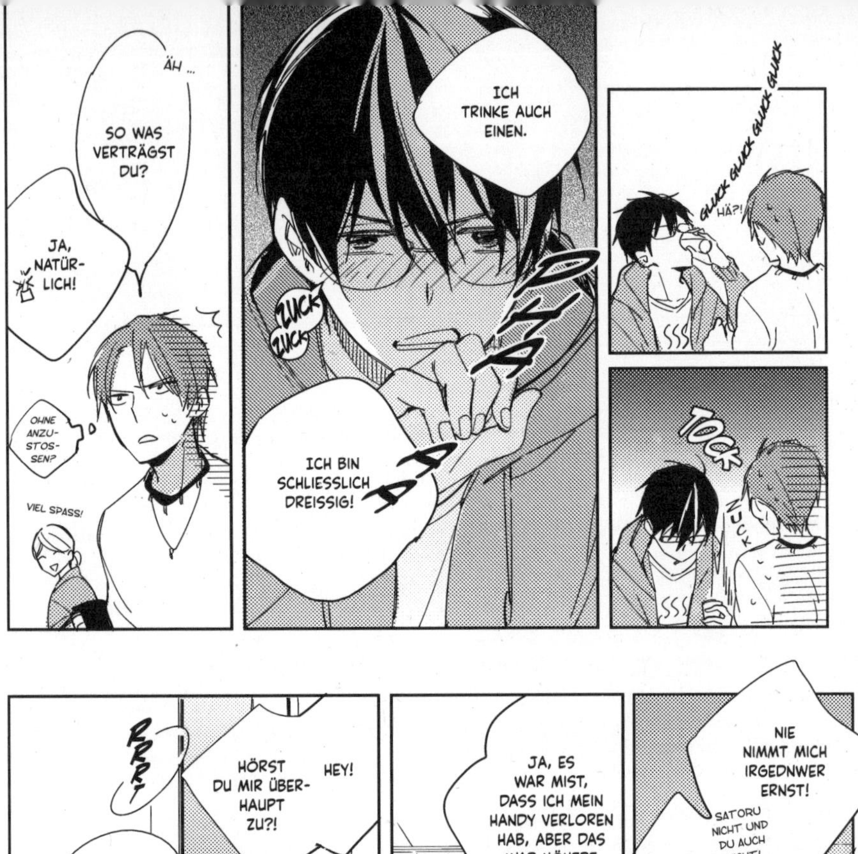

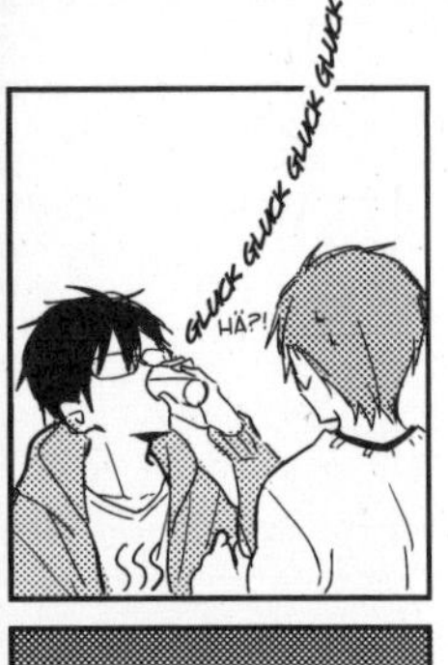

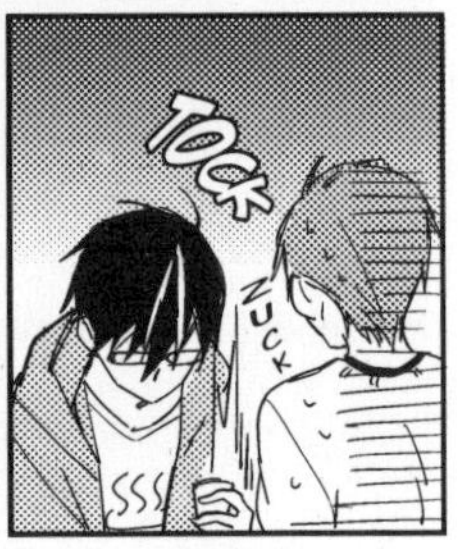

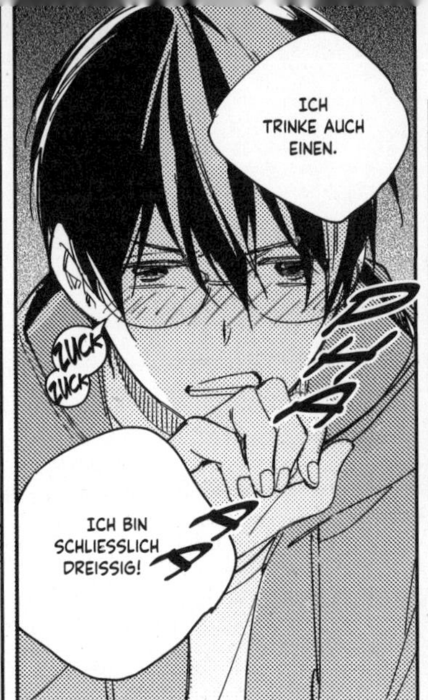

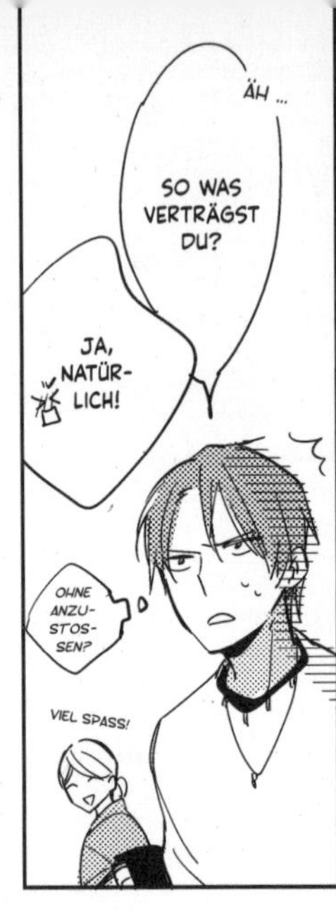

NIE NIMMT MICH IRGEDNWER ERNST!

SATORU NICHT UND DU AUCH NICHT!

ICH BIN DREISSIG! KLAR VERTRAG ICH ALKOHOL!

UND FAHRPLÄNE KANN ICH AUCH LESEN!

WIR NEHMEN DICH DOCH ERNST.

JA, ES WAR MIST, DASS ICH MEIN HANDY VERLOREN HAB, ABER DAS WAR HÖHERE GEWALT!

AH!

DA SIND WIR.

HEY!

HÖRST DU MIR ÜBERHAUPT ZU?!

RRRT

KLAR.

ÄHM, ÜBRIGENS ...

KANN ES SEIN, DASS DU BETRUNKEN BIST?

VON DEM APERITIF?

ICH BIN NICHT BETRUNKEN!

DU TUST ES SCHON WIEDER!

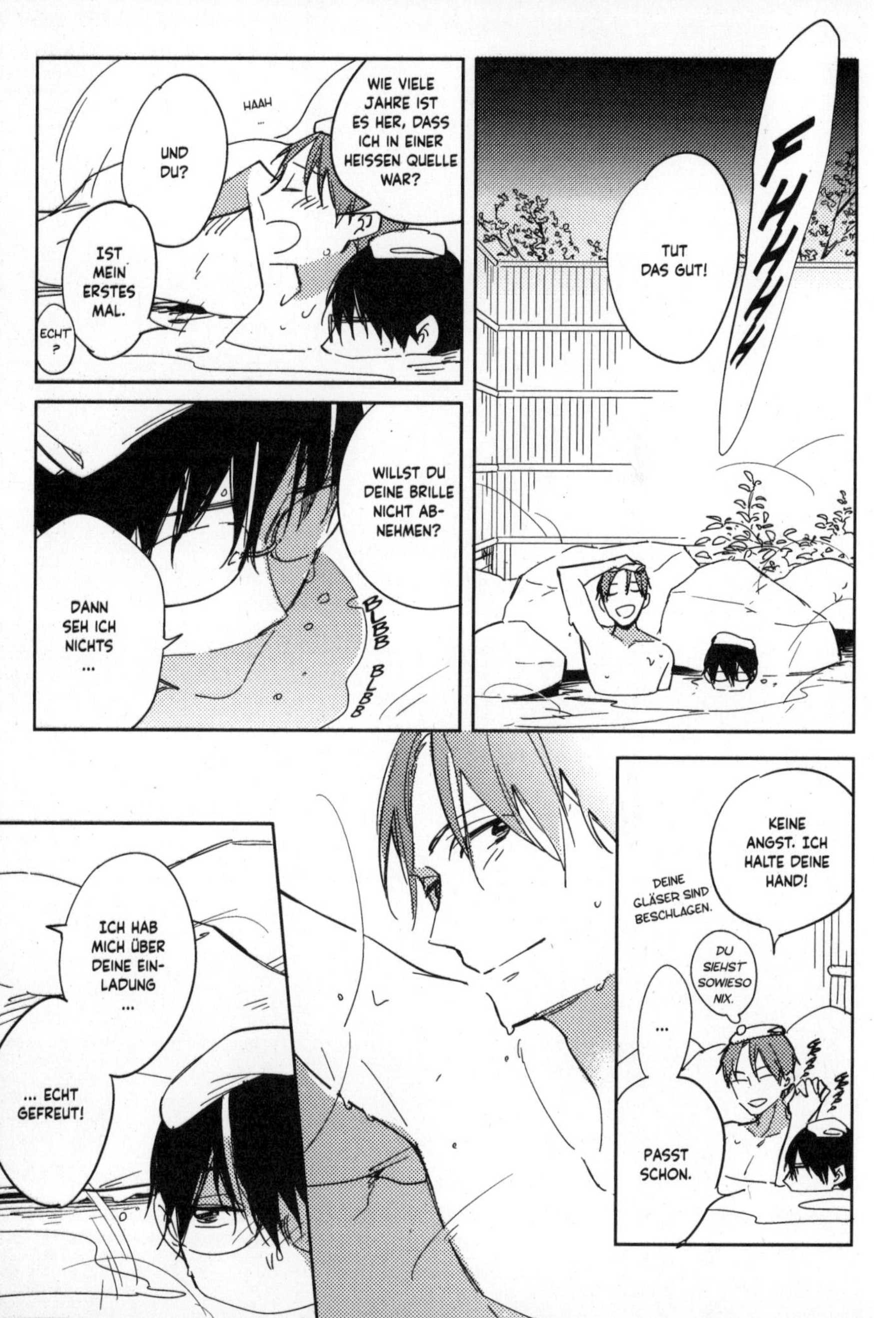
FHUHHH
TUT DAS GUT!
WIE VIELE JAHRE IST ES HER, DASS ICH IN EINER HEISSEN QUELLE WAR?
HAAH ...
UND DU?
IST MEIN ERSTES MAL.
ECHT?
WILLST DU DEINE BRILLE NICHT ABNEHMEN?
DANN SEH ICH NICHTS ...
BLBB BLBB
KEINE ANGST. ICH HALTE DEINE HAND!
DEINE GLÄSER SIND BESCHLAGEN.
DU SIEHST SOWIESO NIX.
...
PASST SCHON.
ICH HAB MICH ÜBER DEINE EINLADUNG ...
... ECHT GEFREUT!

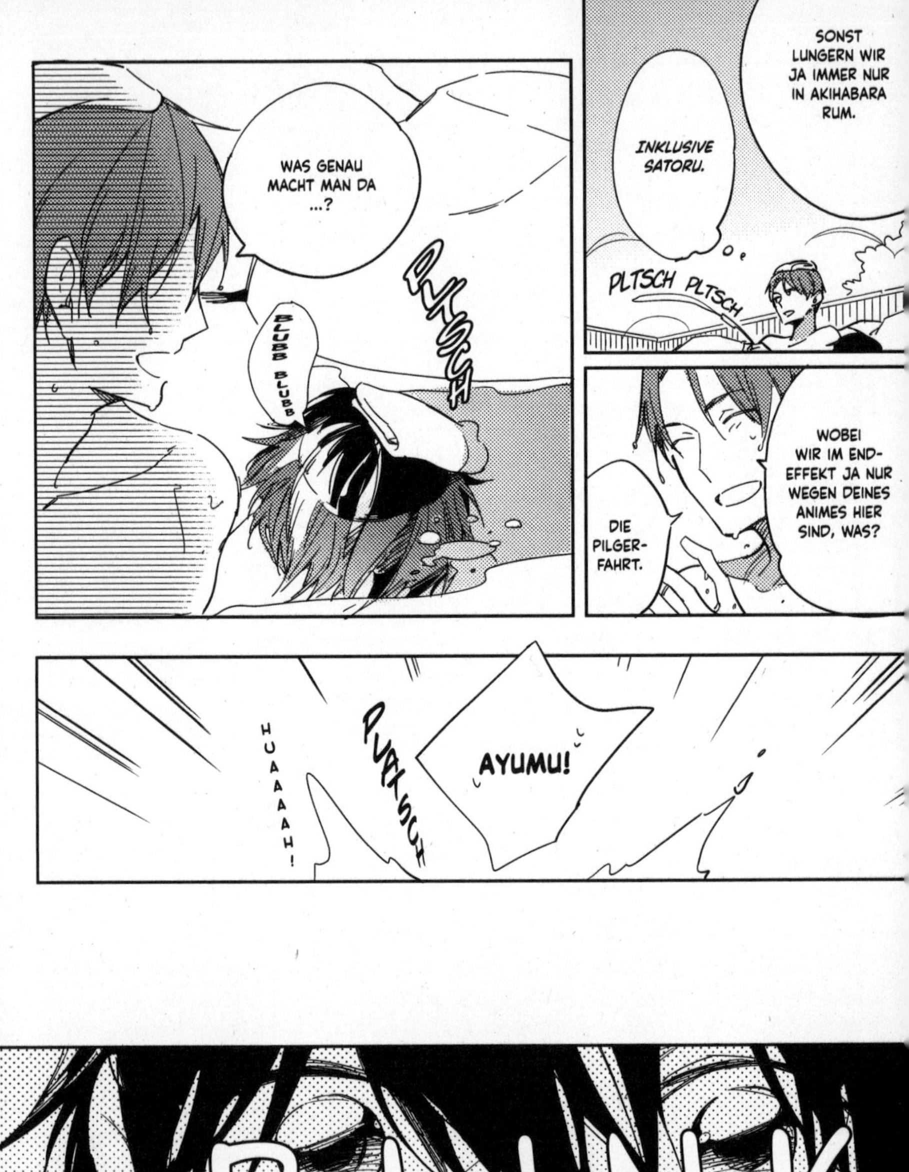
SONST LUNGERN WIR JA IMMER NUR IN AKIHABARA RUM.
INKLUSIVE SATORU.
PLTSCH PLTSCH
WOBEI WIR IM END-EFFEKT JA NUR WEGEN DEINES ANIMES HIER SIND, WAS?
DIE PILGER-FAHRT.
WAS GENAU MACHT MAN DA ...?
BLUBB BLUBB
AYUMU!
HUAAAAAH!
BLINK

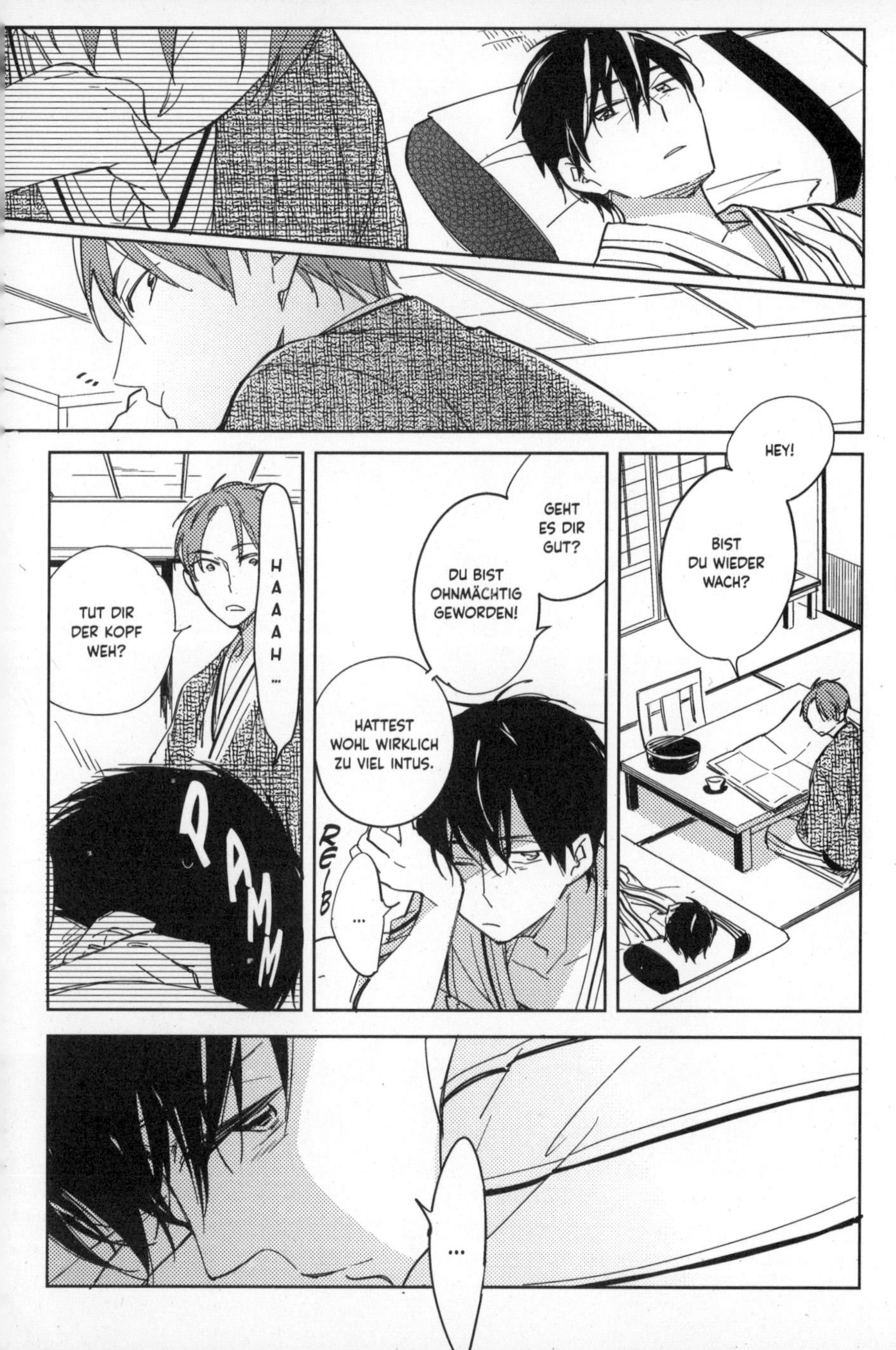
...
HEY!
BIST DU WIEDER WACH?
GEHT ES DIR GUT?
DU BIST OHNMÄCHTIG GEWORDEN!
HATTEST WOHL WIRKLICH ZU VIEL INTUS.
REIB
...
HAAAAH ...
TUT DIR DER KOPF WEH?
PAMM
...

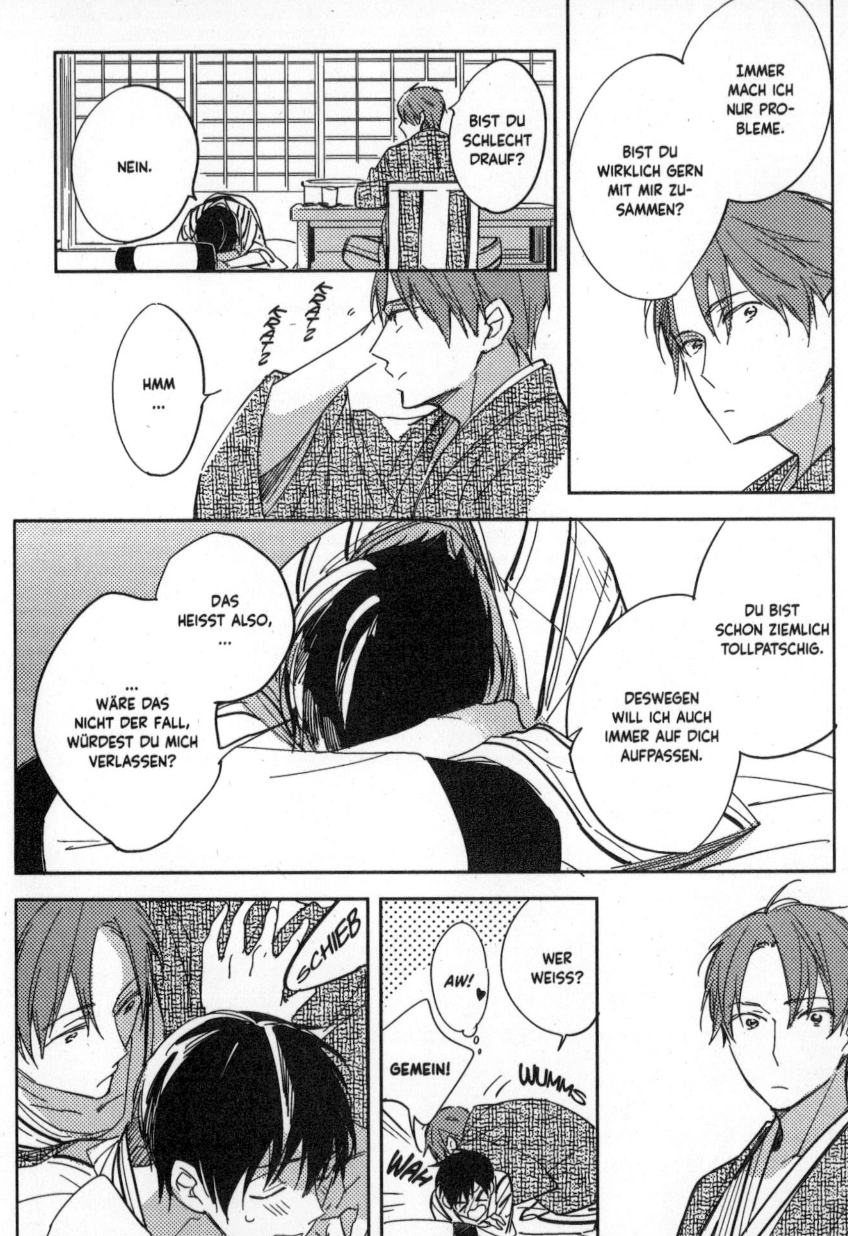

BIST DU SCHLECHT DRAUF?
NEIN.
IMMER MACH ICH NUR PROBLEME.
BIST DU WIRKLICH GERN MIT MIR ZUSAMMEN?
HMM ...
DU BIST SCHON ZIEMLICH TOLLPATSCHIG.
DESWEGEN WILL ICH AUCH IMMER AUF DICH AUFPASSEN.
DAS HEISST ALSO, ...
... WÄRE DAS NICHT DER FALL, WÜRDEST DU MICH VERLASSEN?
WER WEISS?
AW!
GEMEIN!
WUMMS
WAH
SCHIEB
GENUG JETZT.

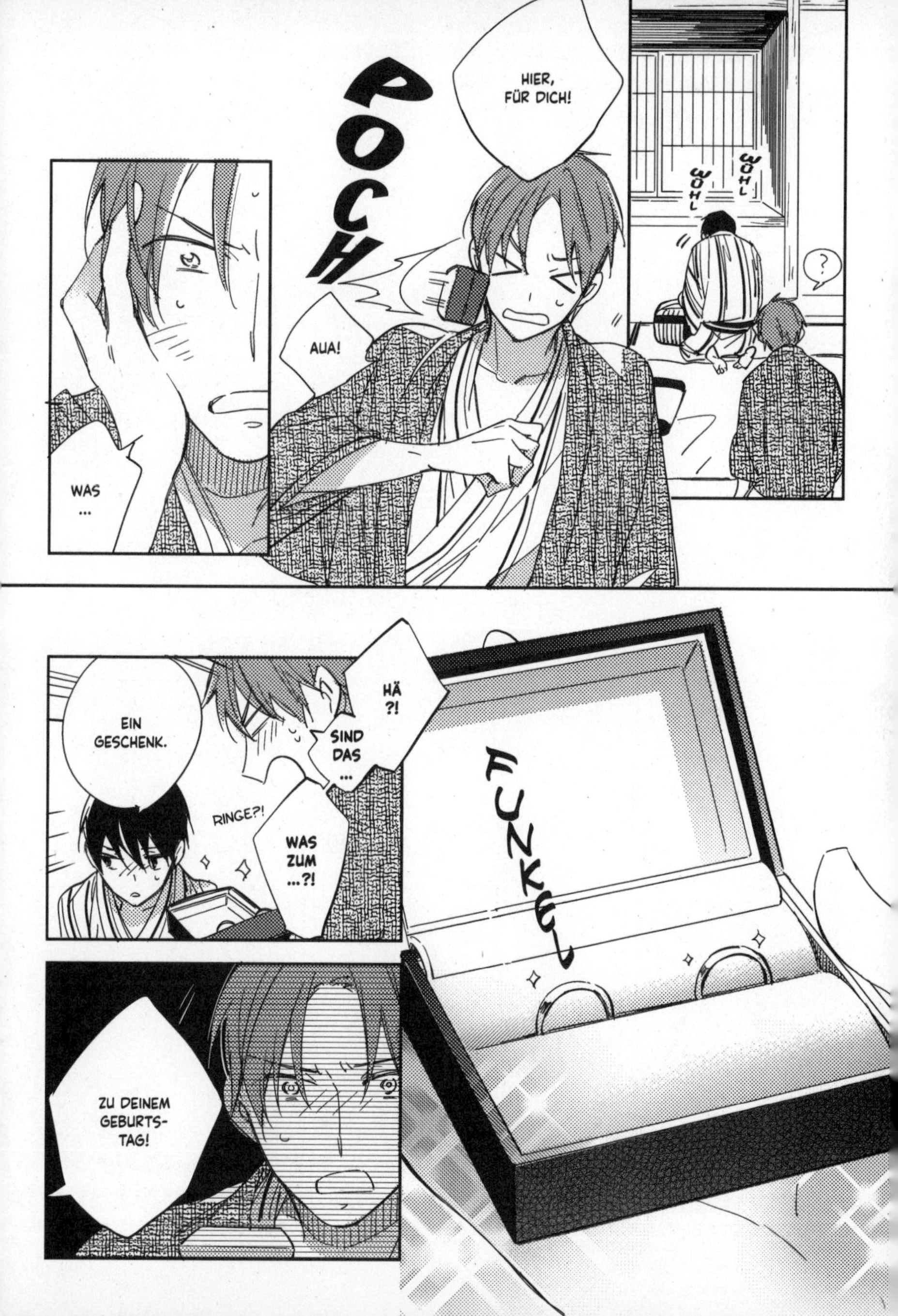
WÖHL WÖHL
?
HIER, FÜR DICH!
POCH
AUA!
WAS ...
FUNKEL
HÄ ?!
SIND DAS ...
RINGE?!
WAS ZUM ...?!
EIN GESCHENK.
ZU DEINEM GEBURTS-TAG!

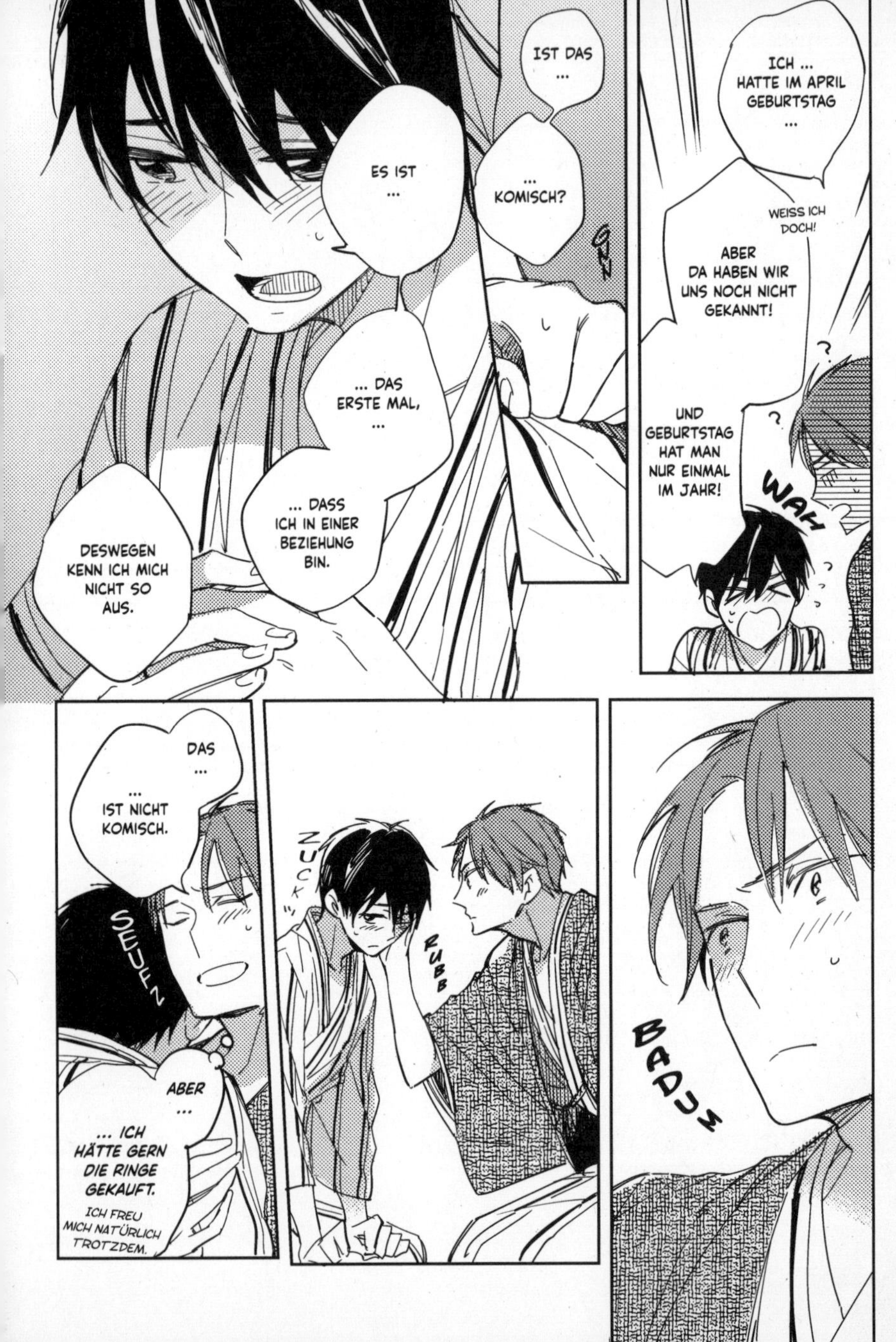
ICH ... HATTE IM APRIL GEBURTSTAG ...
WEISS ICH DOCH!
ABER DA HABEN WIR UNS NOCH NICHT GEKANNT!
UND GEBURTSTAG HAT MAN NUR EINMAL IM JAHR!
WAH
IST DAS ...
... KOMISCH?
GNN
ES IST ...
... DAS ERSTE MAL, ...
... DASS ICH IN EINER BEZIEHUNG BIN.
DESWEGEN KENN ICH MICH NICHT SO AUS.
BADUM
ZUCK
RUBB
DAS ...
... IST NICHT KOMISCH.
SEUFZ
ABER ...
... ICH HÄTTE GERN DIE RINGE GEKAUFT.
ICH FREU MICH NATÜRLICH TROTZDEM.

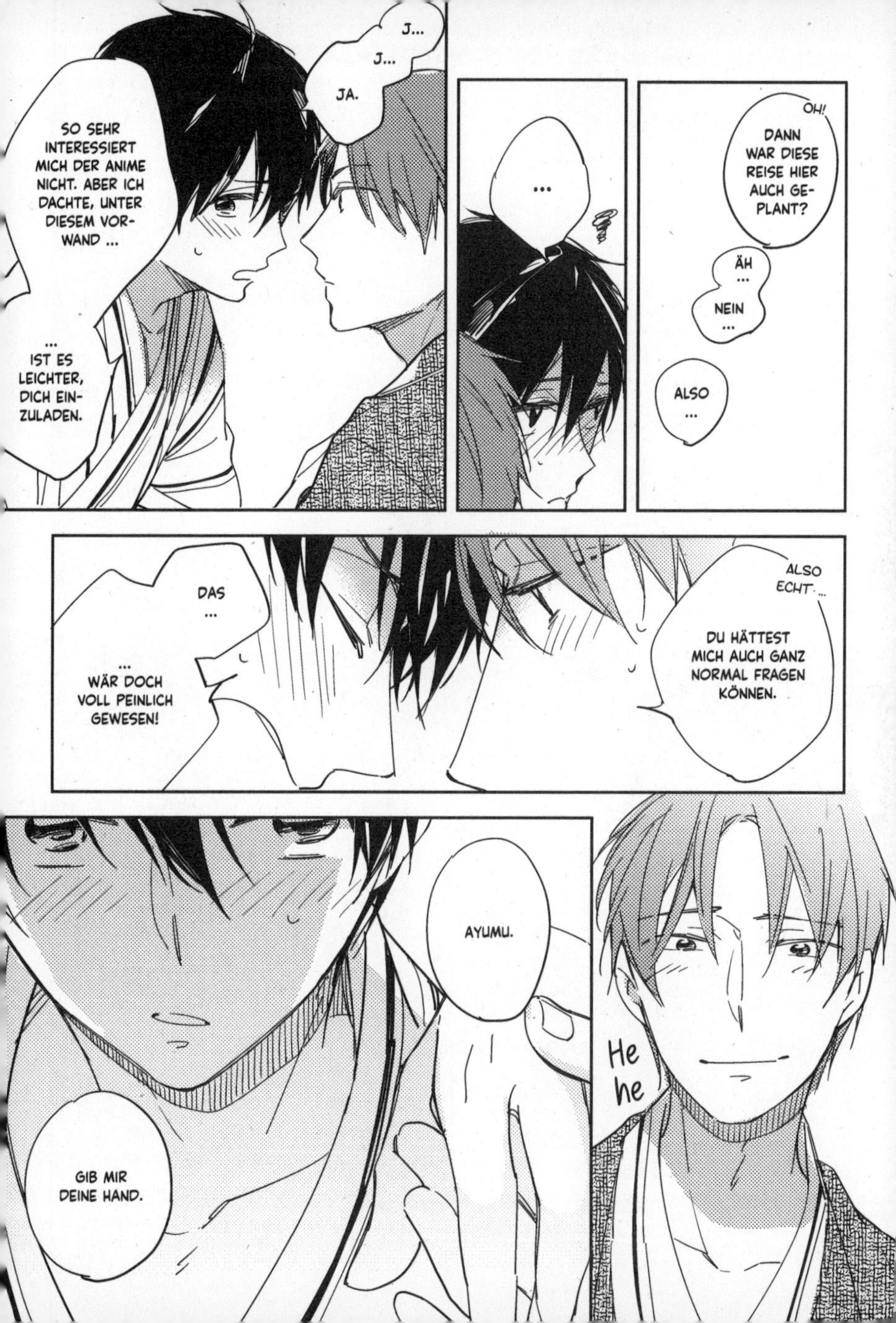
J...
J...
JA.
SO SEHR INTERESSIERT MICH DER ANIME NICHT. ABER ICH DACHTE, UNTER DIESEM VOR-WAND ...
... IST ES LEICHTER, DICH EIN-ZULADEN.
OH!
DANN WAR DIESE REISE HIER AUCH GE-PLANT?
ÄH ...
NEIN ...
ALSO ...
...
ALSO ECHT ...
DU HÄTTEST MICH AUCH GANZ NORMAL FRAGEN KÖNNEN.
DAS ...
... WÄR DOCH VOLL PEINLICH GEWESEN!
AYUMU.
He he
GIB MIR DEINE HAND.

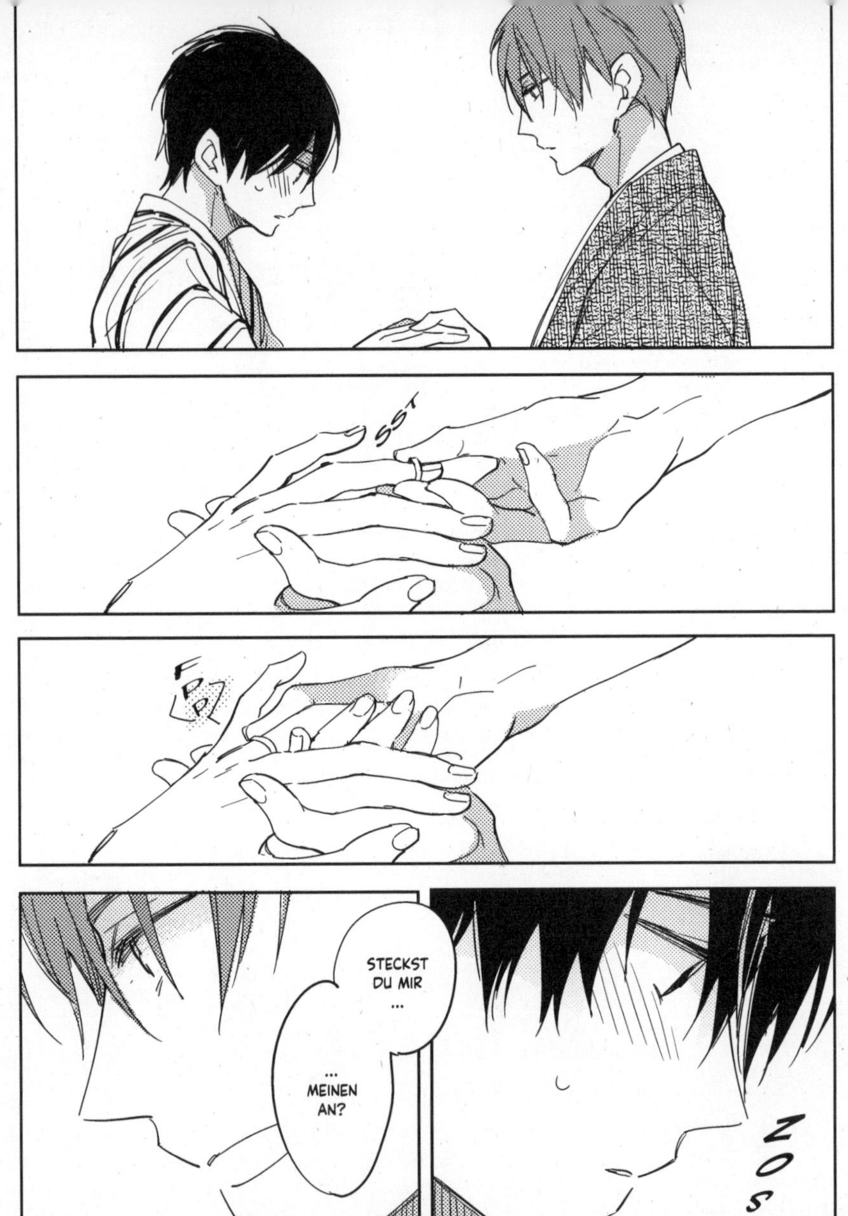
SST
FAP
STECKST DU MIR ...
... MEINEN AN?
ZOSH

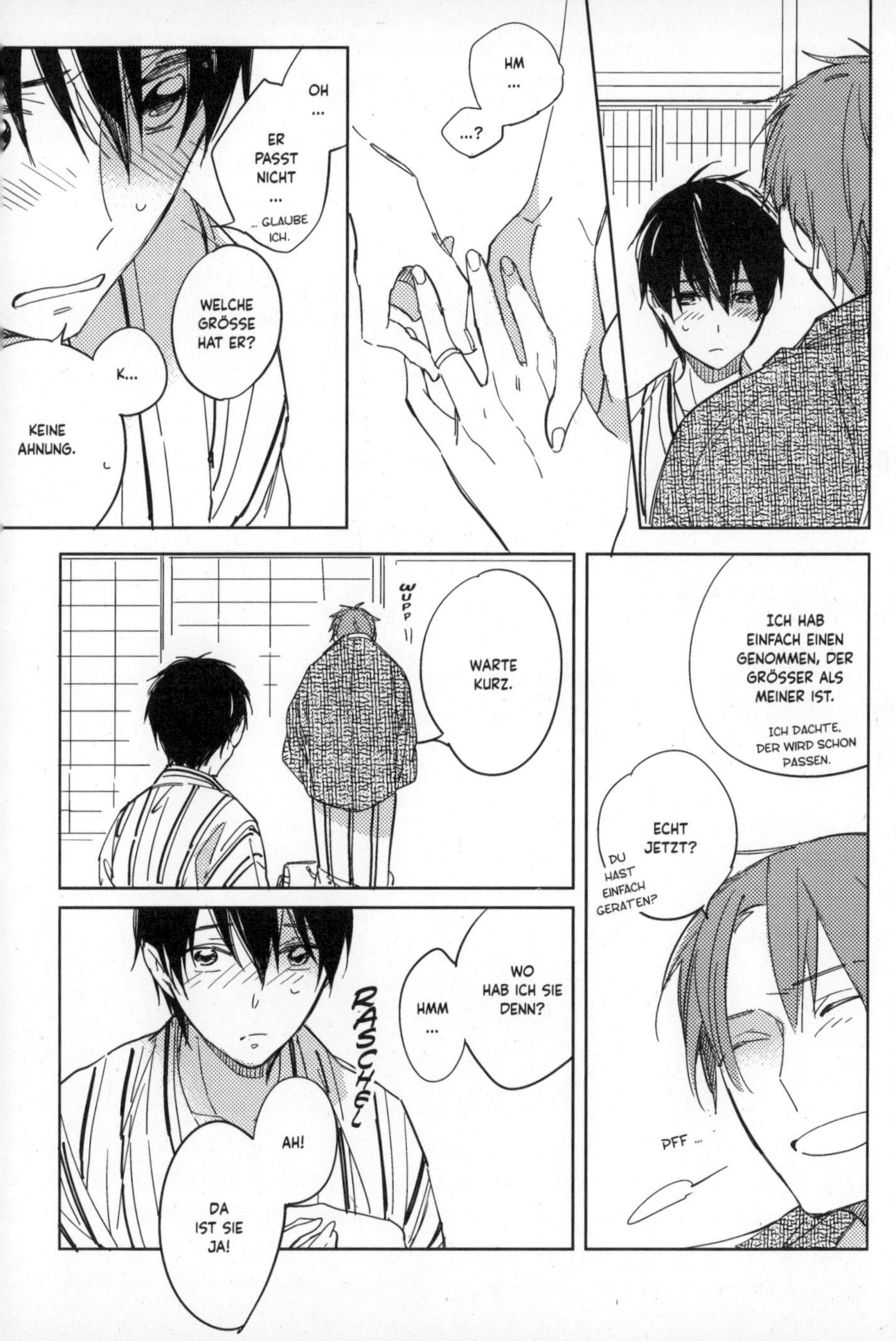
HM …
…?
OH …
ER PASST NICHT …
… GLAUBE ICH.
WELCHE GRÖSSE HAT ER?
K…
KEINE AHNUNG.
ICH HAB EINFACH EINEN GENOMMEN, DER GRÖSSER ALS MEINER IST.
ICH DACHTE, DER WIRD SCHON PASSEN.
ECHT JETZT?
DU HAST EINFACH GERATEN?
PFF …
WUPP
WARTE KURZ.
WO HAB ICH SIE DENN?
HMM …
RASCHEL
AH!
DA IST SIE JA!

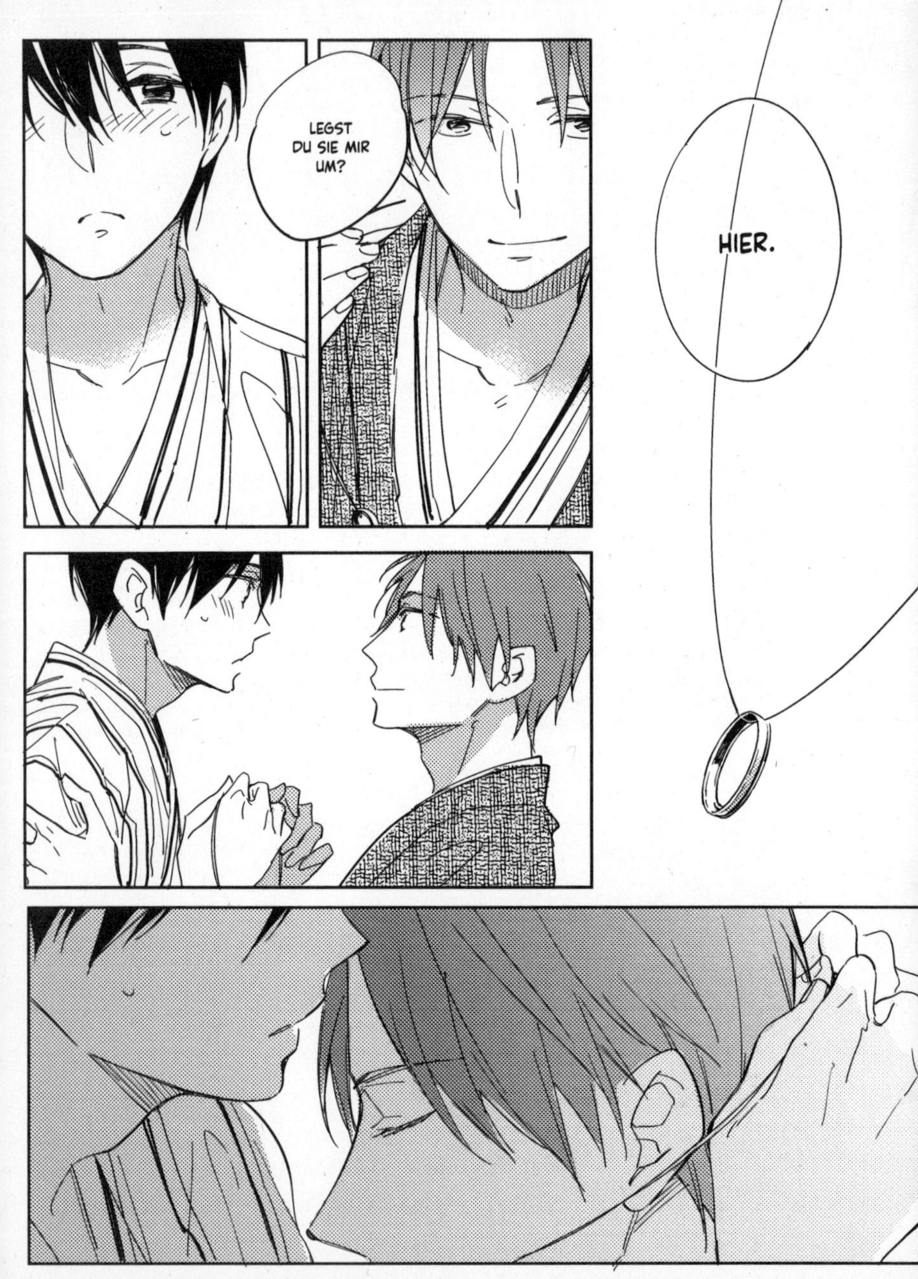
HIER.
LEGST DU SIE MIR UM?

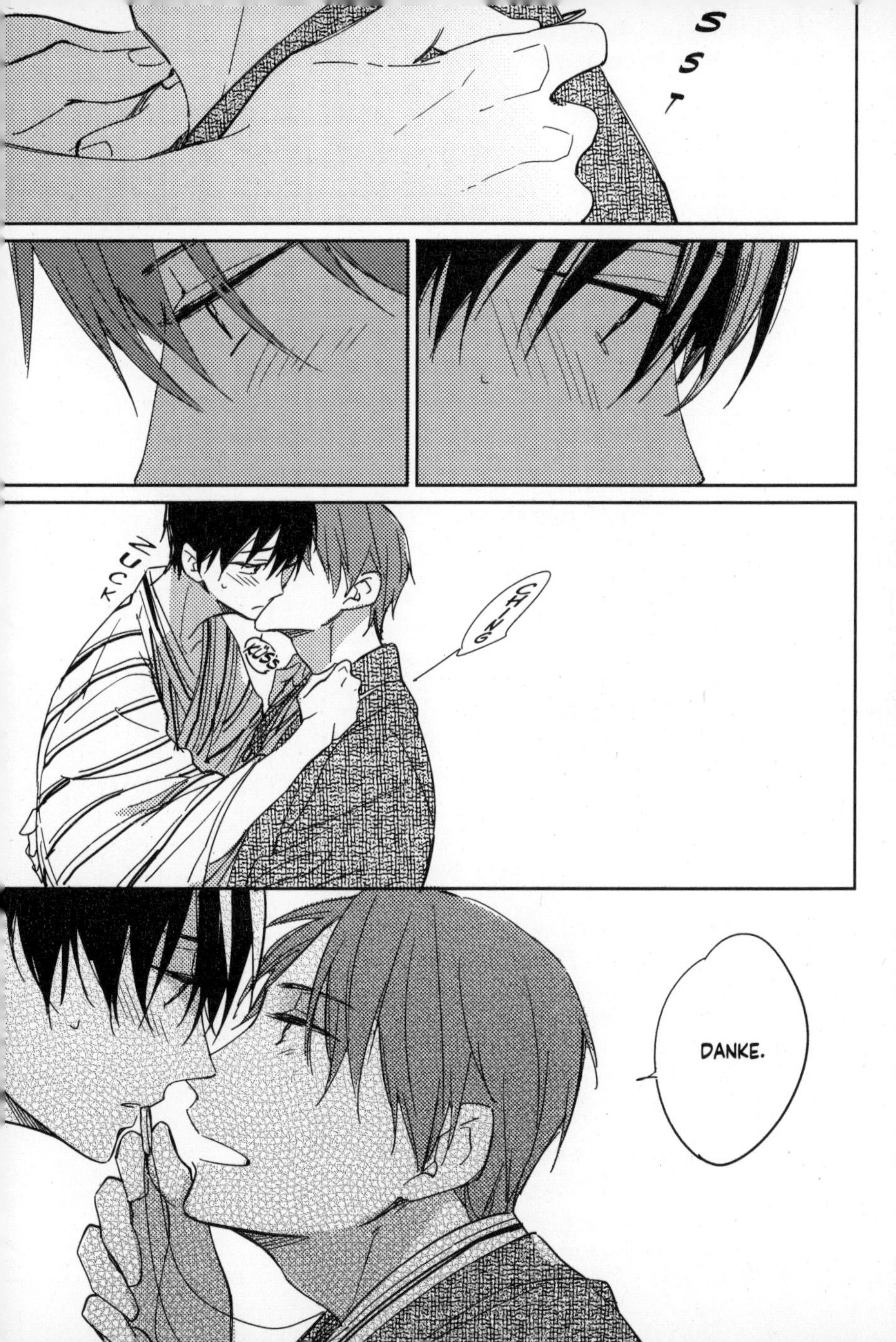
SST
KNUCK
KÜSS
CHING
DANKE.

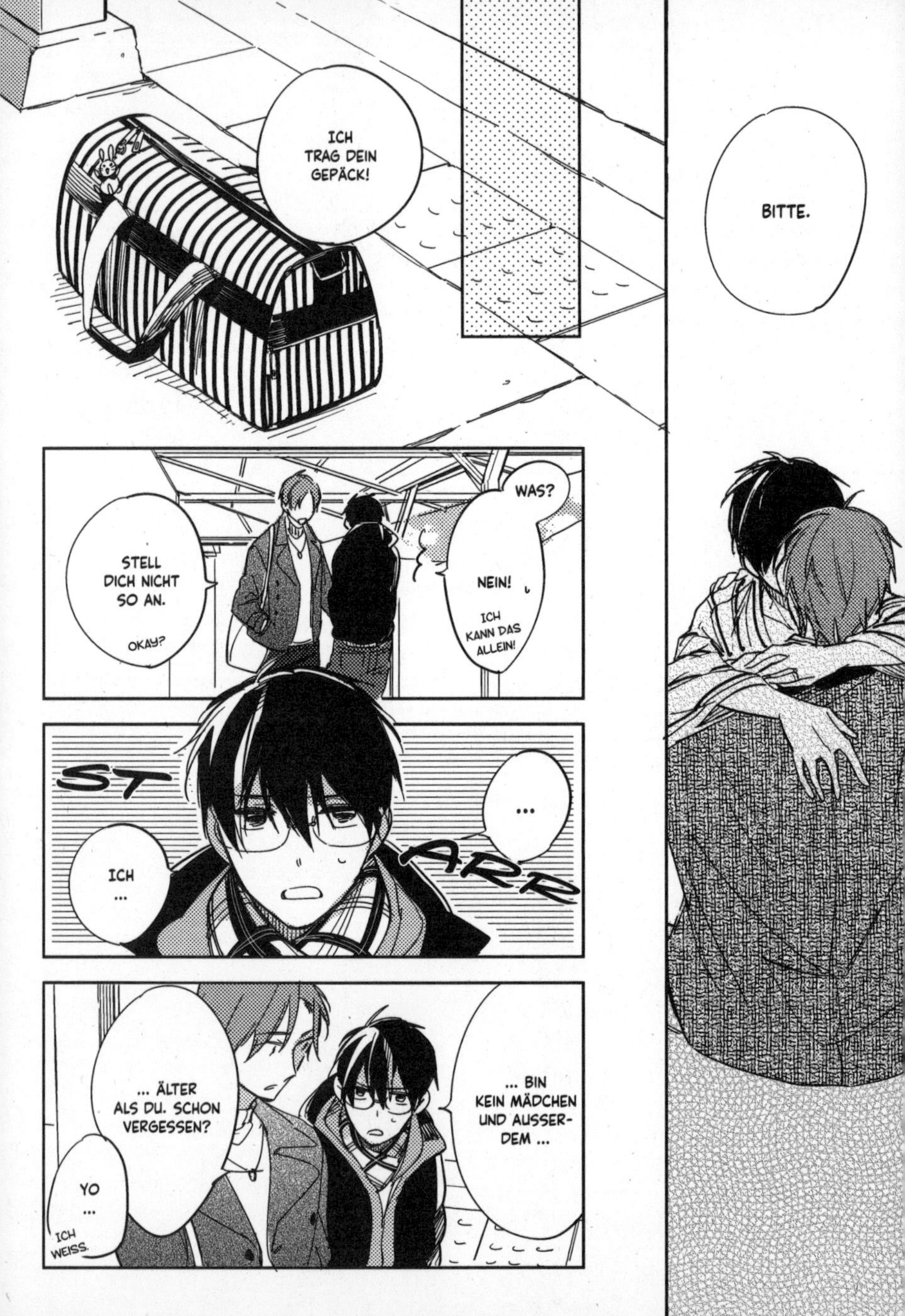

BITTE.
ICH TRAG DEIN GEPÄCK!
WAS?
NEIN!
ICH KANN DAS ALLEIN!
STELL DICH NICHT SO AN.
OKAY?
...
STARR
ICH ...
... BIN KEIN MÄDCHEN UND AUSSER-DEM ...
... ÄLTER ALS DU. SCHON VERGESSEN?
YO ...
ICH WEISS.

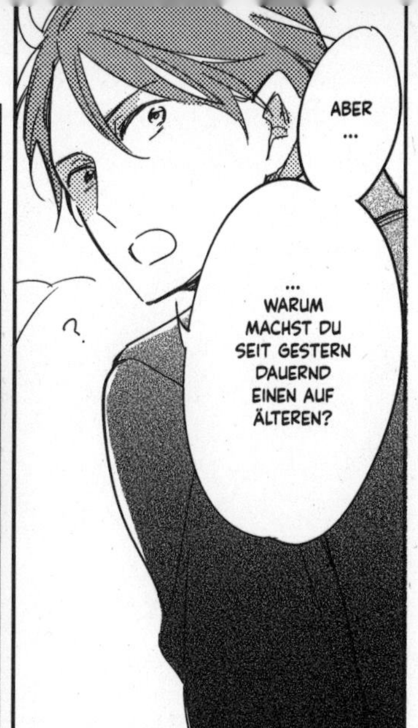
ABER ...
... WARUM MACHST DU SEIT GESTERN DAUERND EINEN AUF ÄLTEREN?
?

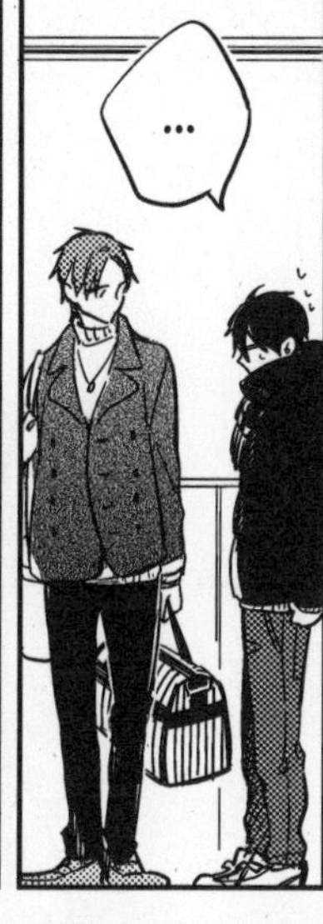
...

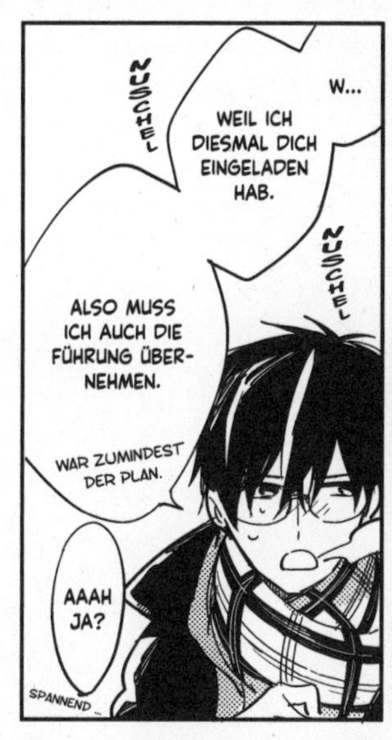
W...
WEIL ICH DIESMAL DICH EINGELADEN HAB.
NUSCHEL
ALSO MUSS ICH AUCH DIE FÜHRUNG ÜBERNEHMEN.
NUSCHEL
WAR ZUMINDEST DER PLAN.
AAAH JA?
SPANNEND ...

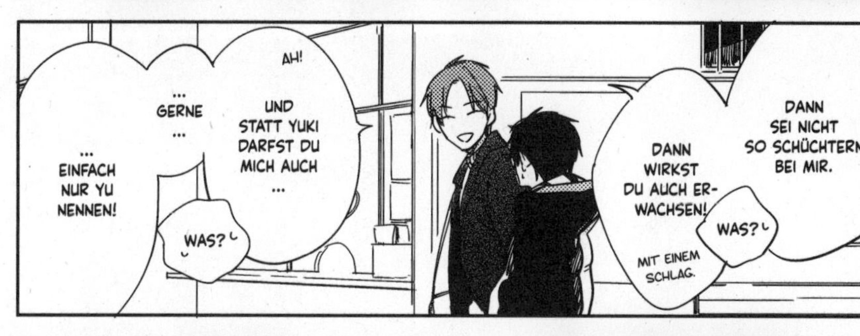
DANN SEI NICHT SO SCHÜCHTERN BEI MIR.
DANN WIRKST DU AUCH ERWACHSEN!
WAS?
MIT EINEM SCHLAG.
AH!
UND STATT YUKI DARFST DU MICH AUCH ...
... GERNE ...
... EINFACH NUR YU NENNEN!
WAS?

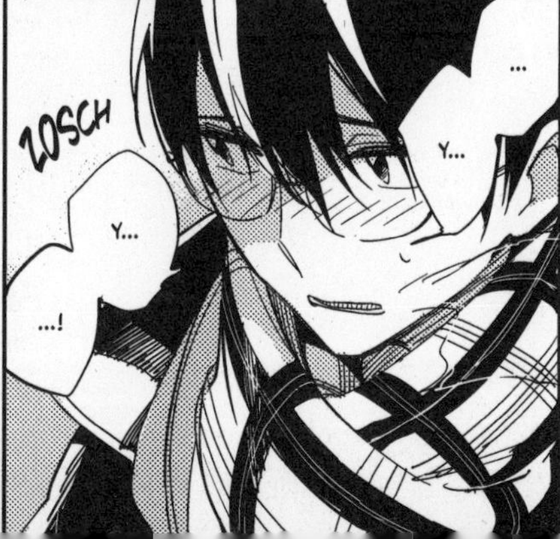
...
Y...
ZOSCH
Y...
...!

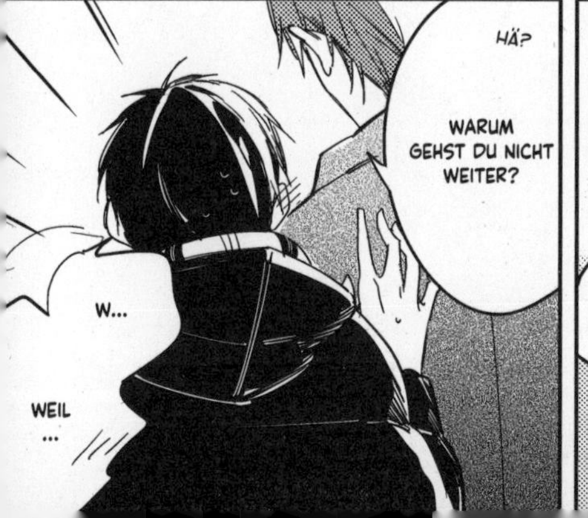
HÄ?
WARUM GEHST DU NICHT WEITER?
W...
WEIL ...

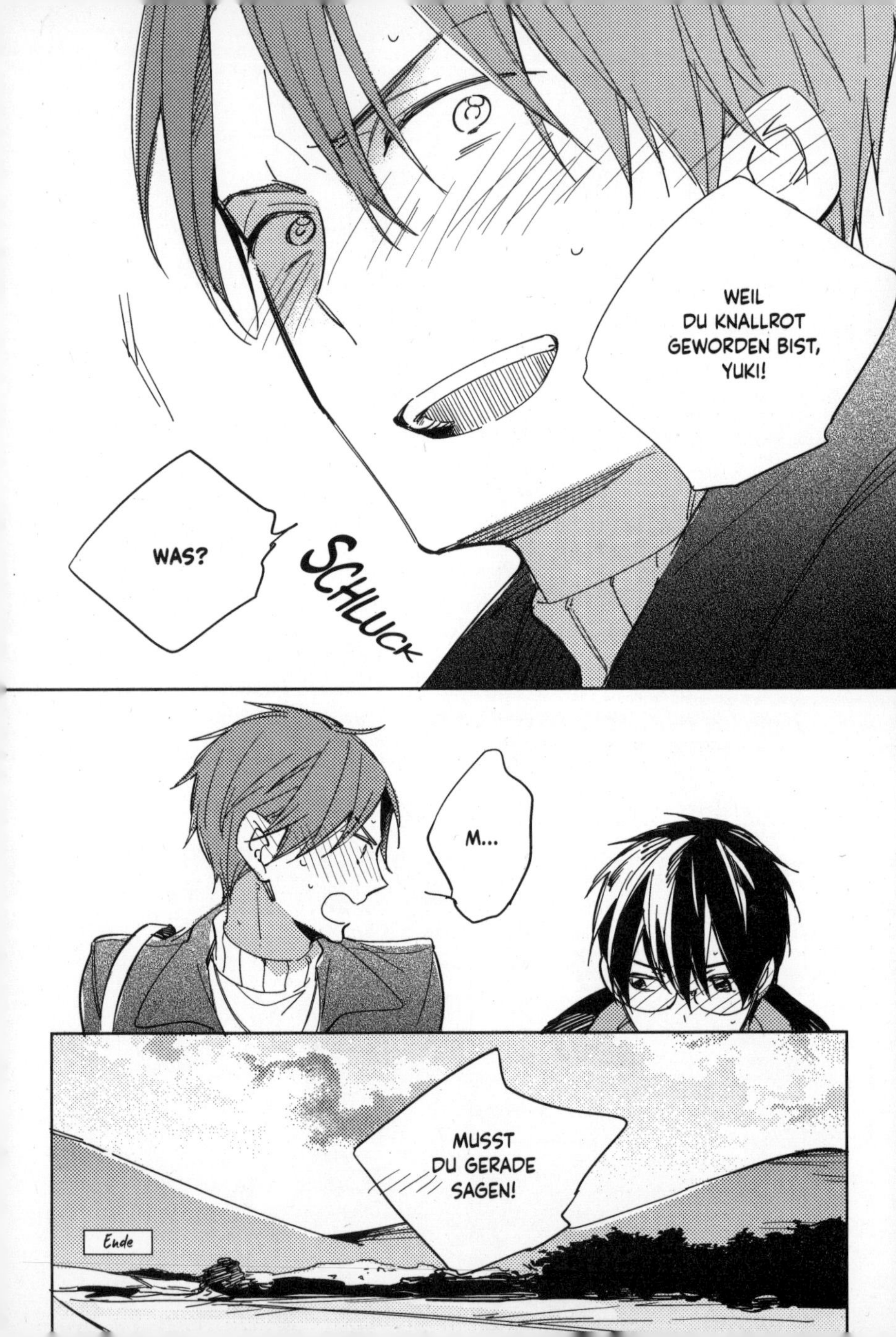
WEIL DU KNALLROT GEWORDEN BIST, YUKI!
SCHLUCK
WAS?
M...
MUSST DU GERADE SAGEN!
Ende

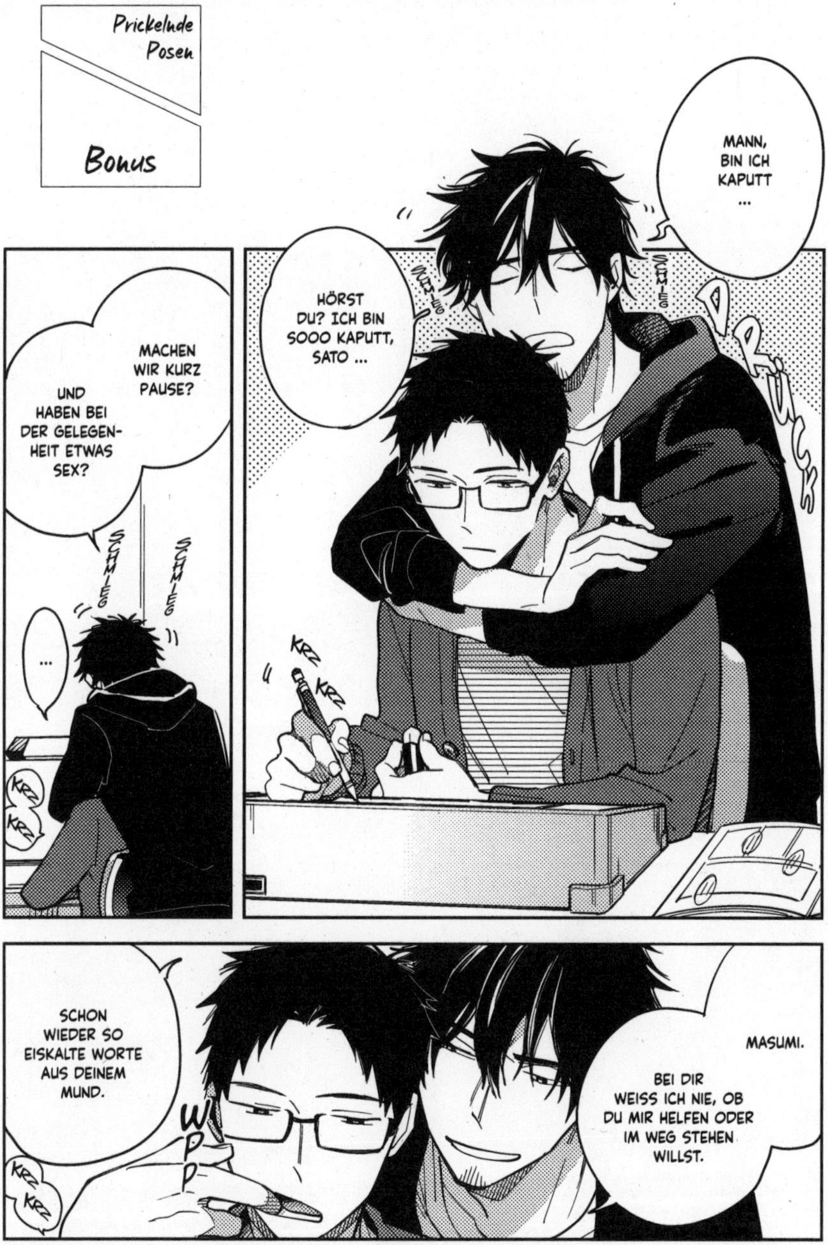

Prickelnde Posen

Bonus

MANN, BIN ICH KAPUTT ...

SCHMIEG

SCHMIEG

HÖRST DU? ICH BIN SOOO KAPUTT, SATO ...

DRÜCK

KRZ KRZ

MACHEN WIR KURZ PAUSE?

UND HABEN BEI DER GELEGENHEIT ETWAS SEX?

SCHMIEG

SCHMIEG

...

KRZ KRZ

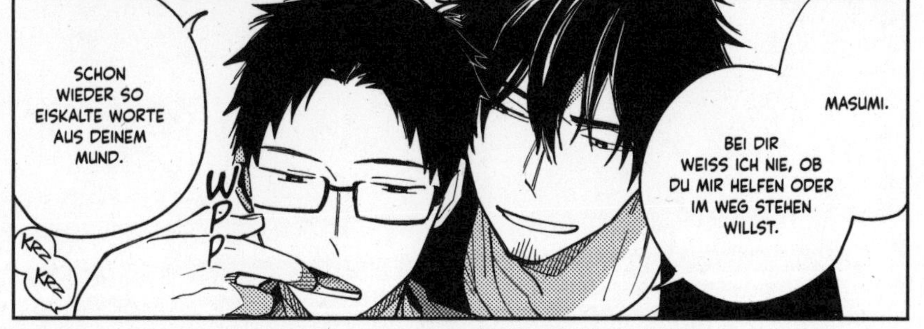

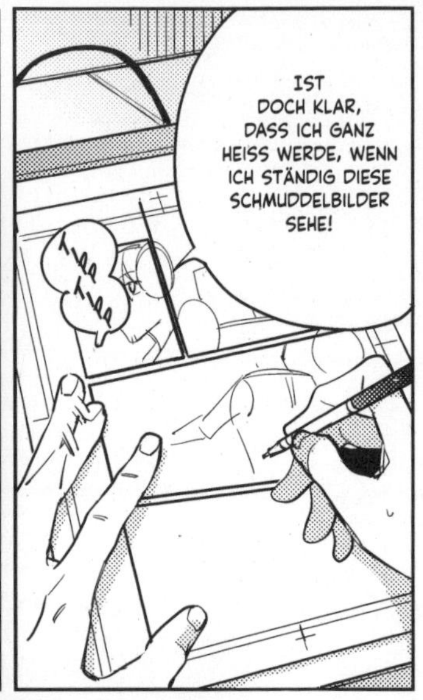
IST DOCH KLAR, DASS ICH GANZ HEISS WERDE, WENN ICH STÄNDIG DIESE SCHMUDDELBILDER SEHE!

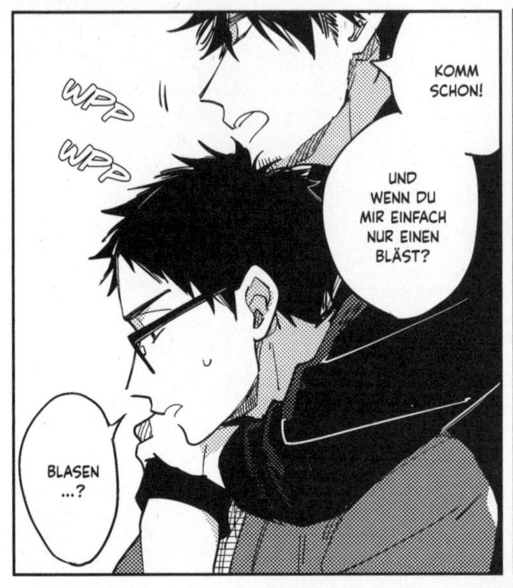
KOMM SCHON!
UND WENN DU MIR EINFACH NUR EINEN BLÄST?
WPP
WPP
BLASEN ...?

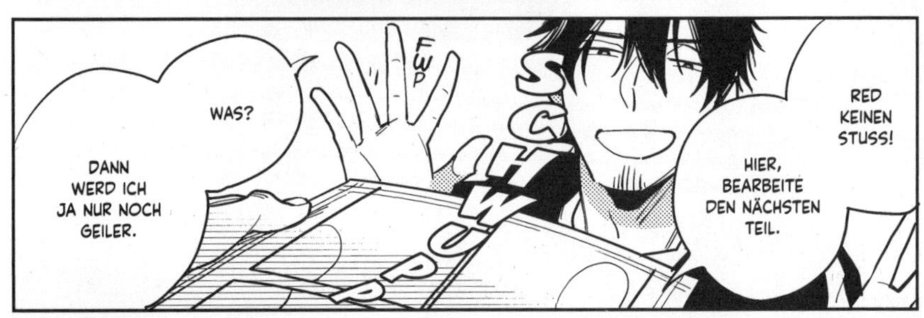
RED KEINEN STUSS!
HIER, BEARBEITE DEN NÄCHSTEN TEIL.
SCHWUPP
FWP
WAS?
DANN WERD ICH JA NUR NOCH GEILER.

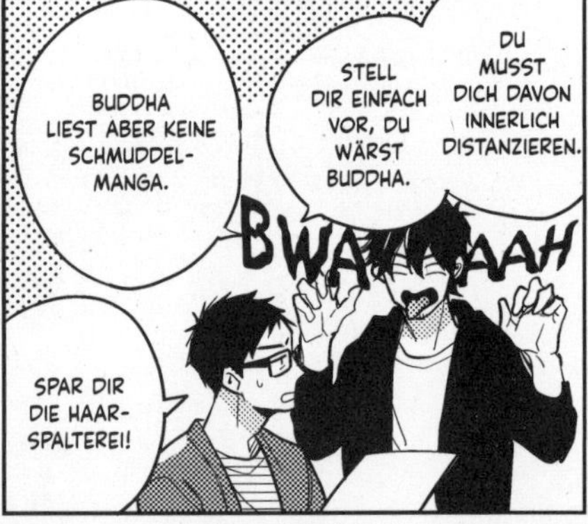
DU MUSST DICH DAVON INNERLICH DISTANZIEREN.
STELL DIR EINFACH VOR, DU WÄRST BUDDHA.
BUDDHA LIEST ABER KEINE SCHMUDDEL-MANGA.
SPAR DIR DIE HAAR-SPALTEREI!

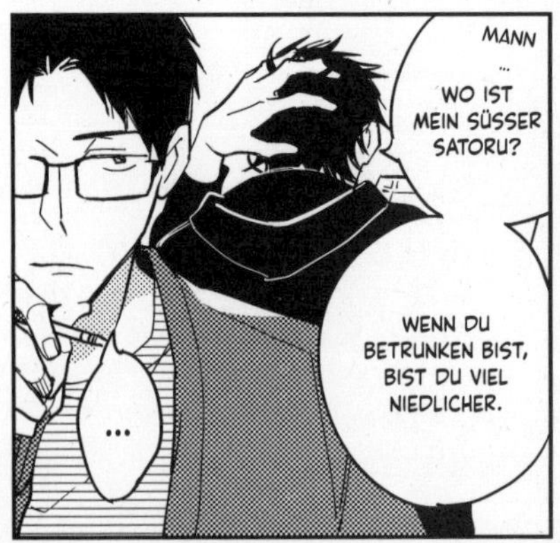
MANN ... WO IST MEIN SÜSSER SATORU?
WENN DU BETRUNKEN BIST, BIST DU VIEL NIEDLICHER.
...

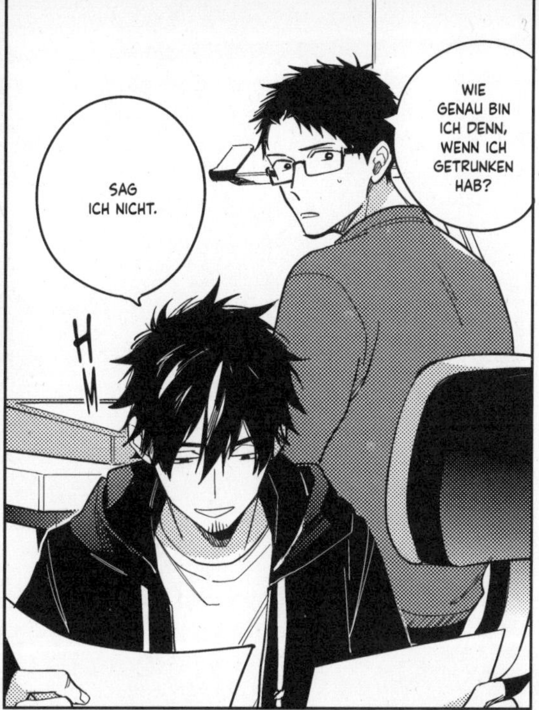
WIE GENAU BIN ICH DENN, WENN ICH GETRUNKEN HAB?
SAG ICH NICHT.
HM

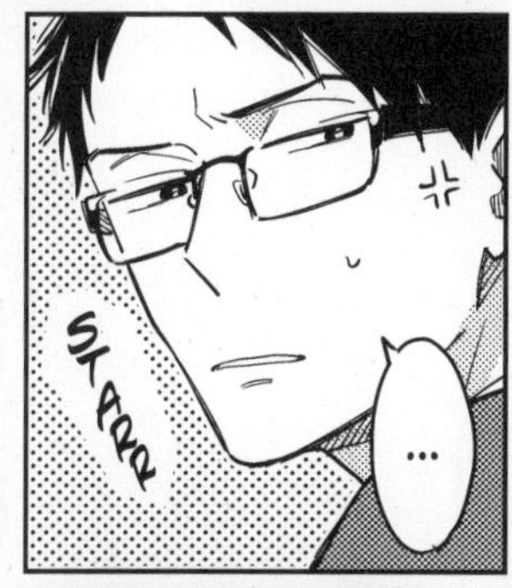
STARR
...

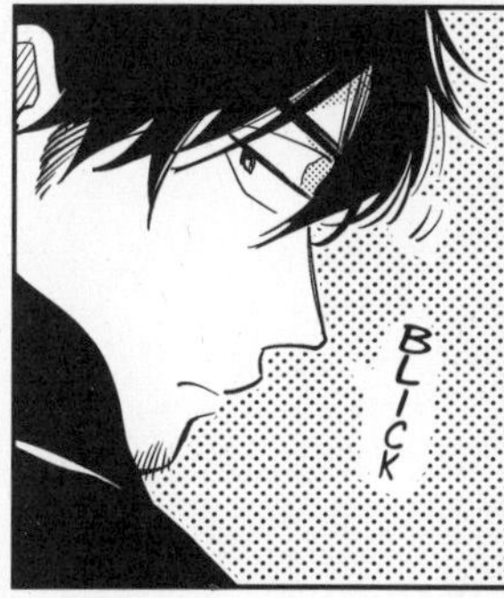
BLICK

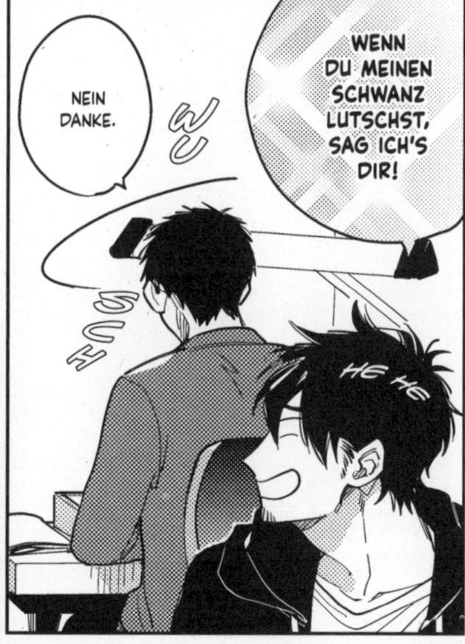
WENN DU MEINEN SCHWANZ LUTSCHST, SAG ICH'S DIR!
WU
NEIN DANKE.
SCH
HE HE

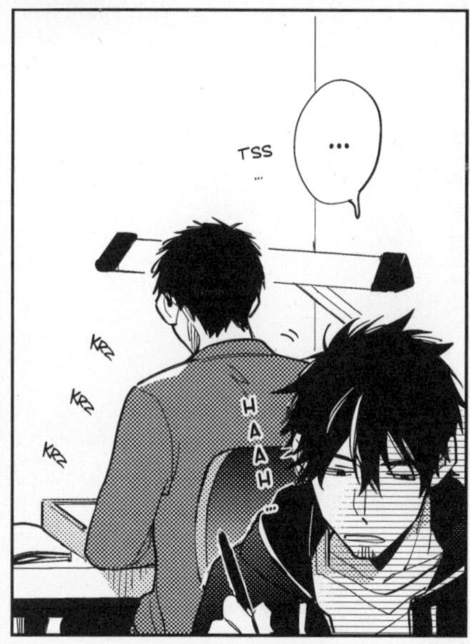
...
TSS ...
KRZ
KRZ
KRZ
HAAH...

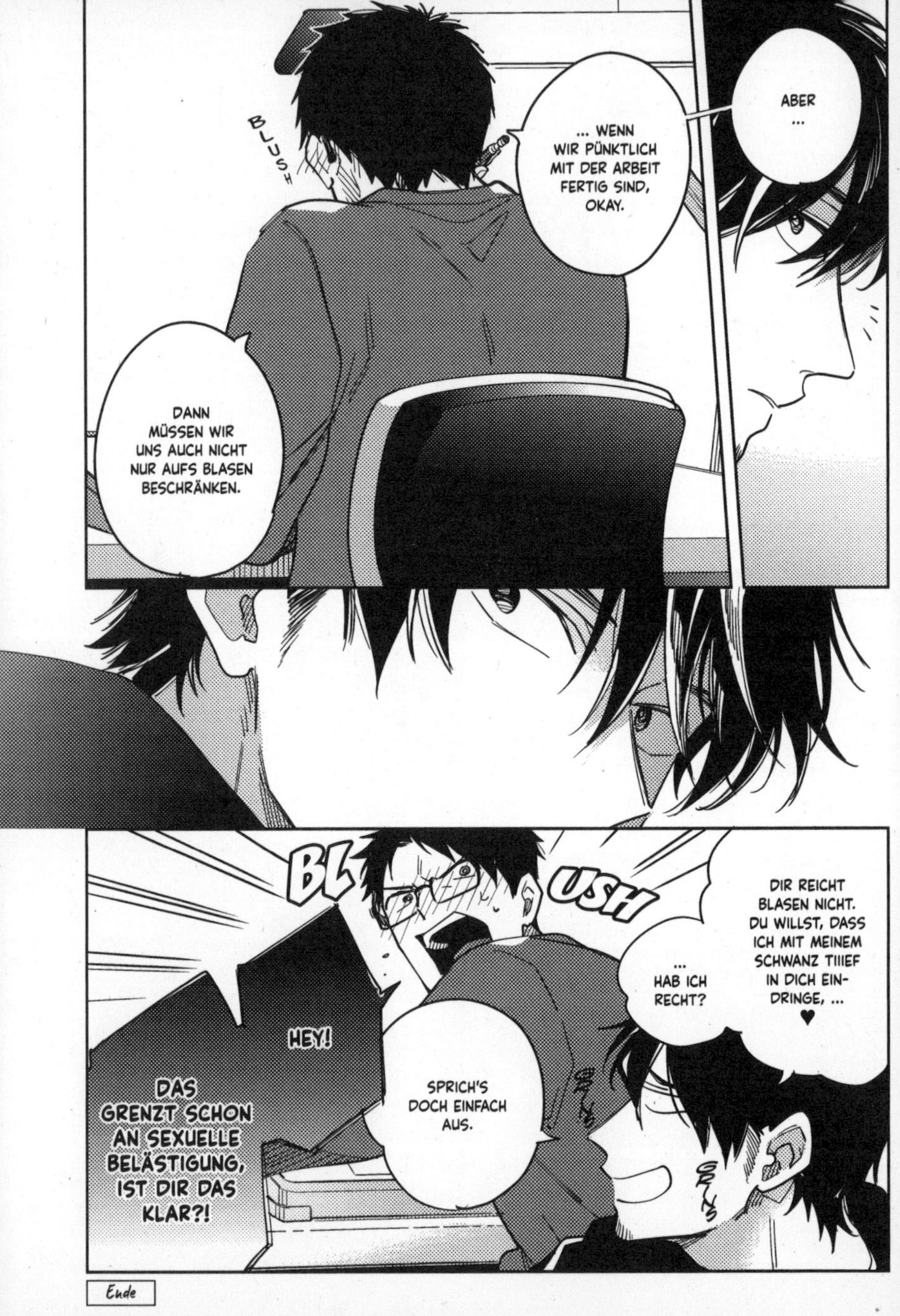

ABER ...
... WENN WIR PÜNKTLICH MIT DER ARBEIT FERTIG SIND, OKAY.
BLUSH
DANN MÜSSEN WIR UNS AUCH NICHT NUR AUFS BLASEN BESCHRÄNKEN.
DIR REICHT BLASEN NICHT. DU WILLST, DASS ICH MIT MEINEM SCHWANZ TIIIEF IN DICH EIN- DRINGE, ... ♥
... HAB ICH RECHT?
BLUSH
SPRICH'S DOCH EINFACH AUS.
GRINS
GRINS
HEY!
DAS GRENZT SCHON AN SEXUELLE BELÄSTIGUNG, IST DIR DAS KLAR?!

Ende

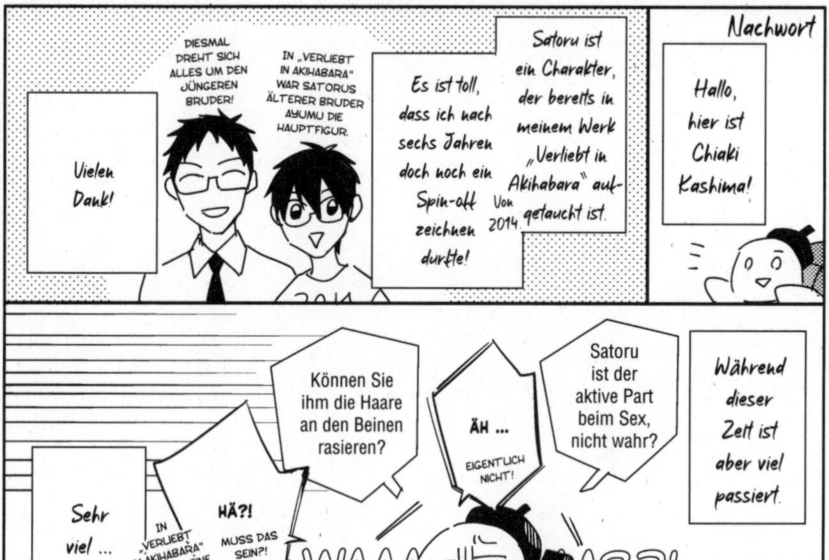

Nachwort

Hallo, hier ist Chiaki Kashima!

Satoru ist ein Charakter, der bereits in meinem Werk „Verliebt in Akihabara" aufgetaucht ist.

Von 2014

Es ist toll, dass ich nach sechs Jahren doch noch ein Spin-off zeichnen durfte!

In „Verliebt in Akihabara" war Satorus älterer Bruder Ayumu die Hauptfigur.

Diesmal dreht sich alles um den jüngeren Bruder!

Vielen Dank!

Während dieser Zeit ist aber viel passiert.

Satoru ist der aktive Part beim Sex, nicht wahr?

Äh ...

Eigentlich nicht!

Können Sie ihm die Haare an den Beinen rasieren?

Hä?! Muss das sein?!

WAAA AS?!

In „Verliebt in Akihabara" hatte er eine prächtige Beinbehaarung!

Sehr viel ...

Sehr ... sehr viel ...

Sie wollen ein Extra?!

Von „Verliebt in Akihabara"?

Das ist sechs Jahre her! Ist das Ihr Ernst?!

Das wird spitze!

Das ist verrückt!

Nichts wie in den Panzer!

Das mal beiseitegelassen hoffe ich, ...

... dass euch der Manga gefallen hat!

Danke an meine Redakteure K. und M., den Designer Nawata, die Buchläden und an all meine Leser!

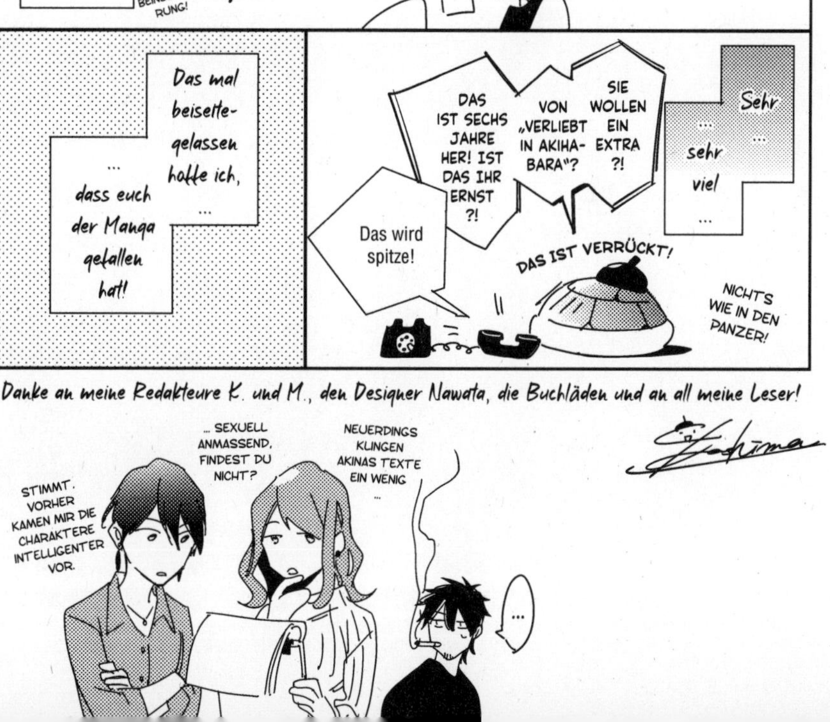

Kashima

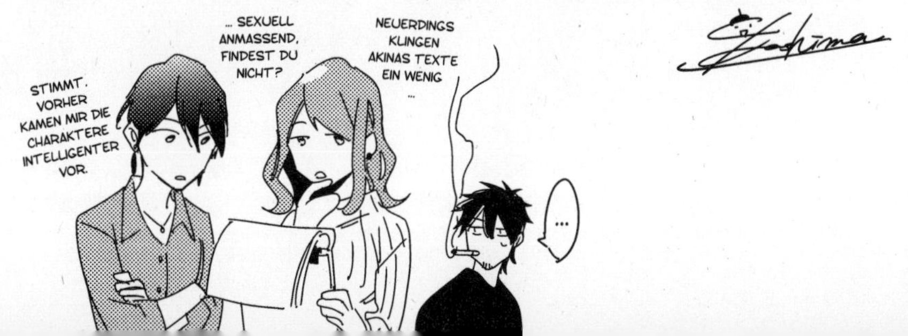

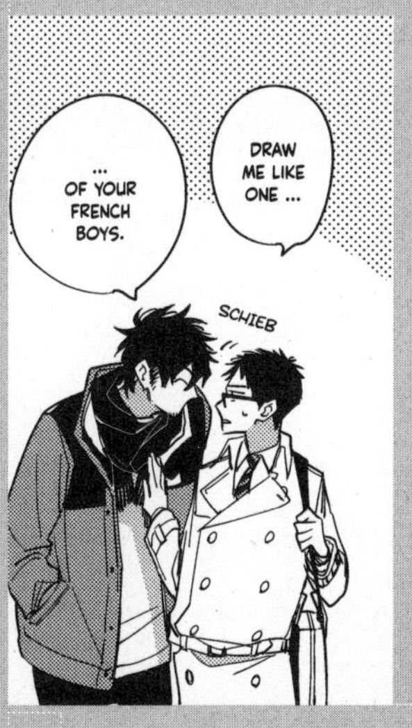
DRAW ME LIKE ONE ...
... OF YOUR FRENCH BOYS.
SCHIEB

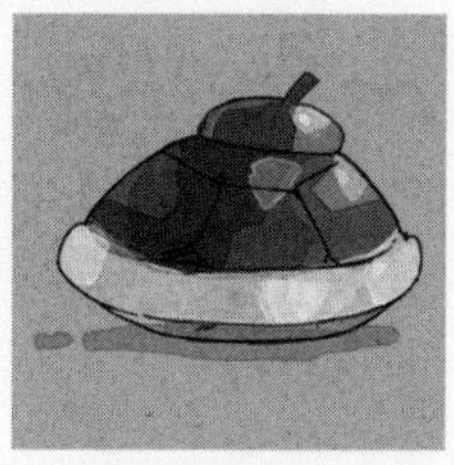

Chiaki Kashima

Ich mag Pak Choi und
Girlanden-Chrysanthemen.

Prickelnde Posen

First published in Japan in 2020 by HOUBUNSHA CO., LTD., Tokyo.
German translation rights arranged with HOUBUNSHA CO., LTD
through Tuttle-Mori Agency, Inc., Tokyo

Aus dem Japanischen von Stefanie Probst

Redaktion: Swea Katharina Kräuter
Herstellung: Sonja Lesch
Deutsche Logo- und Covergestaltung: Patrick Dresch
Lettering: Studio CHARON
Druck und Bindung: GGP Media GmbH, Pößneck

ISBN 978-2-88921-379-5